AF280854

Klaus-Uwe Adam
Die Psyche der Deutschen
Wie wir denken, fühlen und handeln
2. Auflage

In dankbarer Erinnerung für
Ursula Eschenbach
und für Ursa Paul

Klaus-Uwe Adam ist Facharzt für Psychotherapeutische Medizin, Psychiater, Psychoanalytiker (C. G. Jung), ehemals Dozent am C. G. Jung-Institut in Stuttgart, renommierter Fachbuchautor. Nach langjähriger Tätigkeit in psychiatrischen Kliniken in Stuttgart lebt er in Kassel und arbeitet dort im gemeinnützigen Medizinischen Versorgungszentrum Heilhaus.

Klaus-Uwe Adam

Die Psyche der Deutschen

Wie wir denken, fühlen und handeln

opus magnum

Die Deutsche Nationalbibliothek verzeichnet diese Publikation in der
Deutschen Nationalbibliografie; detaillierte bibliografische Daten sind
im Internet über http://dnb.d-nb.de abrufbar.
© 2019 Opus Magnum Verlag Stuttgart
2. überarbeitete Auflage
Alle Rechte vorbehalten
ISBN: 978-3956120220
www.opus-magnum.de
1. Auflage © 2007 Patmos Verlag Düsseldorf
Titelbild: Graphik von Rebecca Adam © 2019

Inhalt

Vorwort zur 2. Auflage

Über 10 Jahre, die seit der ersten Auflage verstrichen sind, sind eine lange Zeit, die sowohl in dem Land, über das ich schreibe, viel verändert haben, als auch in mir, dem Autor. Manches kann ich heute über die Psyche von uns Deutschen anders sagen, einiges positiver. Es hat eine erstaunliche Bewusstseinsentwicklung in dieser Dekade in Deutschland gegeben.

Da in letzter Zeit immer wieder Anfragen nach einem Buchexemplar kamen, entschloss ich mich schließlich, das Buch für eine zweite Auflage zu überarbeiten. Es sind neue Menschen, Politikerpersönlichkeiten und andere zu nennen, die die letzten Jahre gestaltet haben und es sind weitreichende Ereignisse geschehen, die unser Land geprägt und weitergebracht haben. Wer hätte z.B. vor 10 Jahren die Willkommenskultur gegenüber den Flüchtlingen im Jahre 2015/2016 für möglich gehalten!?

Zur ersten Auflage habe ich sehr viele lobende Rückmeldungen erhalten. Viele haben mit dem Buch die in unserem Unbewussten zugrunde liegenden Strömungen und Ausrichtungen das erste Mal besser verstanden und damit sich selber auch mehr betrachten und annehmen können. Es gab aber auch die kritische Stimme von Wolfgang Schmidbauer, der in der Zeitschrift *Psychologie heute* im September 2007 eine Rezension über mein Buch schrieb, indem er sich allerdings nur polemisch mit der Veröffentlichung und mit meinen Thesen gar nicht auseinandersetzte. Es ging ihm nur um eine Abrechnung mit C.G. Jung und seinem Archetypenkonzept. Er wärmte die bekannten Vorurteile und alten Kamellen gegen diesen bedeutenden Tiefenpsychologen auf wie seine Fehler gegenüber Nazi-Deutschland, die durch die historische Forschung nur z.T. bestätigt und ansonsten längst geradegerückt und relativiert worden sind. Mit den geistigen Konzepten und den spirituellen Aspekten der Jungschen Psychologie und deren Anwendung auf die Kollektivpsyche Deutschlands kann er leider nichts anfangen.

Zum Glück gibt es immer mehr Menschen, die sich auf spirituelle und wundersame Zusammenhänge einlassen, die unseren Alltagsleben prägen und die charakteristisch für unser Land sind, Menschen, die ein Interesse daran finden, dies alles tiefer verstehen zu wollen. Für sie habe ich diese zweite Auflage herausgebracht.

Für die 2. Auflage danke ich Liliane Verhoeven, die den Text überarbeitet, die Bildrecherche durchgeführt und mich auf Aktulalisierungsnotwendigkeiten hingewiesen hat. Ein ganz herzlicher Dank geht auch an den Herausgeber Prof. Dr. Lutz Müller, der schnell und kompetent das Manuskript einschließlich der Abbildungen in ein druckfähiges Layout übertragen und mich darüber hinaus in Hinblick auf die Veröffentlichung gut beraten hat.

Kassel 2019

Vorwort zur 1. Auflage

Wenn ich mein Land betrachte, in dem ich geboren bin und lebe, und unter der Oberfläche von relativer Wohlhabenheit und Geordnetheit all die Zerrissenheit, Bedürftigkeit und den Mangel an Liebe wahrnehme, habe ich – und dies schon seit langem – den Impuls, meine ganze Kraft für dieses Deutschland einzusetzen, unter dessen äußerer Glanzschicht eine Menge Leid, emotionaler Beengtheit und Unausgereiftheit zu finden ist. Alle hierzulande beobachtbaren Unfreundlichkeiten, Hässlichkeiten, Unstimmigkeiten und Übertriebenheiten wollen gleichsam in einer liebevollen Umarmung eingeschlossen und angenommen sein, damit sich schließlich der Blick darüber hinaus auf das Schöne, Bedeutende und Wertvolle unserer Nation richten kann.

Aus diesem Motiv heraus habe ich das vorliegende Buch geschrieben, das in einem Zeitraum von etwa 15 Jahren in mir gereift ist. Es soll ein Beitrag sein zu einer noch zu entwickelnden Psychologie Deutschlands, die es uns ermöglicht, zu mehr Bewusstheit über uns selbst und zu einer neuen Identität zu finden, und die uns hilft, unsere Begabungen mehr zu entfalten. Hierzu will ich durch verschiedene Regionen unserer deutschen Seele führen und ihre psychologischen Besonderheiten aufzeigen. Es werden einzelne Thesen aufgestellt, die ich mit Beispielen zu belegen und dadurch schlaglichtartig zu erhellen suche.

Wir werden das Terrain unseres Denkens durchstreifen, das viel Reichtum und Abwechslung bietet, allerdings auch dunklere und „negative" Gebiete aufweist. Wir werden ferner in die noch teilweise unbekannten Gegenden unseres Fühlens eindringen, wo noch wüstenhafte und unkultivierte Landstriche der Bewässerung und Erschließung harren. Wir werden auf unserer Expedition sowohl noch weitgehend unberührte Natur in der Tiefe als auch solche finden, die durch menschlichen Eingriff angemessen oder auch unschön verändert wurde. Mit dem zuletzt Genannten sind Störungen und Komplexe im Reich der Seele gemeint, von denen ich einzelne bedeutsame näher beschreiben möchte. Wir werden des weiteren Zeitreisen in unsere deutsche Vergangenheit, besonders in die jüngere, unternehmen und dort all den unerlösten und erstarrten Aspekten begegnen, die einen Teil unserer Stagnation und Depression ausmachen. Schließlich wird eine Tiefbohrung durch die späteren Ablagerungen hindurch bis zur germanischen Fundamentschicht der Kollektivpsyche erfolgen. Nach einem schwierigen und oft schmerzvollen Weg der Selbsterkenntnis, wozu das Buch einige Anstöße geben will, wird dann die Terra incognita unserer Seele als eine erste grobe Landkarte mit ungefähren Umrissen vor uns liegen. Die Kultivierung einzelner, auf ihr dargestellter Regionen unter Wahrung der natürlichen Gegebenheiten, um sie zum Blühen, Gedeihen und Fruchten zu bringen, erscheint sodann als eine Aufgabe vor uns. Ich habe mich hier auf bestimmte Seiten unserer deutschen Mentalität konzentriert, weil diese ganz besonders der Bewusstmachung und der Wendung ins Positive bedürfen. Viele andere Züge und Anlagen, die vielleicht auch eine Erörterung verdienen, mussten unberücksichtigt bleiben.

Dieses Buch ist kein historisches oder politologisches Werk, auch wenn ich manchmal auf Geschichte und Politik eingehen muss, und ich bin weder Historiker noch Politologe. Mein Standort ist ein psychologischer bzw. tiefenpsychologischer, der allerdings „kulturtherapeutische" und gesellschaftliche Konsequenzen hat. In dieser Weise bitte ich, all meine Aussagen und Arbeitshypothesen zu verstehen, die anregen und die Diskussion in Schwung bringen wollen und für die im Übrigen die tiefenpsychologische Erfahrung gilt, dass auch die entgegengesetzte Behauptung richtig oder passend sein kann – z.B. deshalb weil sie auf einen anderen Teil unseres Wesens zutrifft, der ebenfalls zu uns gehört. In der Psychologie gilt nun einmal das Sowohl-als-auch.

Dank

An dieser Stelle möchte ich verschiedenen Personen danken, denen ich aufgrund ihrer Mithilfe bei der Entstehung des Buches besonders verbunden bin. Da ist zuerst Ursa Paul, die mich zusätzlich ermutigt hat, das Vorliegende, in das mein eigener innerer Prozess eingeflossen ist, an die Menschen in Deutschland weiterzugeben. Zu nennen ist weiter meine Tochter Rebecca, die einen Teil des Manuskriptes mit Freude getippt und durch spontane Kommentare zur Heiterkeit der Arbeit beigetragen hat; ebenso mein Sohn Raphael, der auf seine Art geholfen und für gute Rahmenbedingungen gesorgt hat. Sodann danke ich meinem Bruder Bernd für anregende Diskussionen, zahlreiche Hinweise und andere dienliche Hilfsleistungen. Das kritische Lesen des Manuskriptes besorgten und wertvolle Verbesserungsvorschläge machten Monika Rafalski, Jutta von Eick, Hartmud Brinkhaus, und Dieter Schnocks. Last but not least möchte ich Helga Seckler erwähnen, die mich aufgrund ihrer Kenntnis des Gesamtwerk Jungs auf verschiedene, genau ins Schwarze treffende Textstellen aufmerksam gemacht und dabei emotional und tatkräftig das Vorhaben unterstützt hat.

Die Zusammenarbeit mit dem Verlag war sehr angenehm. Frau Dr. Mathilde Fischer hat mich mit ihrem Glauben an das Projekt von Anfang an motiviert und mit sanftem und einfühlsamem Nachdruck die Verwirklichung begleitet. In Frau Dr. Christiane Neuen hatte ich das Glück, eine außerordentlich engagierte Lektorin an der Seite zu haben, deren Klarheit und Empfehlungen dem Buch zu seiner endgültigen Struktur verholfen und sein Qualitätsniveau erhöht haben. Herrn Ulrich Mattejiet bin ich für die Sichtung des Manuskripts mit dem Blick des Historikers verpflichtet. Allen Genannten ein herzliches Dankeschön.

Wimsheim 2007

Kapitel 1

Wir Deutschen

Wir Deutsche befinden uns in einer dynamischen Entwicklung. So stellt es sich mir dar, wenn ich aus dem jetzigen historischen Moment heraus schaue. Wir schreiben das Jahr 2019. Zurückblickend und die vergangenen Jahre seit dem Zweiten Weltkrieg überblickend zeigt sich, dass wir eine ordentliche Strecke zurückgelegt und einen guten Weg gemacht haben. Ich meine damit unseren inneren Entwicklungsweg, unsere psychisch-seelische Weiterentwicklung einschließlich der gesellschaftlichen Ebene. Auch wirtschaftlich ist es bei uns gut weitergegangen, Deutschland gehört weiterhin zu den führenden westlichen Nationen, doch viel bedeutsamer ist dieser geistig-seelische Prozess, der bei uns kollektiv gelaufen ist.

Diese Weiterentwicklung, die ich gleich noch genauer benennen möchte, hat auch zu einem neuen Selbstverständnis geführt. Wir sind deutlich weggekommen von Selbstablehnung, Selbstverunsicherung und Selbstzweifel, wie sie in den Sechziger- und Siebzigerjahren herrschten. Hier schämte man sich, eine Deutsche oder ein Deutscher zu sein und viele verleugneten im Urlaub im Ausland ihre Herkunft oder bekannten sie nur mit Zerknirschung und Schuldgefühlen. Heute flackert so etwas wie eine beginnende Selbstwertschätzung und Selbstachtung auf, ein relativ neues Daseinsgefühl. Die gebrochene Identität, die nach 1945 bestand, heilt mehr und mehr. Es ist wichtig, dies wahrzunehmen und innezuhalten, um auf das Erreichte zurückzuschauen und eine gewisse Zufriedenheit zu erleben, denn wir sollten und dürfen uns auch einmal an dem Geschafften erfreuen und anerkennend mit uns selbst umgehen.

Was hat sich verändert in den vergangenen Jahrzehnten? Die wohl wichtigste Veränderung ist die Entwicklung des Fühlens, die heute erste Früchte zeigt und noch weiter im Gange ist und auch noch des Fortgangs bedarf. Denn diese Entwicklung ist hierzulande noch längst nicht abgeschlossen. Es sind aber bedeutende Schritte auf diesem Gebiet erfolgt. Unser Mitgefühl und Einfühlungsvermögen hat sich seit der Hitlerzeit enorm erweitert. Hier ist viel gewachsen, wir schauen bei Problemen und Grausamkeiten nicht mehr so weg wie damals die Bevölkerung, als es z.B. um die Ausgrenzung und dann Vernichtung der jüdischen Mitmenschen ging.

Diese höhere Differenziertheit des Gefühls, die wir heute haben, hängt mit der schonungslosen Aufarbeitung unserer jüngsten Geschichte zusammen. Wir haben aus unseren Fehlern gelernt, es hat sich ein neues Bewusstsein verankert und solche Scheußlichkeiten wie damals können bei uns in dem Stil nie mehr vorkommen. Zwar gibt es immer noch grobe Unfreundlichkeiten, Fremdenfeindlichkeit und einzelne hasserfüllte Handlungen, doch wir sollten anerkennen, dass letzteres Randphänomene geworden sind, die beklagenswert und im Einzelfall erschütternd sind, die aber von der allgemeinen Bewusstseinsentwicklung nicht mitgetragen werden, sondern gegen die von der Allgemeinheit immer deutlicher Stellung bezogen und dementsprechend klar gehandelt wird. Hier sind Zivilcourage, mitmenschliches Engagement und soziale Handlungsbereitschaft gewachsen.

Unser verändertes Selbstverständnis wurde vielleicht das erste Mal so richtig 2006 bei der Fußballweltmeisterschaft sichtbar und deutlich, als Deutschland Gastgeber war. Hier waren die Welt und wir selbst überrascht, als wir bei diesem Großereignis etwas ganz anderes als bisher ausstrahlten. Wir konnten hier jedenfalls für eine kurze Zeit die Schwere und die Schatten abwerfen und uns fröhlich, unbelastet und gastfreundlich geben – eine wohltuende Erfahrung für uns selbst. Es war ein erster tastender und gleichzeitig schon gelungener Versuch, über unsere bisherigen Begrenzungen hinauszugehen. Danach gab es wieder eine gewisse Latenzzeit, eine Zeit der Ruhe und des scheinbaren Stillstehens, wo es erst einmal nicht in einer außen deutlichen Weise weiterging. Innen haben sich aber die nächsten Schritte schon vorbereitet.

Das deutlichste Beispiel unserer Selbstveränderung ist 2015/2016 die *Willkommenskultur* gewesen, die sich der Menge der Flüchtlinge aus dem Nahen Osten und Afrika angenommen hat, die vor allem aufgrund des syrischen Bürgerkrieges und anderer Unruheherde ins Land strömten. In der Willkommenskultur und der damit verbundenen Hilfsbereitschaft wird von vielen Menschen z.T. bis heute Migranten Wertschätzung entgegengebracht und ihnen signalisiert, dass sie willkommen sind und ihnen eine Perspektive in unserer Gesellschaft zugetraut wird. Was so einfach und selbstverständlich klingt, bedeutet einen enormen Umbruch in unserer Gesellschaft, die sich hier in ihrer Mehrheit nicht, wie früher üblich, misstrauisch, abgrenzend und die Besitzstände wahrend verhält, sondern Offenheit und Freundlichkeit,

Mitmenschlichkeit und Gefühl lebt. Es ist notwendig, sich bewusst zu machen, was für ein riesiger Schritt das ist! Das hatte es in Deutschland so noch nie gegeben, und ist insgesamt auf der Welt noch selten. Für viele andere Länder innerhalb und außerhalb Europas ist solch eine Haltung noch gar nicht möglich. Die Anerkennung in der Welt ist daher groß.

Diese neue Offenheit birgt natürlich Risiken, die ja auch schnell sichtbar geworden sind und die auch Gegenströmungen hervorgerufen hat. Es wäre naiv zu glauben, dass solch ein Wendepunkt ohne Gefahren und Probleme abläuft. Positiv ist, dass die Exzesse, Missbräuche und Übergriffe, die aufgrund unserer Offenheit möglich wurden, relativ schnell angesprochen und in den Medien ausgebreitet wurden. Damit kamen sie ins Bewusstsein der Öffentlichkeit, wodurch entsprechend gehandelt werden konnte. Diese hochschlagenden Wogen in den Nachrichten und Medien sind notwendig und bewusstseinsbildend, die damit einhergehenden intensiven Gefühle schaffen Bewusstsein und führen zu korrigierenden Aktivitäten. Insgesamt sehe ich uns da auf einem guten Weg.

Dass sich diese neue Freundlichkeit und das Entgegenkommen so schnell und ausgiebig in unserem Lande entfalten konnte, hat natürlich auch damit zu tun, dass sie von den führenden Persönlichkeiten in der Politik befürwortet und mitgetragen wurden. Wir können sogar sagen, dass unsere Regierungsvertreter hier vorangegangen und den Raum für diese neuen Möglichkeiten geöffnet haben. Insofern haben wir Glück, dass sowohl Bundeskanzlerin als auch Bundespräsident in den in Frage kommenden Jahren – Angela Merkel und Joachim Gauck – in dieser Hinsicht ein hohes Bewusstsein zeigten und diese Einstellung von Mitmenschlichkeit und die Bereitschaft, etwas zu geben und zur Verfügung zu stellen, vorlebten. Die Führung eines Landes ist immer dafür entscheidend, was verwirklicht werden kann und was nicht, im Positiven wie im Negativen.

In der Hitlerzeit war es genau umgekehrt, hier wurden alle egoistischen, engherzigen und hasserfüllten Handlungen erst in diesem Ausmaße möglich, weil der entsprechende geistige Rahmen durch Hitler und seine Clique geschaffen und vorgegeben wurde. Aber da ein Volk immer ein Stück weit die Regierung „verdient", die es hat, können wir daraus ableiten, dass sich das Gesamtbewusstsein heute so weit verändert hat, dass heute andere Regierungsvertreter an der Spitze stehen können. Das Lob fällt also teilweise auf uns selbst zurück, auf den Einzelnen bzw. auf das schon derart weiterentwickelte kollektive Bewusstsein. Denn die Führung eines Landes ist immer auch ein Ausdruck des Bewusstseins der Bevölkerung.

Zu den Neuerungen in unserem Verhalten und unserem Selbstverständnis gehört auch, dass wir inzwischen mehr Verantwortung in der Welt übernehmen. Gerade hier hat sich in den letzten Jahren mit am meisten getan. Was noch vor 10-15 Jahren absolut unmöglich erschien und keine Chance in Parlament und Regierung gehabt hätte, ist inzwischen fast selbstverständlich geworden, nämlich ein politisches und teilweise auch militärisches Engagement bei internationalen Friedenseinsätzen. Hier ist inzwischen Deutschland mit militärisch-beratender und schützender Aktivität vertreten. Dieser Schritt ist ebenfalls ein sehr großer, weil nach dem Missbrauch von Macht und Waffengewalt im Nationalsozialismus wie auch schon durch die Überschätzung des Militärischen in der Wilhelminischen Zeit erst einmal eine verständliche Gegenbewegung des völligen und bedingungslosen Pazifismus in der politischen Haltung entstanden war. Heute nähern wir uns einem gesunden Mittelmaß und einem verantwortlichen Umgang mit Macht. Dies ist auch gut so, denn eine Enthaltung kann nicht mehr die richtige Einstellung sein, sondern spiegelt nur – wie in der Nachkriegszeit – die Vermeidung eines brisanten Komplexes, weil wir noch nicht die angemessene Form des Umgangs damit gefunden hatten.

Der beschriebene Werdegang, der dynamische Prozess, ist noch nicht abgeschlossen, sondern wir stecken mitten in diesem Geschehen. Das heißt, die Entwicklung kann und muss noch weitergehen. Es ist noch längst nicht alles aufgearbeitet, verstanden oder bereinigt, auch wenn wir viel weiter sind als noch vor zwanzig Jahren.

Vier Thesen zur Psyche der Deutschen

Ich möchte dem Buch vier Thesen voranstellen, die in den einzelnen Kapiteln noch im Einzelnen ausgeführt und behandelt werden. In diesen vier Thesen versuche ich etwas Elementares und Grundlegendes von der Psychologie Deutschlands zu beschreiben. Jede These charakterisiert eine prägnante psychologische Eigenschaft von uns Deutschen. Nicht jeder einzelne in unserem Lande muss dabei alle diese Kriterien voll erfüllen, doch wir finden diese Züge auf jeden Fall sozusagen gemittelt in der Gesamtpsyche, in der Kollektivpsyche, bei uns. Viele Einzelne repräsentieren diese Eigenschaften in hervorstechender Weise, ja das Gros der Bevölkerung kann in der folgenden Weise charakterisiert werden, sodass sich hier kollektive Charakterzüge oder Verhaltensweisen ergeben. Besonders im Völkervergleich werden dann diese Zuschreibungen deutlich.

Hier die Thesen:

1. Die Vorherrschaft des Denkens
Bei uns ist das Denken vorherrschend, sowohl im Einzelnen als auch kollektiv in der Gesellschaft. Dieses Denken ist erst einmal eine Stärke, eine Befähigung, doch es kann sich auch, wenn es zu einseitig im Vordergrund steht oder eine negative Ausrichtung einnimmt, nachteilig auswirken.

2. Die Entwicklungsbedürftigkeit des Fühlens
Das Fühlen dagegen, auch wenn es schon eine Weiterentwicklung erfahren hat, ist bei uns schwächer angelegt und entwicklungsbedürftig. Hier ist weiterhin ein Nachholbedarf an Differenzierung gegeben.

3. Der Vaterkomplex
Viele psychologische Phänomene bei uns erklären sich nur aufgrund eines vorhandenen Vaterkomplexes, d.h. wir haben in der Regel ein gespanntes Verhältnis nicht nur zu dem genannten Elternteil, sondern allgemein zu Autorität, und zwar sowohl zu Autorität in uns wie auch zu Autoritäten außen.

4. Die Katastrophenangst
Ausgehend von den untersten Schichten des Unbewussten wirkt bei uns eine tiefgehende Angst, die man pointiert als Angst vor dem Weltuntergang ansprechen kann und die immer wieder neu durch weltpolitische Entwicklungen getriggert wird, die uns gefährlich erscheinen.

Diese Einseitigkeiten, Komplexe und Ängste haben uns in der Vergangenheit in Krisen geführt. Doch in jeder Krise steckt eine Chance, und so haben uns unsere Störungen, Verletzungen und Wunden über uns hinaus und zu einer Veränderung geführt. Und der Prozess ist noch nicht zu Ende. Weiterhin sollten wir unsere Probleme und die Geschehnisse intensiv betrachten und sie versuchen, symbolisch zu verstehen. In all dem ruhen nämlich die Keime des

Neuen. Selbst in dem Symbol der apokalyptischen Götterdämmerung steckt ein Wandlungsgeschehen, das uns zu einem neuen Bewusstsein führen kann und – wenn man dies auf die Katastrophe des Zweiten Weltkriegs hin anschaut – auch geführt hat. Solche symbolischen Vorgänge vertieft zu begreifen und die Konsequenzen daraus umzusetzen, erscheint mir weiterhin eine der Zukunftsaufgaben Deutschlands.

Jeder einzelne Mensch hat seine Geschichte, d.h. seine Lebensgeschichte mit den erlittenen Verletzungen und manchmal schwereren Traumatisierungen. Er hat seine Entscheidungen und Fehlentscheidungen getroffen, die seinen weiteren Weg prägten. Manches von dem Erlebten wird, weil die Verwundungen im Bewusstsein oft nicht auszuhalten ist, ins Unbewusste verdrängt. Dort sind sie aber dennoch wirksam und beeinflussen mehr oder weniger stark das Wachleben, z.B. als störende psychische oder psychosomatische Symptome.

Ganz ähnlich verhält es sich mit der größeren Einheit einer Nation. Auch das Kollektivwesen Volk hat ähnlich wie ein einzelner Mensch eine „Biografie", sprich Geschichte im Sinne der Historie. Es hat seelische Eigenschaften, Potenziale und Begabungen, aber eben auch erfahrene Traumata und Entwicklungsschwierigkeiten, die angeschaut, bewusstgemacht und geheilt werden wollen.

Deutschland als Ganzes hat so seine Schicksalsgeschichte. Es hat sich in der Vergangenheit durch eigenes Zutun in schwierige und schuldhafte Lagen gebracht. Es steuerte in seinen Irrungen und Wirrungen auf die zwei Weltkriege zu und kam tief zu Fall. Nach dem Fiasko von 1945 standen erst einmal die Notwendigkeiten der äußeren Neuorientierung und des Wiederaufbaus im Vordergrund. Wie die seelisch schwer geschockten Menschen in der damaligen Situation musste auch das Wesen Deutschland insgesamt seine psychische Befindlichkeit zurückstellen, die Ärmel hochkrempeln und fürs nackte Überleben sorgen. Es hastete im Leben weiter und floh vor dem Schmerz, dem Bewusstmachen der eigenen Abgründigkeit, und es konnte sich anfangs auch noch nicht dem Schmerz und der Trauen aufgrund den ihm schließlich zugefügten Verletzungen stellen. So konnte es in der Nachkriegszeit noch gar nicht zu einer Selbstreflexion kommen. Wirtschaftswunder und gewonnene Fußballweltmeisterschaft 1954 in Bern waren willkommene Ablenkungs- und Kompensationsmöglichkeiten, und durch die neu erlangte wirtschaftliche und sportliche Größe konnten das Erschrecken vor dem eigenen Schatten und die Wunden vorläufig überkrustet werden. Ferner ermöglichte es der Ost-West-Konflikt mit dem kalten Krieg, die Aufmerksamkeit von sich weg auf das Weltgeschehen und die äußere Bedrohungslage zu richten.

Viele Jahrzehnte vergingen, Deutschland überlebte, rappelte sich wieder auf, eroberte sich eine gute Stellung in der Welt zurück und erlangte wieder politischen Einfluss. Dazu trägt bei, dass es eine der stärksten Volkswirtschaften in der Welt und die stärkste in der EU ist. Nachdem im Außen vieles geregelt und eine Beruhigung, ja Sättigung eingetreten war, trauten sich die Krisen- und Störungszeichen stärker hervor. Zeitweilig gab es so etwas wie eine kollektive Depression oder zumindest eine starke Unzufriedenheit mit sich selbst, was sich auch darin zeigte, dass wir Deutschen in den Glücksskalen im Nationenvergleich weiter hinten lagen. Das heißt, wir erlebten uns weniger glücklich im Leben als die meisten anderen Völker. Heute (2017) sind wir zwar immer noch nicht in der Spitzenregion, doch die Lebenszufriedenheit ist gestiegen.

Das längere Zeit verdrängte Innere strebte an die Oberfläche und forderte sein Recht. Endlich war Raum für Symptome und Beschwerden, die danach riefen und rufen, Nabelschau zu halten und nach den tieferen Gründen zu fragen. Es ging um Vergangenheitsbewältigung, und die Kollektivschuld wurde bewusst, die sich inzwischen in einer versöhnlichen Weise in eine Kollektivverantwortung gewandelt hat, womit die Selbstverurteilung, die immer Hemmungen und Neurosen erzeugt, gemildert oder zurückgenommen werden konnte. Später, erst in den letzten ca. 20 Jahren, wurde verstärkt aufgegriffen und bearbeitet, dass die Deutschen der Weltkriegszeit auch selber zu Opfern wurden und Opfer waren, und erst jetzt im höheren Alter konnte durch Wiedererinnern und Aufarbeiten davon einiges aufgelöst und geheilt werden. Es gab also eine tiefgreifende Entwicklungskrise bis in den Beginn des 21. Jahrhunderts hinein, und es kam in der Notwendigkeit der Überwindung der Krise zu – oft schmerzlichen und leidvollen – Wachstums- und Reifungsprozessen. Dieser Vorgang ist bis heute noch nicht vollständig abgeschlossen.

Das Kollektivwesen Deutschland

Wenn ich von uns Deutschen als einem Kollektiv und einer Gesamtheit spreche, so entspricht dies dem, was man althergebracht „Volk" oder heute eher „Nation" nennt. „Nation" ist der modernere Ausdruck und betont mehr das Staatsgebilde mit fixen geografischen Grenzen und weniger die Ethnie. „Volk" und „Nation" sind für mein psychologisches Verständnis aber beide nicht auf die ethnische Herkunft beschränkt, sondern beziehen alle Menschen eines Landes mit ein, also auch alle dort ansässigen Ausländer. Denn diese werden von der Kollektivpsyche mit erfasst, sind von ihr beeinflusst und tragen umgekehrt zu ihr bei. Die Gesamtpsyche einer Nation ist also ständig im Fluss und entwickelt sich weiter, wobei allerdings das beharrende Element groß und langwirkend ist, es also eine innere Stabilität und Kontinuität gibt. „Neuzugänge" werden trotz aller Integrationsschwierigkeiten stärker assimiliert als dass sie das bestehende psychische Feld dominieren würden. Bestes Beispiel hierfür ist der „Schmelztiegel Amerika", ein Bild, das mir immer noch adäquat erscheint, besonders wenn man akzeptiert, dass der Ausgangspunkt eines solchen Integrationsprozesses oft ein multikulturelles Mosaik ist.

Von Deutschland als von einem Kollektivwesen zu sprechen, ist nicht zu verwechseln und nicht das Gleiche wie der biologisch begründete Ausdruck „Organismus", der in der Form von „Volksorganismus" in der rassistischen Staatsbetrachtung der Nazi-Zeit missbräuchlich verwendet wurde. Biologistische Sichtweisen sind überholt, die Bevölkerung eines Landes wird einerseits durch die geografischen Grenzen und andererseits kulturell durch eine gemeinsame Identität zusammengehalten und bildet ein Gesamtsystem.

Deutschland bestand ursprünglich aus verschiedenen germanischen Stämmen und den Resten der keltischen Urbevölkerung, zu denen später noch slawische Bevölkerungsgruppen hinzu kamen. Seit den 50er-Jahren fanden sich mit den „Gastarbeitern", Migranten und Asylsuchenden weitere Zuflüsse ein.

Die Wurzeln des Wortes „deutsch", althochdeutsch „diutisc", altsächsisch „thiudisc", gehen zurück auf Wortstämme der Bedeutung „Volk", „Heer", „Masse" oder auch „Volksmasse"[1] und bezeichnen offenbar die Gesamtheit der von jeher kriegerischen germanischen ethnischen Gruppen. Das Gleiche gilt für die Begriffe „Alemannen" oder „Alamanen", die mit „alle Mannen" oder „alles Volk" zu übersetzen sind. Die Bezeichnung „Teutonen", die Cäsar erstmals für einen germanischen Stamm benutzte, hat die gleiche etymologische Ableitung wie „deutsch" und führt wie dieses auf indogermanisch „teuta" (Volk) zurück. Auch die Niederländer gehörten vormals zu den Deutschen, was im Englischen mit „dutch" noch anklingt, und sie waren ja lange Zeit auch Teil des Alten Reiches. Zur Zeit des Dreißigjährigen Krieges war entsprechend der Ableitung von den Teutonen die Schreibung „teutsch" üblich, und im 19. Jahrhundert sagte man „Teutschtümelei", um der nationalen Selbstverherrlichung eine antiquierte Konnotation beizufügen. Im Mittelalter bedeutete „deutschlich" übrigens so viel wie „deutlich"[2]. Wurde hier schon eine Verknüpfung zwischen dem Deutschen und der Klarheit des Denkens gemacht?

Das kollektive Unbewusste

Wie jeder Mensch ein eigenes Unbewusstes hat, so hat auch jede Nation oder Menschengruppe, die durch eine gemeinsame kulturelle Identität oder eine gemeinsamen Sprache zusammengehalten wird, in der Kollektivpsyche ein gemeinsames kollektives Unbewusstes. Das Bewusste ist ja immer nur ein Teil und meist der kleinere Teil der Psyche.

Das kollektive Unbewusste wurde von C.G. Jung entdeckt und beschrieben. Der Schweizer Psychiater und Psychotherapeut stellte die These auf – wir gehen zunächst einmal vom kollektiven Unbewussten der gesamten Menschheit aus –, dass alle Menschen über einen gemeinsamen unbewussten Seelengrund verfügen, aus dem z.B. alle Mythen und alles Urwissen geschöpft werden. Das kollektive Unbewusste bezieht sich auf die gesamten Erfahrungen der Menschheit, die bis in die Urzeit zurückreichen. Daneben gibt es das persönliche Unbewusste des Einzelmenschen, mit welchem sich S. Freud beschäftigt hat und das sich auf verdrängte, vergessene oder sonstige unbewusste Daten der eigenen Lebensgeschichte bezieht und mit dem individuellen Gewordensein zu tun hat. Das viel umfänglichere kollektive Unbewusste reicht demgegenüber weit über das Individuum hinaus.

Jung verband die Vorstellung vom kollektiven Unbewussten mit seinem Archetypenkonzept. Archetypen oder Urbilder sind prägende Energiezentren in der Tiefe der Psyche, d.h. im kollektiven Unbewussten, die universelle Bilder und Symbole oder auch darauf aufbauende Handlungsweisen hervorbringen. Es gibt z.B. die Archetypen „Mutter" und „Vater", die schon auf der Tierstufe wirksam sind und sich dort unter anderem im Brut-, Aufzucht- und

Schutzverhalten zeigen. Auf der menschlichen Stufe gibt es eine Reihe von Archetypen, die unsere seelische Entwicklung während des ganzen Lebens steuern. So bestimmen z.B. die gegengeschlechtlichen Archetypen – der Archetyp des Männlichen bei der Frau und der des Weiblichen beim Mann – Liebe und Partnerschaft. Wir werden noch sehen, dass bei uns in Deutschland der Vaterarchetyp eine besondere Rolle spielt und zwiespältig aufgeladen ist, wodurch ein Vaterkomplex entstand. Die Archetypen sind ferner bildende Kräfte, die allen Mythen, Märchen und anderen symbolhaltigen Schöpfungen zugrunde liegen. In unserem deutschen Kulturraum sind damit auch die älteren germanischen Mythen und die Heldengeschichten des Nibelungenliedes angesprochen.

Das kollektive Unbewusste ist in seinen elementaren Strukturen Teil der gesamten Menschheit. Die tiefsten Schichten datieren weit in die Vergangenheit zurück und sind bis heute mehr oder weniger wirksam. Die stammesgeschichtlich ältesten Erwerbungen der Menschheit wie in der Vorzeit erworbene physiologische Mechanismen, also das instinkthafte Verhaltensrepertoire – z.B. die biologische Hunger-Essensaufnahme-Regulation oder angeborenes Aggressionsverhalten –, stellen noch heute eine Basis dar, auf der später entwickelte psychische Strukturen des Menschen aufbauen. Ähnlich bilden in der Kollektivpsyche eines Volk die seelischen Schichten, in denen die vorhistorischen und historischen Ereignisse gespeichert sind, ein Fundament und eine Wirkgrundlage. Es ist wichtig, diese kollektiv-seelischen Strukturen zu beachten und ihnen bewusst Rechnung zu tragen, weil sie sonst auf eine unangenehme Weise unbewusst Einfluss nehmen können.

Jeder Einzelne steht über sein individuelles Unbewusstes mit tieferen Schichten des Unbewussten und letztlich auch mit dem kollektiven Unbewussten in Verbindung. Wir können uns das mehr oder weniger umfassende gemeinsame Feld folgendermaßen gegliedert vorstellen: Jeder Mensch hat sein persönliches Unbewusstes, darunter gibt es das Familienunbewusste, ein schon weiteres Feld, an dem alle Familienmitglieder teilhaben; schließlich kommt das kollektive Feld einer ethnischen, sprachlichen oder kulturellen Gemeinschaft und zuletzt das allen Menschen angehörende Feld des globalen kollektiven Unbewussten. In der Abb. 1 stellt sich bei der in dem Bild gebrauchten Inselmetapher das hier in Frage kommende kollektive Unbewusste von uns Deutschen als die oberste Schicht des gesamtkollektiven Unbewussten dar.

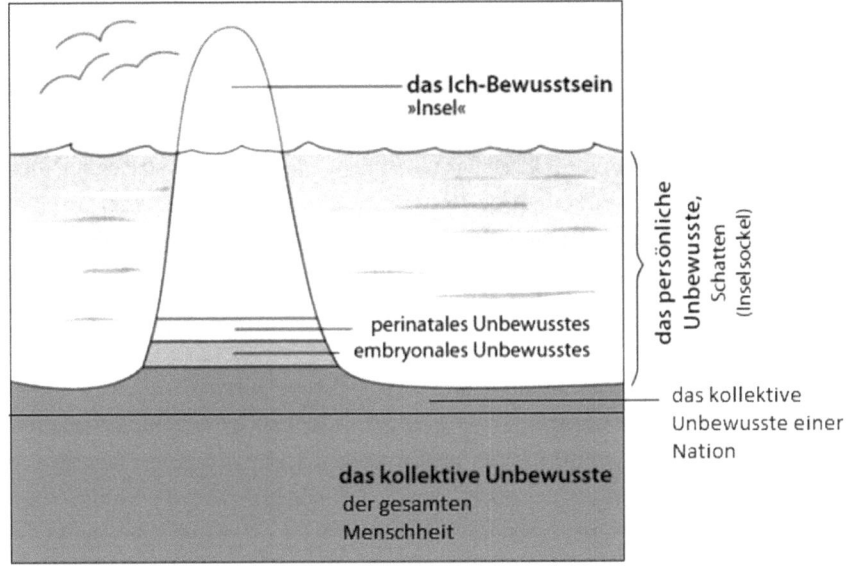

Abbildung 1: Persönliches und kollektives Unbewusstes
(abgewandelt aus: Adam, Therapeutisches Arbeiten mit Träumen)

Jeder Mensch hat zwar im Prinzip Zugang zu diesen tieferen unbewussten Bereichen, doch ist es dem modernen Ichbewusstsein, das sich ja weit von seinen Wurzeln entfernt hat, meistens erst einmal verschlossen. Nativvölker gelangen wie die Menschen der Frühzeit viel leichter an diese Quelle oder sind ihr noch näher, aber auch psychologisch entwickelte Individuen können über ihre Intuition und ihre Bildfähigkeit dazu wieder einen Zugang finden.

Die Ausformulierung der Archetypen des kollektiven Unbewussten ist in den jeweiligen Kulturen unterschiedlich und für diese geradezu spezifisch. Jede Kultur hat ihre eigene Mythologie und ihren eigenen „Kunststil" hervorgebracht, wobei die Grundmotive aber universell sind. Die Griechen hatten ihr unverwechselbares Pantheon, und die Götterdarstellungen und -geschichten der Mayas haben wiederum ihr eigenes Gepräge. Die jeweilige „Handschrift" ist eine andere und unterscheidet sich so, wie sich die Schriftzüge zweier Personen voneinander abheben. Der Ausdruck „kollektives Unbewusstes" einer Menschengruppe sagt also aus, dass es in dieser Kultur ein gemeinsames Feld gibt, dem alle Individuen unterliegen und von dem sie geprägt sind.[3]

Auch in unserer heutigen globalisierten Welt gibt es noch Nationen, Volksgruppen und Kulturen, die ein je eigenes kollektives Feld aufweisen, selbst innerhalb eines Staatengebildes wie dem der Europäischen Union. Das „Timbre" der italienischen Wesensart ist ein anderes als das der finnischen, und der typisch polnische Charakter unterscheidet sich klar vom irischen. Noch deutlicher wird es, wenn man beispielsweise die indische mit einer afrikanischen oder die japanische mit der mexikanischen Mentalität vergleicht. Jeder, der verschiedene Länder und deren Menschen kennengelernt hat, hat die Erfahrung gemacht, dass es unterschiedliche Wesensarten und nationale Eigenheiten gibt.

Prägend sind schließlich auch für das kollektive Unbewusste eines Volkes die geschichtlichen Erfahrungen, die es gemacht hat. Hier können positive Komplexe wie z.B. die kulturellen und musischen Hervorbringungen der romantischen und klassischen Epoche, aber auch negative Komplexe entstehen. Letztere sind für unsere deutsche Kollektivpsyche die Störfelder im Unbewussten, die sich durch die traumatischen Ereignisse der vergangenen Kriege – angefangen vom Dreißigjährigen Krieg über die kleineren Kriege des 18. und 19. Jahrhunderts bis zu den beiden Weltkriegen – gebildet haben. Solche ungünstigen Einflüsse aus dem kollektiven Unbewussten können ähnlich wie bei einem Menschen, der unter neurotischen Belastungen leidet, auch bei einer Nation die Entwicklung hemmen oder in bestimmter Hinsicht verzögern. Auch für Deutschland kann und werde ich solche retardierenden Momente, Hemmnisse und Bruchlinien aufzeigen. Schon weit vor dem 20. Jahrhundert gab es bei uns Faktoren, die besonders in Bezug auf die Bildung eines einheitlichen Staates im Vergleich zu anderen Nationen eine Entwicklungsverzögerung bewirkte, sodass die Geschichtsschreibung von einer „historischen Verspätung" oder der „verspäteten Nation" gesprochen hat.[4]

Das auf einen gemeinsamen Kultur- oder Sprachraum bezogene kollektive Unbewusste ist wie schon gesagt nicht unbedingt mit einer ethnischen Einheit identisch. Dies ist sogar eher die Ausnahme heute. Es hat nichts mit dem heutzutage sowieso prekären Begriff der „Rasse" zu tun, auch wenn eine ethnische Gruppe der Ausgangspunkt dieses Feldes sein kann. Ferner ist mit dem Vergleich vom kollektiven Unbewussten zwischen Menschheitsgruppen keine Wertung verbunden; es gibt kein besser oder schlechter. In all diesen Einheiten oder Kulturen liegt das gleiche menschliche Potenzial, das aber je nach Eigenheit abgewandelt ist und seine eigene unverwechselbare Färbung hat. Natürlich gibt es verschiedenartige Begabungen und Entwicklungsstufen in den einzelnen Völkern, was aber keine Werthierarchie begründet.

An dieser Stelle soll auf die Verstrickungen in der Wortwahl von C.G. Jung im Rahmen des persönlichen Konfliktes mit S. Freud hingewiesen werden. Jung hatte sich mit seinem Archetypenkonzept von der auf das persönliche Unbewusste und den Trieb bezogenen Psychologie Freuds entfernt, was dieser ihm nie verzieh, weil er in Jung zunächst seinen wichtigsten Schüler und geistigen Ziehsohn gesehen hatte. Jungs großer Fehler war es, in der zunehmend polemischen Auseinandersetzung mit Freud, der Jude war, ein „germanisches Unbewusstes" nicht ganz wertfrei einem „jüdischen Unbewussten" gegenüberzustellen. Das ist fatal angesichts der Schändlichkeiten, die später den Juden in Deutschland geschehen sollten. Jung wurde in erster Linie deshalb eine Nähe zum Nationalsozialismus unterstellt.[5] Seine Schnitzer gehören aber in den Kontext des Streits mit Freud, der immer stärker von Animositäten und Kränkungen geprägt wurde. Dennoch sind die Ausrutscher Jungs, der kein Antisemit war, schwer verzeihlich, auch wenn man ihm bestimmt nicht nachsagen kann, dass er etwa Sympathie für Hitler empfunden hätte, den er schonungslos als eine pathologische Persönlichkeit mit stark hysterischem Anteil diagnostizierte.[6]

Jung sah seinen Fauxpas bald ein und konzedierte: „Ich bin ausgerutscht"[7], doch aufgrund dieser Vorgeschichte war es lange Zeit nicht möglich, seine Theorie vom kollektiven Unbewussten und dessen Anwendung auf ethnische oder kulturelle Teile der Menschheit angemessen zu würdigen. Dies erscheint erst in neuerer Zeit möglich, nachdem sich viele für dieses Konzept sprechende wissenschaftliche Indizien und insbesondere naturwissenschaftliche Belege gehäuft haben.[8]

Wie sieht das kollektive psychische Feld in Deutschland aus?

Auch für uns Deutsche gilt also die Wirksamkeit eines gemeinsamen kollektiven Feldes, das über die Jahrhunderte eine gewisse Kontinuität hat und sich nur langsam wandelt. Eine solche Vorstellung hatte offenbar schon Leopold von Ranke, einer der bedeutendsten deutschen Historiker. Sein im Grunde ähnliches Denken kommt in folgenden Sätzen zum Ausdruck, in denen er das „Vaterland" nicht irgendwo außen lokalisiert: „Unser Vaterland ist vielmehr mit uns, in uns. Deutschland lebt in uns; wir stellen es dar, mögen wir wollen oder nicht, in jedem Lande, dahin wir uns verfügen, unter jeder Zone. Dieses geheime Etwas, das den Geringsten erfüllt wie den Vornehmsten – diese geistige Luft, die wir ein- und ausatmen –, geht aller Verfassung vorher, belebt und erfüllt alle ihre Formen."[9] Auch wenn die Wortwahl veraltet ist, klingt darin doch die Idee des kollektiven Feldes an, an dem jeder Einzelne partizipiert und das in jedem Einzelnen repräsentiert ist.

Bei allen Veränderungen über die Zeit hinweg wirken viele unserer Charakteristika unterschwellig lange fort und leben als deutsche Grundmerkmale in uns weiter, die heute nur zeitgemäß verpackt und rein äußerlich an die moderne Welt angepasst sind. Auch wenn wir als Deutsche letzten Endes wie alle Menschen am gesamtmenschheitlichen Feld und Unbewussten partizipieren, so gibt es doch die spezifisch *deutschen* Färbungen und Betonungen, typische Ausgestaltungen und repräsentative Besonderheiten, die eben nur uns zu eigen sind.

Welche Einflüsse prägen das kollektive Feld in Deutschland? Ganz am Anfang stehen der mythologische Unterbau der germanischen Mythen sowie andere frühe Schichten. Hinzu kommt der Gang der Geschichte, kommen die historischen Ereignisse, die einerseits von unserer Wesensart ein gewichtiges Stück bestimmt waren und andererseits eine Rückwirkung auf die Kollektivpsyche haben. Konditionierend in diesem Sinne sind selbst weit zurückliegende Vorgänge wie die keltische Besiedlung in Süddeutschland sowie dessen Kolonisierung durch die Römer, die später als anderswo erfolgte Christianisierung Germaniens, ethnische Wanderungen und Bewegungen sowie Kriege und religiöse Umstellungen.

Ein bedeutendes kollektives Trauma während des Übergangs vom Mittelalter zur Neuzeit war der Dreißigjährige Krieg. Michael Stürmer nennt den von 1618–1648 währenden Religionskrieg und Staatenkonflikt „die existentielle Katastrophe des neuzeitlichen Deutschland, ohne deren Begreifen die ganze nachfolgende Geschichte keinen Sinn ergibt."[10] Seit Bestehen eines deutschen Nationalstaats sind der erste und Zweite Weltkrieg Einschnitte von überragender Bedeutung. All diese Großkriegsereignisse haben deutliche Spuren im Unbewussten Deutschlands hinterlassen, wobei besonders die NS-Zeit mit ihren Verbrechen und das Jahr 1945 einen traumatischen Komplex darstellen.

Von den weiteren konditionierenden Faktoren, die Problembereiche darstellen, wurden einige schon in den eingangs dargelegten Hauptthesen genannt die die Bevorzugung des Denkens, das im Vergleich dazu rudimentäre Fühlen, die Vater-Autoritäts-Problematik und die auf dem mythologischen Fundament basierende Weltuntergangsangst. Auch die introvertierte Wesensart mit ihrer Tendenz der Ausrichtung nach innen, die Betonung des Geistigen und ein faustischer Forscherdrang sind hier zu erwähnen, die teilweise von großem positiven Potential sind.

Vieles davon ist uns nicht bewusst, und so sind diese Aspekte der deutschen Kollektivpsyche schwerpunktmäßig im Unbewussten angesiedelt. Darunter fallen verdrängte traumatische Erlebnisse, tiefere Komplexe oder die frühen, nicht mehr kulturell gelebten mythologischen Schichten. Sie strahlen aber von dort „unten" auf das aktuelle Bewusstsein aus. Dieser letztere Teil des gemeinsamen Feldes ist uns also weitgehend unbekannt. So ist uns Deutschen z.B. nicht wirklich zugänglich, dass wir unbewusst von Todes- und Untergangsphantasien beherrscht sind; wir halten unsere Befürchtungen für gerechtfertigt und verstehen oft nicht, dass andere Nationen unsere Auffassung und Ängste nicht teilen. Zu diesem unbewussten Bereich bekommen wir nur über indirekte oder symbolische Quellen Zugang, z.B. über die tradierten Reste der Mythen, oder wir finden zu ihm über eine profunde Analyse der Vorgänge in unserem Land.

Die erwähnten psychologischen Faktoren und konstituierenden Momente machen für das jeweilige Volk das aus, was man „Nationalcharakter" nennt. Wir sind nach den Missbrauchserfahrungen der Vergangenheit in Hinblick auf Pauschalaussagen und Generalisierungen mit Recht vorsichtig geworden, doch ich finde, dass wir heute im Bewusstsein all dessen und mit dem gewonnenen Abstand es wagen dürfen, mit einem vergleichenden psychologischen Blick auf die Nationen bestimmte Kriterien und Eigenschaften herauszuarbeiten. Dies jedoch, ohne es – um dies noch einmal zu betonen – mit einem Werturteil zu verbinden. Allenfalls können wir von Entwicklungsstadien sprechen, was aber keine Minderbewertung der früheren Stufe bedeutet, auf der ja die folgenden Stufen aufbauen. Ein solches Gesamturteil, wie ich es hier bezogen auf die deutsche Psychologie versuche, ist wie ein Schauen mit nicht-fixierenden Augen, bei dem man ganzheitlich die dominierenden Konturen und Strukturen erfasst und von allen divergierenden Details absieht.

Dabei ist es gar nicht so einfach, Aussagen über sich selbst zu machen, wenn wir die deutsche Psychologie in den Blick nehmen wollen. Wir befinden uns ja alle im gleichen kollektiven Feld, das uns selbstverständlich ist und uns meist gar nicht als etwas Verschiedenartiges von anderen Nationalitäten auffällt. Ferner ist es schmerzlich und unangenehm, sich z.B. unsere Mankos einzugestehen, was alle Menschen lieber tunlichst vermeiden. Um uns zu erkennen, müssten wir sozusagen von außen „über den Zaun gucken". Wir brauchen also Abstand und einen Spiegel. Mir haben dabei Auslandsreisen geholfen, bei denen mir besonders in den ersten Tagen, bevor es zu einer Gewöhnung kam, jeweils die Andersartigkeiten krass auffielen.

Psychologische Geschichtsbetrachtung und Kulturpsychologie

Auch wenn ich viel auf geschichtliche Zusammenhänge eingehen und besonders die Politik Deutschlands vor den beiden Weltkriegen schildern werde, so bin ich doch kein Historiker. Ich berufe mich stattdessen auf renommierte Geschichtswissenschaftler und -vermittler, die dieses Gebiet beackert und lesenswerte Werke darüber geschaffen haben wie z.B. Gordon A. Craig, Joachim Fest, Sebastian Haffner und Christian Graf von Krockow. Mein eigener Blick ist dagegen ein psychologischer und insbesondere tiefenpsychologischer, den ich auf die historischen Tatsachen richte.

Bedeutende Geschichtsschreiber haben schon immer psychologische Aspekte anerkannt und ein Auge dafür gehabt. Beispielsweise kommt Joachim Fest, der eine biografische Geschichtsschreibung favorisiert und die geschichtsträchtige, historisch große Person und ihre seelische Beschaffenheit beleuchtet, diesem Anspruch entgegen. Gordon Craig, der eine ausgesprochen emotionale Historiografie durchführt, also vornehmlich auf die Gefühlsparameter in der Politik und die gefühlsmäßigen Beziehungen der Staaten und Staatsmänner untereinander eingeht, leistet einen noch kaum gewürdigten Beitrag zur Psychologie der Geschichte, nämlich in Hinblick auf das Fühlen. Überhaupt werden allmählich immer offensichtlicher und zielstrebiger psychologische Sichtweisen einbezogen.

Mein Ansatz, der die Tiefenpsychologie C.G. Jungs an die zentrale Stelle setzt, basiert auf zwei Grundkonzepten aus seinem Werk. Erstens auf dem von ihm erarbeiteten Wissen über die vier Orientierungsfunktionen Denken, Fühlen, Empfinden (sinnliche Wahrnehmung) und Intuieren, auch als Grundfunktionen des Ich bezeichnet, weil das Ichbewusstsein sich damit orientiert. Doch diese Funktionen reichen auch ins Vor- und Unbewusste und werden von diesem beeinflusst. Zweitens basiert mein Ansatz auf dem Konzept des schon genannten kollektiven Unbewussten und der Archetypenlehre. Durch die psychologischen Entdeckungen von Freud und Jung, die noch längst nicht ausgeschöpft sind, haben wir heute ein fundiertes Wissen über das persönliche und das kollektive Unbewusste, über unbewusste Komplexe und die symbolisch-psychologische Bedeutung der Mythen. Indem ich diese Fäden aufgenommen und weitergesponnen habe, bin ich in Hinblick auf die deutsche Psychologie zu den hier vorgelegten Ergebnissen gekommen. Ohne diese beiden Pioniere der Tiefenpsychologie und besonders durch das Werk von Jung und das durch ihn errichtete Fundament und bereitgestellte Rüstzeug wäre diese Arbeit nicht möglich gewesen.

Die Anwendung dieses Handwerkzeugs auf die Historie und auf alle Äußerungsformen einer Nation oder einer Kultur stellt in mancher Hinsicht ein Novum dar. Was ich unternehme, ist ein Beitrag zu einer tiefenpsychologischen Geschichtsbetrachtung bzw. zu einer solchen Kulturpsychologie. Das Objekt einer derartigen Wissenschaft ist nicht mehr das Individuum, der einzelne Mensch, sondern eine ganze Population, eine Gesellschaft, ein Kollektiv unter Einbezug des kollektiven Unbewussten. Ich finde, dass durch die tiefenpsychologische Beleuchtung der historischen Phänomene und der Bewusstseinsentwicklung die Historie interessant und geradezu faszinierend wird und ein neues Geschichtsbewusstsein angeregt werden kann. Diese Sicht macht endgültig Schluss mit dem Vergessen der Geschichte, das zeitgenössische Mahner wie Christian Graf von Krockow als lebensgefährlich ansehen. Und wenn dieser Autor in seinem Buch „Die Zukunft der Geschichte"[11] fragt, welche Bedeutung die Geschichte in der Zukunft für uns haben könnte, so liegt eine Antwort in dieser psychologischen Geschichts- und Kulturbetrachtung, auf deren weitgehend unbekanntem Terrain es noch viel zu erforschen und zu entdecken gibt.

Kapitel 2
Die gebrochene Identität

Was wird bloß aus unsern Träumen
In diesem zerrissnen Land
Die Wunden wollen nicht zugehn
Unter dem Dreckverband

Wolf Biermann[12]

Kann man sich als Deutsche oder Deutscher selbst lieben?

Angefangen mit dem Sommermärchen der WM 2006 und den nachfolgenden Weltmeisterschaften gab es nie gesehene Bilder in Deutschland. Junge Menschen mit Zylindern oder anderem Kopfschmuck in den Farben der deutschen Trikolore, die Gesichter und Haare schwarz-rot-gold bemalt, mit Deutschlandfahnen um den Körper gewickelt oder diese schwenkend, fuhren jeweils nach den gewonnenen Spielen begeistert, ausgelassen und sich und die Nationalmannschaft feiernd durch die Straßen. Ein friedliches und lustiges Flaggezeigen im Verein mit anderen Nationalitäten, wie es in der Bundesrepublik neu war. Hier konnte sich ein lange unterdrücktes und bislang zwiespältiges Nationalgefühl – ich möchte lieber sagen eine Nationalfreude – erstmals in einer guten Weise einen Weg bahnen. Der Beginn einer Veränderung hin zur Normalität? Ein Anfang, ja, und ein hoffnungsvolles Anzeichen. Etwas aus der Psyche Deutschlands will nach oben, doch dass es unter der Oberfläche noch nicht ganz so gut aussieht, dafür sprechen verschiedene Beobachtungen.

Vor einiger Zeit konnte ich bei einem 14-jährigen Mächen Folgendes miterleben: Sie hatte sich in einem Secondhand-Shop ein Arbeitshemd und eine Tarnjacke der Bundeswehr gekauft und war ganz zufrieden damit, bis auf eine Kleinigkeit. Mit einem bedauernden Blick auf die Schulter und die dort angenähte deutsche Flagge sagte sie, dass sie das irgendwie übernähen oder mit einer anderen Flagge austauschen müsse.

Eine andere Episode: Ein ebenfalls weiblicher Teenager kommt strahlend von einem Einkauf zur ihrer Mutter zurück und meint, dass sie ein „schönes

T-Shirt" gekauft habe, das sie nun hervorholt. Es ist ganz schwarz und zeigt auf der Vorderseite unter der Aufschrift „Heavy Metal" groß einen Totenkopf aus aufgenähten glänzenden Pailletten.

Ein drittes Beispiel: In einer anderen Familie stellen die Eltern fest, dass ihr 7-jähriger Sohn eine Piratenfahne mit dem gleichen Symbol des Todes an seine Zimmertür geheftet hat.

Solche und ähnliche Begebenheiten konnten einem vielerorts in Deutschland auffallen, auch wenn sie langsam seltener werden. Sie sind höchst symbolisch. Es war lange Zeit kein Problem, mit einer amerikanischen oder einer britischen Flagge an der Kleidung herumzulaufen, doch die deutsche war – abgesehen von der Episode der Fußball-WM und außer bei sonstigen länderübergreifenden Wettkämpfen – bis vor kurzem schon in der jüngsten Generation immer noch weitgehend tabu. Wir konnten und teilweise können im Grunde noch nicht wirklich und beständig „Flagge zeigen", d.h. zu unserer deutschen Identität stehen.

Der Totenkopf – ein weitverbreitetes Emblem nicht nur, aber besonders in Deutschland – wurde mit Stolz von der SS und ihren Totenkopfverbänden getragen. Todessymbolik und Todessehnsucht hatten in der Tat lange Zeit eine große Bedeutung in Deutschland. Und manchmal besteht noch eine geheime Verbindung zwischen heute und der Zeit vor über 70 Jahren und weiter zurück, was unbewusst durch den Gestus einiger junger Menschen aufrechterhalten wird? Sollte das Sinnbild des Todes – um hier nur ein Phänomen beispielhaft zu nennen – ein Kennzeichen der deutschen Psychologie sein, das sich durch die Generationen zieht? Grüßen hier sozusagen die Toten, die noch nicht zur Ruhe gekommen sind, die Ermordeten und die im Krieg Getöteten?

Im Oktober 2006 „spielten" Bundeswehrsoldaten in Afghanistan mit gefundenen Knochen und Schädeln. Der Aufruhr in Deutschland hat aus tiefenpsychologischer Sicht möglicherweise mit der unterschwelligen Verbindung und dem Wissen um ähnliche makabre Aktionen der SS zu tun.

Ich bin der Meinung und möchte dies in diesem Buch aufzeigen, dass wir alle – und am ungeschütztesten die unter Zwanzigjährigen – die Atmosphäre unserer Gesellschaft aufnehmen und von ihren unbewussten Energien beeinflusst und geprägt sind. Das offenbart sich vor allem in der Zwiespältigkeit der eigenen nationalen Identität gegenüber, besonders seit 1945. Jahrzehntelang habe ich das Leiden am mangelnden nationalen Selbstwertgefühl hierzulande und eine überall wahrnehmbare Gebrochenheit beobachten können, wie sie sich mir direkt in Form von Scheu und Befangenheit oder indirekt in der Kehrform von Selbstüberhebung und vorgetäuschter Selbstsicherheit zeigte. Viele schämten sich, Deutsche zu sein – besonders in der zweiten Hälfte des letzten Jahrhunderts war das so, aber auch heute ist dies noch nicht vollständig überwunden – und bewegten sich im Ausland mit einem untergründigen Minderwertigkeitsgefühl.

Dies fällt uns selbst häufig gar nicht mehr auf, sticht aber Ausländern deutlich ins Auge. So schildert der dunkelhäutige Asfa-Wossen Asserate in seinem Buch *Manieren,* wie er mit Erstaunen feststellen musste, dass dieses von Äthiopien und ganz Afrika so geschätzte Deutschland sich selbst ganz misstrauisch und kleinmütig sah:

„Unvergesslich ist mir ein Erlebnis in Paris, wo ich mit französischen Freunden, die sehr gut Deutsch sprachen, eine Ausstellung besuchte. Wir beugten uns gemeinsam über eine Vitrine und tauschten uns auf Deutsch darüber aus, was wir sahen, als mich von hinten eine deutsche Dame, dem Aussehen nach eine Intellektuelle, anstieß und mir zuraunte: „Sprechen Sie doch nicht so laut, es merkt ja jeder, dass Sie Deutsche sind!" Als ich mich umdrehte, war ihr Erschrecken größer als das des Papageno beim Anblick des Monostatos."[13]

Inzwischen werden solche Beobachtungen seltener. Ich konnte aber über eine lange Zeit ähnliche Erfahrungen machen und Eindrücke, Gedanken und Ideen sammeln, die mir viele Erscheinungen in Deutschland in ihrer Bedeutung erhellten und die sich schließlich zu Thesen verdichteten. Ich begriff eines Tages auch, dass in diesem Konfliktstoff und Gefühlschaos, das mit der Frage der deutschen Identität verbunden ist, eine lohnenswerte Aufgabe und eine große Chance stecken. Ich begann, mein Unbehagen ernst zu nehmen und beschloss, ihm auf die Spur zu kommen.

Wenn wir uns selbst überprüfen, wie die eigene Beziehung zu unserem Land ist, stoßen wir oft auf schwierige Gefühle. Hier gelangen wir sofort zum Kern: Wir haben es oft noch schwer, uns selbst und unser Land zu mögen. Ich für meinen Teil habe lange gespürt, dass ich da einen inneren Graben überwinden musste. Dieses Gefühl stellte sich früher schon dann ein, wenn ich mich darauf besann, Deutscher zu sein. Wahrscheinlich können mir dies – zumindest in der Vergangenheit – meine „Mitdeutschen" nachfühlen, wenn sie bei solchen Aussagen nach innen lauschen und sich auf ihr Feinempfinden einlassen.

Noch bis vor 10 Jahren konnten wir da innerlich auf eine gefühlsmäßige Irritation stoßen, wenn man sich vorsagte: „Ich liebe die Deutschen" oder „Ich liebe mich als Deutsche(r)". Sehr schnell stieß man auf die Kluft, die zwischen uns und einem normalen, unbefangenen kollektiven Selbstverständnis liegt. An diesem Punkt gab es ein inneres Holpern und Stolpern, eine Art Abgrund, der sich dort auftat, wie leicht zu spüren war.

Ich möchte im Folgenden diese nur zum Teil überwundenen diffizilen und wunden Stellen ausleuchten und auf diese Weise weiter dazu beitragen, die Lücke in unserer deutschen Identität aufzufüllen, zu überbrücken und endlich zu schließen. Einfach darüber hinwegzugehen und so zu tun, als wäre da nichts, geht nicht. Wir hatten erst das Problem jahrzehntelang mehr oder weniger verdrängt oder eine falsche Sicherheit vorgeschützt. Dann wurde die Zeit reif für eine profunde Aufarbeitung und Selbstreflexion. Es ist zu würdigen, dass wir bei dieser Aufgabe schon viel geleistet haben.

Eine gestörte nationale Identität zeigt sich vornehmlich darin, dass sich die oder der einzelne Angehörige einer Nation im Grunde selber nicht mag. Das war so bei uns und deshalb mochten wir Deutsche uns auch gegenseitig nicht besonders. Frühere Hauruck-Versuche, einen beschwingten Patriotismus einzuführen, haben das nicht ändern können. Wir haben es in unserem Land mit uns selbst nicht gut ausgehalten. Das könnte auch eine Triebfeder gewesen sein, warum wir in punkto Reisen an der Weltspitze lagen und noch liegen; natürlich ermöglicht uns das auch unsere wirtschaftliche Wohlhabenheit. Wir sind darüber hinaus sehr entdeckungsfreudig und aufgeschlossen Neuem gegenüber, haben Bildungs- und Sonnenhunger und sind schon von daher sehr reiselustig. Doch flohen und fliehen wir nicht im Urlaub auch deshalb ins Ausland, um uns von dem irgendwie rauen und feindseligen Klima hierzulande zu erholen? Viele von uns mochten noch dazu am Ferienort möglichst keinen anderen Deutschen begegnen. Das heißt, wir wollten endlich einmal nicht an uns, unser Wesen und unsere Problematiken erinnert werden. Wie gesagt, ändert sich das alles langsam.

Die Wir-Vermeidung

Neben dem eingangs Erwähnten gibt es noch andere und alltäglichere Signale, die das distanzierte oder gebrochene Verhältnis von uns Deutschen zu uns selbst anzeigen. Ein solches unspektakuläres Zeichen dafür ist, dass wir uns scheuen, „wir" zu sagen. Da heißt es in den Nachrichtensendungen, in der Politik, beim Sport oder bei Wirtschaftsthemen: „Im Länderspiel gegen … haben *die Deutschen* so und so gespielt." Oder: „Der Exportüberschuss *der Deutschen* liegt in diesem Jahr bei … ." Zum Teil wird über *die Deutschen* gesprochen, als handele es sich um eine von uns entfernte, interessiert-distanziert zu betrachtende Spezies, mit der wir im Grunde nicht viel zu tun haben. Wir vergessen, dass wir von uns selbst reden. Wir konnten oder können uns eben nicht so recht mit diesem Land und seinen Menschen identifizieren. Ich möchte in der Hinsicht eine Zäsur setzen und wieder mehr „wir" sagen. [14]

Dabei bin ich mir darüber im Klaren, dass die Wir-Vermeidung vor allem daher rührt, dass das Wir-Gefühl vormals fragwürdigen Zielen diente oder manipulativ und missbräuchlich verwandt wurde. Im Ersten und Zweiten Weltkrieg entstand unter der Mehrheit der Bevölkerung eine mitreißende Begeisterung, die die Menschen zu einer verschworenen Gemeinschaft zusammenschweißte. 1914 ergab sich dies spontan, 20 Jahre später wurde es propagandistisch geschürt. Es kam in Sätzen zum Ausdruck wie: „Wir werden den Engländer, den Franzosen, den Russen schon schlagen", oder: „Wir nehmen es mit jedem Land der Welt auf." Dieser einstige wilhelminische Hurra-Patriotismus und dieses „Ein Volk, ein Reich, ein Führer" aus den 30er-Jahren haben uns Heutige gegen jegliche rauschhafte Massensolidarisierung, die zu jenen Zeiten zu einer kollektiven Psychose ausuferte, immunisiert und mit Recht vorsichtig werden lassen.

Es gibt kein Zurück zu dieser Art eines Wir, wo es heißt: „Der Einzelne ist nichts, dein Volk ist alles", keine Rückkehr in ein dumpfes Aufgehen in der Gesamtheit. Es darf keine Auflösung der Individualität mehr stattfinden. Sonst wäre es psychologisch gesprochen eine *Regression,* ein Rückschritt in ein früheres Bewusstsein, wie es ja im „Dritten Reich" auch tatsächlich passiert ist. Hier wurden das Ich bzw. der Einzelne der Volksgemeinschaft sowie das eigenständige Denken von vielen Deutschen dem „Führer" geopfert. Latent besteht bis heute noch eine gewisse Angst vor solch einer Regression. Vielleicht ist das auch einer der Gründe, warum das „Wir" bisher weitgehend vermieden wurde. Vielleicht sind wir in unserer Individualität, in unserem Ichbewusstsein noch nicht so stark, als dass wir ohne eine vage Furcht vor Ich-Auflösung „wir" sagen könnten. Die Schwierigkeit, sich mit seinem Land zu identifizieren, hängt bei uns also auch mit diesem unterschwelligen Unbehagen zusammen, sich wieder im Allgefühl der Masse verlieren zu können.

Die Errungenschaft des modernen Individuums mit seiner Autonomie darf natürlich nicht angetastet werden. Nur auf der Basis eines gesicherten Ich – dazu gehören innere Freiheit, Selbstbestimmung und echte Entscheidungsfähigkeit – können wir uns zu unserer Teilhabe an der Kollektivpsyche bekennen und bezüglich unserer Zugehörigkeit zu einer Nation wieder freimütiger „wir" sagen.[15] Wir tun es dann als fortschrittliche Bürgerinnen und Bürger und aus freien Stücken und nehmen damit unseren Anteil am kollektiven Feld und die Verantwortung für das Ganze auf uns.

Die Bewusstseinsentwicklung vom archaischen Wir zum Ich

Es ist wichtig zu wissen, dass sich in der Geschichte und Entwicklung der Völker das Ich des modernen Menschen erst mit der Zeit und erst ab einer gewissen Bewusstseinsstärke aus dem Gruppenbewusstsein, dem ursprünglichen archaischen Wir-Gefühl, herauskristallisiert hat. Dies geschieht analog der Kindesentwicklung: Das kleine Menschenwesen lernt im Laufe des dritten Lebensjahres „ich" zu sagen. Davor redet es in der dritten Person von „Charlotte" oder „Fabian", wenn es von sich selbst spricht, z.B. in der Form: „Charlotte will spielen." Das Bewusstsein des Kleinkinds ist noch Teil des Familien- oder Gruppenbewusstseins und noch nicht deutlich von den Elternpersonen abgegrenzt. Es schwebt sozusagen noch über dem Kollektiv und hat sich noch nicht als Ichbewusstsein in die entsprechende Person niedergelassen. Genau dies ist auch der ursprüngliche Zustand bei einem urtümlichen Stamm oder Naturvolk. Auch hier schält sich das Einzel-Ich erst in einem langsamen Prozess aus dem kollektiven Feld heraus.

Menschheitsgeschichtlich ist die Herausbildung eines gesicherten Ich z.B. in der griechischen Klassik zu verorten, doch es handelt sich um einen langsamen graduellen Prozess mit vielen Vor- und Rückschritten. Die ersten Ansätze eines Ichbewusstseins in deutschen Landen sind zur Zeit der römischen Kolonisation und dann wieder im späten Mittelalter zu suchen. Doch erst seit der Neuzeit und besonders mit dem Fortgang des deutschen Nationalstaats bis zur Weimarer Zeit hatten sich in Deutschland mehr und mehr ein modernes Ichbewusstsein und ein Bürgerbewusstsein entwickelt, das 1933–1945 teilweise wieder regressiv und rückwärtsgewandt der anonymen Volksgemeinschaft geopfert werden musste. Man war Arier, es zählten Rasse und Blut, man war eine Partikel des Volksorganismus und nicht mehr der freie einzelne Mensch. Auf dem Hintergrund dieser Geschichte ist eine ängstliche Vorsicht beim „Wir" begreiflich.

Es ist aber etwas völlig anderes, aus einem gesicherten und starken Ich heraus sich freiwillig zu einer übergeordneten Einheit und einem neuen Wir zu bekennen. Hier ist es nichts Archaisch-Unbewusstes mehr, sondern eine bewusste Zuordnung zu einem größeren Ganzen auf der Basis der Individualität. So kann ein modernes nationales Bewusstsein entstehen, erst einmal als Deutsche, in weiteren Schritten kann dann die Entwicklung zu einem europäischen und schließlich globalen Bewusstsein gehen. Einzelne weit vorausdenkende Individuen haben sich hier schon früh in der Geschichte zum Weltbürger, also zu diesem globalen oder kosmopolitischen Bewusstsein, bekannt.

Das große Hin und Her

Die bei uns lange bestehende Unausgegorenheit hinsichtlich der nationalen Identität wird auch an dem großen Hin und Her deutlich, das beim Wechsel der Zentren oder Regierungssitze, bei den ständigen Änderungen der Staatsfeiertage und beim mehrfachen Ummodeln der Staatsflagge veranstaltet wurde. Nirgends gab es Beständigkeit.

... bei Zentren und beim Nationalfeiertag

Man schaue sich nur an, wie die Zentren im Verlaufe der historischen Entwicklung wechselten. Zu einer richtigen Hauptstadt kam es erst spät. Im Heiligen Römischen Reich, das ja bis 1806 bestand, tagte der Reichstag bis Mitte des 17. Jahrhundert erst in verschiedenen Städten wie Worms, Aachen, Augsburg, Würzburg und anderen, bis er sich als Immerwährender Reichstag in Regensburg niederließ. Die Bundesversammlung des Deutschen Bundes (1815–1866) trat in Frankfurt am Main zusammen. Lange konkurrierten Wien als Sitz des österreichischen Kaisers und Zentrum des südlichen Deutschlands und Berlin, die Residenz des preußischen Königs und Zentrum des nördlichen Deutschlands, miteinander. Berlin wurde schließlich Hauptstadt des zweiten Kaiserreichs und blieb es über die Weimarer Republik und Hitlerdeutschland hinweg, bis mit der Bundesrepublik Bonn zur „Ersatz-Hauptstadt" wurde. Nach der Wiedervereinigung und dem Ende des Viermächtestatus wurde schließlich Berlin wieder gesamtdeutscher Regierungssitz.

Noch unübersichtlicher verhält es sich mit den Nationalfeiertagen, die ja besonders reflektieren, auf welchen „Gründungsmythos" oder auf welche identitätsstiftenden Traditionen sich ein Land bezieht. Im Kaiserreich war der *Sedanstag* am 2. September nationaler Feiertag, an dem der Sieg über die Franzosen bei Sedan 1870 bejubelt wurde. Man bezog sich also auf die Überwindung eines Feindes, nicht auf etwas Eigenes. Warum wurde nicht wenigstens der Tag der Reichsgründung zugrunde gelegt? In der Weimarer Republik gab es einen auf das Jahr 1919 zurückgehenden Verfassungstag. Unter Hitler wurden der Tag der Machtergreifung, sein Geburtstag und die Reichsparteitage groß gefeiert. Danach kam als bundesrepublikanischer Gedenktag der 17. Juni, der an den Aufstand in der DDR 1953 erinnerte.

Unser heutiger Nationalfeiertag am 3. Oktober wird erst seit 1991 begangen. In diesem Zusammenhang plädieren einzelne Historiker mit gewissem Recht, dass der 9. November als „Schicksalstag der Deutschen" – wie es heißt – ein adäquaterer Feiertag wäre. Der 9.11. ist schon mit der scheiternden Revolution von 1848 verknüpft, hier war der Höhepunkt der Novemberrevolution 1918, als der Sozialdemokrat Philipp Scheidemann nach dem verlorenen Krieg die Republik ausrief, hier war 1923 der Putschversuch von Hitler und Ludendorff in München, hier fand die Reichspogromnacht von 1938 statt, hier fiel 1989 die Mauer und begann die Wiedervereinigung. Dieses Datum wäre ein Licht und Schatten umfassender Nationaltag gewesen. Dann hätten wir uns insgesamt immerhin auf ca. 160 Jahre rückbeziehen können.

In anderen Nationen ist die Rückidentifikation bis weit in die eigene Geschichtstiefe ganz selbstverständlich. Sie reicht bei den Engländern mindestens bis zur *Magna Charta Libertatum* von 1215 zurück, in der erste wichtige Freiheitsrechte verankert wurden. Die Rückbesinnung der Amerikaner geht ohne Bruch bis zur Gründung der Vereinigten Staaten mit der Unabhängigkeitserklärung von 1776 und darüber hinaus. Bei den Franzosen ist die Revolution von 1789 mit ihren Freiheitsrufen bis heute ein wichtiger Identifikationsfaktor. Auch Napoleon und die 1200 Jahre währende Monarchie davor sind ein fester Bestandteil des Nationalbewusstseins unseres westlichen Nachbars. Irland erinnert sich mit seinem *St. Patrick's Day* sogar bis ins 5. Jahrhundert zurück.

... bei der Flagge

Die Unsicherheit in der Identität zeigt sich desgleichen bei den Reichs- oder Staatsflaggen. Auch hier das „Rin in die Kartoffeln – raus aus den Kartoffeln", auch hier Unbeständigkeit, auch hier gab es nichts, womit man sich über die Jahrhunderte hinweg durchgängig hätte identifizieren können. Nur der Adler zieht sich – zwar in wechselnder Form – als konstantes Merkmal durch unsere Wappengeschichte, doch die Fahnen wechselten.

Da ich immer wieder Länderabzeichen und Ähnliches symbolisch interpretieren werde, hier vorweg ein grundsätzliches Wort zur tiefenpsychologischen Deutung von Wappen und Flaggen. Ähnlich wie von Patienten unbewusst gemalte Bilder, die in der Psychotherapie einbezogen, auf ihren tieferen Gehalt hin untersucht und für den Fortgang der Behandlung genutzt werden, so tragen auch Wappendarstellungen und die Farbgebung und Gestaltung bei Flaggen vorbewusste Botschaften. Die heraldischen (wappenkundlichen) Wiedergaben sind nämlich nicht zufällig oder von Einzelnen willkürlich gesetzt, sondern beruhen auf einem stillschweigenden Konsens der Großgruppe und sind damit Ausdruck des kollektiven Felds dieser Gruppe. Nur wenn die Ausformung der Abzeichen dem Unbewussten des jeweiligen Kollektivs entspricht, setzen sie sich durch und können sich halten. Es haben also auch scheinbar bewusst geschaffene Zeichen auf einer darunterliegenden Ebene einen unbewussten Symbolcharakter. Dabei widerspricht – wie wir sehen werden – die tiefenpsychologische Interpretation oft der bewussten Ebene, auf der man eine bestimmte Bedeutung des Zeichens beabsichtigte; die psychologische Sichtweise ist somit nicht unbedingt gleichsinnig mit der heraldischen.

Abbildung 2: Flagge beim Hambacher Fest

Die Farbgebung der heutigen Schwarz-Rot-Gold-Fahne weist zurück in die Heraldik des Alten Reiches, wo es bereits im 12. Jahrhundert einen schwarzen Adler auf goldenem Grund gab und ab dem 14. Jahrhundert das Rot an den Fängen und am Schnabel hinzukam. Der früheste Nachweis findet sich in der *Manesseschen Liederhandschrift* aus der Zeit um 1300. Später gesellte sich Gelb dazu, und ab 1815 wurde von den Burschenschaften in Hinblick auf die Einheit Deutschlands ein dreifarbiger Wimpel aufgegriffen. Beim *Hambacher Fest* 1832 wurde dann erstmals diese schwarz-rot-goldene Fahne als Nationalemblem vor einer großen Öffentlichkeit gehisst (siehe Abb. 2).

Kurioserweise wurde sie genau anders herum eingeführt, wie wir sie heute zeigen: Gold war oben und Schwarz unten. Es ist faszinierend, dass die deutsche Trikolore damals so ausgerichtet wurde, wie es meiner Auffassung nach einem gewandelten deutschen Bewusstsein entsprechen könnte, wenn wir unsere „goldenen" Seiten mehr nach oben und außen kehren. Wie ich noch zeigen werde (siehe Schlusskapitel), drückt die Flagge in dieser Abfolge ihrer Farben eine positivere Symbolik aus, die offenbar als Anlage schon früh in diesem deutschen Emblem enthalten war. Es ist eine psychologische Allgemeinerfahrung, dass am Anfang im Grunde alles schon da ist, auch wenn es sich im frühen Stadium erst nur kurz oder andeutungsweise zeigt.

Das Schwarz-Rot-Gold (in der heutigen Farb-Reihenfolge) wurde schließlich zum Panier der Revolution von 1848. Im März jenes Jahres bestimmte der Bundestag des Deutschen Bundes in Frankfurt Schwarz, Rot und Gold als Bundesfarben. Die schwarz-rot-goldene Fahne wurde darauf sowohl in Wien als auch bei den revolutionären Ereignissen in Berlin gehisst, woraufhin das preußische Königspaar die Bundesfarben anerkannte und sich der freiheitlichen Bürgerbewegung anschloss. Im Herbst des gleichen Jahres wurden die drei Farben durch die deutsche Nationalversammlung zum nationalen Symbol erklärt.

Doch mit dem Scheitern der Revolution verschwand auch die Flagge wieder und nur die Reichsflotte führte sie noch bis zu ihrer Auflösung 1852, allerdings nicht international anerkannt, da sie niemals den anderen Staaten als gesamtdeutsches Symbol angezeigt worden war. Österreich aber, das bis dahin den Kaiser stellte, übernahm diese deutschen Farben und führte sie 1866 gegen Preußen ins Feld, wo es bekanntlich unterlag und den Weg zur Vorherrschaft Preußens und zur späteren Reichsgründung unter preußischer Führung freimachen musste. Preußen hatte bis dato ein schwarz-weißes Banner, das 1871 zum Schwarz-Weiß-Rot der damaligen Deutschlandfahne erweitert wurde.

In der Weimarer Republik hieß es wieder „Hü" mit Schwarz-Rot-Gold. Als Handelsflagge wurde sogar die alte „Kaiserfahne" Schwarz-Weiß-Rot, mit einem kleinen schwarz-rot-goldenen Rechteck in der oberen linken Ecke, beibehalten. Im „Dritten Reich" lautete es dann wieder „Hott" mit Schwarz-Weiß-Rot, das neben der Hakenkreuzfahne bestand. (Die Gold-Trikolore war damals für Hitler das unnachgiebig bekämpfte Zeichen des demokratischen Widerstands.) Ab 1935 wurde aber nur noch die Hakenkreuzflagge gehisst.

Schwarz-Weiß unter Aussparung aller Farben und Zwischentöne entspricht einem brüsken Unterscheidungsvermögen und lässt ein gewisses plakatives Alles-oder-nichts-Denken, ein „Schwarz-Weiß-Denken", durchblicken, das ja im Hitlerreich schließlich auf die Alternative „Weltmacht oder Untergang" verkürzt wurde. Schwarz-Weiß spricht mehr den Machtinstinkt an (das gilt auch für Schwarz-Weiß-Rot, deshalb diese Flagge unter Bismarck, Wilhelm

II. und Hitler) als die demokratische und freiheitliche Gold-Trikolore, die durch ihr Aussetzen im Zweiten und „Dritten Reich" übrigens durch keinen der beiden Weltkriege belastet ist.

Mit dem Grundgesetz der Bundesrepublik Deutschland 1949 wurde Schwarz-Rot-Gold wieder Nationalflagge, die im Bewusstsein der Menschen für Freiheit und Einheit stand. Auch die DDR übernahm die schwarz-rot-goldene Fahne, ein erstaunlicher Ausdruck der Einhelligkeit zumindest in dieser Frage – bzw. ein Zeichen der offiziell propagierten Einheitsbemühungen der DDR. Erst 10 Jahre nach ihrer Gründung, also 1959, setzte die DDR noch ihr Staatswappen, dieses runde „Logo" aus Hammer und Zirkel in einem Ährenkranz, auf das Banner. Nach der Maueröffnung trennten die Menschen in der untergehenden DDR das Wappenrund heraus, so dass es für eine kurze Zeit eine Deutschlandfahne mit einem kreisrunden Loch in der Mitte gab.

In der Bundesrepublik trug die deutsche Nationalmannschaft im Fußball bis vor kurzem meist ein rein schwarz-weißes Trikot. Erst seit einigen Jahren erscheint, erst verschämt und klein, mit der Zeit etwas deutlicher, auch die Dreifarbigkeit integriert in den Spielerdress. Bei den Fans ist es inzwischen längst üblich geworden, bei Wettkämpfen freizügiger und verschwenderischer mit den Nationalfarben umzugehen.

... bei der Nationalhymne

Ein Hin und Her gab es auch bei der Nationalhymne, bis Deutschland hier ebenfalls und schlussendlich seinen Stil und seinen Ausdruck fand, zu dem die Mehrheit stehen konnte. Auch auf diesem verschlungenen Weg offenbaren sich die Schwierigkeiten mit einer gemeinsamen Identität.

1871 mit der Gründung des ersten deutschen Nationalstaates wurde das Lied „Heil dir im Siegerkranz" – das an das imperiale Rom gemahnt – Nationalhymne, gesungen auf die Melodie von „God Save the Queen/King". Das heutige Deutschlandlied, dem eine Komposition von Haydn zugrunde gelegt ist, wurde von Hoffmann von Fallersleben 1841 als „Lied der Deutschen" auf Helgoland gedichtet. Es konnte sich aber in der ersten nationalen Bewegung ähnlich wie die Schwarz-Rot-Gold-Flagge nicht gegen das Preislied auf die Kaiserdynastie durchsetzen und wurde erst in der Weimarer Republik für das ganze Land verbindlich. Das ursprüngliche Deutschlandlied hatte drei Strophen, wobei die erste, „Deutschland, Deutschland über alles", für den tiefer

Schauenden von Anfang an doppelsinnig erscheint. Wenn auch die bewusste Intention war, mit den Zeilen auszudrücken, das Vaterland und seine Einigung über alles in der Welt zu lieben, so klingt doch darin schon an, sich als Deutsche über alle in der Welt zu stellen. Hybris und der Weltmachtgedanke sind hier schon – zumindest vorbewusst – angelegt. So konnte das Lied bereits im Kaiserreich, obwohl es nicht offiziell als Reichshymne akkreditiert war, und dann besonders unter Hitler mit nationalistischem Akzent gesungen werden, wobei allerdings im NS-Staat das Horst-Wessel-Lied („Die Fahne hoch, die Reihen fest geschlossen") als Selbstdarstellung der nationalsozialistischen Bewegung an die erste Stelle rückte. In der Bundesrepublik wurde das „Lied der Deutschen" wieder aufgegriffen, wobei nur noch die dritte Strophe angestimmt wird. Während die DDR mit „Auferstanden aus Ruinen" eine neue Hymne kreiert und intoniert hatte, wurde nach 1990 „Einigkeit und Recht und Freiheit" letztendlich für alle Deutschen verbindlich.

Doch erst wenn der Prozess der Selbstfindung und Konsolidierung zu einem guten Abschluss gekommen und sozusagen das Gold der Flagge nach oben gekehrt sind, kann unser Land nach all seinen Zickzack-, Irr- und Umwegen und der langen Unruhe „im Glanze dieses Glückes" dauerhaft blühen, wie es in der Nationalhymne so schön heißt. Dazu ist die vollständige Bewältigung des folgenden Traumas notwendig.

Ein Grund des Identitätsverlustes: Die NS-Verbrechen und das Trauma von 1945

Bei allen Versuchen, der deutschen Identität näherzukommen, waren wir immer wieder am Thema des Nationalsozialismus angeeckt. Es führt kein Weg daran vorbei, hier noch tiefer einzudringen und die NS-Zeit ganz und gar zu integrieren. Erst danach werden wir wieder zu einem umfänglicheren Verständnis unserer Geschichte gelangen und zu einer Verbundenheit mit ihr zurückfinden.

Inzwischen sind schon einige Schritte in diese Richtung geschehen, wie die Einführung einer oder eines Antisemitismus-Beauftragten oder die vielzähligen Besuche von Klassen in KZ-Gedenkstätten beweisen. Aber trotz aller Ansätze und Fortschritte der Aufarbeitung existiert immer noch ein gewisser unverarbeiteter Komplex, und die Wurzel unseres noch bestehenden Identitätsverlustes liegt zu einem ganz großen Teil bei diesem Trauma des deutschen

Faschismus mit dem millionenfachen Mord an den Juden, der Anzettelung des Zweiten Weltkriegs und dem sog. „Zusammenbruch", der Niederlage.

Nach vieljähriger Abschottung dieses brisanten Bereichs in der Anfangszeit der Bundesrepublik begannen wir langsam, genauer hinzugucken. Tröpfchenweise ließen wir mehr Fakten und Details in unser öffentliches Bewusstsein dringen und wir wagen es heute immer mehr, uns damit zu konfrontieren. Das sind positive Anzeichen. Doch noch ist das Thema ein Stück affektbesetzt und kann heftige Reaktionen – besonders bei der älteren Generation – auslösen, ein untrüglicher Fingerzeig, dass wir es mit einem Komplex zu tun haben, der erst zu einem Teil entlastet ist. „Auschwitz" als stellvertretender Ausdruck für alle Konzentrations- und Vernichtungslager ist immer noch eine extrem wunde Stelle in unserer Psyche und ein wichtiger Faktor, wenn nicht gar die Hauptursache für die deutsche Identitätsstörung und die Schambesetztheit. Die emotionalen Stellungnahmen zu Auschwitz und der NS-Zeit überhaupt sind polarisierend und reichen von „Kann man die Vergangenheit nicht endlich mal ruhen lassen!? Muss man das immer wieder aufrühren?" bis zu moralisierenden und anklagenden Äußerungen der Jüngeren, dass sich noch nichts geändert habe, dass das Nazi-Gedankengut noch immer fortwirke, usw.

Übrigens tun wir bei diesem Thema gut daran, in der Diskussion nicht zu sagen: „Die Nazis haben das getan. Hitler und seine Gefolgsleute sind die Schuldigen", sondern in Eigenverantwortlichkeit und Bescheidenheit auch hier „wir" zu sagen. Denn genau da liegt die Ursache der gestörten Identität und des Bruchs mit der eigenen Geschichte: Wenn wir uns an dieser Stelle aus der Pflicht nehmen und alles „den Nazis" zuschieben, zerreißen wir das Band historischer Kontinuität und finden kaum mehr den Anschluss an die Traditionen und kulturellen Werte der Zeit davor. Damit würden wir – und genau das haben wir in unserem Schock und unserer Verzweiflung damals gemacht, als wir von der „Stunde Null" sprachen – unsere nationale Existenz und Selbstwahrnehmung erst mit der Nachkriegsära ansetzen. Unsere gefühlsmäßige Zeitrechnung beginnt im Grunde erst mit 1945 oder mit der Gründung der Bundesrepublik bzw. der DDR. Viele Zusammenkünfte und Treffen begannen seinerzeit mit der Zählung bei 1 und nannten sich, so z.B. bei den Literaten, „Erster deutscher Schriftstellerkongress 1947". Alles von 1945 rückwärts hatten wir erst einmal aus unserem Bewusstsein gelöscht. Der

Faden der Geschichte schien abgeschnitten. Über eine verloren gegangene Identität braucht man sich dann nicht zu wundern.

Wir haben also den merkwürdigen Fall in Deutschland, dass unsere Rückbeziehung kaum weiter als bis zur Gründung der Bundesrepublik und höchstens bruchstückhaft in die Vergangenheit reicht. Schon bei den Feiertagen sahen wir, dass unsere Identifizierung jeweils nur wenige Dezennien umfasst. Der 17. Juni hatte gerade einmal 37 Jahre Bestand und der 3. Oktober datiert auf die Geschehnisse von 1989/90 zurück.

Dieses eingeschränkte „Erinnerungsvermögen" gilt generell. Bei uns ist es nicht statthaft und praktisch nicht möglich, zur kollektiven Selbstvergewisserung oder zur Besinnung z.B. auf Karl den Großen, auf Preußen, auf das Bismarcksche Reich, auf Wilhelm II. oder auf die Weimarer Zeit, geschweige denn auf den NSDAP- und SS-Staat zurückzugreifen. Mit der lächerlichen Zeit von wenigen Jahrzehnten berauben wir Deutschen uns unserer Würde und unserer eigenen kulturträchtigen Geschichte. Wir können unsere Geburts-, Werde- und Entwicklungszeit aber nur dann wieder zeitlich weiter zurück ansiedeln, wenn wir bereit sind, auch für die Periode des „Dritten Reiches" „wir" zu sagen und die Schuld oder – wie heute passender und besser gesagt wird – unsere Verantwortung anzuerkennen. Dann werden wir auch die humanistische Periode der Goethezeit und andere bedeutsame Epochen wieder besser an unser Selbstverständnis anschließen können.

Deutschland ist bei der NS-Diktatur und der Katastrophe des Zweiten Weltkriegs kein passives Opfer gewesen, sondern hat sich eigenständig in diese Situation hineinmanövriert. Es musste dann selbst ein schweres Schicksal erleben und die Verantwortung für den begangenen Völkermord übernehmen. Wie es von den unbewussten Voraussetzungen her dazu gekommen ist, möchte ich in späteren Kapiteln aufzeigen. Diese traumatische Zeit zwischen 1933 und 1945 steht nämlich nicht isoliert da, sondern hat ihre Vorbedingungen in deutschen Wesenszügen, und es gibt Vorläufer des fatalen Geschehens, die bis in die Zeit vor dem Ersten Weltkrieg und noch weiter zurückreichen. Das sog. „Tausendjährige Reich" war nur die forcierte Steigerung, Zuspitzung und Kulmination einer Entwicklung, deren Wurzeln in der deutschen Psyche liegen.

Der Tiefpunkt von 1945 ist aber gleichzeitig ein Umkehrpunkt, wie ich hier schon einmal vorwegnehmen will. Je gründlicher wir die Hitlerzeit aufarbeiten, desto bewusster wird die Umkehr werden. Wie bei der Wintersonnenwende um den 21. Dezember herum, wenn wir danach das Steigen des Zentralgestirns noch längere Zeit kaum bemerken und der Winter sich noch zwei bis drei Monate fortsetzt, so ist der Wendepunkt noch wenig ins Bewusstsein gedrungen; doch das Licht nimmt zu. Der Schock und die Orientierungslosigkeit von 1945 waren heilsam. Ein Irrweg wurde, wenn auch brutal, gestoppt. Durch eine Umorientierung in der Tiefe haben wir die Aussicht, uns neu zu (er)finden und zu definieren. In unserer gegenwärtigen Lage und in all dem, was wir als Volk früher, besonders in der Zeit von 1933 bis 1945, auf uns genommen haben, liegt auch eine große Chance, wenn es uns gelingt, das Schlimme vollständig zu transformieren. Wenn diese tieferliegenden Ursachen gemeinschaftlich verstanden sind und an der Weiterentwicklung unseres Bewusstseins genügend gearbeitet ist, wenn ferner unsere Schattenseiten, wie sie sich in der Hitlerzeit unübersehbar offenbart haben, angenommen und integriert sind, kann es gut mit der schon sichtbar gewordenen Wende zum Positiven weitergehen. Wir werden so zu einer fundierten Identität finden und unsere Liebesfähigkeit uns selbst und anderen Ländern gegenüber weiter entwickeln.

Die Unheimlichkeit der Sprache

Unsere Zerrissenheit und die Störung der Identität zeigen sich außerdem in der Sprache. Das selbstverständliche Benutzen einer Vielzahl deutscher Wörter ist uns verloren gegangen. An den Vokabeln kleben sozusagen Blut und Schuld. Damit ist ein spontanes Äußern schwierig. Wir können unserem Herzen nicht mehr freien Lauf lassen, weil wir unversehens an die „Mördergruben" stoßen. Man sieht das an den vielen Lapsus der Politiker und anderer Leute des öffentlichen Lebens, die sich in den vergangenen Jahrzehnten auf schwierigem Wortterrain immer wieder verhaspelten, darüber stolperten oder sogar zu Fall kamen. Es geht uns wie dem „bleichen Verbrecher" Nietzsches in seinem Werk *Also sprach Zarathustra*; wir sind gehemmt, wir sind blockiert. Ein Lügendetektor würde bei vielen Sätzen und Ausdrücken unsere untergründige Anspannung und das konfliktbedingte Zögern offenkundig machen.

Wir waren und sind in mancher Hinsicht noch wie ein neurotisch gestörter Mensch, der aufgrund unethischen Handelns einen Schuldkomplex hat. Bei vielen Stichwörtern, die thematisch den Komplex berühren, hat er eine ausgelöschte Wahrnehmung, einen punktuellen Black-out oder einen blinden

Fleck. Er kann mit den Wortauslösern nicht frei umgehen, wird an solchen Stellen möglicherweise nicht richtig verstehen oder sich beim Sprechen vergaloppieren. Denn das ist das Unheimliche: die Sprache verheimlicht nichts, sie ist „un-heimlich". Sie bewahrt alles auf, was jemals dazu gedacht oder daran gehängt worden ist. Die ganze Vergangenheit, die verdrängte Geschichte und unser Versagen klingen in den Wörtern mit an.

Der Störungseinfluss der NS-Ära geht – wie man sieht – bis in unsere Sprache hinein. Tausende von Begriffen unserer Muttersprache sind mehr oder weniger belastet. Ganz besonders gilt das natürlich für Wörter wie „Rasse" (ein sowieso überholter Begriff), „Führer", „Juden". Bei Letzterem wird manchmal sogar angemahnt, es lieber durch „jüdische Menschen" zu ersetzen, weil man im Wort „Jude" bis heute noch die Verunglimpfung und Abstempelung heraushören kann. So sind viele Ausdrücke heute entweder ganz tabu oder man muss sich bei der Benutzung des ihnen innewohnenden Anklangs bewusst sein. Belastet ist auch das Wort „Volk". Vielleicht muss man etwas tiefer in sich hineinspüren, um die Gefühlsfracht dieses an sich neutralen Begriffes wahrzunehmen. Das Wort „Volk" hat durch damalige Ableitungen wie „völkisch" und Zusammensetzungen wie „Volksgenosse", „Volksgemeinschaft", „Volkssturm" oder „gesunder Volksorganismus" eine heikle oder peinliche Bedeutungsaura bekommen; es ist nicht mehr unverfänglich.

Gerade weil die gemeinsame Sprache so verbindend und identitätsstiftend ist, kann sich die Krise des Selbstverständnisses in diesem Bereich offenbaren, wie das auch anhand der nicht enden wollenden Querelen um die Rechtschreibreform zu beobachten war. Das Hickhack um eine heute angemessene Orthografie und die Spaltung, die sich dabei durch die Nation zog, sind ein symbolischer Ausdruck unseres nationalen Uneinsseins und der Suche nach einer zeitgemäßen Identität. Einige große Zeitungen und viele Verlage hatten anfangs die Neuerungen nicht mitgemacht, so dass wir zeitweilig auch sprachlich in zwei Lager geschieden waren. Es gab ein Hin und Her zwischen Getrennt- und Zusammen- sowie Groß- und Kleinschreibung. (Vielleicht als Reaktion auf die frühere Größenanmaßung Deutschlands hatten sich Literaten und Intellektuelle wie Stefan George, Bertolt Brecht und viele andere Anfang des 20. Jahrhunderts eine konsequente Kleinschreibung vorgenommen, wie es in der jungen Bundesrepublik ebenfalls manche Linke machten.)

All dies ist höchst symbolisch. Nachdem die Rechtschreibreform als „Wiener Erklärung" 1996 gegen verbreiteten und renommierten Widerstand –

auch Günter Grass und andere Schriftsteller verweigerten sich ihr – durchgesetzt worden war, kam es bald und wiederholt zu einer Reform der Reform, zuletzt 2006, in der ein Großteil der Änderungen wieder aufgehoben wurde. Der einzige Konsens besteht darin, dass auch mit der letzten Novellierung ein befriedigendes Ergebnis nicht zustande gekommen ist. Das Ringen um ein neues Selbstbild, das sich auch an diesem Beispiel zu erkennen gibt, ist also noch längst nicht abgeschlossen und kann es wohl auch gar nicht sein.

Diese Unentschiedenheit zeigt unsere Unsicherheit an, zu der wir heute glücklicherweise mehr als früher stehen, während damals Verunsicherung und Minderwertigkeitsgefühle verdrängt und im Sinne einer Überkompensation in Größenphantasien verkehrt wurden. Heute finden wir noch Reste dieser Überkompensation im Rechtsextremismus bzw. im rechten Spektrum. In den Jahren seit 2016 ist weltweit eine populistische und nationalistische Bewegung erstarkt und eher rechts ausgerichtete Kräfte haben die Regierungen in Ländern wie England (die konservative Regierung leitete das Referendum ein, das zum Brexit führte), USA (Wahl von Donald Trump), China (Xi Jinping), Türkei (Recep Tayyip Erdogan), Ungarn, Polen usw. übernommen. Auch in Deutschland haben seither solche Ressentiments zugenommen, die die eigene Ethnie und das eigene Land in den Vordergrund stellen, wie man am Erstarken der Partei der AfD sehen kann, die in den Bundestag einziehen konnte. Besonders in den neuen Bundesländern hat sie aufgrund einer Angst vor Überfremdung großen Zulauf.

Wir müssen deswegen aber nicht allzu beunruhigt sein, denn die geschichtliche Entwicklung vollzieht sich immer in Spiralbewegungen oder in dynamischen Gegenbewegungen im Sinne von „zwei Schritte vor, einer zurück". Die fortschrittliche Bewusstseinsentwicklung, die durch Politiker wie Barack Obama und Angela Merkel angezeigt wurde, war für die große Masse zu viel und musste durch regressive Bewegungen erst einmal ein Stück zurückgedreht werden. Mit der Zeit werden die negativen Auswüchse dieser rückschrittlichen Politik deutlicher werden und voll ins Bewusstsein der Mehrheit kommen, und dann wird der Faden der zukunftsweisenden Schritte wieder aufgenommen, tiefer verarbeitet und schließlich im allgemeinen Bewusstsein verankert werden können. Langsam werden dann die progressiven Kräfte wieder stärker werden und zu Einfluss kommen. Die Wahl von Emmanuel Macron in Frankreich ist vielleicht schon ein erstes Vorzeichen davon.

Möglicherweise müssen wir uns aber erst auf eine längere rückwärtsgewandte Phase gefasst machen.

Rechtsextreme, Neonazis und in einem gewissen Grade auch die Rechtsparteien verleugnen hierzulande einen großen Teil der geschichtlichen Erfahrung und wollen manchmal in kindhafter Weise an den Anfang des Nationalgefühls und zu illusionären Vorstellungen von Größe und Überlegenheit zurück. Viele Linksextreme dagegen sind von der nationalen Identität her gebrochen und verfallen in das andere Extrem. Sie schütten das Kind mit dem Bade aus, streiten meist jegliche Bedeutung des Nationalen ab, tendieren zum Internationalismus und sehen Deutschland und sein außenpolitisches Engagement zu kritisch, während die Rechten zu parteilich und zu unkritisch sind. Dies bezieht sich aber vor allem auf die Radikalen beider Seiten, die eben auch in diesem Punkt – jede auf ihre Weise – zu radikal sind.

Wieso ist eine nationale Identität heute noch wichtig?

Es stellt sich die Frage, wofür wir eine nationale Identität heute noch brauchen. Hier ist erst einmal festzuhalten, dass nationale Identität nichts mit Nationalismus zu tun hat. Das moderne Nationalbewusstsein ist ein Bewusstsein der geschichtlichen Kontinuität, der kulturellen Tradition und der spezifischen geistigen Potenziale einer Nation. Einen großen Stellenwert hat insbesondere das Bewusstsein der gemeinschaftlichen kulturellen Verbundenheit und des historischen Gewordenseins. Hierzu gehören die gemeinsame Geschichte, Sprache und gleiche bzw. verwandte religiöse Formen, also in Europa seit der Spätantike mehrheitlich das Christentum und daraus hervorgegangene Geisteshaltungen. Auch das Judentum und durch Migration der Islam sowie inzwischen ebenfalls der Buddhismus – dieser mehr als philosophische Haltung und weniger als Konfession – spielen eine gewisse Rolle.

Die nationale Identität ist zwar nur ein Teilaspekt der Selbstdefinition des modernen Menschen, aber ein nicht zu vernachlässigender. Andere Aspekte der Identität eines Individuums sind die berufliche, konfessionelle und ethnische Zugehörigkeit, die ebenfalls zu seiner Gesamtidentität beitragen, und darüber hinaus seine Identität im psychologischen Sinne, z.B. als ausgereifte männliche oder weibliche Identität.

Die nationale Identität ist für ein Land deshalb so weitreichend, weil sie mit seiner Historie verknüpft ist, die große Zeiträume und manchmal Tausende von Jahren umfasst. Die Verbindungsfäden können aber nur dann von heutigen Menschen identitätsbildend aufgenommen werden, wenn es keinen Bruch in der Geschichte gibt. Ohne eine geklärte nationale Identität steht uns Deutschen und damit jedem Einzelnen ein Teil unserer Kraft nicht zur Verfügung. Bei uns gibt es solch einen Bruch durch die NS-Zeit, und die daraus resultierenden Hemmungen und Blockaden erschweren die weitergehende Entfaltung, wobei jeder einzelne von der Einbuße betroffen ist.

Wir hatten in Deutschland das Thema der nationalen Identität, wenn nicht über Bord geworfen, so doch lange zurückgestellt und sahen es scheinbar als erledigt an. Asserate, der oben erwähnte äthiopische Prinz, der – seltsam genug – einst exportierte Wertvorstellungen zu uns zurück- und uns „Manieren" (so sein Buchtitel) beibringen muss, bezeichnet die Deutschen als das einzige Volk auf der Welt, das den Glauben an den Nationalstaat verloren hat. [16]

Man kann jedoch der verloren gegangenen nationalen Identität auch etwas Positives abgewinnen. Manchmal wird der Zustand von Entnationalisierung als etwas gesehen, worin wir anderen Nationen historisch voraus sind. In diesem Zusammenhang könnte die Frage einer zu erneuernden nationalen Identität auch dahingehend beantwortet werden, dass es doch heute mehr darum geht, in Europa und einer europäischen Identität aufzugehen und somit eine nationale Identität kein Ziel mehr sein sollte. Europäisierung und Globalisierung sind doch die Zeichen der Zeit. Dies ist richtig. Es ist kein Zweifel, dass ein stärker vereintes Europa das nächste erstrebenswerte politische Ziel ist. Doch gerade für größere Zusammenschlüsse und Vernetzungen erscheint mir als Basis eine geklärte und gesicherte nationale Identität erforderlich. Ein Austreten aus der europäischen Union wie der Brexit ist keine zukunftsträchtige Option. Emmanuel Macron und Angela Merkel dagegen, die gemeinsam die EU reformieren wollen, haben dagegen den Blick nach vorn gerichtet.

Doch eine gut abgestimmte Balance ist notwendig. Wir Deutsche dürfen den Weg nach Europa nicht dazu benutzen, vor der Frage der eigenen Identität und der weiteren Klärung der Vergangenheit auszuweichen. Einzelne Politiker wollen möglichst schnell, ja Hals über Kopf, nach Europa, um damit die ureigenen deutschen Probleme loszuwerden. Hier erscheint Europa manchmal als ein bequemer Ausweg.

Es gilt ein Sowohl-als-auch. Wir befinden uns einerseits – das Sowohl – auf einem unumkehrbaren Weg nach Europa, andererseits – das Als-auch – können wir das nationale Problem nicht liegen lassen; es wird uns sonst ungut nachhängen. Nur wenn wir auch die nationale Identität berücksichtigen, können wir ein wertvolles Mitglied der europäischen Völkerfamilie sein. Nur mit einem starken deutschen Identitätsgefühl und im Vollbesitz unserer geistig-kulturellen Schätze wird es uns gelingen, voll unsere Gaben, Hervorbringungen und Errungenschaften in die neue europäischen Einheit einzubringen. Also nur, wenn wir den Bruch von 1945 ganz überwunden und damit die weiter in der Vergangenheit liegenden unerschlossenen Kräfte aktiviert haben, werden wir Europa weitmöglich konstruktiv mitgestalten und mitprägen können.

In dem Buch *Über die Deutschen* von Graf Christian von Krockow – einem berührenden Mittelding zwischen Sachbuch und Briefroman – erlebt der Leser mit, wie es zu einer Beziehungsstörung zwischen einer deutschen Studentin und ihrem holländischen Freund kommt, weil sich die Deutsche ihrer nationalen Identität nicht sicher ist bzw. sie verleugnet hat. Man sieht hier, dass eine fehlende nationale Identität Auswirkungen bis in den Alltag und die privaten Beziehungen hat. Von Krockow „therapiert" das Paar, indem er ihnen das fehlende Wissen vermittelt. In Briefen an die beiden zeigt er ihnen, „warum die Nation noch immer wichtig ist – nicht etwas, das wir wie ein altes verrostetes Auto getrost verschrotten dürfen, um dann ein anderes Modell anzuschaffen. Sie stellt eine große geschichtliche Errungenschaft dar; wehe uns, wenn wir hinter sie zurückfallen! Wir mögen Neues und Größeres erbauen, doch nur auf ihrem Fundament." [17]

Es gilt also die Anstrengung zu unternehmen, die nationale Identität vollständig zurückzugewinnen. Dazu müssen wir erinnernd Anschluss finden an die Entwicklungslinien des Ersten Reichs (des Heiligen Römischen Reichs deutscher Nation), des Zweiten Reichs (des deutschen Kaiserreichs seit 1871) mit der Nationalstaatbildung, der Weimarer Republik und des „Dritten Reichs" unter Hitler.

Kapitel 3

Die Vorherrschaft des Denkens

Im Denken lichtet sich das Sein.

Martin Heidegger

Eine meiner Hauptthesen zur Psychologie Deutschlands ist, dass wir Deutschen ein starkes und ausgefeiltes, jedoch einseitig vorherrschendes Denken haben. Bei allen Entscheidungen und Bewertungen ist das Denken hierzulande führend. Bei uns Deutschen liegt bezüglich der Alternative Denken oder Fühlen der Schwerpunkt ganz klar auf dem Denken. Wir sind in erster Linie ein denkendes Volk mit allen Vor- und Nachteilen. Durch die Dominanz des Denkens blieb das Fühlen auf der Strecke und konnte sich nicht zu gleicher Höhe aufschwingen.

„Köpfchen haben" und Verkopftheit

Das fühlende Element ist zurückgedrängt und das Denken regiert, wir sind mit anderen Worten ziemlich verkopft und gehen bei allem überwiegend vom Verstand aus. Klugheit, Intelligenz, Vernünftigkeit, Ratio und Denkkraft sind Eigenschaften, die wir wertschätzen, erstreben und im großem Maße entwickelt haben. Etwas „mit Köpfchen" tun und ein „heller Kopf" sein, wird von uns hoch geachtet. Das schwäbische Wort „Käpsele" – das ist ein besonders aufgeweckter, cleverer und intelligenter Mensch – ist ebenfalls vom Wort Kopf, lateinisch *caput*, abgeleitet. Der bayrisch-österreichische Ausdruck „Großkopfete" meint in ähnlicher Weise eine mächtige und tonangebende Persönlichkeit. Der Werbeslogan „Dahinter steckt immer ein kluger Kopf" einer bekannten Tageszeitung baut das Ideal eines anspruchsvollen, interessierten, scharfsinnigen und klardenkenden Zeitungslesers auf. „Denkfabrik" oder „*think tank*" nennt man (nicht nur in Deutschland) ein Team oder eine Gruppe, die im Politischen oder Sozialwissenschaftlichen neue Konzepte entwickelt. Wir sind fasziniert vom kritischen Denken, schätzen es über alles und sehen es oft als Allheilmittel. Es ist eben das, was wir am besten können. Das Denken ist oft mit dem Leistungsstreben verknüpft, zusammen mit Gedächtnis- und anderen Leistungen, und wir peilen darüber Effektivität, Optimierung und Maximierung an. Auf vielen Gebieten sind wir im Vorausdenken richtungweisend. Nachhaltigkeit und Umweltschutz, Recycling und alternative Energien sind uns ein Anliegen und wir führten zu diesem Thema früher als andere Völker ernsthafte Debatten. Das ist auch notwendig und gut so. Hier ist ein Gebiet, wo wir mit dem Denken Maßstäbe gesetzt haben und oft führend sind.

Rational-Sein ist uns also wichtig, und alles muss rational nachvollziehbar sein. Es muss für uns klar erkennbar sein, was richtig und was falsch ist. Die öffentliche Diskussion beherrschen Formulierungen wie: „Dies ist wichtig, dies ist richtig, dies ist logisch, dies ist rational" usw. Wir hofieren das Denken und wollen fast alles mit ihm ordnen. Wir glauben mit dem Denken zur „Wahrheit" zu finden, als müssten wir nur gründlich und genau genug nachdenken.

Doch das Denken ist nicht alles. Wir fragen weniger, wie wir uns fühlen und ob wir uns wohlfühlen. Wir fragen uns weniger, wie sich andere bei unseren Worten und Handlungen fühlen. Wir beachten kaum, wie sich Betroffene bei einem Plan, einer Maßnahme oder einem Vorhaben fühlen. Wir können das Denken oft nicht relativieren und oft nicht erkennen, dass manchmal die Bezüge des Fühlens viel entscheidender sind. Doch wenn wir nicht „bedenken" – eigentlich müssten wir sagen: „erfühlen" –, wie es den Menschen geht, machen wir die Rechnung ohne den Wirt, weil wir dann die emotionalen Konsequenzen, die Auswirkungen auf die Psyche und insbesondere das Fühlen der Menschen nicht berücksichtigen.

Das „Feeling" für Situationen ist vielfach verloren gegangen bzw. wir haben es noch nicht wirklich entwickelt. Wenn z.B. ein neues Gesetz oder eine neue Vorschrift herauskommt, machen wir uns kaum klar, was das bei den Menschen auslöst und ob es das Angenehme oder das Unangenehme in unserer Gesellschaft vermehrt. Das ist uns nicht so wichtig, denn wir denken: „Wenn es richtig und notwendig ist, muss es gemacht werden, und wenn es vielleicht Unbehagen bereitet, muss das in Kauf genommen werden." Die Menschen sind aber anders gepolt und wollen auch und gerade von ihrem Befinden und vom Fühlen her angenommen werden.

Dabei soll nicht vergessen werden, dass das Denken eine bedeutende Errungenschaft der Menschheit ist, die besonders mit der Sprache und der Bewusstwerdung in Verbindung steht. In der modernen Bewusstseinsentwicklung und in der ganzen westlichen Zivilisation nimmt das Denken eine hervorragende Stellung ein. Seit den Griechen hat dieses Denken eine erste große Entfaltung und dann eine enorme Steigerung und Höherentwicklung erfahren, es ist allerdings seit der Aufklärung immer mehr in Rationalismus und Einseitigkeit übergegangen. Insofern ist Deutschland kein Ausreißer, doch ist hier die Situation besonders zugespitzt, weil wir von vornherein mit der Gabe des Denkens sehr gesegnet sind. Ferner hat unser Hang zur Gründlichkeit uns auch auf der Schiene des Denkens besonders intensiv fahren und es zu einer Determinante unseres Wesens werden lassen.

Die Ich-Funktionen Denken, Fühlen, Empfinden und Intuition

Zunächst möchte ich erläutern, was hier mit Denken, Fühlen usw. gemeint ist. Denken und sein Pendant, das Fühlen, sind sog. Orientierungs- oder Ich-Funktionen[18] mit denen wir uns in der Welt orientieren bzw. mit denen sich unser Ich in der Welt zurechtfindet. Zur vollständigen Orientierung in unserem Lebensbereich gehören noch zwei weitere Funktionen, nämlich die sinnliche Wahrnehmung, das sog. Empfinden, und die Intuition. Auf diese anderen gehe ich ebenfalls kurz ein. Die Begriffe Denken, Fühlen, Empfinden (sinnliche Wahrnehmung) und Intuition bzw. Intuieren sind uns vom Lebensalltag sehr vertraut und wir alle haben eine Vorstellung davon, was sie meinen. Doch leider geht der Sprachgebrauch allzu uneinheitlich mit ihnen um. Daher will ich an dieser Stelle an einem Beispiel anschaulich machen, was unter diesen vier Ich-Funktionen zu verstehen ist. Anschließend wird eine psychologische Definition erfolgen. So können Missverständnisse vermieden werden.

Wir nehmen folgende Situation an und schauen, wie die unterschiedlichen Reaktionsweisen darauf sind, je nachdem, ob man mit dem Denken, Fühlen, der Intuition oder dem Empfinden an jene herangeht:

Eine Person, die sich beruflich verändern will, hat sich auf eine ihr geeigneter erscheinende Stelle beworben, erhält aber eine Ablehnung. Wie antworten die verschiedenen Orientierungsfunktionen darauf? Wer sich primär mit dem Denken orientiert, könnte nun zu sich sagen: „Die haben meine Qualitäten nicht erkannt und mir deshalb eine Absage erteilt." Oder: „Der neue Job bringt verschiedene Schwierigkeiten mit sich und ich müsste mich lange in das neue Betätigungsfeld einarbeiten; es ist besser so, dass ich vorerst in meiner alten Firma bleibe." Der Betreffende rationalisiert mit diesen Sätzen also den negativen Bescheid. Er könnte aber auch denken: „Bei den vielen Bewerbungen auf den Posten war meine Chance nur klein. Die Wahrscheinlichkeit war gering, ihn zu ergattern." Oder er denkt positiv: „Ich werde mich weiter bewerben. Man muss nur dranbleiben, dann klappt es eines Tages schon." Es gibt viele Denkmöglichkeiten, die alle einen Kern Wahrheit in sich tragen können.

Anders reagiert der Mensch, der vom Fühlen ausgeht. Er spürt vielleicht die Enttäuschung und ist traurig: „Ich hatte mich so auf die Veränderung gefreut. Es ist schade. Das Team in dem neuen Betrieb, soweit ich es kennen gelernt habe, ist sehr nett, und ich hätte gerne mit diesen Leuten zusammengearbeitet. Das ganze Betriebsklima wirkte dort viel angenehmer als in meinem Unternehmen." Es sind natürlich noch unzählige weitere Gefühlsreaktionen möglich. Wie reagiert derjenige mit vorherrschender Intuition? Hier könnte es heißen: „Ich habe so etwas schon geahnt. Irgendwie war ich innerlich drauf vorbereitet. Dann soll es vielleicht so sein. Ich weiß gewiss, dass die richtige Stelle irgendwo auf mich wartet und ich sie zum richtigen Zeitpunkt finden werde. Das sagt mir meine Intuition." Und der realistische Empfindungsmensch? Er könnte folgendermaßen zu sich sprechen: „Beim neuen Arbeitsplatz hätte ich einen deutlich höheren Verdienst gehabt, doch dafür hätte ich täglich zwanzig Kilometer mehr fahren müssen. Ich bräuchte auch für die kalte Jahreszeit Winterreifen, auf die ich bis jetzt verzichten konnte. Finanziell rechnet sich es also kaum. Außerdem wäre ich mehr Zeit außer Haus und müsste meine Freizeitaktivitäten einschränken."

Man sieht beim letzten Fall, dass hier naturgemäß auch das Denken einfließt, das die Daten der Realitätswahrnehmung in Beziehung zueinander setzt. Wenn man die verschiedenen Aussagen auf sich wirken lässt, wird auch vorstellbar, dass alle vier Stimmen in einem Menschen laut werden, vorausgesetzt, alle Funktionen sind bei ihm gut entwickelt. Meist dominiert aber eine Richtung, zumindest bei der allerersten Stellungnahme auf ein Ereignis.

Das Konzept dieser vier Orientierungsfunktionen Denken, Fühlen, Intuition und Empfinden wurde von C. G. Jung ausgearbeitet, der in ihnen einen Kompass der Seele sah (siehe Abb. 3). Dabei wird das Paar Denken und Fühlen zu den sog. urteilenden Funktionen – warum wird sogleich erläutert – und das Paar Empfinden und Intuieren zu den rein wahrnehmenden Funktionen gerechnet. Sowohl Denken und Fühlen als auch Empfinden und Intuieren stellen je eine Art Balkenwaage dar. Das heißt, wenn eine Funktion des jeweiligen Achsenpaares betont oder besonders ausgebaut ist, ist die entsprechende andere Funktion meist unbetont und nur mäßig ausgebildet, oft sogar entwicklungsverzögert. Wenn z.B. das Denken „schwerer wiegt", ist das Fühlen in der Regel ein „Leichtgewicht" und ist dann unbedeutender. [19]

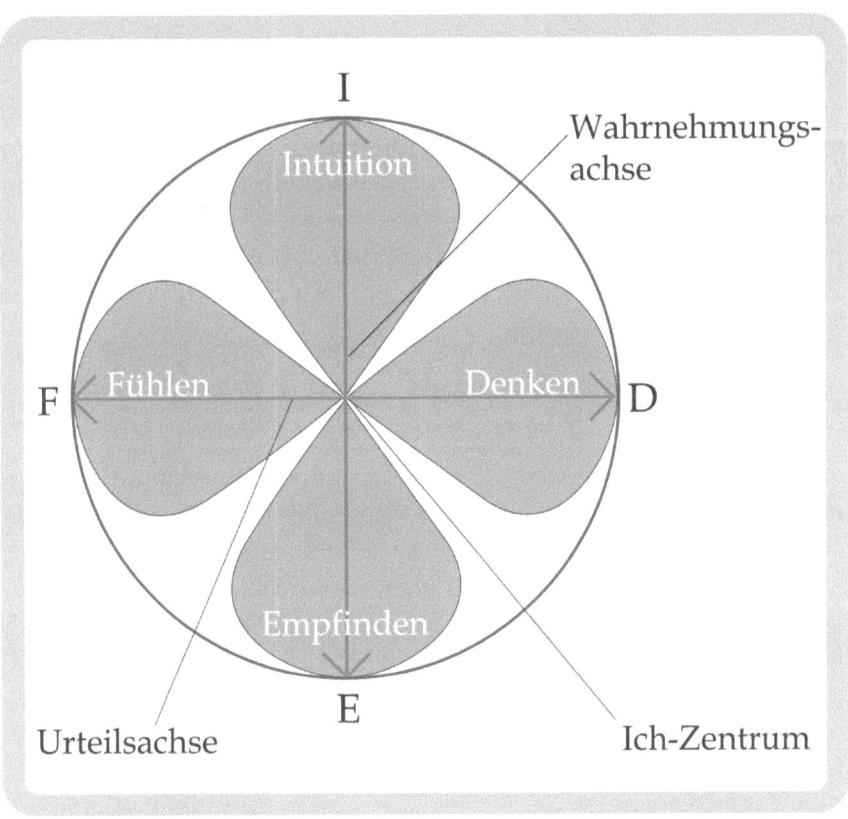

Abbildung 3: Das Funktionskreuz (aus: Adam 2011)

Zunächst will ich eine psychologische Definition der einzelnen Ich-Funktionen vornehmen und ihr Verhältnis zueinander klären.

Denken und Fühlen

Das Denken in seiner differenzierten Form wird als eine Bewusstseins- oder Geistestätigkeit verstanden, durch die wir über logische Schritte zu reproduzierbaren Schlüssen und folgerichtigen Konsequenzen kommen. Es analysiert, teilt in Kategorien auf, trennt in zugrunde liegende Bestandteile, erkennt Kausalzusammenhänge und gelangt zu sich daraus ergebenden Folgerungen. Vom Denken her erscheint etwas richtig und schlüssig, bzw. es wird als falsch oder widerspruchsvoll erkannt. Das Denken oder die Denkfunktion – wie sie auch genannt wird – ist weitgehend mit Kritikfähigkeit, urteilendem Verstand, „Kopf", Intellekt, Ratio usw. identisch.

Das Denken kann zwei verschiedene Koalitionen eingehen. Einmal führt es zusammen mit der sinnlichen Wahrnehmung, dem Empfinden, zur Fähigkeit der Realitätsbewältigung und gesellschaftlich gesehen u.a. zu Naturwissenschaft und Technik. Zum zweiten ermöglicht es zusammen mit der Intuition allgemein Geistigkeit und insbesondere Geisteswissenschaften und Philosophie. Im ersten Fall verbindet es sich stärker mit der materiellen, im letzteren mehr mit dem geistigen Pol der Welt.

Das Denken hat wie bereits erwähnt als Gegenpol das Fühlen. Das Fühlen oder die Fühlfunktion ist ähnlich wie die Denkfunktion eine Fähigkeit zu urteilen, allerdings nach ganz anderen Kriterien. Das Fühlen bewertet nach gefühlten Alternativen, wie angenehm oder unangenehm. Es betrachtet etwas als gefühlsmäßig angemessen oder im Gegenteil gefühlsmäßig unangemessen und orientiert sich an einem gefühlsmäßigen Hingezogen- oder Abgestoßensein. Es charakterisiert ferner den Gefühlsgehalt von Situationen, Erlebnissen und Begegnungen mit Menschen als z.B. heiter, freundlich, lustig, traurig, ärgerlich usw. Dies alles ist nichts Irrationales oder „rein Subjektives", wie man meinen könnte, sondern beruht auf den der Fühlfunktion eigenen Bewertungsmaßstäben, die für jeden, der die Qualität des Fühlens entwickelt hat, nachvollziehbar und damit in gewisser Weise „objektiv" sind. Darüber hinaus ist das Fühlen auch Werte setzend und erkennt, was ethisch wertvoll ist.

Empfinden und Intuition

Auch die Fertigkeiten des Empfindens und der Intuition möchte ich hier klären, denn sie werden uns im Laufe des Buches noch oft beschäftigen. Beide Ich-Funktionen werden in Deutschland gerne mit dem Denken gekoppelt – mal steht die Kooperation von Empfinden und Denken, mal die von Intuition und Denken im Vordergrund. Das Empfinden oder die Empfindungsfunktion beschreibt das perzeptive Vermögen über die Sinnesorgane, entspricht also dem Sehen, Hören, Riechen, Schmecken und „Fühlen" (im Sinne von Tasten, Temperatur-, Druck- und Schmerzwahrnehmung) usw. Die Empfindungsfunktion ist die Basis der Realitätswahrnehmung, die aber als Realitätssinn und zur Realitätsprüfung auch noch der urteilenden Funktionen bedarf, vor allem der Denkfunktion.

Die Intuition oder Intuitionsfunktion, die in dem Diagramm ganz oben steht (siehe Abb. 3), ist die geistige Funktion *par excellence*. Zwar ist auch die Denkfunktion eine geistnahe Funktion, vor allem wenn sie sich mit geistigen Fragestellungen beschäftigt, doch sie kann sich eben auch der gegenständlichen Welt zuwenden, wie wir oben gesehen haben. Die Empfindungsfunktion hält sich dagegen ganz an die materiellen Gegebenheiten, und auch die Fühlfunktion ist relativ körpernah und situationsgebunden. Der Intuition dagegen stehen sämtliche Geistesräume offen, und sie ist auch diejenige Ich-Funktion, die mit dem Flug der Phantasie, der unerschöpflichen Ideensphäre, mit Eingebungen und Ahnungen und schließlich mit dem Bereich der Spiritualität oder des Glaubens zu tun hat. Ferner werden alle parapsychologischen Phänomene von der Telepathie bis zur Hellsichtigkeit über die Intuition vermittelt.

Die geistige Wahrnehmung der Intuition bedarf, anders als die sinnliche Wahrnehmung, keines äußeren Reizes. Sie funktioniert davon unabhängig, überkommt einen wie der Blitz, z.B. als Geistesblitz, oder fliegt einen unversehens an. Allerdings bedarf es eines Trainings und einer gewissen Achtsamkeit, ihre oft sehr feinen Signale aufzufangen, um sie nicht achtlos beiseite zu schieben oder zu entwerten. Das Schwierige daran ist, dass es eben auch „falsche" Intuitionen gibt, Fehlalarm, nicht eintreffende Ahnungen usw. Das liegt dann eher an der Unreife der Intuition oder des ganzen Ich-Systems, denn es braucht ein gutes Zusammenspiel auch mit den bewertenden Funktionen Denken und Fühlen, um das reine Gold der Intuition zu kristallisieren.[20]

Ausgewogenheit der Funktionen

Das Verhältnis jedes der beiden Paare, Denken und Fühlen als urteilende Funktionen sowie Empfinden und Intuieren als wahrnehmende, sollte möglichst ausgeglichen sein, wie bei einer austarierten Waage. Es ist nun aber die gängige Erfahrung, dass diese Ausgeglichenheit nicht gegeben ist, sondern im Gegenteil meist eine Seite überwiegt. Man kann in einem bestimmten Moment nicht gleichzeitig denken *und* fühlen. Und ebenso kann man nicht gleichzeitig sinnlich *und* intuitiv ausgerichtet sein. Wenn ein Arm der Balkenwaage oben ist, muss der andere unten sein. Es ist deshalb schwer, im Ich jeweils beiden Funktionen insgesamt gleich viel Gewicht zu geben.

Sind wir z.B. von der Richtigkeit eines Gedankens sehr überzeugt, können wir die Gefühlskonsequenzen auf andere oft gar nicht abschätzen. Sind wir umgekehrt durch das momentane Fühlen angerührt oder betroffen und stecken stark in der fühlenden Bewertung, können wir kaum mehr darüber nachdenken und übersehen damit die Aspekte sachlicher Überlegung. Ferner wird jemand, der ganz äußerer Sinnesmensch ist oder sich auf das sinnlich Fassbare konzentriert, in der Regel einen schwereren Zugang zu seinen inneren Bildern oder seiner inneren Stimme haben, während umgekehrt der vorherrschend der Intuition Vertrauende vielfach Schwierigkeiten mit den Fakten der materiellen Welt und der vollständigen Außenwahrnehmung haben wird.

Natürlich verfügt jeder Mensch über Denken *und* Fühlen sowie Intuition *und* Empfinden, und er kann im Prinzip auch zeitnah umschalten, wenn es die Situation erfordert, doch in der Regel ist eine Funktion im Vorteil und die andere im Hintertreffen. Das heißt, nur selten sind in einem Menschen – und das gleiche gilt für eine Nation – beide Fähigkeiten gleichermaßen gut ausgebildet.

Denken, unsere Stärke

Als „Volk der Dichter und Denker" waren wir uns zwar immer der Stärke des Denkens bewusst, und wir können uns etwas auf unsere Kritikfähigkeit einbilden. Hier liegen in der Tat unsere Talente und Ressourcen, hier können wir stolz auf unsere Errungenschaften und Qualitäten sein. Wir können durchdringend denken, profund in die Tiefe denken, sind gut in der

Lage, nach Gründen und Folgerungen zu suchen und sie auch aufzufinden. Wir reklamieren ein hohes Umweltbewusstsein und haben als erste Nation die Herkulesarbeit in Angriff genommen, aus der Atomenergie auszusteigen, und haben Anstrengungen zu einer Energiewende gemacht, indem wir die nachhaltige Nutzung der Solar- und Windenergie vorantreiben, doch auf der anderen Seite trüben die vielen Kohlekraftwerke noch diese positive Bilanz. Dennoch haben wir ein relativ hohes Bewusstsein, und das, was wir für richtig und notwendig halten, setzen wir in der Regel auch um.

Hier ein individuelles Beispiel, das den Nutzen des Denkens erhellt:

Ich habe oft erlebt, dass Menschen zu mir in Therapie kamen, weil sie über sich und ihr Leben nachgedacht hatten. So zog ein Patient den Schluss: „Ich kann und will so in meinem Leben nicht weitermachen, will ihm eine andere Richtung geben. Es muss sich etwas grundsätzlich ändern." Die Betreffenden blieben ihrer Erkenntnis treu und hielten die Psychotherapie durch.

Das ist ein Vorzug der Denkfunktion. Die Motivation war hier nicht eine Frage von angenehm und unangenehm, und es ging nicht darum, das Angenehme zu suchen, sondern die Antriebsfeder war die durch Denken erlangte Einsicht.

Auch kollektiv gesehen kann bei uns das Denken diese förderliche Rolle spielen. Schon in der Vergangenheit resultierte aus unserem Denken – und aus unserer Geistigkeit – ein großer wissenschaftlicher und kultureller Gewinn. Deshalb wurden wir von Madame de Staël in ihrem Buch *De l'Allmagne* aus dem Jahre 1810 das „Volk der Dichter und Denker" genannt. Während das Wort „Denker" direkt auf die Denkfunktion zielt, spricht das Wort „Dichter" die Intuition an, in der ja Kreativität, Phantasie und jegliches Lyrik- und Prosaschaffen zu Hause sind.

Ähnliche Töne wie die der Französin kamen von Hölderlin. In seinem Gedicht *Gesang des Deutschen* von 1799, einer Hymne an sein Vaterland, sind in dem ihm eigenen euphorischen Stil die Zeilen zu lesen: „Sie ernten den Gedanken, den Geist von dir" und „Du Land des hohen ernsteren Genius!"[21]

Hier steht aber auch: „Du Land der Liebe! Bin ich der deine schon, / Oft zürnt' ich weinend, dass du immer / Blöde die eigene Seele leugnest." Das mit dem Land der Liebe ist wohl mehr Zukunftsmusik, denn das dazugehörige Fühlen ist noch nicht weit genug entwickelt. Das „Verleugnen der Seele" besagt jedoch etwas sehr Zutreffendes bezogen auf die fühlende und intuitive

Seele Deutschlands, die noch teilweise verschüttet ist, während sie in einer früheren Zeit ein erstes Mal stark ins Leben getreten war, und zwar gerade in der Frühromantik, zu der auch Hölderlin zählt.[22]

Mit unserem vorwiegend und großartig entwickelten Denken haben wir eine ausgreifende Vorbildfunktion gehabt und haben sie zum Teil noch. Hier sind hohe Standards gesetzt worden und haben sich fruchtbare Konsequenzen ergeben. Über Jahrhunderte hat sich bei uns die Denkfunktion zu einer umfassenden Fähigkeit differenziert, die die vielfältigen wissenschaftlichen und kulturellen Leistungen aller Sparten in den letzten Jahrhunderten möglich machte. Wie eingangs schon erwähnt haben wir im Europavergleich zusammen mit Holland – nach einer Untersuchung des Jahres 2006 – den höchsten Intelligenzquotienten, der allerdings andere wichtige Bereiche wie emotionale Kompetenz, Kreativität oder Persönlichkeitsreife nicht misst. Bei uns haben sich aber eine hohe Kritikfähigkeit und tiefes denkerisches Erfassen herausgebildet. Das kritische und philosophische Bewusstsein hat hier eine lange Tradition. Emanuel Kant nannte z.B. sein Hauptwerk *Kritik der reinen Vernunft*, und er brachte andere kritische, philosophische Schriften heraus. Bei uns gibt es viele im guten Sinne kritische Köpfe, und mit die besten Literaturkritiker stammen aus Deutschland.

Uns Deutschen werden darüber hinaus verschiedene Wesenszüge und Qualitäten nachgesagt, die wir in großem Ausmaß besitzen und uns auszeichnen und die – wie ich gleich erläutern werde – mit dem Denken in Verbindung stehen. Das sind unter anderem Ehrlichkeit, Gewissenhaftigkeit, Pflichtbewusstsein, Treue, Gerechtigkeitssinn, Opferbereitschaft und Gründlichkeit. Vor allem die Ehrlichkeit ist in Deutschland ein hohes persönliches Kleinod. Sie wird in Umfragen nach unseren Wertvorstellungen regelmäßig und mit Abstand an die erste Stelle gesetzt. Ehrlichkeit ist auf jeden Fall ein großes Verdienst, das nur durch ebenso bedeutsame Werte wie die Bedürfnisse des Fühlens relativiert werden darf, worauf ich gleich noch eingehe. „Relativieren" heißt aber nicht „korrumpieren".

Heute besteht vielfach eine Antihaltung gegenüber diesen „deutschen Tugenden", nicht zuletzt wegen deren Pervertierung unter Hitler, und so können wir sie oft gar nicht mehr in einem günstigen Licht sehen. Dennoch behalten sie ihre prägende Kraft für unseren Nationalcharakter. Auch derjenige, der sie ins Gegenteil zu verkehren sucht, der sich z.B. bewusst und betont unpünktlich verhält, also die Pünktlichkeit bewusst ablehnt, ist doch nicht unabhängig von diesem Wesenszug, sondern muss Energie aufwenden, um ein anderer zu sein, als er eigentlich ist. Deshalb ist es besser, erst einmal zu seinem Sosein zu stehen; nur so lassen sich eine unnütze Energieverschwendung vermeiden und Übertriebenheiten verwandeln. Außerdem finden wir nur so einen Zugang zu den besonderen Qualitäten und dem Wertvollen, das in all diesen unseren Eigenschaften liegt.

Die genannten Eigenschaften basieren nun überwiegend auf der Denkfunktion, wenn auch nicht ausschließlich. Das muss erläutert werden: Das konsequente Denken führt zur Ehrlichkeit, weil man erkennt, dass „Lügen kurze Beine haben" und Ehrlichsein der richtigere Weg ist, den man dann auch folgerichtig einschlägt, auch wenn es manchmal angenehmer und bequemer wäre, der Wahrheit auszuweichen. Ehrlichkeit ist also eine Errungenschaft, die zeigt, dass wir unsere Denkvorgänge und Folgerungen ernst und sie als Maßstab für unser Handeln nehmen. Wenn wir etwas als richtig erkannt haben, folgen wir unbeirrt diesem Weg. (Zur Erinnerung: Der Urteilsakt, dass etwas richtig ist, beruht auf dem Denken.) Darin liegen Kraft und Bewusstheit. Ähnlich verhält es sich mit Gewissenhaftigkeit und Pflichtbewusstsein und den anderen positiven Merkmalen, die aus den gleichen Überlegungen hervorgehen. Man kann nur durchgängig gewissenhaft, pflichtbewusst, treu oder opferbereit sein, wenn das Denken als Wahrheitsfinder und moralische Instanz eine gewisse Stringenz erreicht hat. Unsere Gründlichkeit besagt, dass wir bis auf den Grund nachgedacht und daraus Grundsätze entwickelt haben, die wir gänzlich umsetzen wollen. Auch darin sind wir gewissenhaft und pflichtbewusst. Wir halten und stehen zu als richtig erkannten Überzeugungen wie auch zu Freunden. Wir sind opferbereit aufgrund der geistigen Kraft, dem denkerisch Erkannten treu zu bleiben. Daneben können solcher Anständigkeit und Tugendhaftigkeit natürlich auch Liebe und Gefühl als Motivation zugrunde liegen, doch wir Deutschen gelangen eher über den Verstand dorthin.

Diese Züge sind nicht zu unterschätzende Charaktereigenschaften, die wir nicht als überlebt und fragwürdig abwerfen, sondern zu denen wir einen neuen Zugang finden sollten. Sie haben sich zwar als fatal erwiesen, wenn man damit hasserfüllten Ideologien und Ausgeburten eines irregeleiteten Denkens folgt, doch das spricht nicht gegen diese Dispositionen selbst, sondern gegen ihre Fehlausrichtung, d.h. gegen die Fehlausrichtung und Einseitigkeit des Denkens.

Wenn es uns gelingt, die Liebe mit einzubeziehen, werden diese Merkmale eine qualitative Steigerung erfahren. Dazu ist – wie wir noch sehen werden – eine Weiterentwicklung des Fühlens vonnöten, denn Liebe und andere positive Gefühle sind in der Fühlfunktion beherbergt und werden über sie gelebt.

Denken, unsere Schwäche

Auf der anderen Seite kann sich unser Denken problematisch auswirken. Das sehen wir umso deutlicher, je weiter wir in die Vergangenheit zurückblicken. Wir haben unser Denken nicht immer konstruktiv eingesetzt. Das Denken kann auch zum übermäßigen Kritiküben und hierbei sowohl zur skeptischen Selbstbeurteilung als auch zu negativen Einschätzungen der Außenwelt gebraucht werden. Wir neigen bis zu einem gewissen Grade zum Problematisieren und sehen oft Schwierigkeiten und Hindernisse übertrieben groß. Damit werden unterschwellige Ängste wach, und wir schüren sie in Abständen aufs Neue, als dürften sie nicht erlöschen. Dies alles geschieht, wenn das Denken zu einseitig wird und wenn es zu stark in die negative Richtung tendiert, sodass die positive Seite der Medaille, die andere Möglichkeit zu denken, nicht genügend angeschaut und angewandt wird.

Die Einseitigkeit bei uns besteht darin, dass wir die schon genannte Kopflastigkeit besitzen, während die gefühligeren Seiten unseres Wesens zurückgedrängt sind. Doch die Vorherrschaft des Denkens ist Segen und Fluch zugleich. Fluch ist nicht nur, dass durch den „Wasserkopf" des Denkens das Fühlen erstickt werden kann, sondern die schon erwähnte weitere Gefahr besteht darin, dass sich das Denken im Negativen verliert. Wir Deutsche hatten uns zu stark auf diesen Pol des Negativismus eingelassen, was unsere Sicht der Dinge schwärzlich getönt hat. Wir hatten und haben oft nicht die rosa Brille, sondern eine dunkle auf. Mit anderen Worten, wir können schnell schwarzsehen und befanden uns dadurch auch längere Zeit in einer kollektiven Depression. Negatives Denken und Depression mündeten in ein geringes Selbstwertgefühl bis hin zum Selbsthass. All das ist heute schon deutlich abgeschwächt, es hat sich einiges bereits gebessert.

Die Einseitigkeit des Denkens kann ein ernsthafter Störfaktor werden. Dies hat die gleichen Nachteile wie eine Monokultur, die immer auf Kosten der Vielfältigkeit und Natürlichkeit geht. Also allein schon das Herangehen an die Welt fast ausschließlich über die Denkfunktion hat negative Seiten.

Hier nun etwas Anschauungsmaterial aus dem Privatleben der Menschen, das die negativen Auswüchse des Denkens illustriert:

Wiederholt habe ich erfahren, wie eine Frau oder ein Mann eine glückliche Beziehung, vielleicht die allererste, beendet haben, weil sie oder er *gedacht* hatte: „So jemand finde ich immer wieder. Ich will noch andere Partner kennen lernen. Das kann noch nicht alles gewesen sein. Wenn ich gleich beim ersten Mal so einen außergewöhnlichen Freund bzw. Freundin finde, wird das immer wieder funktionieren." Das Gefühl wurde vom Denken brutal unterworfen. Nachher kam Reue auf und vielleicht sehnte man sich nach der einstmals erlebten Liebe zurück.

Oder ein anderer Fall: Eine Patientin, eine junge Frau, deren gleichaltrige Freundinnen alle schon sexuelle Erfahrungen gemacht hatten, *dachte* sich und handelte danach: „Es ist Zeit. Ich muss jetzt auch ein sexuelles Erlebnis haben, sonst stehe ich abseits und kann nicht mitreden." Wenn man den Gedanken aus dem Kontext nimmt und für sich betrachtet, stimmt er ja. Sie hat in diesem Punkt richtig gedacht. Doch das diffus gespürte Fühlen, dass sie dazu noch nicht bereit ist und dass es niemanden gibt, den sie wirklich liebt, wurde weggedrängt. Für die seelische Entwicklung kann daraus – wie in diesem Fall – eine traumatische Erfahrung werden, die vielleicht erst Jahrzehnte später in einer psychotherapeutischen Behandlung aufgearbeitet wird, wo man gemeinsam an die Weggabelung zurückgeht, um die Weiche zum Fühlen hin neu zu stellen, das in Liebesdingen nicht übergangen werden darf.

Auch abgesehen von solchen extremen Beispielen liegt bei uns Deutschen generell das Problem darin, Entscheidungen fast rein vom Denken her zu treffen und dadurch andere Teile unseres Wesens zu erdrücken. Über die Tendenz zur Intellektualisierung wurde in diesem Zusammenhang schon gesprochen. In so einer Weise kann das Denken bis zu kalter Rationalität, Unlebendigkeit und Unspontaneität führen. Fast jeder kennt im eigenen Umfeld Menschen, vor allem Männer – aber auch Frauen können eine solche Ausrichtung haben –, die derartige Wesenszüge besonders pointiert zeigen. Aber ein Stück weit sind alle Deutschen davon betroffen. Eine mildere Form des einseitigen Denkens ist unsere Fähigkeit, alles in Frage zu stellen. Wir kennen diesen Hang aus der Politik, wo vielfach die Themen zerdacht und zerredet werden, wenn es nicht gelingt, rechtzeitig einen Schlusspunkt zu setzen.

Die Denkfunktion kann sich also in ihrem positiven oder in ihrem negativen Pol zeigen. Sie kann zu einem bejahenden oder verneinenden Schluss kommen, je nachdem, welche Beobachtungen oder Faktoren verwertet bzw. welche ausgeblendet werden. Das Denken funktioniert zwar in sich logisch, ist aber völlig abhängig vom Ausgangspunkt, d.h. vom Vorsatz, welche Grundtatsachen oder auch nur welche Grundannahmen wir heranziehen und ob wir in eine positive oder negative Richtung denken wollen. Und dieser Vorsatz stammt aus einer tieferen Schicht, die mit der Rationalität nichts zu tun hat.

Aus Urteil kann leicht Vorurteil oder Aburteilen werden, wenn ein ablehnender Impuls dahintersteckt. Dann gelangt man bestenfalls zu einem Ausschnitt der Wahrheit, wenn nicht zu Fehlurteilen und Ressentiments. Und gerade weil unser Fühlen nicht befreit ist, geraten viele aggressive Affekte in die Denkfunktion, die dadurch bissig und scharf wird. So fließt unsere Aggressivität vielfach über solch subtile Kanäle, und wir urteilen gerne kritisch über andere Menschen und andere Länder. Wir bedachten uns auch selber damit, wodurch bei uns ein Klima entstand, in dem keiner den anderen hochkommen lassen wollte, geschweige denn ihn fördern mochte.

Das Denken kann somit zu Negation und Herabminderung missbraucht werden. Eine objektive Kritikfähigkeit wird so zu herabziehender, verletzender oder sogar vernichtender Verurteilung. Dieser Aspekt des extrem negativ zugespitzten Denkens wird in Kapitel „Die Negativität" noch ausführlicher behandelt.

Das Denken in der Politik – Ehrlichkeit und Diplomatie

Das Denken ist in allen Lebensbereichen führend in Deutschland. Auch die Politik ist bei uns in erster Linie vom Denken geleitet, und zwar völlig unabhängig von der Parteizugehörigkeit. Dieses Faktum der Priorität der Denkfunktion eint im Grunde alle politischen Gruppierungen. Es bildet einen Hintergrund, an dem alle und zwar überwiegend unbewusst partizipieren. Dass wir Deutschen so selbstverständlich und automatisch dem Denken den Vorzug geben, ist uns selbst nämlich weitgehend verschlossen. Es kann aber von Ausländern gut wahrgenommen werden, während wir da einen blinden Fleck haben, wie dies ja bei jeder unbewusst gelebten Eigenschaft der Fall ist.

In den Reden der Abgeordneten von Regierungsfraktion und Opposition kann man dieses Bestimmtsein von der Denkfunktion eindeutig erkennen. Hier spielen Statements, dass dieses richtig und jenes falsch oder dass etwas wichtig und vorrangig sei, eine herausragende Rolle. Oder es wird mit Begriffen und Folgerungen, etwas sei Erfolg versprechend oder volkswirtschaftlich nützlich bzw. schädlich, operiert. Dann werden ökonomische und finanzielle Fakten bzw. Schlussfolgerungen des Denkens aufgegriffen und ins Feld geführt. In diesem Fall erscheint das Denken nicht nur insgesamt in den Vordergrund gedrängt, wodurch andere Funktionen wie Fühlen und Intuition das Nachsehen haben, sondern es hat noch dazu oft eine Ausrichtung auf das Materielle.

Außenpolitisch sind die Auswirkungen des einseitigen Denkens oft schwerwiegend, was – wie ich noch darstellen werde – in der Geschichte zu einem Versagen der Diplomatie geführt hat und bis heute manchmal noch diplomatische Schnitzer produziert. Selbst der frühere „deutsche" Papst Benedikt XVI., bemüht alles richtig zu machen, sogar bemüht, die Herzen anzusprechen, eckte an, weil er – wie für einen Deutschen typisch – primär dachte und das Fühlen oft nicht genügend im Bewusstsein hatte.

So sind dem damaligen Papst in seiner Regensburger Rede im September 2006 Äußerungen unterlaufen, die die islamische Welt brüskiert haben und die zumindest als undiplomatisch bezeichnet werden müssen. Benedikt XVI. *dachte* wahrscheinlich bei sich: „Ich habe doch nur den mittelalterlichen byzantinischen Kaiser Manuel II. Palaeologus zitiert." Der Heilige Vater hatte Aussagen des Kaisers widergegeben, die von Muslimen als eine Beleidigung des Propheten Mohammed empfunden worden waren.

Seinem Vorgänger, dem polnischen Papst, ganz ein Mensch des Fühlens, wäre so etwas nicht passiert. Oder ein anderes Beispiel:

Wenn es heißt – wie in der Außenpolitik in Deutschland geschehen –: „Man muss doch seinen Freunden die Wahrheit sagen dürfen", so ist der Gedanke ohne Zweifel richtig und nicht anfechtbar. Dieses an sich korrekte Denken besagt aber noch nichts über die Gefühlskonsequenzen, die wir mit einem dann angeschlossenen harschen Urteil vielfach anrichteten; der Aspekt, der dem Fühlen zugehört, wurde manchmal geflissentlich ausgeblendet. Unter dem Vorwand, seinen internationalen Partnern ehrlich die Meinung zu sagen, lancierten wir oft genug unsere Kritik oder äußerten unumwunden Unbehagen und Ärger, wobei uns diese untergründigen Gefühle leider gar nicht zugänglich waren. Hier hat sich seit der Regierung Merkel viel verändert, die ein vorsichtiger Mensch und relativ feinfühlig ist.

Diplomatie ohne Fühlfunktion und Taktgefühl ist ein Widerspruch in sich. Erschwerend kommt jedoch bei diesem Thema hinzu, dass wir als Deutsche Diplomatie gar nicht so sehr schätzen, sondern sie ein Stück weit mit Zurückhalten von Wahrheiten, ja Unehrlichkeit gleichsetzen. „Diplomatisch-Sein" wird etwas abschätzig behandelt, weil man unterstellt, dass eine freundliche Fassade zur Erreichung eines Ziels gezeigt und dem andern sozusagen „Honig um den Bart geschmiert" wird. Da wir Wahrheitsliebe besonders in der Vergangenheit nicht mit Taktgefühl zu etwas Neuem verschmelzen konnten, weil uns der Sinn für Takt weitgehend fehlte, geriet für uns jedes Abrücken vom Denkstandpunkt in die Nähe einer unehrenhaften Gefügigkeit oder „Arschkriecherei". Wir beharrten stattdessen auf dem schon erwähnten Ideal der Ehrlichkeit.

Ehrlichkeit und Diplomatie als Gegensätze zu sehen ist jedoch ein deutsches Missverständnis. Diplomatisches Taktgefühl – aus Rücksichtnahme auf die Gefühle und die Wesensart des andern – und Wahrhaftigkeit (die Wahrhaftigkeit kann auch einmal schweigen) schließen sich nicht aus, auch nicht in der Politik. Wir werden in dieser Hinsicht weiterkommen, wenn wir immer mehr die feinen Irritationen und winzigen Verstimmungen, die wir erzeugen, wahrnehmen und ihnen nachgehen.

Solange wir Deutschen uns allein auf den Standpunkt des Denkens versteifen und darauf beharren, dass wir zutreffend denken können und von daher „Recht haben", werden wir die anderen Kontaktebenen leicht übersehen, die aber entscheidend für die internationale Mitsprache sind. Mit dem Insistieren auf dem Denken und seiner Richtigkeit wirkt man schließlich auf andere schnell schulmeisterlich oder überheblich. Bei genauerer Beachtung der Spielregeln des Fühlens dagegen werden wir zunehmend an politischer Bedeutung gewinnen können.

Das Denken ausbalancieren

Ich glaube, es ist deutlich geworden, wie bei uns durch die Vorherrschaft der Denkfunktion, der damit einhergehenden Verkopftheit und der Vernachlässigung des Fühlens die psychologischen Funktionen Denken und Fühlen nicht gut ausbalanciert sind. Es steht aber keinesfalls an, das Denken über Bord zu werfen. Nur das überzogene und fehlgeleitete Denken stellt ein Problem dar und sollte korrigiert werden. Dann kann seine unbestreitbare Vortrefflichkeit in eine umfänglichere Gesamteinstellung einbezogen werden. So zweifelhaft es ist, wenn das Denken einseitig auf Kosten anderer Funktionen wie z.B. des Fühlens die Oberhand hat, so positiv sind doch die Fähigkeiten des Denkens zu sehen, wenn es sich „demokratisch" in das Ganze (eines Menschen oder eines Volkes) einordnet.

Der russische Maler Kandinsky, der sich bis zur Verschlechterung der Lebensbedingungen am Ende der Weimarer Zeit gerne in Deutschland aufhielt, sagte einmal: „Reines Denken ist unfruchtbar, Fühlen und schöpferische Kraft gehören dazu."[23]

Das Schöpferische, also Kreativität, Phantasie und Einfallsreichtum, entspricht der Intuition. Wie es mit dem Fühlen bei uns bestellt ist, werden wir im nächsten Kapitel näher betrachten.

Kapitel 4
Das unentwickelte Fühlen

Denken heißt,
dem Fühlen entfliehen.

John Steinbeck

Der starken Orientierung am Denken entspricht eine Unterbewertung des Fühlens. Im Vergleich zu manchen anderen Nationen ist unser Fühlen etwas rückständig und unterentwickelt. Dieses Manko wirkt sich im privaten wie im gesellschaftlichen Leben ungut aus. Um es kurz zu sagen: Es fehlen manchmal mitfühlendes Interesse, wohlwollendes Verständnis, Hinwendung, Takt und Einfühlungsbereitschaft untereinander, besonders wenn man sich nicht kennt. Nur in Nischen können bisher diese Herzensqualitäten gedeihen.

Ein wichtiger Aspekt dabei ist, dass uns die relativ undifferenzierte Fühlfunktion kollektiv gar nicht bewusst ist, wir also im Bereich des Fühlens einen blinden Fleck haben. Es ist auch gar kein einfaches Eingeständnis. Wollen wir wirklich wahrhaben, dass das Fühlen nicht unsere starke Seite ist? Wenn wir es zugeben, trösten wir uns meist damit, dass das Denken wichtiger sei. Wissen wir überhaupt, was Fühlen ist?

Zu schnell verwechseln wir es mit Emotionalität, und wir haben den extravertierten Gefühlsausdruck der Südländer vor Augen, den wir so nicht imitieren können und wollen. Doch Fühlen ist etwas anderes. Es ist eine genauso diffizile Angelegenheit wie das Denken und kein bloßes Ausleben von Affekten.

Können wir uns wohlfühlen mit uns selbst und den Mitmenschen? Können wir die annehmlichen und erfreulichen Aspekte des Lebens würdigen? Können wir selber beglückende oder freundliche Begegnungen schaffen? Das sind die entscheidenden Fragen. Wie wir noch sehen werden, geht das Fühlen mit einer Urteilsfähigkeit und innewohnenden Intelligenz einher, die angenehm und unangenehm, angemessen und unangemessen, taktvoll und taktlos usw. sorgfältig voneinander unterscheiden kann. Ein solches differenziertes Fühlen kann auch die emotionalen Bedürfnisse der anderen wahrnehmen und eventuelle Irritationen voraussehen. Dies ist bei uns kollektiv nicht erreicht. Beim früheren Bundeskanzler Helmut Kohl konnten wir beobachten, dass er oft in das berüchtigte Fettnäpfchen trat, und er wurde deshalb auch mit dem entsprechenden Beiwort, „Fettnäpchen-Kohl", versehen. Menschen aus anderen Ländern sind oft noch deutlicher geworden und haben uns mit dem besagten „Elefanten im Porzellanladen" verglichen.

Eine differenzierte Fühlfunktion als bewertende Fähigkeit würde uns im zwischenmenschlichen Kontakt Orientierung bieten und überall dort unterstützen, wo eine gefühlsmäßige Beurteilung gefragt ist. Wenn man sich primär mit dem Fühlen in der Welt orientiert, vergegenwärtigt man sich, ob etwas angenehm oder unangenehm, freudvoll oder leidvoll, anmutig oder hässlich, wünschenswert oder abstoßend usw. ist. Ein Beispiel:

Wenn eine Person mit einer anderen bekannt gemacht wird, fällt sie möglicherweise schnell ein Urteil darüber, ob ihr der Betreffende sympathisch oder unsympathisch ist. Das kann aufgrund von Ressentiments sein, kann aber auch ein bedeutsames Signal aus der Fühlfunktion sein, die einem sagt, ob man miteinander harmoniert oder Dissonanzen im ferneren Kontakt auftreten können. Weiterhin kann man mit einer entwickelten Fühlfunktion selbst leise Unzuträglichkeiten und subtil verletzendes Verhalten eines Gesprächspartners, die diesem unterlaufen sind, deutlich spüren und darauf reagieren. Ist das Fühlen dagegen nicht bewusst, wird höchstens ein dumpfes Unbehagen zurückbleiben oder gar nichts im Gefühl registriert werden. Stattdessen wird man sich mit dem anderen unter Umständen auf einer rationalen Ebene rechthaberisch verhaken.

Mit dem Fühlen können natürlich auch solche Dinge wie die Schönheit eines Gemäldes oder eines Musikstücks, der Humorgehalt eines Ausspruchs, die Lustigkeit einer Situationskomik, die Traurigkeit einer Nachricht, die Freundlichkeit eines auf einen zuspringenden Hundes, die Fröhlichkeit eines Kindes, die Angemessenheit und Unangemessenheit eines Geschenks usw. abgeschätzt werden.

Das intelligente Fühlen

Die Fühlfunktion wird in ihrer Bedeutung für eine im modernen Sinne intelligente Person noch vielfach unterbewertet. Gemeint ist aber nicht eine Intelligenz im herkömmlichen Sinne als Faktenwissen, Verstand oder Intellektualität, sondern – wie es heute heißt – als „emotionale Intelligenz" und „soziale Kompetenz", die unabdingbar für ein gekonntes und wohltuendes Zusammenleben sind.

Auf eines muss hier noch aufmerksam gemacht werden: Das Fühlen ist nicht das Gleiche wie „die Gefühle" oder „das Gefühl". Beides wird oft verwechselt. Fühlen ist nicht mit Emotionen oder Affekten gleichbedeutend und auch nicht mit einem diffusen „Bauchgefühl", das z.B. auch aus der Intuition stammen kann. Heftige Emotionen und Affektzustände sind Energiephänomene, die meist gar nicht über das Fühlen ausgelebt oder mit diesem bewältigt werden. Diese Gefühlsaufwallungen bleiben in der Regel nicht innerhalb der Grenzen solch einer psychologischen Funktion wie der Fühlfunktion, sondern überschwemmen gleichsam das Bewusstsein und löschen es partiell aus, so dass ein bewertendes Fühlen gar nicht mehr möglich ist.

Die Orientierungsfunktion des Fühlens dagegen – um dies hier noch einmal aufzugreifen – ist eine „rationale", d.h. eine urteilende Funktion, die souverän Lebenssituationen, Zustände und Menschen mit den ihr eigenen Fühlkriterien abschätzt, z.B. mit dem schon erwähnten „Maßstab" angenehm/unangenehm. Wenn ich zu dem Schluss gelange, dass für mich eine Begegnung mit einem Menschen sehr angenehm und geradezu erhebend ist oder ich sie im Gegenteil unangenehm und irritierend finde, so läuft diese Entscheidungsfindung über die Fühlfunktion. Es handelt sich also beim Fühlen um eine ichhafte Leistung und nicht um einen affektiven Kurzschluss oder emotionalen Ausbruch. Die Fühlfunktion ist ferner gerade ein Organ, das heftigere Gefühle steuern kann, wobei sie sich dann zu einem größeren „Container" entwickelt haben muss, um solche intensiven Gemütsbewegungen in sich halten und bewegen zu können. In ihrer reinsten und höchsten Form bringt sie als Grundtönung Heiterkeit und Liebe mit sich.[24]

Neben dem kollektiv zu beobachtenden unfertigen Fühlen gab und gibt es aber immer auch Menschen, deren Fühlen ausgereifter ist. Ein für deutsche Verhältnisse besser ausgebildetes Fühlen hatten neben anderen – um hier nur ein paar Beispiele von Bundeskanzlern, -präsidenten und anderen

Politikern einzuflechten – Konrad Adenauer, Theodor Heuß, Willy Brandt, Richard von Weizsäcker, Roman Herzog, Angela Merkel, Joachim Gauck und Frank-Walter Steinmeier. Gerhard Schröder besaß zwar eine seine Persönlichkeit dominierende Emotionalität und er hatte als Partei- oder Regierungschef viel Gespür für Massenwirkung – sein Fühlen drängte stark nach außen, es erschien extravertiert –, doch es war recht affektbehaftet und damit gröber. Viel feiner ausgebildet war nach meiner Einschätzung die Fühlfunktion von Joachim Gauck, bei dem in der Gesamtpersönlichkeit das Fühlen den Ton angab. Ebenso feiner ist es bei Angela Merkel, wobei es hier dezenter und zurückhaltend ist und sich mehr im Hintergrund ihrer Persönlichkeit befindet – es ist introvertiert, wie wir sagen –, während ihr gut differenziertes Denken im Vordergrund wirkt. Adenauer, Brandt und Gauck waren mit ihrem Fühlen extravertierter, während das Fühlen bei von Weizsäcker, Herzog, Merkel und Steinmeier introvertierter ist.

Linkisch im Smalltalk und vortrefflich in ernsthafter Diskussion

Vielleicht übertreibe ich im folgenden Beispiel ein bisschen, aber so wird es anschaulich.

Wenn man in Deutschland auf eine Party oder auf einen Empfang kommt, ist man oft sich selbst überlassen. Es ist zumeist nicht so, dass der Neuankömmling fürsorglich und liebevoll in die Obhut genommen wird. Man wird in der Regel nicht allgemein eingeführt und den anderen Menschen mit ein paar auflockernden Worten vorgestellt, sondern gleichsam in die Wüste geschickt und muss seinen „Daseinskampf" alleine ausfechten. Die gefühlsmäßige Auflockerung, das humorvolle, entkrampfende Wort fehlt, sowohl beim Gastgeber als auch bei den Gästen, und man selbst ist genauso im Bann des herrschenden Geistes und vielleicht ebenfalls nicht dazu in der Lage. Alles ist oft kühl, steif, verdruckst und unverbindlich. Das Persönliche, Herzerwärmende oder die warme unprätentiöse Aufnahme fehlt. Wir vermeiden weitgehend den allzu direkten menschlichen Kontakt; man will sich nicht in die Karten gucken lassen, man will anonym sein und vieles soll geheim bleiben, man könnte zu viel von sich preisgeben und die emotionalen Defizite, unsere Unsicherheit und Linkischheit, könnten sichtbar werden. Lieber stellen wir uns starr und isoliert in eine Ecke.

Oder man erfährt das andere Extrem, das psychische Spiegelbild der Ge-
hemmtheit, nämlich plumpe Vertraulichkeit, anbiedernde Distanzlosigkeit
und unangemessene lärmende demonstrative Ausgelassenheit aus dieser Unsicherheit heraus – genauso unangenehm und fehl am Platz.

So oder so, es herrscht eine gewisse emotionale Barbarei. Mehr Verbindlichkeit, mehr Höflichkeit, schlichtes, aber formvollendetes gentleman- oder
ladylikes Auftreten und taktvolles Verhalten können wir uns weniger gut vorstellen; das wäre uncool, peinlich und wir würden dem nur mit einem verle-
genen Lächeln begegnen können. Normales Beisammensein vom Fühlen her
ist uns schwerer möglich. Und das Minderwertigkeitsgefühl in Gruppen, das
wir erleben, hat immer mit der wenig entwickelten Fühlfunktion zu tun, die
ja vor allem eine Funktion der zwischenmenschlichen Begegnung ist.

Nach der ersten Kontaktaufnahme stellt sich das Problem, über was man
sprechen soll. Wie soll das Gespräch gestaltet werden? Die Unterhaltung kann
nur dann eine angenehme Berührung hinterlassen, wenn das Fühlen dabei
präsent ist. An die Stelle der ersten tastenden Eröffnung bei einem Sich-Ken-
nenlernen gehört die Kunst des einfühlsamen Smalltalks, die wir Deutsche in
der Regel nicht beherrschen. Eher weichen wir in Sachfragen und Themen
aus, die vom Denken her erörtert werden können, oder wir fragen objektive
Daten ab, stellen Fragen nach Beruf, Zeit, Alter, Maßangaben – wie viele? wie
groß? wie lange? – und anderen Größen und Werte, die in Zahlen oder festen
Begriffen angegeben werden können.

Der Literaturwissenschaftler und Anglist Hans-Dieter Gelfert meint sogar, dass wir im Gegensatz zu anderen Ländern keinen Smalltalk mögen. Er
glaubt, das könnte „daher rühren, dass sich in Deutschland mangels einer
normsetzenden Hauptstadt keine Konversationskultur ausgebildet hat. Für
Engländer, Amerikaner und Franzosen ist ein allgemeines Gespräch etwas
grundsätzlich anderes als eine Diskussion. In geselliger Runde ist es vor allem
bei Engländern verpönt, eine ernsthafte Diskussion anzufangen."[25]

Wir sollten uns hüten, dies als Oberflächlichkeit zu deuten; es hat vielmehr
mit der anderswo kultivierteren Fühlfunktion zu tun, die sich situativ einfügt
und dem Einzelnen emotional mehr persönlichen Spielraum gewährt, als dies
eine Debatte vermöchte, die von den anwesenden Menschen absieht.

In der Tat ist die Diskussion ein Bedürfnis der Denkfunktion. Hierzu
noch einmal der aufgrund seiner Auslandstätigkeit und Kenntnis von Briten
und Deutschen zu einem Urteil besonders befähigt erscheinende Gelfert, der

bezüglich einer Abendeinladung schreibt: „Da sich hier aber das Gespräch über Stunden hinzieht, bedarf es einer hochentwickelten Kunst der unaufdringlich geistvollen und doch geradezu nichtssagenden Konversation. Gebildete Engländer beherrschen diese Kunst virtuos, während Deutsche sich auf einer solchen Party meist wie Elefanten im Porzellanladen fühlen und nicht selten auch als solche empfunden werden."[26]

Aber nicht nur Geist – denn der Esprit ist nur eine Zutat –, sondern vor allem Gefühl lassen eine gesellschaftliche Begegnung gelingen. Nur das von daher Gelungene lässt eine schöne Erinnerung zurück; sonst dominieren in der Rückschau die unabsichtlich und tumb zugefügten Nadelstiche, kalten Güsse, Rechthabereien oder Verletzungen.

Affektbeherrschung und Fühlen

Ich hatte oben ausgeführt, dass gefühlsartige Erregungen nichts mit der unabhängig urteilenden Fühlfunktion zu tun haben. Im Gegenteil ist die Affektbeherrschung Voraussetzung für ein differenziertes und lebendiges Fühlen, bzw. ein solches hoch entwickeltes Fühlen macht eine Lenkung der Gefühle überhaupt erst möglich. Nicht ein ungefiltertes Herauslassen ungestümer Gemütsbewegungen zeigt einen hohen Stand des Fühlens an, sondern die ichhafte Bewältigung und Kanalisierung der Emotionen. Und dies bedeutet gerade keine Unterdrückung der Gefühle. Vielmehr müssen wir Deutschen unsere Gefühle deshalb so oft unterdrücken, weil wir noch nicht genügend Raum in unserem Fühlbewusstsein haben, in dem wir jene sonst in kultivierter Form beherbergen könnten. Hier liegt der „Lebensraum", der uns fehlt, der aber im Prinzip innen unbegrenzt zur Verfügung steht und nur aufgesucht, „besiedelt" und gehegt werden muss. Das „Volk ohne Raum"[27] und der „Siedlungsraum im Osten", wie es in der deutschtümelnden und nationalsozialistischen Ideologie hieß, erscheint aus psychologischer Sicht als Verschiebung eines Mangels der Psyche auf eine äußere Ebene. Das in Deutschland vorhandene eingeengte oder abgeschnürte Fühlen und die innen fehlende Bewegungsfreiheit wurden nach außen projiziert.

Unsere Beherrschtheit besteht – wenn wir sie denn erreichen – in einem Untenhalten positiver und negativer Emotionen, die sich letztlich aber meist – und größtenteils von uns unbemerkt – einen Weg über verletzende Denk-Aussagen und allgemein Fauxpas in den Beziehungen bahnen. Meist wird hochkommender Zorn oder Ärger in das Denken geleitet, mit entsprechend aggressiv getönten bzw. scharf-kritischen Bemerkungen, auch wenn uns der mitschwingende Gefühlsgehalt, die affektive Ladung, nicht bewusst ist. Oder wir sind unbeherrscht, d.h. wir neigen dazu, bei etwas, das uns schockiert, verstimmt oder sonst wie auf dem falschen Fuß erwischt, gleich gereizt, mit Unwillen und affektbehafteten Äußerungen zu reagieren. Beide Verhaltensweisen, die zweite noch mehr als die erste, richten auf der Ebene des Fühlens und des zwischenmenschlichen Kontakts immer Schaden an; sie bedeuten eine Störung der Beziehung.

Die eben genannte schnelle affektive Reaktion, also die Unbeherrschtheit, oft verbunden mit Grobheit und Lautheit, auf die wir allenfalls noch stolz sind, hat nichts mit Spontaneität zu tun. Es handelt sich dabei ja nicht um ein freies Fließen des Fühlens. Sonst könnte man z.B. sagen: „Oh, das irritiert mich jetzt aber", oder: „Das erschreckt mich" usw. Nein, wir werden entweder vom Affekt überrumpelt und lassen ihn in seiner Rohform heraus, brüllen sozusagen: „Scheiße!" oder beschimpfen vielleicht den anderen. Natürlich kann auch ein Gefühlausbruch, der den andern nicht beleidigt, mal reinigend und befreiend sein.

Was bei uns auch oft passieren kann, ist, dass die aufsteigende Gefühlsenergie direkt in die Denkfunktion mündet, die dadurch entsprechend geladen ist und bissige oder ironische Bemerkungen macht. Beides bereuen wir hinterher und es kommt zu den typisch deutschen Schuldgefühlen. Ein Herausschleudern des Unmuts ist ein automatenhafter Reflex und hat nichts mit einer kreativen Spontaneität zu tun, auch wenn in Deutschland viel einer solchen missverstandenen Direktheit das Wort geredet wird.

Weil bei Männern und Frauen bei uns in Deutschland die Affekte in der Regel nicht integriert sind und daher ein ansatzweise vorhandenes Fühlen schnell hinweg gespült wird, enden viele Szenen und Dialoge auf der Bühne oder im Kino oft in Zwist und Anschreien. In vielen deutschen Theaterstücken oder Filmen, natürlich nicht in allen, geht es somit laut zu. Ich werte dies als ein offenbar notwendiges kollektives Übergangsphänomen nach einer Zeit weitgehender Gefühlsunterdrückung. So müssen die negativen Gefühlszustände wie Wut, Verzweiflung, Ärger, Hass, Ekel usw. erst einmal nach oben kommen, zur Entlastung, Bewusstwerdung und langsamen Integration. Eine Lösung oder wirkliche Befreiung ist dies aber noch nicht. Erst durch den Blick nach innen und eine hartnäckige Bemühung werden wir die Fühlfunktion entwickeln und in der Folge auch für aufbauende Emotionen bereitmachen können.

Es ist interessant, einmal genau auf die Art der Kommunikation zwischen Mann und Frau in – vor allem älteren – deutschen Spielfilmen oder Fernsehserien zu achten, auf Fühlen oder Nicht-Fühlen, auf Affekte und deren Ausdruck, auf das Argumentieren vom Denken her und darauf, wie weit der andere in seinem Wesen respektiert und bejaht wird! Man muss das wahrscheinlich wiederholt im Playback tun, denn es läuft alles viel zu schnell und wie völlig selbstverständlich in kaum erfassbarer Dichte ab. Und wir als Deutsche mit dem generell schnelleren Denken aber langsameren Fühlen brauchen Zeit, um diese in das Ressort des Gefühls fallenden Dinge bewusst aufzunehmen.

Das gesellschaftliche Klima

Alle von mir aufgeführten psychologischen Sachverhalte können immerzu und an allen Orten und nicht nur in TV-Sendungen oder bei Schauspielen beobachtet werden, denn das Leben ist ein Hologramm, und wenn es sich um zutreffende Wirkkräfte handelt, wovon ich überzeugt bin, sind sie überall erfahrbar. Unabhängig davon, ob man in einer Veranstaltung ist, einen deutschen Schriftsteller liest, eine Szene in der U-Bahn oder auf der Straße mitverfolgt, sich selbst, dem Partner, den Kindern, Freunden oder Kollegen aufmerksam zuhört, also das Familien- und Privatleben, den Berufsalltag oder das öffentliche Leben betrachtet, überall wird man fündig, wenn einmal der Blick dafür geschärft ist.

Ein gewisser Mangel an Fühlen prägt bis heute das ganze gesellschaftliche Klima in Deutschland. „Klima" und „Atmosphäre" sind Ausdrücke, die in den Bereich des Gefühls gehören, und mit ihnen beschreiben wir ein emotionales Fluidum in menschlichen Begegnungen, in Gruppen, in Betrieben, an Institutionen und in der Gesamtgesellschaft. Jedes Land hat sein eigenes Fluidum oder Flair. Durch das teilweise noch unterentwickelte Fühlen ist nun das Miteinander hierzulande oft „klimatisch" beeinträchtigt. Das Manko wirkt sich in der Stimmung und im Umgang miteinander entsprechend störend aus und bereitet Unbehagen, Unmut und Unzuträglichkeiten, auch wenn diese für viele unterschwellig bleiben. Zunächst einmal nehmen wir es ja als selbstverständlich hin, weil wir es nicht anders kennen. Doch ein Besuch im Ausland kann einem zu Bewusstsein bringen, dass es auch anders

geht, und manchmal wird man erst dadurch auf den emotionalen Nachholbedarf in Deutschland aufmerksam. Mir sind bei solch einem Blick über den
Zaun erstmals genauer einige dieser eher unfreundlichen Verhältnisse bei uns
aufgefallen.

Bei einem Aufenthalt in Helsinki sagte mir einmal eine Finnin, sie erkenne
auf der Straße Deutsche daran, dass diese so tun, als nähmen sie den anderen
nicht wahr. Sie schauten einfach an einem vorbei oder durch einen hindurch.

Eine zweite Begebenheit: Im Kontrast dazu erlebte ich als junger Mann
in London, als ich durch die Innenstadt in jener deutschen Manier lief, in
der man Entgegenkommenden nur gerade soweit ausweicht, wie es zur Vermeidung eines Zusammenstoßes oder Anrempelns notwendig ist, ein ganz
anderes Verhalten. Als mir ein Passant zu nahe kam, nahm er kurz Blickkon-
takt auf, sagte: „Excuse me", und machte einen deutlichen Ausweichbogen
um mich. Ich spürte darin ein „Ich habe dich wahrgenommen und achte
dich und deine Sphäre". Danach änderte ich beschämt mein Gehabe, das ich
als „Germane" wie alle meine Landsleute mit der Muttermilch aufgenommen
und unbewusst ausgelebt hatte.

Diese zwei kleinen Vignetten und Auslandseindrücke erhellen im Vergleich unser soziales Leben und illustrieren, wie wir den emotionalen Lebensraum in Deutschland gestalten bzw. oft nicht gestalten. Wir haben es nicht
im Bewusstsein, die anderen respektvoll wahrzunehmen und sie als Mitmenschen zu würdigen. Es gibt zu wenig Liebe untereinander. Dass man sich
damit in seinem eigenen Land nicht besonders wohl fühlen kann, ist klar,
doch ist uns dieses „Unbehagen in der Kultur" aufgrund der Unbewusstheit
unseres Fühlens kaum zugänglich. Nur die indirekten Auswirkungen sind für
uns erkennbar: Jedes Jahr gehen viele Spitzenwissenschaftler von Deutschland
weg ins Ausland, um dort ihr Glück zu suchen („Glück" als Gefühl muss
man hier wohl wörtlich nehmen). Vor allem emigrieren sie in die USA, nach
Großbritannien und in die Schweiz. Nur ein Teil dieses *brain drain*, dieses
Abfließens von Intelligenz, kommt später zurück. Die Abwanderung liegt
nicht in erster Linie an den materiellen Forschungsbedingungen, die hierzulande gar nicht so schlecht sind. Ich glaube, dass der Exodus vielmehr mit der
Arbeitsatmosphäre, der Reputation und der gesellschaftlichen Großwetterla-
ge zu tun hat, wobei sich die Situation inzwischen schon langsam verbessert
hat. In der Vergangenheit war es dagegen deutlich, dass unser ungenügendes

Fühlen, eine ungenügende Wahrnehmung von einander und die fehlende gegenseitige Wertschätzung vielfach eine freundliche Offenheit, unvoreingenommene Sympathie und echte emotionale Spontaneität untereinander und auch Unbekannten gegenüber verhindert hat. Es fehlte eine primär positive Einstellung gegenüber dem anderen und dem Leben überhaupt. Dieser in vielem oft negative Geist, manchmal vereint mit einer gewissen Kühle oder Unachtsamkeit in den Beziehungen erzeugten untergründig ein Missbehagen und trieben viele Begabte aus dem Land.

Im öffentlichen Raum kann eine schematisch arbeitende Bürokratie verbunden mit übermäßiger Regulierung und einer Verordnungsflut das Wohlbefinden beeinträchtigen. Zwar werden wir um unsere sehr durchorganisierte und an sich effektive Verwaltung von vielen Ländern beneidet, doch wenn sie allzu rigide und herzlos funktioniert, rein vom Zweckmäßigkeitsdenken her ihre Begründung erfährt, zu ausufernd ist und den Menschen nicht im Auge hat, gibt es auf der Gefühlsebene Nebenwirkungen. Wir werden an späterer Stelle noch sehen, wie sehr der Amtsschimmel und das Verwaltungswesen oder -unwesen an den Machtspielen unseres Vaterkomplexes teilgenommen hat. Bezüglich der gelegentlich unangenehmen Erfahrungen mit Ämtern und behördlichen Stellen ist jedoch zu sagen: Es reicht nicht, eine Änderung und ein freundlicheres, persönlicheres Antlitz einseitig von dieser „Obrigkeit" und all ihren Institutionen zu fordern, denn deren Gesicht und Verhalten ist ein Spiegel von uns allen, ist ein Reflex der in uns allen wirkenden Kräfte oder Mankos. Jeder muss bei sich selbst im Kleinen beginnen, wenn sich das gesamtgesellschaftliche Klima weiter bessern soll. Was im einzelnen Menschen erarbeitet und an liebenswürdigem Wesen gewonnen wird, wirkt sich positiv auf die gesamte Gemeinschaft aus.

Die Aussagen zum gefühlsmäßigen Klima gelten für die ganze Gesellschaft. Sie treffen nicht nur im behördlichen Kontakt und im politischen Leben zu, sondern ebenso im Erziehungs- und Ausbildungsbereich, in Kindergärten, Schulen und Universitäten. Das emotionale Klima ist ferner für das Arbeitsleben von großer Bedeutung. Wenn z.B. in Wirtschaftsunternehmen, Firmen und Betrieben in der Menschenführung Grundsätze des Fühlens missachtet oder nicht vorgelebt werden, beeinflusst dies die Arbeitseffizienz und das Zugehörigkeitsgefühl negativ. Und dieses Klima bestimmt natürlich den Freizeit- und Privatbereich, wo es bis in den Straßenverkehr hinein unser Wohlfühlen bzw. Unbehagen mitbestimmt.

Ugly German

Das Unterscheidungsvermögen zwischen hässlich und schön, plump und fein, zwischen stilvoll und stillos oder geschmackvoll und geschmacklos gehört in die Domäne der Fühlfunktion. Die Engländer hatten früher neben freundlicheren Charakterisierungen auch die Bezeichnung „The ugly German" für uns. Wir sollten hier nicht gleich affektiv zurückweisend reagieren, sondern uns selbstkritisch fragen, wie es zu dieser Charakterisierung kommen konnte und welcher Aspekt unseres Wesens damit gemeint ist. Mit dem „hässlichen Deutschen" sind sicherlich nicht in erster Linie äußere, sondern innere, seelische Merkmale angesprochen, die allerdings auch einen entsprechenden Ausdruck im Außen finden.

Ich glaube, dass es in erster Linie das fehlende Fühlen oder seine Unterentwickeltheit bei uns war, was einen unschönen Eindruck bei vielen Ausländern hinterließ. Und je nach ihrer eigenen Wesensart bzw. je nachdem, wo ihr eigenes Fühlen besser entwickelt ist, fiel ihnen Verschiedenes an Unschönem bei uns Deutschen auf. Ich werde auf die Fühlfunktion bei anderen Nationen gleich noch genauer zu sprechen kommen. Hier schon einmal so viel: ierHIer Die Italiener, die ihr Fühlen besonders in ästhetische Gestaltung einbinden, beklagen manche Geschmacklosigkeiten und in dieser Hinsicht Hässliches bei uns, z.B. in Stadtbild und Landschaftsgestaltung. Die Franzosen, die uns in ihrer Verbindung eines differenzierten Fühlens mit lebendiger Emotionalität überlegen sind, und auch die Engländer sind oft von unseren gröberen und ungeschliffenen Umgangsformen irritiert. Wo wir uns nur als „direkt" empfinden, werden wir als unhöflich erlebt.

Wenn man sich die Kreationen und Erscheinungsformen des Deutschen auf allen Gebieten anschaut, wird man mancherorts die „ugliness" bestätigt finden, sofern sie nicht bereits durch die Aufnahme internationaler Maßstäbe gemildert sind. Das heißt aber nicht, dass wir Deutschen nicht die Kunst des Schönen verstünden. Unsere Beiträge in Musik, Dichtung, Malerei, Bildhauerei und Wissenschaft gehören zu den schönsten, bedeutendsten und wertvollsten, die die Welt zu bieten hat. Doch wir haben eben auch eine „hässliche" Seite, und diese ist vor allem im letzten Jahrhundert mehr und mehr nach oben gekommen. Im Prozess der Selbstoffenbarung mussten wir offenbar im 20. Jahrhundert stark unseren „Schatten" – das sind die unschönen Schattenseiten unseres Unbewussten – ausleben, um unser Tun und das von uns

Hervorgerufene mit all seinen fatalen Auswirkungen als unser Ureigenes zu erfahren. Damit hat sich das, was bisher nur latent vorhanden war, manifestiert und sich uns als etwas Objektives, als außen Wirklichkeit Gewordenes präsentiert. Und erst so konnte es bewusst werden. Unter „Schatten" versteht man in der Tiefenpsychologie ganz allgemein den nicht genehmen Teil der Psyche, in dem alles Verpönte, „Böse" oder Verabscheuungswürdige von uns Menschen, dessen wir uns nicht bewusst sind, weggesperrt ist. Und wie jedes Individuum seinen Schatten und psychischen Kellerraum hat, so hat das Kollektiv insgesamt einen solch abgründigen Aufbewahrungsort.

Auch die Malerei trug zu diesem notwendigen Prozess der Selbstentdeckung bei, indem Aspekte unserer bis dato verborgenen hässlichen Seiten herausgemalt wurden. Auf die Leinwand gebannt besteht die Chance, sich der so abgebildeten Defizite des Fühlens und gefühlsmäßigen Unverträglichkeiten bewusst zu werden. Es mussten deshalb auch „disharmonische" Stile hervorgebracht werden. Das gilt unter anderem für den deutschen Expressionismus, in dem mit dissonanten oder schreiend grellen Farben und stechend harten Formen experimentiert und unter anderem Krankhaftes und von Maß und Mitte Abweichendes dargestellt wurde. Jeder einzelne dieser Künstler, Expressionisten und andere, ob Lovis Corinth, Ludwig Kirchner, Erich Heckel, Karl Schmidt-Rottluff, Max Pechstein, Otto Mueller, Emil Nolde, Max Beckmann oder Otto Dix haben sich dabei sowohl als Könner des Schönen wie des Hässlichen erwiesen und gerade wegen ihrer Fähigkeit zum Hässlichen einen wesentlichen Beitrag zur Moderne und speziell für uns Deutsche geleistet. Denn es gehört zur Moderne weltweit, dass schonungslos der Schatten der Psyche dargestellt wird, und wir hatten und haben hier unsere spezifisch deutsche garstige Seite zu entdecken.

Interessant ist in diesem Zusammenhang die gefühlstaube „Kulturpolitik" des nationalsozialistischen Deutschlands. Die dunklen Abgründe und die eigene Hässlichkeit dumpf ahnend und davor zurückprallend projizierte man die abstoßende Seite der eigenen Seele auf verschiedene Kunstrichtungen und verbot sie als „entartet". So wurde versucht, einen Teil des eigenen unausgegorenen Charakters auszublenden und auszutilgen, der sich aber in den Aktionen des „Dritten Reiches", also in seinen Untaten, schließlich ungehemmt Bahn brach. Durch das Aussondern von „entarteter Kunst", durch das Vernichten von verschiedensten Werken der Moderne und durch das Verbrennen von Büchern und Schriften wurde der geistige Selbsterfahrungsprozess zum

Schaden für die ganze Nation zunächst gestoppt und auf eine niedere Stufe zurückverlagert. Es gab nun nicht mehr die Möglichkeit, das Dunkle und Destruktive geistig und in sublimierter Form in der Kunst abzuhandeln (und darüber letztendlich das Niveau des Fühlens zu heben). Das führte dazu, dass sich jene Schattenkräfte einen Weg über das direkte Ausagieren suchten, mit den ja bekannten Folgen des Mordens und anderer Verbrechen. Das Unbewusste lässt sich niemals eliminieren, und so floss es eben in die Auswüchse des Regimes ein, in die Scheußlichkeiten des Alltags, in die Unterdrückung im Innern durch die Gleichschaltung des öffentlichen Lebens und in die Gräuel von Krieg und Shoah. Hier zeigte sich der dem Hässlichen innewohnende Hass ohne Maske, und das durch negative Affekte scheuklappenartig eingeengte und insuffiziente Fühlen wurde vollends offenbar.

Auch auf dem Kunstgebiet brachte die NS-Zeit für unseren heutigen Geschmack kurioserweise echt Hässliches hervor, für ein wirkliches Fühlen bedrückend oder es vor den Kopf stoßend, nämlich Grobschlächtiges, heroisch Übertriebenes und damit Disproportioniertes sowie machtheischend Monumentales. Es ist eine Ironie der Geschichte, dass man im Versuch, das Hässliche auszurotten, dem wahrhaft Widerwärtigen Vorschub leistete, während mit der Verfolgung der vermeintlich entarteten Kunst die bedeutendsten und schönsten Kunstwerke aus dem deutschen Blickfeld verbannt wurden und unserer kulturellen Identität zeitweise unermesslicher Schaden zugefügt wurde.

Auch später kam in den beiden Teilen Deutschlands das Gefühlsdefizit in Form von „Hässlichem" durch die Kunst zum Ausdruck. In der DDR knüpfte man an das vorhergehende diktatorische System und seine Kunstformen an, denn der sozialistische Realismus mit seinen pathetisch-pompösen und den Arbeiterhelden verherrlichenden Bildern unterscheidet sich nur graduell und thematisch von seinem Vorgänger. Er ist eine direkte Weiterführung der einen einseitigen Typus glorifizierenden NS-Kunst, der unter Hitler der dem germanischen Krieger gleichende deutsche Soldat bzw. die deutsche Mutter war. Hier ähneln sich eben alle totalitären Systeme in ihren für ein differenziertes Fühlen minderwertigen Hervorbringungen und Abgeschmacktheiten.

In der demokratischen Bundesrepublik – befreit vom Joch der Diktatur – explodierte die Experimentierlust. Es herrschte eine gewisse künstlerische Anarchie, wobei Modetrends aus aller Welt aufgegriffen wurden. Hierin erfolgte die Gegenbewegung, die genauso antiautoritär wie auf anderen Gebieten des öffentlichen Lebens jegliches Diktat von Stil und herkömmlicher Ästhetik abwarf und neben neuen, aufsehenerregenden Formen auch einiges an Geschmacklosigkeiten oder zumindest an Schockierendem möglich werden ließ. Schocks zu setzen ist manchmal ein notwendiger Weckimpuls, doch es kann auch das Bedürfnis eines unentwickelten Fühlens sein, um so über eine Leere hinwegzukommen und wenigstens mittels eines „Kicks" zu reizen und damit Emotionen auszulösen.

Etwas Ähnliches gilt übrigens auch für weite Teile der Nachkriegsdichtung, wobei in der Sprache ebenfalls die Dominanz von Denken und Intellekt zum Vorschein und das Fühlen sichtbar zu kurz kommen. Mit diesen selbstkritischen Worten soll jedoch nicht die Bedeutung der deutschen Nachkriegskunst und -literatur für die eigene Selbstfindung geschmälert werden.

Nehmen wir also das „Ugly German" in Bescheidenheit an und dringen wir durch diesen Schattenbereich hindurch zu unseren darunter verborgenen Potenzialen.

Musik und Gefühl

In der Musik ist Deutschland seit Jahrhunderten eine führende Größe. Im Weltvergleich wird man die bedeutendsten Komponisten unserem Kollektiv zuordnen müssen. Auch nur die wichtigsten Namen aufzuzählen ist unmöglich; allein Bach, Beethoven und Mozart würden schon den deutschen – das deutschsprachige Österreich ist bei dieser Betrachtung ja eingeschlossen – Weltruhm *in musicis* begründen.

Musik hat viel mit Gefühl und den Gefühlen zu tun. Klänge, Melodien und Lieder bewirken verschiedenste Stimmungen und sprechen tief unser Gemüt an. Das Klangreich vermittelt uns eine Reihe emotionaler Erfahrungen. Es kann ein verklärendes Weltgefühl erzeugen, und über die Musik können wir sonst Unsagbares, Mystisches, Transzendentes und sogar religiös Sinnhaftes erleben. Wir verbinden sie mit Ahnungsvermögen, Seele, Innerlichkeit, Sentiment und Romantik. Gerne lassen wir uns von der Musik hinwegtragen, geben uns ihr hin und gehen in ihr auf. Sie hat dann etwas Entgrenzendes und lässt einen ozeanischen Rausch aufkommen. So können wir in ihr schwelgen, sogar uns auflösen und geraten damit in die Nähe der Todessehnsucht, diesem deutschen Urbedürfnis, das immer wieder mit der Symphonik verknüpft wurde. Thomas Mann z.B. ließ viele seiner Romanfiguren nach dem Anhören von Wagnerscher Musik sterben.

Was Musik in unserem Seelenleben evoziert, bleibt im Vorbewussten und ist oft nicht genau benennbar; doch einig ist man sich darin, dass es „Gefühl" ist. Und neben dem schemenhaften Ausdruck „Gefühl" sind es eine Reihe umrissener Gefühle wie Gehobensein, Glücksgefühl, Beschwingtheit, Animiertheit, Erotik, aber auch negativ faszinierende Gefühle wie Düsterkeit, Gespenstigkeit, Melancholie, Traurigkeit, Zorn usw., die durch meisterhafte Tonwerke ausgelöst werden. Wir benutzen die Musik, egal ob Klassik, Jazz, Pop oder Folk, oft ganz bewusst, um an Emotionen heranzukommen. Untermalende Filmmusik wird zu gleichen Zwecken eingesetzt. Auch einfache Gefühlsbedürfnisse werden durch die Musik befriedigt. Viele Menschen lieben z.B. gemütvolle, kitschige Schlagermusik, lieben Schmalz und Herz und schmelzen bei diesen schlichten Weisen dahin. Sehnsüchte und der Hang zur Sentimentalität kommen hier hervor.

Weder solcherart diffuses Gefühl noch die oben genannten Emotionen sind, wie schon gesagt, mit der Fühlfunktion gleichzusetzen. Und so ist unsere Musikliebe und -sehnsucht nicht unbedingt ein Ausdruck eines ausgereiften Fühlens, sondern eher ein tieferliegendes vorbewusstes Potential, wenn nicht manchmal sogar ein Ersatz für das fehlende Fühlen. Musik ist so gesehen der fruchtbare Mutterboden in Hinblick auf ein zu entwickelndes Fühlen. Sie ist ferner für uns Heutige mit unseren mentalen Erstarrungen eine legale und auch legitime Droge, die wir so sehr als Gegengewicht zu unserer Rationalität brauchen. Sie verhilft uns, die Denkzentriertheit zu durchbrechen und kann uns aus unserer rigiden Gefühlsarmut und Bewusstseinshärte herausholen. Sie schließt uns auf und lässt unser gefühlvolles Wesen zum Vorschein kommen, das sonst hinter der Fassade der Kopfbetontheit verborgen ist. Musik ist für uns der „Zwiebelkeller" aus dem Grassschen Werk *Die Blechtrommel:* das Lokal, in dem man mit Hilfe roher Zwiebeln zu gefühlsbetonten Erinnerungen und Gemütsbewegungen wie Weinen gelangt, die sonst bei uns stumm bleiben würden. Ohne solche drastischen Hilfsmittel geht es offenbar vielfach bei uns Deutschen nicht; doch die Musik vermag es.

Die Verhärtung ist durch das jahrhundertelange Bad im „Drachenblut" der Denkfunktion entstanden. Aber die Musik erreicht unsere weiche Stelle, da wo wir empfindsam und verletzlich sind, uns öffnen können, wo Seelenvolles durch den rationalen Panzer und durch unsere Verkrustungen ein- oder nach außen dringen kann. Unsere Musikbegeisterung, -versessenheit und -begnadung drücken also bislang eher ein seelisches Potenzial und eine intensive Sehnsucht zum Gefühl hin aus und weisen in die Tiefe der Seele. Dieser innere Schatz lässt auf eine mögliche größere Bewusstmachung des Gefühls und Entwicklung des Fühlens hoffen. Denn nicht nur Gefühl und Gefühle, auch die psychologische Fühlfunktion kann durch die Musik angeregt werden. Durch sie wird das Fühlen beflügelt, wie umgekehrt eine entwickelte Fühlfunktion bewertend unterscheiden und musikalisch Wertvolles von Minderwertigem, nur Rührseligem und Sentimentalem abgrenzen kann.

An dieser Stelle noch ein Wort zur Sentimentalität, die von dem österreichischen Schauspieldichter Arthur Schnitzler etwas bissig aber treffsicher „das Alibi der Hartherzigen" genannt wurde. Sie ist ein Ventil für ansonsten gehemmte Gefühle und ein Surrogat für ein echtes beteiligtes Fühlen. In dieser ersatzweisen Gerührtheit entladen sich Staus, wobei die Gefühlsergüsse auf differenziertere Menschen unecht und peinlich wirken. Wir Deutschen verfügen nun über ein gerüttelt Maß an Sentimentalität, die z.B. durch Musik, aber auch auf andere Art und Weise ausgelöst und ausgelebt wird. Sie ist Ausdruck und Ausfluss unseres unbeholfenen Fühlens, das in dieser Weise immer wieder „überläuft", da wir unserem Herzen nicht auf eine reifere Manier Sprache verleihen können. Auch nach eigenen Fehlern oder Niederlagen kommen bei uns schnell solche Rührungen wie Selbstmitleid und sentimentale Nostalgie auf.

Echte Trauer dagegen ist rar. In der Trauer konfrontieren wir uns mit offenem Herzen dem Schmerz, was sehr schwierig ist und eben wehtut, sodass viele Menschen hier lieber ausweichen oder die Trauer nur bis zu einem gewissen Grade zulassen können. So war das Urteil von A. Mitscherlich über uns Deutsche der Nachkriegszeit, das in seinem Buchtitel *Die Unfähigkeit zu trauern* zum Ausdruck kommt, leider sehr zutreffend und charakterisierte eine kollektive Verdrängung und Abspaltung unserer Gefühle.

C. G. Jung hat alle Ausprägungen der bei uns anzutreffenden Unreife des Fühlens einmal auf folgenden Nenner gebracht: „Die deutsche Nation kann dadurch charakterisiert werden, dass ihre Fühlfunktion minderwertig, das heißt undifferenziert ist. Wenn man das aber einem Deutschen sagt, ist er beleidigt. Ich wäre auch beleidigt. Es liegt ihm viel an dem, was er Gemütlichkeit nennt."[28]

Die deutsche Gemütlichkeit ist nicht weit weg von der Sentimentalität. Mit dem Hang zur Idylle ist hier ein anderer harmloser Ausdruck unseres einfachen, unbedarften Gefühls angesprochen. Diese Gemütlichkeit wird von Ausländern teils geschätzt, teils belächelt.

Der deutsche Michel und die Kosten einer ungenügenden Fühlfunktion

Abbildung 4: Der deutsche Michel

In politischen Karikaturen gab es eine witzige Selbstcharakterisierung: den deutschen Michel. Im 16. Jahrhundert wurde damit schon der ungebildete Bauer in Deutschland bezeichnet. Im Vormärz, der Zeit von 1830 bis zur Märzrevolution 1848, stellte dieses Motiv den tumben, politisch uninteressierten Bürger dar. Bis heute wird manchmal in politischen Karikaturen durch diese Figur im Nachtdress und Zipfelmütze der Deutsche schlechthin gekennzeichnet. Die über Zeitepochen wirkende Verschlafenheit von uns Deutschen in *political affairs* wurde in der Zeichnung des deutschen Michels trefflich abgebildet.

Dieses Symbol der Schlafmützigkeit können wir zu einem ganz großen Teil auf die Fühlfunktion beziehen, die bei uns Deutschen nicht wach und engagiert gewesen ist. Gefühlsmäßige Zusammenhänge wurden gemeinhin nicht erkannt, und deshalb konnte auf vielen Ebenen auch nicht gut agiert werden. Auch wenn es nicht mehr in vollem Umfang zutrifft, gilt diese Gefühlsrückständigkeit zu einem gewissen Grade immer noch. In Fühlangelegenheiten geraten wir leicht in Fehleinschätzungen und Wunschdenken hinein, was sich besonders bei Politikern und Staatsmännern fatal ausgewirkt hat. Das war und ist der deutsche Michel! Wir Deutsche erträumten uns oft mehr die Welt, wie sie sein sollte, als dass wir sie wahr- und annahmen, wie sie ist. Bevor wir aufgewacht und aufgestanden waren, war in der Regel die Entwicklung schon verschlafen. Und wenn wir vorpreschten, waren die Folgen aufgrund der emotionalen Unbedarftheit meist noch schlimmer. In der Vergangenheit sind wir so wiederholt in die Bredouille geraten, und das war schon lange vor dem Ersten Weltkrieg so. Im weiteren Gang der Geschichte hat dies eine schicksalhafte Hinbewegung zu den zwei Weltkriegen bewirkt, wie ich später zeigen werde.

Worin zeichnet sich eine gute und aufmerksame Fühlfunktion aus? Auf dem internationalen Parkett erweist sie sich in einem klugen Fein-, Takt- und Fingerspitzengefühl, in einer *political correctness*, die das andere Land oder den Verhandlungspartner auch in seinen gefühlsmäßigen Bedürfnissen wahrnimmt, respektiert und einbezieht. In Bezug auf die Diplomatie hatten wir uns schon damit beschäftigt, dass zur Realität unserer Welt auch der Gefühls- und Beziehungskonnex gehört, ein emotionales Netz von wechselseitiger Wertschätzung und gefühlsmäßigen Verbindlichkeiten, das von uns Deutschen aufgrund der Prärogative der Denkfunktion zumeist nicht genügend beachtet wurde. Das psychologische Phänomen des unterentwickelten Fühlens traf man eben auch bei den Ungeschicklichkeiten und Ausrutschern unserer Staatsmänner auf dem diplomatischen Parkett an.

Auch heute noch gehen viele politische Initiativen, verbale Vorstöße und Kommentare mit untergeordnetem Fühlen und hauptsächlichem Denken einher. Das wird ganz deutlich, wenn wir einmal genau auf die Aussagen von Regierungsrepräsentanten und anderen Volksvertretern und auf ihre „Diplomatie" achten. Dann können wir feststellen, wie undiplomatisch – und das heißt: unter Missachtung des Fühlens – sich manche Politiker äußern. Der Fortschritt ist, dass sie heute damit schneller in die Kritik geraten. Doch in der Vergangenheit fiel es im Bewusstsein der Öffentlichkeit kaum auf, wenn unsere Staatsmänner unsensibel in die zwischenstaatliche Politik eingriffen und sich vielfach geradezu täppisch verhielten. Wie häufig ist da ins Fettnäpfchen getreten worden! Dadurch wurden Einfluss und Vorteile verspielt. Diese Patzer wurden wie gesagt uns Deutschen zumeist gar nicht bewusst, vom Ausland aber sehr wohl registriert, wenn auch nicht immer gleich geäußert. Die nachteiligen Konsequenzen zeigen sich ja immer erst später und wurden von uns und unseren Politikern meist nicht mit der – höchstens diffus gespürten – Verletzung des Taktes in Verbindung gebracht. Es gab da auch noch kaum Frauen in hohen politischen Ämtern, die von ihren weiblichen Qualitäten her das Gefühlsdefizit hätten lindern können.

Unsere diplomatischen Schnitzer in Privatbegegnungen wie im internationalen Kontakt kommen uns letztes Endes teuer zu stehen. Auch wenn wir nicht merken, wie wir die Gefühle anderer irritieren, sammeln wir damit doch ständig Minuspunkte. Nach einer gewissen Zeit und nach einem aufsummierten „Soll-Kontostand" beginnen wir, dies in der Regel untergründig wahrzunehmen. Das sind dann unsere typisch deutschen Schuldgefühle, die uns zwingen, vermischt mit einer gewissen Verlegenheit, sich den anderen gegenüber besonders entgegenkommend, reu- und gutmütig zu verhalten. Das mag im Privaten noch angehen, ist in der Politik aber unprofessionell und hat in der Vergangenheit den eigenen Interessen geschadet. Solche Verhaltensweisen ließen Deutschland in den letzten Jahrzehnten international immer wieder ins Hintertreffen geraten. Schlimmer noch wurde es, wenn die unterschwelligen Schuldgefühle und die Unsicherheit durch eine Portion Anmaßung oder rechthaberische Überheblichkeit überspielt wurden wie vor der Mitte des 20. Jahrhunderts. Dagegen überwog die treuherzige erste Variante in der Zeit nach dem 2. Weltkrieg.

Auch beim Holocaust und den anderen Untaten im „Dritten Reich" hatte der deutsche Michel gedöst und schlaftrunken weggeschaut. Doch einer solchen Haltung folgt immer eine geharnischte Rechnung. Eigentlich widerspricht es jedem Zartgefühl, diese Ereignisse und Folgen auf der wirtschaftlichen und finanziellen Ebene zu betrachten, doch viele Menschen bekommen nur darüber ein Bewusstsein, wenn ihnen etwas pekuniär wehtut und sie auf dieser Ebene „bluten" müssen. So ist das große geschichtliche Exempel für die „Kostspieligkeit" eines ungenügenden Fühlens ja die Wiedergutmachung, die Deutschland aufgrund der begangenen Verbrechen an den Juden, den

Sinti und Roma, den Zwangsarbeitern und Zwangssterilisierten usw. leisten musste. Natürlich können jene Frevel durch eine noch so stattliche materielle Entschädigung nicht rückgängig gemacht oder ausgeglichen werden, und es kann nicht um eine Aufrechnung gehen, dennoch waren die finanziellen Zuwendungen wichtig und Ausdruck des Willens zur Versöhnung.

Doch eines ist klar: Mit einem kollektiv gut entwickelten Fühlen wären diese Verbrechen nicht möglich gewesen. Zu viele Menschen hätten dann betroffen und entsetzt reagiert, hätten protestiert, hätten eingegriffen und sich gegen die Übergriffe an diesen Minderheiten zur Wehr gesetzt. Damit wäre eine derartige Pogromstimmung mit ihren hasserfüllten Affekten, die zu den entsprechenden Verfolgungen und Morden führten, gar nicht aufgekommen.

Neben diesem historischen Schulbeispiel finden sich in der Außenpolitik der jungen Bundesrepublik viele Fälle, wo Deutschland sich schließlich zum Zahlen verpflichtet fühlte. Es wurde nicht nur in der Anfangszeit der Europäischen Union aus allerdings vielschichtigen Gründen zum Zahlmeister, sondern musste auch in verschiedenen zwischenstaatlichen Angelegenheiten eine Scheckbuchdiplomatie betreiben. Diese tritt zumeist dann als materieller Ersatz in Funktion, wenn es aufgrund von emotionalem Ungenügen an eigentlicher Diplomatie gehapert hat. Denn die Mängel der Fühlfunktion in der Unterhandlungskunst – das ist nach meiner Beobachtung ein psychologisches Gesetz – müssen früher oder später in barer Münze, in Geld- und Sachwert, nachgezahlt werden. Wer mit dem Fühlen knausert, z.B. weil er da wenig zu geben hat, oder wer mangels Takt Scherben anrichtet, muss letzten Endes doppelt und dreifach geldlich zurückerstatten. Oftmals geht es eben nur über schmerzliche finanzielle Einbußen – das gilt für den einzelnen Menschen wie für ein ganzes Volk –, sich des Fühlens bewusst zu werden. Inzwischen gibt es bei uns längst mehr Bereitschaft zur freiwilligen Übernahme von Verpflichtungen.

In der Tagespolitik ist es ähnlich. Auch hier gilt, dass die vielen kleinen „Vergehen gegen die Fühlfunktion" in der Folge stets mit einer „Geldbuße" belegt werden. Auch innenpolitisch ist nämlich zu beobachten, dass Projekte kaum vom Fühlen her angegangen werden, weil seine Werte und Konsequenzen nicht in gleicher Weise erkannt und gewürdigt werden. Gegenargumente vom Fühlen her gegen einen Plan, ein Vorhaben oder eine Entscheidung tauchen so gar nicht auf oder finden keine Berücksichtigung. Erst recht nicht wird primär vom Fühlen her ein Projekt gefordert oder positiv begründet. Dass sich so etwas schließlich rächen kann, wird noch kaum gesehen.

Vergleich mit anderen Ländern

Andere Völker haben bezüglich der vier Funktionen Denken, Fühlen, Empfinden und Intuieren ihre eigenen Schwerpunkte und Stärken auf der einen und ihre Eigentümlichkeiten und Entwicklungsrückstände auf der anderen Seite. Die Schwachpunkte anderer Nationen sollen uns hier aber nicht weiter interessieren und uns vor allem nicht als Entschuldigung dienen, weil uns dies nicht weiterbringt. Deshalb beschränke ich mich hier auf wenige Länder, bei denen kollektiv gesehen die Fühlfunktion weiter bzw. anders entwickelt ist als bei uns.

In England befinden sich nach meiner Beobachtung Denken und Fühlen in einem relativ ausgewogenen Verhältnis. Hier spielen auch die Berücksichtigung des „Du", die Zurücknahme des Egos, das Mitgefühl und das caritative Verhalten eine recht große, in der sozialen Kultur verankerte Rolle. Im Prince Henry's Hospital in Melbourne, das in dem britisch geprägten Bundesstaat Victoria in Australien liegt und wo ich im Rahmen meiner medizinischen Ausbildung eine Famulatur machte, fand ich im Personalzimmer einen gerahmten Wahlspruch an der Wand, der sinngemäß lautete: „Erst der andere, dann ich." Uns Deutschen käme das antiquiert und peinlich vor. Wir sind mehr angetan von Parolen und Mottos wie: „Man muss ein Schwein sein in dieser Welt" und „Geiz ist geil" oder „Böse Mädchen kommen überall hin" usw. Wo gibt es bei uns noch die Maximen und Suggestivsätze mit positivem und du-bezogenem Tenor? Die soziale Wahrnehmung und der Respekt voreinander sind in den englisch beeinflussten Ländern größer, und das Fühlen hat einen festen Platz im Erleben. „Sozial" in diesem Sinne hat nichts mit Sozialgesetzgebung und Wohlfahrtsstaat zu tun. Diese Aspekte mögen in Deutschland (außer im Gesundheitswesen, wo in England ein freier Zugang für alle besteht) stärker ausgeprägt sein. Dadurch ist bei uns aber viel an diesbezüglicher Verantwortlichkeit vom Einzelnen weg an den Staat delegiert.

Die Behauptung, dass die Engländer ein gut ausgebildetes Fühlen haben, mag überraschen. Ein Bekannter von mir machte dazu den Einwand: „Aber die Engländer gelten doch als unterkühlt und reserviert. Da tritt doch das

Fühlen zurück." Das Missverständnis klärt sich, wenn wir zwischen Fühlfunktion und Emotionalität unterscheiden. Es ist zutreffend, dass die Briten keinen lauten oder südländischen Gefühlsausdruck an den Tag legen. Das hat aber mit dem Fühlen nichts zu tun. Fühlen ist – wie ich hier noch einmal wiederholen möchte – eine ich-gesteuerte bewusste Fähigkeit, gefühlsmäßig zu urteilen und Stellung zu nehmen und kein Überwältigtwerden von Emotionen. England hat eine stillere – man möchte sagen – introvertiertere Qualität des Fühlens und des darauf gegründeten Handelns, eben die „feine englische Art". Ein Engländer kann aber bei passender Gelegenheit durchaus sehr lebendiges Gefühl in seine Äußerungen oder sein Handeln legen.

Ich möchte an dieser Stelle das Urteil Theodor Fontanes wiedergeben. Seine Wurzeln und auch sein Name gehen übrigens auf Frankreich zurück – vielleicht hat er von daher eine gute Portion Fühlfähigkeit mitgebracht –, und er hielt sich jahrelang teils alleine, teils mit seiner Familie in London auf, was ihn stark prägte. Wenn man von Äußerlichkeiten absieht, sind seine Bewertungen keineswegs veraltet.

In einem Brief an seine Frau vergleicht er eine deutsche und eine englische Familie („Beta" bzw. „Collins") und deren Mentalitätsunterschiede miteinander und schreibt: „Beta und Collins sind eigentlich zwei interessante Gegensätze: Dürftigkeit, Schlafrock, Hemdzipfel, Sauerkraut, burschenschaftliche Reste, wirkliche und *eingebildete* Ehrlichkeit – das ist Beta; Wohlhabenheit, Eleganz, Form, Portwein, kosmopolitische Gedanken und doch englische Gefühle, etwas Humbug, aber auch kein Pochen auf unbeugsame Gradheit und Erhabenheit – das ist Collins. Die Deutschen sind wirklich besser, aber sie fangen es dumm an und machen sich dadurch lächerlich."[29]

Ein andermal erzählt Theodor seiner Emilie: „Mir gegenüber saß eine Miss White, eine junge Dame von 22, die als Missionärin nach Ostindien geht, bildschön, wahrhaftig wie ein Engel und die unaffektierte Vornehmheit einer Fürstin. Ich weiß nicht, wo sie's hernehmen. Wenn ich an die Gräfin Haugwitz denke, himmlischer Vater – der reine Nähsputz dagegen. Es hilft alles nichts, nicht die einzelnen Menschen und nicht ihr Geist, aber die ganze Race ist uns leiblich überlegen. Es ist ein feinerer Schlag Menschen."[30]

Vielleicht nicht oder nicht nur leiblich. Ein letztes Mal Fontane, der von einem englisch geführten Hotel in der Nähe des Rheinfalls schwärmt:

„Viel tragen zu dieser wohlthuenden Erscheinung allerdings die Engländer selbst bei; richtiger die Engländerinnen. Es hilft nichts, wir verschwinden neben ihnen. Ich will dies alte Streitthema nicht zum hundertsten Male behandeln, aber es ist so, wie ich sage. Durch Abstammung, Erziehung, Pflege, Freiheit und allerglücklichste Lebensverhältnisse repräsentiren sie schließlich eine höhere Race. Das ganze Volk trägt einen aristokratischen Stempel. Was bei uns in Einzelexemplaren vorkommt, kommt bei ihnen massenhaft vor."[31]

Ein mutiges Selbsteingeständnis eines Deutschen vor ca. 160 Jahren. Es hilft wirklich nichts: Wir müssen uns eingestehen, dass wir Deutschen – damals wie heute – vom Fühlen her hinterherhinken und aufzuholen haben.

In Frankreich ist das Fühlen ebenfalls viel präsenter als in Deutschland, und es ist dazu – wie in Italien – mehr nach außen gerichtet. Es ist extravertierter als es unser Fühlen je sein wird. Ich wage die Prognose, dass wir Deutschen eher die introvertiertere Weise des Fühlens entwickeln werden. Bei den Franzosen mit ihrem extravertierten Fühlen ist dafür das Denken verinnerlichter. Die Situation ist also dort genau umgekehrt wie bei uns mit unserem stark nach außen drängenden Denken.

In einigen Worten des damaligen französischen Botschafters Claude Martin wird der Unterschied zwischen Deutschland und Frankreich, der gleichzeitig der Unterschied zwischen Denken und Fühlen ist, besonders schön deutlich.[32] Dieser Diplomat im echten Sinne des Wortes, dessen gut entwickelte Fühlfunktion in Rede und Ausdruck erkennbar wird, antwortete auf die Frage, warum Franzosen so wenig Deutsch sprechen:

Die Aussprache sei zu hart für Franzosen, auch die Grammatik erscheine schwer, doch besonders deshalb nicht, weil Deutsche sehr streng seien und erwarteten, dass man entweder korrekt oder gar nicht Deutsch spreche. Deshalb sprächen Deutsche auch zu wenig Französisch in Frankreich, weil sie annähmen, dass die Franzosen ähnlich streng verführen, was nicht der Fall sei. Man freue sich in Frankreich, wenn Deutsche Französisch sprechen. Es sei eine Freude für den Franzosen.

In diesen Sätzen des Botschafters wird auf einen Nenner gebracht, dass Deutsche sich eher nach dem Prinzip richtig–falsch (Denken) und Franzosen sich eher nach dem Prinzip angenehm–unangenehm (Fühlen) orientieren.

Spanien hat nach meinem Ermessen eine ebenfalls gut durchgebildete Fühlfunktion, allerdings emotionaler gefärbt. In Italien sehe ich ein weites

Spektrum zwischen einem affektiven Fühlen mit emotionalem Ausdruck, was das südländische Temperament ausmacht (besonders Süditalien und Sizilien), bis hin zu einer sehr bewussten, äußerst gepflegten Fühlfunktion (besonders Nord- und Mittelitalien). Das Fühlen ist in Italien eine besondere Verbindung mit der Sinnlichkeit eingegangen, mit einer daraus resultierenden Befähigung zur Gestaltung. Die Früchte dieser Verschmelzung sind nämlich ein hohes ästhetisches Empfinden, sichtbar in den „Schönen Künsten" seit dem Quattro- und Cinquecento, in einem weltweit führenden Design, in ansprechender Landschaftsarchitektur, in der Schaffung von geschmackvollem Ambiente usw. Man sollte nicht vergessen, dass die griechisch-römische Kultur und damit überhaupt „Kultur" in einem zweiten Schub über die italienische Renaissance nach Europa kam.

Jetzt ist es vielleicht gar nicht mehr so erstaunlich, dass in europäischen Umfragen, aus welchen Ländern die besten Liebhaber kommen, meist an erster Stelle die Engländer, Franzosen und Spanier rangieren. Wir Deutsche liegen eher im unteren Bereich. Die Fühlfunktion ist ja zuständig für den Bereich des Kontaktes, der zwischenmenschlichen Begegnung und natürlich für die Liebesbeziehung, so dass ich dieses Ergebnis als einen zusätzlichen Beleg für meine These des unterentwickelten Fühlens in Deutschland ansehe.

Die unterschiedlich entwickelte Fühlfunktion in Europa bedingt sogar Wettbewerbsnachteile für Deutschland. Das Fühlen wirkt sich nämlich bis hinein in die Programmierung und Menüführung von Telefonen, TVs und anderen technischen Geräten aus. Wir sind zwar im Maschinenbau gut. Doch bei Gebrauchs- und Unterhaltungselektronik, wo die Schnittstelle Mensch-Maschine entscheidender ist und es sozusagen mehr soziale Interaktion gibt, sind wir im Hintertreffen. Wir selber merken es kaum, wie unkomfortabel, obwohl stringent logisch, manche diesbezügliche Software gestaltet ist. Aber von vielen Menschen anderer Länder wird es bemerkt und auch manche Deutsche entscheiden unterschwellig nach solch einem Kriterium und legen einen Apparat beiseite, bei dem die Bedienung und die Nebengeräusche vielleicht zu unangenehm oder die Tasten- und Warntöne zu eindringlich und hart sind. Geräte also, die nichts Freundliches, Einschmeichelndes und Wohlklingendes haben und die vom Aussehen und in der Handhabung dem Fühlen zuwider sind. Vielleicht ist es so kein Wunder, dass hier manche Firmen, wie Siemens in der Handybranche, aufgeben mussten.

Auch in Bezug auf die bereits angesprochene Affektbeherrschung, also die Steuerung der Emotionalität bei gleichzeitig lebendigem Fühlen, sind uns einige Völker voraus. Bei einem überraschenden Ereignis oder einer schockierenden Mitteilung sagt ein Engländer gern: „Oh, indeed!" [„Oh, tatsächlich!"] Damit schafft er eine Besinnungspause und gewinnt Zeit, die aufsteigenden Gefühle einzuordnen. Auch das Stammeln, Stottern oder verstummende Innehalten bei etwas Außerordentlichem, bei einer umwerfenden Information oder verbalen Beleidigung – wie man dies in Hollywoodfilmen vorgeführt bekommt – hat den gleichen Sinn. Wir sollten uns als Deutsche nicht darüber lustig machen und womöglich noch stolz auf unsere „spontanere" Reaktion, das sofortige verbale Parieren oder Zurückschlagen, sein. Denn jene Verzögerung dient der Erholung und Zentrierung, während ohne diesen Aufschub viel Porzellan zerschlagen werden kann. Doch eigentlich wissen wir als Deutsche, dass wir im Grunde nicht spontan sind, und die meisten von uns sind nach vielen negativen Erfahrungen schließlich genötigt, diese Art von Affektivität und Reaktionsbereitschaft zu unterdrücken. Wir wirken sodann besonders kontrolliert und in bestimmten Situationen apathisch oder wie erstarrt.

Affektbeherrschung und Einbindung der Aggression können auch in körperlichen Turnieren wie Sportveranstaltungen und Mannschaftsspielen eingeübt werden. In England hat seit langem, viel früher als in anderen Nationen, der Sport zusammen mit dem Fairness-Gedanken eine große Bedeutung. Das Wort Fairness kommt ja aus dem Englischen und ist in die deutsche Sportsprache eingegangen. Seit dem späten Mittelalter haben die Briten ein Faible für körperliche Wettkämpfe, und die Vielfalt an Sportdisziplinen ist eine spezifisch englische Kulturleistung.[33] In Deutschland lebte das kollektive Interesse an Teamspielen und anderen Sportarten erst mit Beginn des 20. Jahrhundert auf.

Auch die im Volk kursierenden Aussprüche, die „Volksweisheiten", erzählen vom unterschiedlichen Lebensgefühl und der andersartigen Genussfähigkeit in den verschiedenen europäischen Ländern. Das hat nicht nur mit Sinnlichkeit, sondern zuallererst mit dem Fühlen zu tun. Den Mittelmeeranrainern wird eine größere Lebensfreude zugeschrieben, und viele „Nordlichter" fahren ja unter anderem deshalb dorthin und nicht nur zum Sonne-Auftanken. Aber nicht nur Südländer wie Griechen, Italiener, Spanier usw., sondern auch die Franzosen verstehen sich auf das *savoir vivre*, von denen ja dieser Ausdruck stammt, und auch die Engländer haben da mehr Zugang.

Ihnen allen wird mehr Talent zu guter Laune und Glücklichsein nachgesagt. Die Aussage „Die Deutschen leben, um zu arbeiten, die Franzosen arbeiten, um zu leben" fasst z.B. den Unterschied zwischen Deutschland und Frankreich gut zusammen.

In Heirats- und Kontaktanzeigen soll der Wunschpartner neben vielen anderen guten Eigenschaften möglichst auch Humor mitbringen. Echter Humor fällt ebenfalls in die Domäne des Fühlens, weil darin Wohlwollen und Annahme des anderen mitschwingen. Der *sence of humour* ist nun bei uns Deutschen nicht sehr ausgeprägt. Wir gelten oft als humorlos und bierernst; dagegen sind wir in Bezug auf Ironie und Sarkasmus viel besser. Heinrich Heine, Kurt Tucholsky, Georg Kreisler und Franz Josef Degenhardt sind Beispiele für diese letztere Kunst. Zu der beißenden Form des „Humors" gehören gleichfalls das politische Kabarett und die Satire, die beide auch aufklärerische und pädagogisch bessernde Antriebe haben. So beschreibt Gelfert den deutschen „Humor" als „entweder gemütlich oder moralisierend."[34] Seine wichtigste Funktion scheint aber die Aggressionsabfuhr zu sein.

Zynismus, Sarkasmus, Ironie usw. werden alle über die Denkfunktion vermittelt. Das Denken gibt hier, scharf gewürzt durch eine innewohnende Portion Aggression, den Ton an. Aggressions- und andere Affektäußerungen sind ja nicht identisch mit der Fähigkeit des Fühlens, sondern – z.B. als bissige Gedanken und Kommentare – Verlautbarungen der Denkfunktion. In diesen eben genannten „Humor"-Formen wird bei uns viel Aggression transportiert und kanalisiert. Im Vergleich zu brachialer Gewalt ist dies natürlich eine gute Sublimierung, doch noch keine Umwandlung der Negativgefühle in etwas Positives, wie es dem verfeinerten englischen Humor gelingt. Daneben gibt es aber bei den Engländern auch den deutlich „böseren" schwarzen Humor. In diesem Sinne müssen wir wohl die Aussage Gelferts verstehen, in England sei der Humor neben dem Sport wahrscheinlich das wichtigste Ventil für das Abreagieren von Aggression.[35]

Eine Studie über den Humor zeigte übrigens, in welchen Ländern über welches Thema am meisten gelacht wird: In Frankreich ist es die Liebe; in England sind es der Spleen und die damit zusammenhängenden Absurditäten (hier ist Selbstironie zu erkennen); und in Deutschland sind es die Themen Fäkalien und Anales. Der Komiker Heinz Erhardt hatte seine Witzpointen hauptsächlich aus diesem Bereich der Darmtätigkeit bezogen und brachte alles aus der Sprache auf, was diese in der Hinsicht an Doppeldeutigkeiten hergab. In dieser Fokussierung auf die Darmtätigkeit wird psychologisch unterstrichen, dass die untergründige Motivation die Aggression ist, die sich hier im befreienden Lachen ein Ventil verschafft. Denn die Fäkalausdrücke wie „Scheiße", „scheiß drauf!", „jemanden zusammenscheißen", „Arschloch!" usw. sind eindeutig aggressiver Natur.

Ansonsten sind wir nicht sehr witzig. In anderen Ländern wird eine Veranstaltung oder Vorlesung oft mit einem Scherz begonnen. Ausführungen von uns Deutschen, ob Texte oder Vorträge, sind oft schwerverständlich, feierlich und gesetzt. Woanders sind oft mehr Lockerheit, Leichtigkeit und Heiterkeit zu spüren, bei uns findet man dagegen eher Getragenheit, Ernst und Nachdrücklichkeit, manchmal sogar Schwermut.

Unterentwickeltes Fühlen und verdrängte Weiblichkeit

Zusammen mit dem Fühlen ist das Weibliche in Deutschland im Hintertreffen, und zwar sowohl außen (d.h. soziologisch in der Gesellschaft, was besonders im 19. und teilweise noch im 20. Jahrhundert zutraf; siehe weiter unten) als auch innen, im Sinne des „Weiblichen im Mann", aber auch in der Frau. Zum Weiblichen in beiden Geschlechtern und zum weiblichen Bewusstsein gehört mehr als nur gutes Fühlvermögen; u.a. kommen kreative Eigenschaften, Beziehungs- und Dialog- sowie schöpferische Qualitäten, Leben hervorbringende, fördernde und erhaltende Fähigkeiten hinzu – nicht nur im biologischen, sondern gerade auch im geistig-seelischen Sinne.

In der äußeren Emanzipation und Befreiung der Frau müssen immer noch Anstrengungen gemacht werden, da z.B. Frauen in wirtschaftlichen Toppositionen noch kaum vorkommen und längst nicht überall das Prinzip „gleicher Lohn für gleiche Arbeit" gilt, doch die gesellschaftliche Gleichstellung der Frau ist nur ein Aspekt der notwendigen Entwicklung. Genauso wichtig erscheint es, dass sich die weibliche Seite im Mann emanzipiert. Viele Probleme, gerade Partnerschaftskonflikte, würden sich auf diese Weise entschärfen, denn hier fehlt es vielen Männern an Entscheidendem. Die Frauen dagegen haben in den westlichen Ländern ihre männliche Seite und ihren Intellekt in den letzten 100 bis 150 Jahren viel besser entwickelt als der Mann sein Fühlen und sind damit den Männern insgesamt gesehen und speziell in Beziehungsangelegenheiten mehr als eine Nasenlänge voraus. Aber auch die Frau in Deutschland hat weiter an der Differenzierung des Fühlens und ihrer Weiblichkeit zu arbeiten, wenn man hohe internationale Maßstäbe zugrunde legt. Sie erscheint zwar heute deutlich mehr zu echter Partnerschaft in der Lage als der Mann, doch auch bei ihr kann sich ihre Denkfunktion z.B. störend in Liebesangelegenheiten einmischen.

Während die Frauen also in Deutschland im 20. Jahrhundert enorm aufgeholt haben, sind die Männer dagegen heute hinsichtlich der Fähigkeiten der Fühlfunktion in einer ähnlichen Situation, wie es die gesellschaftlich unterdrückten Frauen in vergangenen Jahrhunderten bezüglich ihres rationalen Vermögens waren, als ihnen der Zugang zu einer höheren Bildung verwehrt wurde. Deshalb sind vor allem in Deutschland die Differenzierung des Fühlens und allgemein die Entwicklung der weiblichen Seite beim Mann – der ja nicht wie die Frauen damals gesellschaftlich daran gehindert wird, es sei denn durch den noch herrschenden Zeitgeist in der Männerwelt – das Gebot der Stunde.

An dieser Stelle ist es mir wichtig zu verdeutlichen, dass „weibische" Züge bei Männern, z.B. Effeminiertes, keine integrierte Weiblichkeit bedeuten. Hier hat Weibliches unbewusst vom Mann Besitz ergriffen und dominiert die Persönlichkeit. Umgekehrt hat ein scheinbar besonders „männlicher", d.h. machohafter Mann nichts mit gelebter Männlichkeit und schon gar nichts mit integrierter Weiblichkeit zu tun. Ein solcher Mann hat vielmehr im Unbewussten eine schwache männliche Identität und eine große Angst vor dem Weiblichen, weshalb er sich kompensatorisch aufblähen und seine Männlichkeit – vielleicht verbunden mit einem Peniskult – besonders demonstrieren muss. Auch die weit verbreitete latente Homosexualität im „Dritten Reich", bei der eine phallische Gebärdensprache – z.B. im Hitlergruß des steif nach oben gereckten Arms und der aufrecht gestellten Geschütze (vgl. Ende dieses Kapitels) – die schwache Männlichkeit ausgleichen sollte, stellt also keine integrierte Männlichkeit oder Weiblichkeit dar.

Geschichtliche Aspekte der Befreiung der Frau

In unserem Land wurden die Frauen länger als in anderen westlichen Ländern nicht gleichwertig behandelt. Im 19. Jahrhundert war es besonders eklatant. Selbst einfache Bürgerrechte wie die Teilnahme an Wahlen und der Eintritt in politische Gruppierungen wurden Frauen lange Zeit nicht zugestanden. Eine höhere Schulbildung und ein Zugang zur Universität sollten ihnen gar erst im 20. Jahrhundert ermöglicht werden. So war ihnen eine Teilnahme am öffentlichen Leben so gut wie unmöglich. Sie konnten sich weder als Schriftstellerinnen oder Künstlerinnen (und erst recht nicht als Politikerinnen) betätigen, ohne vom familiären und lokalen Umfeld geächtet zu werden. Nur wenige als Außerseiter Betrachtete, die meist eigenes Familienglück opfern und auf die Anerkennung der Verwandtschaft sowie des Bekanntenkreises verzichten mussten, traten damals hervor. Es ist erstaunlich, dass Deutschland trotz der gesellschaftlichen Ungunst in jener Zeit überhaupt einige kulturell bedeutsame Frauengestalten hervorgebracht hat.

Dem Gros der Frauen blieb nichts weiter übrig, als sich um die drei berühmten Ks zu kümmern: Kinder, Küche und Kirche. Ihre Funktion war es noch, die Familienkontakte aufrechtzuerhalten und die privaten Beziehungen des Ehepaares zu Freunden und Bekannten zu pflegen. Hierzu waren sie schon aufgrund ihrer besser entwickelten Gefühls prädestiniert. Auch im Wohnbereich sind Frauen zwar eher in der Lage, eine angenehme Atmosphäre zu schaffen, doch wollten sie schon damals nicht darauf reduziert werden. In einem weit verbreiteten Periodikum jener Zeit, als die Frau in erster Linie auf die Idylle des Heims verwiesen war, hieß es in süßlich-sentimentaler Sprache: „Auf dem Gebiete des Herzens führt die Frau ihr sanftes Zepter und zaubert das Hüttchen zum Tempel der Wonne, zum Tempel der Ruh'. Ihr mildes anmutvolles Wesen, dessen stillem Wirken sich kein wahr und warm fühlendes Männerherz zu entziehen vermag, schafft uns jene liebe, traute Häuslichkeit, an deren festumfriedeten Mauern sich die tosenden Stürme der Außenwelt brechen."[36]

Viele der damaligen Frauen zogen sich mangels anderer Alternativen resigniert auf ihren kleinen Wirkungskreis zurück, gingen körperlich aus der Form, alterten schneller und entwickelten psychosomatische Beschwerden oder Depressionen, da ihnen der motivierende Aufbruch in geistige Produktivität und gesellschaftlichen Einfluss verwehrt war. Über die „Weiber", die aufgrund ihres geringeren Gehirngewichts allgemein als dem Mann geistig unterlegen und dumm galten, kursierten herabsetzende Witze, die sich bei uns bis weit ins 20. Jahrhundert hielten. Den Frauen war damals ihre Lage selbst noch kaum bewusst, auch ihre psychosomatischen Leiden, meist „Frauenleiden" genannt, wurden schicksalsergeben hingenommen. Die unterdrückten Energien konnten sich noch keinen förderlichen Weg bahnen. Dies ist immer erst dann möglich, wenn die sich ändernden gesellschaftlichen Bedingungen ausreichend Freiheit dazu lassen. Man muss hier feststellen, dass in Bezug auf die Lage der Frau die sozialistischen Positionen politisch am fortschrittlichsten waren.

Selbst Theodor Fontane, einer der seltenen großen deutschen Romanciers, lässt seiner Zeit entsprechend patriarchale Züge erkennen, auch wenn er viel moderner als die meisten seiner Zeitgenossen eingestellt war. Er beschäftigte sich auch kaum mit der Frauenunterdrückung und war sich über die diesbezügliche Unzufriedenheit seiner Frau nicht im Klaren, doch über sein kreatives Unbewusstes trat dieses Thema zutage. In seinem 1895 erschienenen Gesellschaftsroman *Effi Briest* schildert er den beschränkten moralischen Horizont jener Zeit und die bitteren Folgen für eine Frau, die sich aufmacht, diese engen Grenzen zu durchbrechen.

In Schweden hatte sich Henrik Ibsen in dem Theaterstück *Nora oder ein Puppenheim* (1879) mit der gleichen Thematik – der Frau im Aufbruch und ihr intolerantes, hinderndes Umfeld – befasst. Doch während es Nora gelingt, aus der Ehe auszubrechen und sie ihre Familie verlässt, wagt Effi diesen weitergehenden Schritt nicht. Sie schlittert nur in eine Affäre, wird – von Ehemann und Eltern geächtet – krank und stirbt jung mit 29 Jahren. Hier finden wir das typisch deutsche Mythologem von Scheitern, Untergang und frühem Tod der Frau, das wir noch näher kennenlernen werden. Eine wirkliche Liebesgeschichte mit glücklichem Ausgang schreiben, das konnte selbst Fontane nicht, wie ihm sogar seine eigene Gattin attestierte.

Deutschland ist also, verglichen mit seinen europäischen Nachbarn, in Bezug auf die Lage der Frauen lange Zeit rückständig gewesen und hinkt bis heute ein Stück hinterher. Bei uns wurden die Frauen, länger als in Frankreich oder England, in Abhängigkeit und Unmündigkeit gehalten. Wenn wir z.B. den Blick nach England richten, ergibt sich für die letzten Jahrhunderte ein deutlich anderes Bild. Schon gegen Ende des 18. Jahrhunderts konnte sich hier eine erkleckliche Anzahl von Künstlerinnen und Schriftstellerinnen durchsetzen. Die Engländerinnen bekamen insgesamt viel früher gesellschaftliche Anerkennung und konnten zum Wohle des Ganzen an der Gestaltung des Landes stärker teilnehmen. „Die erste Frauenbewegung war eine fast ausschließlich englische Angelegenheit, wobei nicht unerwähnt bleiben darf, dass es schon bei den Anhängern Wiclifs im 14. Jahrhundert Frauenzirkel gab, die sich um die Alphabetisierung ihrer Geschlechtsgenossinnen bemühten und eine Art subversiver Aktivierung der Frauen betrieben."[37]

Ich wage die These: Hätte Deutschland seit der Zeit um 1850 stärker die Frauen gefördert und in eine Kultur des Weiblichen sowie in eine Gefühlskultur auch der Männer investiert, statt Macht und dem übertriebenen nationalen Aufbruch verhaftet zu sein, wäre Deutschland insgesamt in seiner Entwicklung schneller vorangekommen, und vermutlich wären uns manche Katastrophen erspart geblieben. Doch alles „wenn" und „hätte" nützt nichts, und vermutlich haben wir unsere „Irrungen, Wirrungen" (so ein Romantitel von Fontane) gebraucht, um reifer und bewusster zu werden.

Im und nach dem Zweiten Weltkrieg wurden die Frauen kollektiv in die Verantwortung für das Überleben der Familie genommen. Die Männerwelt war untergegangen und mit ihnen ihre „Werte", die auf Endzeit und Selbstvernichtung gerichtet waren. Viele Frauen ließen sich hier glücklicherweise nicht mitreißen, taten das Lebensnotwendige, organisierten Essen, folgten nicht den Untergangsvorgaben, sondern unterstützten auch im Kriegsende das Leben, bejahten es und gebaren auch weiter Kinder.[38]

Nach dem verlorenen Krieg erfolgte Schritt für Schritt eine Befreiung der Frauen aus veralteten Rollenklischees und Unterdrückung. Gleichzeitig war es ein Neubeginn des Weiblichen auch beim Mann, das sich zunächst in nonkonformistischen Formen langsam durchzusetzen und zu entfalten begann, z.B. in der Hippiebewegung und im „weiblichen" Aussehen auch der Männer durch die langen Haare. Zugelassen wurden nun weichere Verhaltensweisen und Werte, emotionales Gespräch, Beziehung, Berührtsein und Betroffenheit. Seit den letzten Jahrzehnten scheinen die Partnerschaftsprobleme für die Männer vor allem den Motor darzustellen, der die Entwicklung des Gefühlsbereichs vorantreibt.

Männer unter sich – Frauenvermeidung in Deutschland

Man muss schon sehr weit ins Mittelalter zurückgehen, um in Deutschland zu einer Zeit zu gelangen, die dem Weiblichen Bedeutsamkeit zugestand oder ihm Hochachtung entgegenbrachte. Anno dazumal gab es den Minnedienst mit der Verehrung der Dame, wenn auch nur aus der Ferne. Er ist aber keine deutsche Erfindung, sondern kam über Spanien und Frankreich zu uns. Ferner spielten Weiblich-Gefühlshaftes und deutsche Frauen in der Mystik jener Zeit eine herausragende Rolle, und später wurde das Weibliche in der Romantik in einem hohen Grade gefördert. Doch im Grunde blieb die

Hinwendung zum Weiblichen Randerscheinung und in den Jahrhunderten dazwischen und danach trat es mehr und mehr in den Hintergrund.

Nach von Krockow[38] zieht sich eine Frauenvermeidung und -angst durch die deutsche Geschichte, wie sich gerade an unseren Repräsentanten durch die Bank feststellen lässt. So berichtet er, dass sich der preußische Soldatenkönig Friedrich Wilhelm I. (1713–1740) nur in seinem rein männlichen Tabakkollegium wohlfühlte. Er habe gesagt: „Das schönste Mädchen, dass man mir verschaffte, wäre mir gleichgültig. Aber Soldaten, das ist meine Schwäche …" Sein Sohn Friedrich II., „der Große", (1740–1786) sei für die Frauenliebe erst recht nicht geschaffen gewesen und habe bekannt: „Mit Damen weiß ich nicht wohin." Es ist zu bezweifeln, ob seine Zwangsehe mit Elisabeth Christine von Braunschweig-Bevern jemals vollzogen wurde. Jedenfalls sind auch in der Tafelrunde von Sanssouci Frauen nicht zugelassen gewesen (mehr zu Friedrich dem Großen siehe Kapitel „Der Vaterkomplex"). Später hat Kaiser Wilhelm II. seine schönsten Wochen des Jahres ohne Gemahlin und Kinder an Bord der „Hohenzollern" in einer puren Männerrunde verbracht.

Von Krockow weist mit Recht darauf hin, dass es im Gegensatz zu Deutschland in anderen Ländern große Frauenpersönlichkeiten gegeben hatte. Er verweist auf die holländischen Königinnen, auf Maria Theresia in Österreich, auf die Zarinnen Russlands, auf die Schutzheilige Polens, auf Frankreichs Jungfrau von Orleans, auf Spaniens Isabella II, und auf die Queens Englands. Auch habe sich in Deutschland nie eine Salonkultur durchsetzen können, die Frauen mit Grazie und Geist in den Mittelpunkt rücke. Hinzu kommen die vielen Staatschefinnen in anderen Nationen.[39] Bei uns gelangte erstmals 2005 eine Frau ins Kanzleramt. Ein Zeichen einer beginnenden Veränderung?

Hitler und sein Verhältnis zu Frauen

Als ein besonders augenfälliges Beispiel für den schäbigen Umgang mit Frauen und der eigenen weiblichen Seite kann Hitler betrachtet werden, der diese in unserem Land sonst gemäßigtere Haltung überdeutlich zeigt. Hitler erfuhr als junger Mann seine Prägung durch das Wiener Männerheim, die nie ganz verblasste, denn auch später war er fast nur von Männern umgeben. Wie Joachim Fest feststellt, wiederholte er diese Lebensform in den Schützengräben des Ersten Weltkrieges, in der Vereins- und Parteigeselligkeit der „Bewegung", im Zusammensein mit Bediensteten, Chauffeuren, SS-

Leibwachen und seiner Führungsriege und zuletzt im Bunker des Berliner Führerhauptquartiers.[41]

Als Hitler auf dem Weg zur Macht war, kam es zu einer starken Zuneigung zu der 17-jährigen Tochter seiner Halbschwester. Er wohnte gemeinsam mit dieser Nichte Angelika (Geli) Raubal in seiner Münchener Wohnung, bis sie sich 1931 das Leben nahm. Man kann nur spekulieren, was passiert ist, denn alle Spuren sind gut verwischt. So scheiterte z.B. eine 1985 vorgesehene Exhumierung der Frauenleiche daran, dass die exakte Lokalisation auf der inzwischen umgestalteten Wiener Grabstätte nicht mehr zu bestimmen war. Dieses Faktum ist auch wieder sehr symbolhaft und ein treffender Ausdruck der kollektiven Verdrängung. Ich vermute zum Hergang, dass der in seiner männlichen Identitätsentwicklung unreife Hitler von der rückhaltlosen Bewunderung und dem Aufblicken des Mädchens zu ihm äußerst angetan war. Er wurde von ihr offenbar in einer reinen, kindlichen Liebe geliebt, die nichts hinterfragte und die ohne Vorbehalte war. Das gab ihm einzig die Möglichkeit – weitgehend im Geheimen und Verborgenen –, sich in seinem Gefühl ein Stück weit zu öffnen und eine sicherlich auch sexuelle Beziehung zur ihr einzugehen. Die Gerüchte sind unter anderem dahingehend, dass sie ein Kind erwartete, oder – was ich als Grund für den Suizid als vollkommen ausreichend ansehe –, dass sie sich langsam aus ihrer demütigenden Rolle, im Versteck gehalten zu werden, befreien wollte und damit auf den erbitterten Widerstand des karrierebewussten Hitlers stieß. Es soll eine lautstarke Auseinandersetzung vorausgegangen sein, ehe der Parteiführer zu einer Wahlkampfreise aufbrach und sie sich dann in der Wohnung erschoss.[42]

Hitler ist das anscheinend recht nahe gegangen. Es bleibt offen, ob aufgrund von Schuldgefühlen durch ein vor der Öffentlichkeit verborgenes Fehlverhalten (das bleibt sein Geheimnis) oder aus wirklicher Trauer um sie, vielleicht aufgrund von beidem.

Jedenfalls ist dieser Tod des Weiblichen (wieder einmal!) Symbol genug. Wie Hitler, von dem nicht ein einziger persönlicher Brief überliefert ist, seine weibliche, fühlende Seite abgetötet hat, so stirbt außen die junge Frau. Das Geschehnis ist eine Manifestation seiner inneren Psychologie. Wie oft ist Ähnliches in der deutschen Literatur zu finden, wo das Weibliche sterben muss: ob beim schon genannten Fontane-Roman *Effi Briest*, mehrfach in der *Blechtrommel* von Günter Grass oder vielen anderen literarischen Beispielen. Sie symbolisieren das Noch-nicht-Leben-Können der Fühlfunktion in Deutschland – man konnte das Weibliche noch nicht in einer schönen Beziehung glücklich und gesund erhalten!

Später wurde Eva Braun Hitlers ewige Braut, die er ebenfalls weitgehend vor den Augen der Bevölkerung verbarg. Auch sie war die meiste Zeit heimliche Geliebte, entwürdigt und bevormundet, und durfte sich nie neben ihm in der Öffentlichkeit zeigen. Auch diese Gefährtin Hitlers unternahm 1932 und 1935 Selbstmordversuche, wobei sie sich beim ersten Mal in den Hals schoss. Ferner stand sie einmal kurz davor, ihrem Leben mit einer Überdosis Schlafmittel ein Ende zu setzen. Nur wenige Stunden vor dem bereits geplanten Doppelselbstmord am Ende des deutschen Dramas feierte Hitler die Verheiratung mit ihr. Welch eine Symbolik! Hier zeigte sich die von vornherein zum Scheitern verurteilte eheliche Vereinigung zwischen Mann und Frau, die sich eben nicht in Glück und in einem erfüllenden Leben mit der Gründung einer Familie verwirklichen kann.

Seine Einstellung zur Weiblichkeit und seine fehlende Dialogfähigkeit macht die folgende Bemerkung Adolf Hitlers deutlich, die er in Gegenwart von Eva Braun zu Albert Speer gemacht haben soll: „Sehr intelligente Menschen sollen sich eine primitive und dumme Frau nehmen. Sehen Sie, wenn ich nun noch eine Frau hätte, die mir in meine Arbeit hineinredet! In meiner freien Zeit will ich meine Ruh' haben."[43] Von Partnerschaft im eigentlichen Sinne kann keine Rede sein. Arme leidende Frauen in seinem Umfeld und arme weibliche Seite in Hitler selber! kann man dazu nur sagen. Wie sehr er den Gefühlsbereich abgewürgt hatte, lässt sich auch folgendem Ausschnitt aus einer Ansprache kurz vor dem Polenfeldzug entnehmen: „Herz verschließen gegen Mitleid. Brutales Vorgehen. 80 Millionen Menschen müssen ihr Recht bekommen. Ihre Existenz muss gesichert werden. Der Stärkere hat das Recht. Größte Härte."[44]

Die Angst vor dem Weiblichen und der Frau

Deutschland hinkt im Vergleich zu einzelnen anderen Völkern psychologisch hinterher. Ein gut ausgebildetes Fühlen und eine emotionale Beziehungsfähigkeit sind Bestandteil einer reifen Entwicklungsstufe, die bei uns gemeinschaftlich noch nicht erreicht ist. Deutschland ist als Kollektivwesen sozusagen noch nicht vollständig erwachsen, sondern hat gerade erst Pubertät und Adoleszenz hinter sich bzw. steckt noch mit einem Bein in diesen

Übergangskrisen drin. Auch in diesem Sinne ist Deutschland eine „verspätete Nation", wie ein Buchtitel des Philosophen Hellmuth Plessner lautet.[45] Bei Plessner ist die Verspätung Deutschlands zwar historisch gemeint, doch sie trifft ebenso auf die psychologische Situation zu.

Der deutsche Mann im Gesamtdurchschnitt gesehen steht psychologisch noch auf einer Jünglingsstufe – so wie die Frau sich noch oft auf einer Mädchenstufe befindet – und versteht und fühlt sich eher als Sohn denn als reifer Mann. Plakativ gesagt: Er rangelt mit dem Vater und sucht bei der Mutter Unterschlupf. Das Rivalisieren mit Gleichgeschlechtlichen und das Verbünden in Männergruppierungen spielen die Hauptrolle und sind für die weitere Männlichkeitsentwicklung auch notwendig. Auch heute noch fühlen sich viele Männer in erster Linie in *peer groups* gleichen Geschlechts heimisch und suchen sich dort zu bewähren. Die gegengeschlechtliche Partnerbeziehung auf gleicher Augenhöhe ist schwieriger. Nach C. G. Jungs Auffassung herrscht hierzulande die Psychologie eines Jungen, der sich mit dem Vater verstrickt, und in dem ganzen Spiel würde die Anima, d.h. die weibliche Seite im Manne, fehlen.[46] Doch inzwischen tauchen seit einiger Zeit auch der „neue Mann" und die „neuen Väter" auf, die Männliches und Weiblichen zu integrieren beginnen.

Zur Jünglingsstufe des Mannes gehört die Angst vor der Frau und generell vor dem Weiblichen. Wie in der realen Begegnung noch eine jünglingshafte Scheu vorliegt, die durch Sexualisierung oder Spott kompensiert werden kann, so schreckt der unreife Mann nicht nur vor der echten Begegnung mit der Frau zurück, sondern auch vor dem, was das Weibliche symbolisiert. Also vor Gefühl, weicheren Wesensseiten, Zärtlichkeit und Berührung in einem selbst.

In der Jugendzeit treten als normale psychische Übergangsphänomene dagegen schwärmerische Beziehungen zu anderen Jungen, also gleichgeschlechtliche Liebe auf. Diese muss bei den Heranwachsenden nicht sexuell ausgelebt werden, obwohl auch das als Petting oder gemeinsame Onanie (und nur höchst selten als Analverkehr) vorkommt. Der Übergang zu einer Partnerschaft mit dem anderen Geschlecht ist psychologisch eben ein großer Schritt, der manchmal nur äußerlich, z.B. durch Sexualität, aber oft nicht innerlich durch emotionale Bezogenheit und Verantwortlichkeit vollzogen werden kann. Zwar schrecken auch viele Männer davor zurück, sich äußerlich, z.B. durch eine Ehe, fest zu liieren, doch die innere Gebundenheit an die Jünglingsstufe kann selbst bei einer Heirat fortbestehen. Viele Menschen leben in einer Ehe oder Partnerschaft, ohne eine reife Beziehungsfähigkeit ausgebildet zu haben.

Der nächste Entwicklungsschritt für uns Deutsche wäre die Fähigkeit zu einer gleichwertigen Liebe und Beziehung zwischen den Geschlechtern. Wir können an den kulturellen Produktionen wie Filmen und Theaterstücken oder in der Belletristik ablesen, ob oder wann diese Stufe kollektiv erreicht werden wird.

Weiblichkeit und Fühlen im deutschen Film

Alle unsere Eigenheiten und Komplexe – diejenigen, die ich schon angesprochen habe und diejenigen, die ich noch darstellen werde – werden unter anderem im deutschen Film veranschaulicht. Hier wurde und wird natürlich auch der Mangel an Fühlen und integrierter Weiblichkeit beim Mann sowie die Jünglings- bzw. Mädchenstufe in der Entwicklung beider Geschlechter sichtbar. Auch wenn ich vereinzelte, schon weiterführende Tendenzen in den Filmproduktionen der letzten Jahre nicht ausdrücklich würdige, so sind diese allgemeinen Feststellungen noch weitgehend gültig und werden es wohl auch noch längere Zeit bleiben.

Am eindrücklichsten in den hiesigen Kinostreifen ist das noch unausgegorene Verhältnis der Geschlechter zueinander, das eben die psychologischen Voraussetzungen von uns Deutschen widerspiegelt. Dieses Faktum, dass in unseren Filmen kaum einmal eine gute Liebesbeziehung gepflegt und über längere Zeit aufrechterhalten werden kann, hängt elementar mit der noch unausgereiften Fühlfunktion und der Unterdrückung des Weiblichen zusammen. In den Filmen dominieren die Schwierigkeiten, die Verhinderungen, die Störungen und das Nichtzustandekommen. Unsere Aversion vor einem Happyend, auf die ich später noch genauer eingehe, ist nur ein Mosaikstein in diesem Gesamtbild. Im weiteren Verlauf des Buches werde ich auch jüngere Filme interpretieren, doch hier zunächst zwei ältere Filmbeispiele:

Nehmen wir als erstes die Verfilmung des Romans von Heinrich Mann Professor Unrath, der als *Der blaue Engel* mit Emil Jannings und Marlene Dietrich in die Kinos kam. In dem UFA-Film von 1930 verliebt sich der alternde Gymnasiallehrer Rath in die attraktive Sängerin Lola. Er wird völlig abhängig von ihr, muss den Schuldienst verlassen und demütigt sich, um sie zu halten. So tritt er z.B. als Clown mit ihr in einem Varieté auf. Als sie ihn betrügt, flieht er in sein ehemaliges Klassenzimmer, mit dem Wunsch, dort zu sterben.

In einem weiteren UFA-Klassiker, *Große Freiheit Nr. 7* von 1944 mit Hans Albers, lässt sich ein ehemaliger Seemann im Nachtlokalmilieu von Hamburg nieder und verliebt sich in ein junges Mädchen. Die Liebe bleibt unerwidert, und so fährt der bärbeißige Matrose wieder auf das Meer hinaus.

Beide Geschichten drücken symbolisch denselben psychischen Sachverhalt aus, nämlich dass eine Beziehung von gleich zu gleich nicht möglich ist. Das wird schon dadurch deutlich, dass sich ein älterer Mann in eine sehr viel jüngere Frau verliebt. Im ersten Fall kommt der soziale Rangunterschied noch hinzu, der eine ebenbürtige Partnerschaft unmöglich macht. Auch das Milieu mit Prostituierten, Tänzerinnen und Nachtbars, wo die Liebe eine in Geld bezahlbare Ware ist, spricht das Gleiche aus, nämlich die Unfähigkeit zu einer wirklichen und gleichwertigen Beziehung. In der unreifen männlichen Sicht wird das Weibliche entweder als Hure oder als Heilige erlebt. Und der Rückzug in die Einsamkeit, in das leere Klassenzimmer, der Todeswunsch bzw. die Flucht in die Weite des Meeres sind beides Eingeständnisse, dass eine gleichrangige Verbindung mit dem anderen Geschlecht noch nicht möglich ist, weil die innere Fixierung an die Mutter noch überwiegt. Denn Todessehnsucht und Ozean sind Muttersymbole und entsprechen dem Wiedereingehen in ihren bergenden Schoß. Bereits das Wort Matrose verweist von seinen Wurzeln „Matte" (als Matten- und Bettgenosse) und „Mater" (lat. Mutter) her auf die Jünglingsstufe, wo die Männer unter sich sind und in ihrem Wohl und Wehe psychisch noch von der Mutter abhängen.

Die Faszination durch eine Sängerin oder durch eine sonstige ausdrucksstarke „Weiblichkeit" kommt unter anderem daher, dass Fühlen, Emotionalität und die weibliche Seite bei dem betreffenden Mann unterentwickelt sind und außen bei der Frau, bei der Liebespartnerin, gesucht werden. Der „trockene Professor" wie der „raue Seebär" haben da gleichermaßen ihr Defizit.

Die Symbolik des Hitlergrußes

Während die beiden erwähnten Filme wenigstens die Schwäche des Mannes abbilden und somit schon einen gewissen Fortschritt darstellen, ist die Überbetonung des Männlichen, gekoppelt mit der Unterdrückung des Weiblichen, wie sie dann in der NS-Zeit herrschte, ein Zeichen viel weitergehender männlicher Unsicherheit. Die Akzentuierung des Männlichen wurde damals durch viele Gesten und Verhaltensweisen betrieben, so auch durch den Hitler-Gruß. Ich möchte mich im Folgenden dieser symbolisch bedeutsamen Gebärde tiefenpsychologisch annähern.

In der mikrosoziologischen Analyse *Der deutsche Gruß. Geschichte einer unheilvollen Geste* von Tilman Allert[47] wird der hochgereckte Arm des „Heil Hitler" bereits in einem gewissen Grade psychologisch gedeutet. Der Autor geht sogar so weit zu sagen, dass die in dieser Weise Grüßenden sich im Alltag jedes autonomen Handelns beraubten – weil man in die Heuchelei gezwungen wurde – und sich selbst und den anderen entfremdeten und dass so letzten Endes die Vernichtungslager ermöglicht wurden. Wenn dabei auch vielleicht nicht genügend berücksichtigt wird, wie viele Menschen nicht nur durch Zwang und Repressalien, sondern auch durch Gruppendruck oder ansteckende Begeisterung in diese NS-Choreografie hineinfanden, so liegt in Allerts These doch mehr als nur ein Körnchen Wahrheit.

Immer wieder erweist es sich in der Psychologie Deutschlands, dass *pars pro toto* gilt, dass ein Detail die Grundcharakteristika des Ganzen aufzeigt. So scheint es mir auch mit dem „deutschen Gruß" zu sein, der im „Dritten Reich" zwangsweise eingeführt wurde und vor dem es kaum ein Entkommen gab, vor allem nicht im offiziellen Umgang miteinander und im dienstlichen oder geschäftlichen Briefverkehr, wo man abschließen musste mit der Losung „Mit deutschem Gruß" oder „Heil Hitler". Der autoritäre Staat dringt immer bis in die Intimsphäre vor. So wachte auch der Hitlerstaat scharf, geradezu adlerhaft darüber, ob man dieses „Heil Hitler" einhielt oder nicht. Dieser Gruß wurde als Bekenntnis zum „Führer" verlangt und kontrolliert. Man konnte sich nicht einmal dahin retten, die Geste und Akklamation abzukürzen, nachlässig oder nur angedeutet auszuführen – dies war nur Hitler selbst vorbehalten –, erst recht nicht, sie zu verballhornen oder zu ironisieren. Die Vorschriften bauten dem vor, indem eine deutliche Aussprache gefordert und der Gruß bis in die „gebärdensprachliche Untermalung" hinein präzisiert wurde.[48]

Wie wurde dadurch Unsicherheit unter Zweifelnden, Halbherzigen und bloßen Mitläufern gesät, die nun nicht mehr wissen konnten, ob der andere ein Überzeugter ist oder nur der vorgeschriebenen Etikette wegen den Gruß zelebriert! Wie wurde man dadurch selbst in Gewissensnot gebracht und korrumpiert, da man dem anderen ohne Eigengefährdung keinen genuschelten oder verwaschenen Wort- und Gestengruß entbieten konnte! So entfremdete das Grußritual in der Tat die Menschen immer mehr voneinander und eine vertrauensvolle Kontaktaufnahme war mit dieser Einleitung kaum möglich. Der Überwachungsstaat war schon in der Eröffnung einer Begegnung mahnend und drohend mit anwesend.

Wie bei so vielem hat Hitler auch beim „steifen Arm" und dem „Heil" Anleihen beim römischen Cäsarentum gemacht. Er greift hiermit nicht nur auf den Weltreichgedanken zurück, wenn sein „deutscher Gruß" an das ritualisierte Grüßen der Soldaten dem Imperator gegenüber erinnert. Im Cäsarengruß und noch ausgeprägter im Hitlergruß setzt sich darüber hinaus das Ich an die Stelle Gottes. Der Mensch tritt sozusagen in dessen Fußstapfen und usurpiert dessen Macht. In dem schräg nach vorne oben gereckten Arm kommen ferner Aufwärts-Wille, Fortschrittszuversicht und der Glaube an eine bessere Zukunft, wo es nur geradlinig vorangeht, zum Ausdruck. Das Ich will hoch hinaus. Es ist die bewusste Haltung, die bis zum Krampf an ihrer Position festhält, die aber durch unbewusste Tendenzen vielfach durchkreuzt wird.

Das Armstrecken symbolisiert eine „Erektion", eine willensmäßige Aufrichtung, wie es auch aufgestellte Geschützrohre tun. Es erinnert – wenn wir weiter zurückschauen – an den griechischen Gott Priapos, der in der römischen Welt weit verbreitet war und dessen kleine Statuen mit erigiertem Glied überall aufgestellt wurden. Psychologisch haben diese Gartengottheiten und seine modernen Nachahmungen die Funktion, ein noch schwaches Ich zu stützen. Sie sollen ein Bewusstsein stärken, das noch nicht lange aus dem Matriarchat herausgewachsen ist. So kam es bei den Reichsparteitagen, bei Vorbeimärschen und anderen Anlässen des Dauergrüßens zu regelrechten priapistischen Exzessen.

Was früher zur Stärkung eines noch jungen Bewusstseins allgemein notwendig war, wurde später vor allem in der Hitlerzeit von Männern benutzt, um sich ihrer noch schwachen Männlichkeit zu versichern. Hier kam also besonders das Steckenbleiben der psychischen Entwicklung auf der Jünglingsstufe, das mit einer unentwickelten Weiblichkeit einhergeht, zum Ausdruck, sichtbar in diesen phallischen Selbstversicherungen sowie in Form von Männerbünden und der dabei verbreiteten Homosexualität.[48]

Die betont patriarchalen Gepflogenheiten, das Ausleben von Macht und Autorität und der Kult der kriegerischen Männlichkeit sollten aber nur eine diesbezügliche Schwäche und Unreife kompensieren. Echte männliche Identität im psychologischen Sinne bedarf gerade nicht eines Macho-Verhaltens oder patriarchaler Dominanz. Das forciert männliche Auftreten, wie es früher in Deutschland verbreitet war, war der unbewusste Versuch, das noch fragile männliche Selbstgefühl zu stärken. Heute gibt es diesen Männlichkeitstypus vereinzelt auch noch, doch teilweise ist er in sein Gegenteil, den Softie, umgeschlagen, was aber – wie das mit allen Extremen ist – ebenfalls noch nicht Mündigkeit signalisiert.

Aus diesen Verzögerungen und Geburtswehen beginnt glücklicherweise langsam ein moderner Typus und gültigeres „Mannsbild" zu entstehen.

Kapitel 5

Die Negativität

„Nun gut, wer bist du denn?"
„Ein Teil von jener Kraft,
Die stets das Böse will und stets das Gute schafft."
„Was ist mit diesem Rätselwort gemeint?"
„Ich bin der Geist, der stets verneint!
Und das mit Recht; denn alles, was entsteht,
Ist wert, dass es zugrunde geht;
Drum besser wär's, dass nichts entstünde.
So ist denn alles, was ihr Sünde,
Zerstörung, kurz das Böse nennt,
Mein eigentliches Element."

Johann Wolfgang von Goethe, Faust I. Teil

Negativität und verneinende Lebenseinstellung

Wer ständig negativ denkt, wer sein Denken unablässig ins Negative lenkt oder es vor allem nutzt, um negative Aussagen zu formulieren, erzeugt eine Aura von Negativität, die zum einen auf seine Umgebung ungut einwirkt, zum anderen aber auch auf ihn selbst ungünstig zurückstrahlt, wodurch sich ein Teufelskreis ergibt. Negativität erzeugt Negativität, so dass sich das Missliche erst einmal verstärkt.

Negatives Denken liegt vor, wenn sich jemand sagt: „Das geht bestimmt schief", oder von einem anderen annimmt: „Der will mich sicher nur übers Ohr hauen" usw. Die Negativmöglichkeiten sind Legion. Bei uns Deutschen ist ja das Denken *per se* dominant, und damit kann auch das negative Denken einen großen Stellenwert bekommen. Alle Menschen der Welt haben die Fähigkeit zur Negativität, doch bei uns ist die Verführung aufgrund der Stärke unseres Denkens besonders hoch. Viele Lebensäußerungen von uns sind durchsetzt mit einem tüchtigen Schuss Negativität. Gesamtgesellschaftlich kursiert eine Menge von Negativaussagen und abträglichen Denkinhalten, die sich bei bestimmten Anlässen immer wieder in Form eines umfassenden Pessimismus und in den verschiedenen „Ängsten" zeigen. Ängste sind primär gar keine Gefühle, sondern eigentlich angstvolle Negativgedanken. Beispielsweise: „Die Renten sind nicht sicher, weil Deutschland hoffnungslos überaltert." Oder: „Wir treiben auf eine weltweite Katastrophe zu." Im kollektiven Feld sammelt sich so ein Potenzial an Negativität an, das in der Rückwirkung wiederum die Gemeinschaft nachteilig beeinflusst.

Diese Negativität wird von uns selbst kaum als solche wahrgenommen, sondern die Aussagen werden für evidente Tatsachen gehalten, für viele Außenstehende aber ist das Tendenziöse unmittelbar sichtbar. So sagte mir einmal ein Norweger aus meinem Freundeskreis: „Die Deutschen sind so miesepetrig. Das Glas ist immer halb leer und nie halb voll. Da ich viel reise und in vielen Ländern bin, fällt mir das besonders auf. In Norwegen ist man meist freundlich und fröhlich. Selbst auf Behörden gibt es viel gemeinsames Lachen." Wir Deutschen dagegen finden bei vielem ein Haar in der Suppe; gerne wird etwas schlecht gemacht. *Paint it black* scheint oft die Devise zu sein. Wir haben Lust am negativen Denken und neigen dazu, uns selbst und manchmal auch andere zu mindern und zu verkürzen, womit auch die Lebensfreude gemindert wird.

Mitmenschen gegenüber sind wir anfangs mehr kritisch und übervorsichtig als bejahend und offen eingestellt. Wir bevorzugen vielfach die negative statt die positive Annahme, sind im Großen und Ganzen dadurch eher aberkennend als anerkennend, eher herabmindernd als bestätigend, eher nörglerisch als enthusiastisch und eher behindernd oder zumindest untätig als unterstützend und fördernd. Wenn erst einmal eine Bekanntschaft oder Beziehung hergestellt ist, kann sich dies zum Glück auch schnell umkehren.

Auch in anderen Bereichen scheint es uns notwendig, alle schlechten Möglichkeiten bis zum bitteren Ende durchzudenken und alle negativen Eventualitäten vorwegzunehmen, vielleicht weil wir glauben, sie so kontrollieren zu können. Wir haben manchmal die „Philosophie", uns erst dann freuen zu können, wenn *the worst case* nicht eingetreten ist.

Negativität wird sichtbar bei einer verbreiteten Larmoyanz, bei Schwarzmalerei und Kritikasterei. Wir erkennen, wenn eine kollektive Depression mit unterschwelliger Todessehnsucht und latenter Selbstmordneigung vorherrscht, wie das in einigen Phasen der jüngeren Vergangenheit der Fall war. Noch heute entdecken wir sie in der landläufigen Katastrophenangst, dem oft fehlenden Glauben an das Gute und ein Happyend, wir finden sie in einer Unzahl von Ängsten. Eine Zeitlang gab es bei uns die Angst, Kinder in „diese bedrohte Welt" zu setzen, andererseits gab es die Angst vor dem Aussterben der Deutschen, wir haben Angst, den Anschluss zu verpassen, laborieren manchmal an der Angst vor der Zukunft, haben Angst, den Wohlstand zu verlieren usw. Der Bazillus der Negativität ist weit verbreitet. Dies trug zusammen mit dem fehlenden oder unterentwickelten Fühlen zusätzlich zur schlechten Stimmung im Land bei. Es besteht geradezu eine Faszination an der Negativität, am Düsteren, Schrecklichen, ja Apokalyptischen.

Zudem wurde unsere Negativität in Form von vernichtendem Denken und vernichtenden Taten extrem in der Geschichte ausgelebt. Bei uns Deutschen war schon länger eine untergründige Tendenz zum Nein vorhanden. Durch diese innere Vorentscheidung wurden die düsteren und apokalyptischen Bilder aus unserer Kollektivseele belebt und konnten in der Vergangenheit in destruktiver Weise wirksam werden. Ich werde noch zeigen, wie sich eine trotzige, das Schicksal herausfordernde Nein-Haltung nach dem Ersten Weltkrieg noch verstärkte und im Zweiten Weltkrieg ihren Kulminationspunkt erreichte, wo sich die Negativität ganz ungeschminkt in diesem schlimmsten aller Kriege entlud (siehe Kapitel 8). Denn was ist Krieg anderes als die Entfesselung negativer Kräfte! Und einem Krieg geht immer viel Negatives an Gedanken, Gefühlen, Worten und Aktionen voraus.

Durch diese geschichtlichen Erfahrungen hat sich bei uns aber auch eine Selbstkritik entwickelt, die früher nicht zu unseren nationalen Vorzügen gehörte. Diese wichtige Selbstreflexion, die an sich ein großes Plus darstellt und auch die weitere Aufarbeitung fördert, konnte sich jedoch in der Vergangenheit bis zur Selbstzerfleischung und zu depressiven Schuldgefühlen steigern und damit zerstörerisch werden. In einer solchen Autoaggression kamen negative Energien zu uns zurück, die wir einst in die Welt gesetzt hatten und die erkannt werden wollen.

Positivität oder Negativität, Bejahung oder Verneinung sind in der Tiefe vorgefasste Lebensentscheidungen, die nicht rational und absichtsvoll, sondern meist auf einer unbewussten Ebene getroffen werden. Die Wurzeln einer habituellen Ja- oder Nein-Ausrichtung bei einer Einzelperson liegen unter anderem in guten oder schwierigen bzw. traumatischen Erfahrungen in der Kindheit. Eine positive Elternbeziehung, erlebtes Urvertrauen usw. nähren ein generelles Ja zum Leben, verbunden mit Selbstvertrauen, Offenheit und

Zuversicht. Schwierige Erlebnisse, z.B. früh erfahrene seelische Verletzungen, lassen einen Menschen skeptisch und misstrauisch werden und fördern die Neigung zu einem pessimistischen Nein.

Dies ist aber nur ein Aspekt. Darüber hinaus haben wir immer eine Wahl und eine persönliche Verantwortung. Wir können uns für einen mehr bejahenden und optimistischen Lebensstil oder eine mehr verneinende, pessimistische Haltung bewusst entscheiden. Je nach Wahl – die bedingenden und prägenden Momente der Biografie sollen dabei nicht übersehen werden – bemächtigt sich das Denken der einen oder anderen Seite. So ist es auch bei einem Volk. Deutschland hatte sich früher kollektiv, natürlich weitgehend unbewusst, für das Negative entschieden und die negativen Folgen in der Historie hatten diese Haltung zunächst nur verstärkt. In den letzten 20 Jahren dagegen ist unsere Grundeinstellung ein gutes Stück positiver geworden.

Die Faszination des Negativen

Ganz sind wir allerdings vom Negativismus nicht befreit. Er kommt teils direkt und unverblümt, teils in verfeinerter Weise bis in die Gegenwart zum Vorschein. Für denjenigen, der Augen hat zu sehen, werden diese Negativtendenzen an verschiedenen Stellen sichtbar. Sie werden uns auffallen, wenn wir bewusst unser Augenmerk auf alle Äußerungen des öffentlichen und kulturellen Lebens richten. Schon wer linguistisch auf die Sprache achtet, kann aus den bevorzugt benutzten Worten eine Vielzahl des Nein, des Nicht, des Gegen und des Un- heraushören. In Deutschland wird z.B. jedes Jahr das „Unwort des Jahres" ermittelt. Auch das „Wort des Jahres", das es daneben gibt, hat eine starke Schlagseite hin zu sprachlichen Missbildungen. Warum wird bei den Neuschöpfungen nicht auch das schönste oder das die Zukunft am meisten bejahende Wort prämiert? In vieler Hinsicht konzentrieren wir uns noch auf das Negative und Misslungene.

Man braucht nur einmal deutsche Bandnamen zu betrachten. Natürlich gibt es auch Gruppen, deren Namen positivere Assoziationen wecken, doch es ist erstaunlich, wie viele dieser Popformationen bedrückende oder unheimliche Anklänge haben. Nur wenige Beispiele, die sich beliebig vermehren ließen, sind: „Einstürzende Neubauten", „Ton, Steine, Scherben", „Guns 'n' Roses", „Scorpions", „Böhse Onkelz" (mit Totenschädel und Gebein als Emblem), „No Angels", „Rammstein" (benannt nach dem Inferno beim Absturz eines

Jets während einer Flugschau auf dem Militärflughafen Rammstein 1988), „Geier Sturzflug", „Abwärts", „Die Toten Hosen" (die ebenfalls den Totenkopf führen), „Fehlfarben" usw.; aber auch positive Namen wie „Kraftwerk", „BAP" (als Dialektausdruck für Vater) und „Die Ärzte" sollen nicht unerwähnt bleiben.

Natürlich ist das Negative ein universelles Phänomen, das uns in Form von Katastrophenberichten rund um den Globus, in der weltweiten Lust an Horror und Gewalt und in den entsprechenden Filmen, Videos und Computerspielen entgegentritt. Hollywood gebiert am laufenden Band Katastrophen und Monster: In *Independence Day*[50] ist die Existenz der Erde durch eine Invasion Außerirdischer gefährdet; in *Armageddon – das jüngste Gericht*[51] droht ein Meteorit, die Erde zu zerstören, was aber durch das mutige Eingreifen der Menschen verhindert wird; *Godzilla*[52] ist eine Riesenechse, die durch radioaktive Strahlung entstanden ist und New York angreift, so dass das Überleben der Menschheit auf dem Spiel steht; in *The Day After Tomorrow*[53] kommt es durch den Treibhauseffekt zu einer modernen Sintflut usw. Und es fällt auf, dass drei dieser Blockbuster von Roland Emmerich gedreht wurden, einem Deutschen, der in Sindelfingen bei Stuttgart aufwuchs. Wir Deutschen sind offenbar Spezialisten für die Apokalypse. Der angloamerikanische Einfluss bei diesen Hollywoodstreifen besteht darin, dass letzten Endes das Verderben abgewendet wird.

Wie ist die Situation direkt in Deutschland? Zunächst einmal ist festzuhalten, dass wir hier wie überall in der Welt über die Nachrichten täglich einem Bombardement von Negativem ausgesetzt waren und sind durch die Unglücke, Naturkatastrophen und Bedrohungen in der Welt. Was die hausgemachten Negativmeldungen anbetrifft, die nicht durch die Weltgeschehnisse oder politische Ereignisse bedingt sind, so kam von denen früher ein erklecklicher Anteil hinzu. Dies hat sich nach meiner Beobachtung in den letzten 10-20 Jahren ein deutliches Stück verändert. Wir sind nicht mehr so negativ. Es wäre aber auch heute noch interessant, einmal auf all die abträglichen Berichte zu achten, die an einem einzigen Tag über Nachrichten- und Unterhaltungssendungen von Fernsehen und Radio und über die Papiermedien auf einen einstürmen. Früher war hier ein eklatanter Schwerpunkt an „Negativem". Auch über die Kultursendungen der Bundesländer, die dritten Programme oder die übergeordneten Kultursender, wurde man mit einer Unzahl von Beiträgen konfrontiert, die Problematisches zum Thema haben. Achtete man auf das einschlägige Vokabular, das oft schon die Titel dieser Sendungen beherrschte, so wurde die überwiegende Beschäftigung mit der dunklen Seite schnell ersichtlich. Wir haben einfach ein Faible für die Schattenseite des Lebens, und es ist ja im Grunde gut, dem nicht auszuweichen, wie das vielleicht manch andere Länder machen. Doch das Gleichgewicht fehlte oft bei uns und Themen wie Tod, Krankheit, Verletzung, Unfall, Unheil, Unglück, Krise, Krieg, Zerstörung, Verlust, Verbrechen, Mord, Selbstmord, Terror, Niedergang, Untergang, Scheitern, Katastrophe, Apokalypse und so fort überwogen. Inzwischen erscheint die Balance besser.

Auch vielen Informationen, die uns als wertneutral und objektiv verkauft wurden, wohnte ein kräftiger Einschlag Negativität und kollektives Vorurteil inne. Und dies wurde so selbstverständlich an uns herangebracht, dass wir es meist gar nicht als negativ getönt oder vorurteilsbehaftet erkannten. Vielen Fakten, die in manchen Aspekten vielleicht positiv interpretiert werden könnten, wurde eine negative Betonung gegeben bzw. sie wurden für eine negativistische Aussage benutzt. Das führte zusammen mit den blinden Flecken aufgrund der damals noch unerlösten Traumata wie des Schuldkomplexes durch die NS-Vergangenheit dazu, dass viele „Informationen" der Zeitungsmedien und der Rundfunk- und Fernsehsender in Deutschland unvollständig blieben, die nötige Klarheit vermissen ließen und somit oft eine gewisse Vernebelung bewirkten und viele offene Fragen zurückließen. In einem schwächeren Ausmaße gilt das bis heute, weswegen ich gerne auf internationale Medienberichte zurückgreife.

Der dunkle Bereich der Seele ist ein genauso wichtiger Bestandteil der Welt wie der helle. Es zeigt sogar Mut und Bereitschaft zum Wachsen, diese Seite des Lebens nicht auszublenden, sondern sie durchzuackern. So ist es gut, das Negative ins Bewusstsein dringen zu lassen, besonders das Geschichtlich-Negative, denn nur so kann es aufgearbeitet werden. Das ist wie in der Psychotherapie, in der alle negativen und traumatischen Erfahrungen offen angeschaut und wo alle negativen Gefühle zum Ausdruck gebracht werden dürfen. Die Therapeutin oder der Therapeut verurteilt nicht, sondern nimmt alles in seinem Sosein an. Dann kann in der Patientin bzw. im Patienten eine Wandlung der negativen Energien stattfinden und das darunter verborgene Positive und Lebensbejahende nach und nach befreit werden. So müssen auch im gesamtgesellschaftlichen Bewusstwerdungsprozess all diese negativen Inhalte an die Oberfläche kommen, um transformiert zu werden.

Wir Deutschen sind aber manchmal noch zu sehr mit der Negativität *identifiziert*. Das heißt, wir glauben negative Aussichten unbesehen und haben oft keine Distanz dazu. Uns ist darüber hinaus kaum bewusst, dass wir vielfach negativ gepolt sind. Inzwischen haben wir einen Großteil des Geschichtlich-Negativen aufgearbeitet und stehen davor, in eine neue Entwicklungsphase überzugehen, wo wir Sachverhalte ressentiment- und wertfreier anschauen können. Dazu braucht es jetzt eine tiefgehende Bejahung und eine Entscheidung für das Positive. Nur mit einer solchen Grundhaltung kann die vollständige Integration des Negativen gelingen, von dem weiterhin Reste in unser Bewusstsein zu integrieren sind. Das ist heute unsere Verantwortung.

Sehnsucht nach und Angst vor dem Happyend

Ein Ausdruck unter anderen für unsere Fixierung auf das Negative ist unsere Abneigung gegen Happyends und andere gütliche Ausgänge, die alle künstlerischen Produktionen in den vergangenen Jahrhunderten geprägt haben. Wie viele unserer „Lösungen" von fiktiven Handlungen, Storys und Romanstoffen bestanden am Ende in Selbstvernichtung, Tod oder Unglück! Wie oft kam es in unseren Geistesprodukten vor, dass sich der Protagonist am Ende des Buches oder Films erschoss, vergiftete oder sonst wie tötete und die Handlung mit Austilgung, Zerstörung oder in anderer Weise erschreckend endete! Es gibt aber auch subtilere negative Verläufe und *bad ends*, z.B. unüberwindliche Paarprobleme, Misslingen und Verunglücken von Beziehungen mit Fremdgehen, Hassliebe oder Trennungen. Ich bringe hier ein Beispiel aus den 70er-Jahren für das Vorherrschen des negativen Ausgangs im deutschen Filmschaffen, das exemplarisch für viele steht.

Im Fassbinder-Film *Die Ehe der Maria Braun* mit Hanna Schygulla von 1979 kommt es weder zu einer glücklichen Vereinigung, noch kann eine eheliche Gemeinschaft gelebt werden. Im Folgenden will ich in kurzen Zügen die Handlung schildern:

Sofort nach der Heirat muss Marias Gatte Hermann wieder in den Krieg. Er gilt nach Kriegsende als vermisst, und Maria schlägt sich als Barmädchen in einem Lokal für US-Soldaten durch. Der farbige GI Bill wird ihr Geliebter.

Als Herrmann schließlich doch zurückkommt, entsteht ein Kampf zwischen ihm und Bill, wobei Maria ihren Liebhaber mit einer Flasche erschlägt. Ihr Mann nimmt die Bluttat auf sich und kommt ins Gefängnis. Maria, die jetzt bei einem älteren Fabrikanten arbeitet, geht mit diesem ein Verhältnis ein, um – im Grunde mit Blick auf Herrmann – Karriere zu machen. Als dieser nach Jahren aus dem Zuchthaus kommt, verpassen sie sich (!) und Herrmann zieht sich zunächst ins Ausland zurück. Er kehrt aber nach längerer Zeit wieder heim, und schließlich könnte das Eheleben beginnen. Durch das Testament des inzwischen verstorbenen Fabrikanten erfährt Maria, dass Herrmann mit diesem ein geheimes Abkommen getroffen hatte, in welchem er dem Unternehmer zusicherte, ihm die Geliebte während dessen Lebzeiten zu überlassen. Als die Frau sich in der Nähe des offenen Gasherds eine Zigarette ansteckt, explodiert das Haus. Es macht keinen wesentlichen Unterschied, ob es ein Unfall oder Selbstmord- und Mordabsicht ist.

Am Anfang des Melodrams sieht man ein gerahmtes Hitler-Bild, wie es in der NS-Ära in allen Amtsräumen hing. Bei einem Bombenangriff zerschellt es in Stücke. Am Ende steht wieder eine Explosion, und diesmal geht das ganze Haus zu Bruch und reißt die Menschen mit in den Tod. Nur das Radio läuft noch. Die Stimme des Fußballreporters überschlägt sich (die Schlussszene spielt zur Zeit der Fußballweltmeisterschaft 1954): „Aus! Aus! Aus! Deutschland ist Weltmeister!"[54]

Viel mehr Verhinderungen für ein Zusammenfinden des Paares lassen sich kaum einbauen. Negativität und Verwüstung des Fühlens gehen nach dem Krieg auf der Ebene der Beziehungen weiter. Jetzt werden auch die Frauen vermehrt „schuldig", indem sie – erlöst von den Rollenbildern der NS-Zeit und den Zwängen traditioneller Moral – nicht nur frei und selbstbestimmt entscheiden, sondern auch gegen die Gebote des eigenen Herzens verstoßen können. Wären bei beiden das Negativdenken nicht so eindringlich, das Herz „sehender" und schon wirkliche Beziehungs- und Liebesfähigkeit vorhanden gewesen, wäre es nicht zu solch einem Beziehungschaos und den unseligen Verwicklungen gekommen.

In der Bildabfolge des Films wird ferner ein Zusammenhang mit dem Trauma des Krieges hergestellt. Das zerborstene Hitlerbild am Anfang des Films spiegelt das kollektive Unglücks wieder und verweist bereits auf das Ende des kleinen Glücks. Hitler mit seiner Selbstvernichtung diente ja als psychisches Muster der Negativität, das bis weit in die Gegenwart unsere Gedankenwelt prägte. Mit Marias Namen „Braun" klingt Hitlers Partnerin Eva Braun an. Außerdem melden sich im Abspann die Weltmachtambitionen von uns Deutschen, die mit Hitler untergegangen sind. Die Verkündigung der Weltmeisterschaft schallt mit den paradoxen oder doppeldeutigen Worten „Aus! Aus! Aus!" aus dem Empfänger.

Dieser hervorragende Film zeigt hochsymbolisch die deutsche Psychologie und die deutschen Verhältnisse nicht nur der Nachkriegszeit. In diesem paradigmatischen Epos kommen viele deutsche Wesenszüge wie die Negativität mit Tabubruch, Veranlassen von Bösem und der unterschwelligen Selbstmordtendenz, ferner die Unzulänglichkeiten im Fühlbereich bei beiden Geschlechtern und das noch zu besprechende „Weltende im Feuer" zum Ausdruck. All dies sind natürlich uns weitgehend unbewusste Dispositionen, die sich in solchen Kinodramen ihren Weg bahnen.

Bis heute ist es noch kaum möglich, eine Filmgeschichte oder Erzählung über alle Krisen hinweg bis zu einem guten Ende fortzuspinnen. Wir waren und sind noch zu sehr im Bann des Scheitern und des Negativen. Man könnte jetzt z.B. einwenden, die Handlungen mit untauglichen Partnerschaftsversuchen spiegeln die Realität der heutigen Beziehungsschwierigkeiten und die Scheidungsrate wider. Doch das reicht als Erklärung nicht aus. Der Film als künstlerisches Werk reicht mit seiner Aussage, Botschaft und Zielrichtung weit über die soziologischen Fakten hinaus. Hier verhält es sich ähnlich wie bei Märchen, die symbolische Entwicklungswege der Seele aufzeigen und als Sehnsucht und hoffnungsvolle Aussicht das gute Ende brauchen. Diese beispielhaften Muster wirken auf die Seele. In den Grimmschen Märchen ist dieses Grundwissen in vollendeter Form verwirklicht, und so enden sie ja meist mit dem Glück, z.B. einer Hochzeit als dem Symbol der Vereinigung. Aber auch manche „Hollywoodmärchen" verstehen sich darin. Auf jeden Fall besteht im Menschen eine tiefsitzende Sehnsucht nach einer glücklichen Paarbeziehung. „Mann und Frau und Frau und Mann, nähern sich der Gottheit an", heißt es in Mozarts *Zauberflöte*. Der Wunsch nach Vereinigung der Gegensätze ist ein Ausdruck des Strebens nach psychischer Ganzheit. Ein harmonisches Zusammensein von Mann und Frau ist nämlich ein Sinnbild für die gelungene Zusammenkunft der männlichen und weiblichen Anteile in jedem Einzelnen.

Wir Deutschen aber hatten und haben es schwer, uns zum Positiven und zum Happyend durchzuringen. Im „Gefühlskino" Hollywoods belächelten wir gerne ein solches Finale im Glück und fanden es kitschig. Wir ließen unsere Filme aus diesem Grunde möglichst nicht zu einem guten Ende kommen, weil wir dieses mit „Friede, Freude, Eierkuchen" verbinden. Mit einer – wenn auch kaschierten – luziferischen Freude und einem gewissen Stolz auf den „deutschen Sonderweg" haben wir es in der Vergangenheit geradezu auf *unhappy ends* angelegt. Das ist ein Teil unserer Identifikation mit dem Negativen. Dabei haben wir die Bedeutung der Hoffnung und des glücklichen Ausgangs in der Wirkung auf die Psyche etwas aus den Augen verloren. Die unablässigen Wiederholungen von Scheitern, Untergang, Endkatastrophe oder ähnlichen Sachverhalten in unseren Filmen hatten wahrscheinlich den Sinn und vermutlich den Effekt, uns unsere negativen Vorstellungskomplexe und unser Sosein vor Augen zu führen, um auf diese Weise zu mehr Bewusstsein darüber zu kommen. Ganz allmählich sind hier ja Veränderungen und Fortschritte zu beobachten, und es werden verschiedentlich auch schon günstigere Lösungen ausprobiert.

Wir sollten kollektiv annehmen, wo wir stehen und nicht versuchen, andere Ausgänge und Plots zu entwickeln, die uns noch nicht gemäß sind. Das würde nichts bringen und geht auch gar nicht. Nein, wir sollten uns nur dessen bewusst werden, wo wir stehen und wo unsere Grenzen sind. Erst dann sind Weiterentwicklung und Reifung möglich. Denn aufgrund der kollektiv gesehen noch minderen Fühlfunktion ist es für uns Deutsche gar nicht so einfach, einen glaubhaften guten Abschluss zu erfinden und darzustellen. Wegen der Unbeholfenheit in diesem Bereich würde uns ein solches Ende schnell sentimental geraten. Es erfordert eben „viel Gefühl", ein überzeugendes Happyend hervorzubringen, das das Herz anspricht, ohne süßlich zu sein.

Dazu gehört aber überhaupt erst einmal Mut, Gefühl zu zeigen. Und sicherlich müssen wir anfänglich durch eine Phase ungekonnter und gefühlsseliger Hervorbringungen hindurch, bis unser Fühlen nachgereift ist. Abhilfe scheinen uns da Koproduktionen mit dem europäischen oder außereuropäischen Ausland zu schaffen, in denen sich die Qualitäten aus verschiedenen Ländern ergänzen. Ausländische Filmproduktionen – man muss das jeweils Beste der einzelnen Länder vergleichen –, ob aus Frankreich, Spanien, England oder den USA, zeigen zumeist einen gefühl- und respektvollen Umgang der Geschlechter miteinander. Auch findet man dort mehr echte Beziehungsfähigkeit im Sinne von anhaltender, ernsthafter Werbung und uneigennütziger Liebe dem anderen gegenüber, bei der Egoismen und kurzfristige Bedürfnisbefriedigungen zurückgestellt werden.

Vertrauen in die Zukunft?

Deutschland befand sich gemeinschaftlich lange in einer Depression. Der negative Modus des Denkens – das ist bei einem Menschen wie bei einer ganzen Nation gleich – schuf, besonders da er jahrzehntelang gepflegt wurde, so viele gegen sich selbst gerichtete, niederdrückende Vektoren oder Kräfte, dass es schließlich in eine Depression überging. Wir können im Rückblick die Symptome unserer unterschwelligen kollektiven Depression, wie sie bis vor ca. 15 Jahren noch herrschte, in vielfachen Ausprägungen erkennen: im damaligen wirtschaftlichen und technologischen Pessimismus, in der gleich zu besprechenden besonders niedrigen Geburtenrate zu jener Zeit, in einem allgemeinen Negativismus und in einem Grundgefühl von Hoffnungs-, Aussichts- und Mutlosigkeit. Nach einem Report des Zukunftsforschers Matthias Horx aus der Zeit nach der Jahrtausendwende glaubten 90% der Chinesen, aber nur 15% der Deutschen, dass die Zukunft besser wird. Dies ist ein Ausdruck, dass unser Land seinen natürlichen Optimismus verloren hatte und nicht mehr an sich selbst glaubte. Es spiegelt die tiefe Krise, in der sich Deutschland damals befand. Der Demoskop erkannte auch, dass in Deutschland immer der ärgste Fall an die Wand gemalt wird, das schlimmste Szenario und der GAU, der größte anzunehmende Unfall.

Wenn das negative Denken dermaßen überwiegt, dass man sich gleichsam ohne Zukunft sieht, hat das schwerwiegende Auswirkungen bis hinein in die Familienplanung. Es ist dann nämlich auch die Entscheidung für oder gegen Nachwuchs betroffen. Die Eltern wurden damals durch den „rauen Wind" der Gesellschaft und die bei uns herrschende Negativität abgeschreckt. Wir hatten uns in Deutschland mit dem negativen Denken so eingesponnen, dass eines der Hauptargumente gegen ein Kind war: „In solch eine Welt möchte ich kein Kind setzen." Kriege oder die Umweltverschmutzung mussten als Begründung herhalten. Selbst bei Paaren, die sich aufgrund anderer Gedanken – z.B. „Ich fühle mich nicht stark oder psychisch stabil genug, ein Kind großzuziehen" – gegen eigene Kinder entschieden, wirkte dieses Klima der kollektiven Zukunftsangst unterschwellig entmutigend. Dabei handelte es sich nicht einmal um eine stichhaltige Begründung, sondern um eine depressive Verzerrung der Realität, denn noch nie war das Leben objektiv betrachtet für ein Neugeborenes so sicher oder die Lebenserwartung so hoch wie heutezutage.

Wir hatten in Deutschland über mehr als 30 Jahre hinweg eine extrem niedrige Geburtenziffer. Arithmetisch hatte seit den 70er-Jahren jede deutsche Frau nur zwischen 1,2 und 1,4 Kinder. Zur Aufrechterhaltung einer gleichbleibenden Bevölkerung müsste die Ziffer bei über 2,1 liegen. Wir waren aber in den 90er-Jahren auf dem Stand von 1945 und hatten damit den tiefsten je in Deutschland vorgekommenen Wert erreicht. Damit befanden wir uns auf einem der letzten Plätze aller Länder der Welt. Da in diesen drei Dezennien die Sterberate durch die zu kleine Geburtenzahl nicht aufgefangen werden konnte, war eine Bevölkerungsabnahme die Folge, sofern das Minus nicht durch Zuzug ausgeglichen wurde.

Wir hatten diesen schlechten Wert von gemittelt 1,3 Kindern pro Familie (in Schweden lag er bei 1,7, in Frankreich bei 1,9 und in den USA bei 2,1), obwohl Deutschland im oberen Mittelfeld rangierte, was den Geldtransfer in Familien mit Kindern anbetrifft. Seit den 2000er-Jahren und besonders in den letzten fünf Jahren ist die Geburtenrate in Deutschland wieder angestiegen und liegt heute (2018) in der Nähe von 1,6. Dies ist sicherlich nicht durch eine weiter verbesserte Familienpolitik erreicht worden, sondern es ist wahrscheinlich der Tatsache geschuldet, dass das negative Denken bei uns zurückgetreten ist und mehr die Gefühlsbedürfnisse berücksichtigt werden. Inzwischen wird mehr und mehr bewusst, wie wichtig das emotionale Umfeld dafür ist, ob sich Familien für ein Kind entscheiden.

Interessanterweise war um 2000 die demografische Alterung nur noch in wenigen anderen Ländern, z.B. in Italien und Japan, ähnlich dramatisch. Es waren meist Länder, die zu den Verlierern des Zweiten Weltkrieges zählen und die, nachdem sie viel Aggression in die Welt gebracht hatten, selbst furchtbare Schläge einstecken mussten, wie Deutschland mit dem Flächenbombardement und Japan mit den Atombombenabwürfen.

Der Selbstmordkomplex in Deutschland

Hinsichtlich des negativen Bevölkerungswachstums wurde in den 90er-Jahren auch schon von einem schleichenden soziologischen Selbstmord gesprochen. Das ist zwar ein übertriebener und abträglicher Gedanke, doch ausdauernde negative Kräfte waren tatsächlich da. Und die letzte Konsequenz der Negativität, des Nihilismus und der Depressivität ist eben die Suizidalität, die Selbstmordneigung. Depression ist immer eine Wendung der aggressiven Energien gegen sich selbst, die zugespitzt zu Selbstbestrafung, Selbstbeschädigung und Selbstmordtendenz führen.

Als Todessehnsucht hat dies in Deutschland Tradition. Insofern möchte ich von einem latenten Selbstmordkomplex hierzulande sprechen. Viele Erscheinungen dieser latenten Selbstmordneigung und autodestruktive Verhaltensweisen waren bei uns zu beobachten. Auch wenn diese Tendenz eine Zeit lang durch Wirtschaftswunder und Kalten Krieg übertüncht werden konnte und heute deutlich abgemildert ist, war sie doch immer unterschwellig wirksam und spross wiederkehrend an verschiedenen Stellen hervor.

An Beispielen besonders gefährdeter Persönlichkeiten und historischer Etappen mangelt es nicht. Schon Ludwig II. von Bayern hinterließ testamentarisch, nach seinem Tod – vielleicht ein Selbstmord – alle seine Schlösser zu sprengen, was zum Glück nicht geschah. Im 20. Jahrhundert ging bereits das Ende des Ersten Weltkriegs mit vielen Suiziden einher. Auch die Todesverachtung, mit der man in das Schlachtgetümmel ging, kann als selbstmörderisch ansehen werden. In der Wirtschaftsdepression 1929 bis 1932, als die Arbeitslosigkeit den Stand von 5 Millionen erreichte, kam es zu einer „beispiellosen Selbstmordwelle, deren Opfer anfangs vor allem fallierende Bankiers und Geschäftsleute, doch mit dem Voranschreiten der Krise immer häufiger Angehörige des Mittelstandes und des Kleinbürgertums waren. [...] Nicht selten gingen ganze Familien geschlossen in den Tod."[55] Es grassierte einmal wieder eine der vielen Endzeitstimmungen.

Es wird geschätzt, dass sich am Ende des Zweiten Weltkriegs und kurz danach noch 100000 Menschen in Deutschland umbrachten. Auch hier begingen ganze Familien, mancherorts halbe Dorfgemeinschaften aufgrund des Weltuntergangsgefühls Suizid – ein zusätzliches Verbrechen an den mitgerissenen Kindern. Allen voran schieden so Hitler, Himmler, Goebbels und andere NS- und SS-Größen mit ihren Angehörigen aus dem Leben. Die Goebbels töteten ihre sechs Kinder und nahmen dann Blausäure. Hitler beging Selbstmord durch Erschießen und gleichzeitig durch Gift, seine ihm kurz zuvor angetraute Ehefrau nahm Gift. Auch Himmler zerbiss seine Blausäure-Kapsel, die er wie viele SS-Mitglieder für diesen Fall bei sich trug. Sie alle entzogen sich damit auch der weiteren Verantwortung. Die Selbsttötung erscheint hier als bequemer Ausweg, sich nicht den Folgen der eigenen Taten vor dem Menschheitsgewissen stellen zu müssen.

Es ist ein in seiner Wirkung nicht zu unterschätzendes Vermächtnis des „Führers", dass er sich bei der nahenden Niederlage der Realität nicht gestellt, sondern sich selbst vernichtet hat. Konsequent erscheint so ein Verhalten nur vom nihilistischen Denken her, von jeder anderen Warte her aber verantwortungslos. Hitler ist damit ein negatives Vorbild auch für spätere Politikergenerationen gewesen, von deren vereinzelten Selbstmorden wir in den vergangenen Jahrzehnten erfahren mussten. Die ungute Botschaft, die da drinsteckt, ist: „Wenn du nicht mehr weiter weißt, bring dich um."

Natürlich töteten sich um 1945 herum besonders viele von denen, die im NS-System, in der Shoah oder im Krieg vor der Welt oder ihrem Gewissen schuldig geworden waren, doch nicht nur diese. Die vielen Millionen Tote des Holocaust und der Schlachtfelder bildeten (und bilden z.T. noch) einen Sog, der die Überlebenden und Lebenden wegzuziehen suchte und noch viele Opfer danach forderte.[56] Davon wurden nicht nur die direkt Beteiligten ergriffen, sondern auch deren Familienmitglieder und hier manchmal erst die der Kindes- oder Enkelgeneration. Es gibt Fälle aus den 70er- und 80er-Jahren, wo sich Söhne oder Töchter von SS-Mitgliedern aus scheinbar unerfindlichen Gründen umbrachten. Darüber hinaus wurden selbst ganz Fernstehende, die dem unbewussten Sog keinen Widerstand entgegensetzen konnten, in diesen Todesstrudel mit hineingezogen.

Das Negative, das sich in der NS-Zeit gegen Sündenböcke, Geächtete und als Volksfeinde Verleumdete richtete – gegen Juden, sog. Zigeuner, psychisch Kranke, politisch Andersdenkende, Menschen des Widerstandes, Kriegsgegner, religiös Orientierte und Kommunisten –, dieses Negative richtete sich nach dem Krieg gegen uns selbst in Form des (unbewussten) Selbsthasses und der kollektiven Depression. Denn der hiesige Selbstmordkomplex ist – wenn es auch schon viele weiterführende Ansätze gibt – bis in die Gegenwart hinein noch nicht vollständig überwunden. Also nicht nur aus Respekt für die Opfer, sondern auch aus eigenem Interesse ist für uns Deutsche die völlige Bewusstmachung, Aufarbeitung und Integration der Schrecklichkeiten der damaligen Zeit erforderlich. Erst wenn alles völlig aufgedeckt, angeschaut und angenommen ist, sodass bewusst damit umgegangen werden kann, werden die schädlichen Folgen ganz aufgehoben. Wir haben die Negativität vielleicht am gründlichsten durchlebt, wie wir alles gründlich tun, und darin steckt auch die Chance einer Erneuerung von Grund auf.

Einer der ersten, der die verborgene Selbstmordtendenz der Deutschen in eine dichterische Form gebracht hat, war Goethe mit seiner Schrift *Die Leiden des jungen Werthers* von 1774, wobei es hier um Liebeskummer und Weltschmerz geht. Nach dem Erscheinen des Buches gab es viele Nachahmungssuizide, und noch heute benennt man in der Psychiatrie solch eine infektiöse Suizidalität als Werther-Effekt. Goethe sah sich aufgrund der vielen „Lemminge", die sich den Sturm-und-Drang-Roman allzu sehr zu Herzen und als Vorbild nahmen, veranlasst, in der 2. Auflage den dem Werther in den Mund gelegten Schlusssatz hinzuzufügen: „Sei ein Mann und folge mir nicht nach!"

Wie viele deutsche Dichterinnen und Dichter, beispielsweise Heinrich von Kleist, Adalbert Stifter, Karoline von Günderode, Paul Celan, Stefan Zweig, Hermann Hesse, Klaus Mann (der Sohn von Thomas Mann und Autor des *Mephisto*) usw. sind „freiwillig" – wie es euphemistisch in Deutschland heißt – aus dem Leben geschieden oder haben Selbstmordversuche unternommen! *Die Günderode* – so heißt auch Bettina von Arnims Buch über die darin porträtierte Freundin – hatte den *Werther* gelesen und war zeitlebens von einer Todessehnsucht erfasst, bis sie sich schließlich mit 26 Jahren am Ufer des Rheins erdolchte. Und wie im wirklichen Leben sind auch unsere literarischen und später auch filmischen Stoffe von Depression und Selbstmordtendenz durchsetzt.

Symbolik der Linkswendung

Die Negativität zeigt sich bereits in der deutschen Enblemsymbolik und Heraldik. Da ist z.B. die weitverbreitete Wendung des Kopfes oder Körpers von unseren Wappentieren nach links (vom Betrachter aus gesehen), was tiefenpsychologisch anders interpretiert werden muss, als es die Wappenkunde sieht. In der Heraldik nämlich bedeutet der Blick nach links Positives. Vom Wappentier aus gesehen wende dieses ja den Kopf nach rechts, argumentiert der Wappenkundler; und rechts beherbergt – darin sind sich Tiefenpsychologie und Heraldik einig – die „gute" Symbolbedeutung von „recht", „richtig" und „günstig", während links die „schlechte" Symbolbedeutung von „link", „linkisch" und „ungünstig" trägt. (Mehr zur Symbolik von rechts und links weiter unten.) Doch für den tiefenpsychologischen Betrachter wie auch für den unvoreingenommenen Beobachter bleibt die rechte Bildseite rechts und die linke links. Hier verhält es sich bei der Beurteilung eines Bildes genau umgekehrt wie bei der Heraldik. Es liegt Ironie darin, dass das Unbewusste des kollektiven Feldes die bewusste Absicht des Heraldikers genau konterkariert. So konnte sich insgeheim der Schatten durchsetzen.

Abbildung 5: a) Wappen des Stauferkönigs Heinrich VI. b) Wappen Wilhelms II. von Hohenzollern, © David Liuzzo c) Wappen der Bundesrepublik Deutschland

Interessant ist nun, dass alle unsere Greifvögel in den Wappenschilden zum linken Bildrand schauen. Diese Blickrichtung des Adlers besteht vom ersten Auftreten dieses Wappensymbols an und gilt sowohl für die Reichsembleme als auch für die der Länder. Sie ist bei den damaligen Reichsländern, wie z.B. Preußen, sowie bei den heutigen Bundesländern zu finden. Übrigens orientieren sich auch andere Wappentiere der alten und neuen Bundesländer des vereinigten Deutschlands (Löwen, Bären, Pferde und andere Tiere) in aller Regel nach links (einzige Ausnahme ist Schleswig-Holstein), sie schauen – immer für den das Wappen Betrachtenden – nach links oder wenden sich mit dem Körper dorthin. Selbst das Muster der blauweißen Rautenflagge Bayerns ist schräg nach links gekippt.

Abbildung 6: Doppeladler des Heiligen Römischen Reiches deutscher Nation, Ende des 15. Jahrhunderts

Beim Doppeladler, der ca. 400 Jahre bis 1806 Emblem des römisch-deutschen Reiches war, weist ein Kopf nach links und der andere nach rechts wie bei dem Gott Janus, der sowohl die Vergangenheit als auch die Zukunft im Auge hat. Eigentlich ein schönes Symbol für eine umfängliche und ausgeglichene Bewusstheit, in der sich Nostalgie und Utopie die Waage halten. Da sich die Vögel jedoch nicht anschauen, sondern in entgegengesetzte Richtungen streben, deutet das aber auch auf eine Tendenz zur Spaltung und auf Zerrissenheit hin. Es kam ja dann auch auf der äußeren Ebene zum Zerreißen Deutschlands, als sich Österreich Anfang des 19. Jahrhunderts abspaltete.

Im Deutschen Kaiserreich posierte ab 1888 bis zum Ende des Ersten Weltkrieges wieder der zurückgewandte Adler, wie es auch im nationalsozialistischen Wappen der Fall war, das einen wie aus Beton gegossenen oder in Stein gehauenen, sehr starr wirkenden Raubvogel zeigt. Auch während der Weimarer Zeit und in der Bundesrepublik behielt das Wappentier diese Blickrichtung nach links bei (siehe Abb. 5). Und ebenso kehrte das von Ungarn losgelöste Österreich in seinem Bundeswappen zum einköpfigen, linksblickenden Aar zurück.

Was bedeutet diese Linksgerichtetheit tiefenpsychologisch und symbolisch? In ihr kommt meines Erachtens eine gewisse regressive Sehnsucht nach der Vergangenheit, z.B. nach dem Germanentum oder nach alter Reichs- und Landesherrlichkeit zum Ausdruck. Dieser einförmigen Rückwärtsgewandtheit fehlt der balancierende Ausblick in die Zukunft. Ich will aber damit nicht sagen, dass die Blickrichtung nach links durchweg negativ ist. Links und rechts sind ähnlich wie die Symbolik von Westen und Osten mehrschichtig zu sehen. Links ist vor allem die Blickrichtung zurück, in die Vergangenheit oder nach innen, d.h. auch ins Unbewusste und speziell zum Schatten hin. Psychologisch gesprochen heißt „links" Regression (dort, auf der Landkarte im Westen, geht die Sonne unter und wendet sich der Nacht zu, dort ist „Untergang"), während „rechts" Progression bedeutet (die Wendung nach außen, nach vorne, das Voranschreiten in der Zeit, so wie der Osten oder der „Orient" Sonnenaufgang, Anfang und das Neue versinnbildlicht).

Die Linkstendenz in unseren Emblemen macht also meiner Auffassung nach auf die Notwendigkeit aufmerksam, sich mit unserem kollektiven Unbewussten und seinen Schattenseiten zu beschäftigen. Dies gilt übrigens für viele Völker, denn es ist heute ein Gebot der historischen Stunde, den Schatten ins Bewusstsein zu heben. Die Linksgerichtetheit kommt ja nicht nur in Deutschland vor, obwohl in vielen anderen Ländern stärker das Rechts eingebunden ist.

Der amerikanische Weißkopfadler schaut ebenfalls zurück. Das Siegel des Präsidenten dagegen zeigte früher interessanterweise nach rechts, wurde aber 1945 von Harry S. Truman geändert, um dem Wappen – wie er meinte – eine positivere Bedeutung zu geben. Ironischerweise bedeutet es aber tiefenpsychologisch gerade das Gegenteil. Das großbritannische Wappen ist komplizierter. Hier stehen sich ein großer rechtsgerichteter Löwe und ein großes linksgerichtetes Einhorn gegenüber, während die vielen kleinen Löwen in der Wappenmitte alle nach links sehen; der auf der Krone stehende kleine Löwe schaut aber zum Betrachter und hält so die Mitte zwischen links und rechts. Auch die beiden Tiere des französischen Hoheitszeichens schauen sich an, orientieren sich auf die Mitte zu und finden so den Ausgleich zwischen rechts und links.

Abbildung 7: Königliches Wappen von Großbritannien
© GNU für freie Dokumentation

Ich finde es faszinierend, dass in neuerer Zeit der international renommierte Architekt Norman Foster im Reichstagsgebäude erstmals einen nach rechts schauenden Greif geschaffen hat. Wenn er auch mit seinem weitergehenden Vorschlag nach einer völligen Neuerfindung des „Pleitegeiers" nicht durchdrang, so durfte er doch die Rückseite des etwas fettleibigen Bundestagsadlers gestalten, die dem Eingang des Gebäudes zugewandt ist, während die Vorderseite des Vogels dem Inneren des Saales zugekehrt ist. Wenn man also in den Reichstag hineingeht, stößt man als erstes auf den nach rechts schauenden Aar. Ich finde, das ist eine bedeutsame Wendung, die wir diesem englischen Baukünstler zu verdanken haben, der die Gunst der Situation zu diesem korrigierten Ausdruck nutzte (beide Sichten sind hier möglich). Am Ende dieses Buches werde ich noch einmal von einer ähnlich vielsagenden Drehung um 180° berichten.

Abbildung 8: a) Bundesadler, Eingangsseite Reichstagsgebäude
© Lars Haberl/pixelio.de b) Bundesadler Reichstagsgebäude, Plenarsaal
© Lars Haberl/pixelio.de

Das Hakenkreuz – die Swastika

Auch anhand des Hakenkreuzes der NS-Zeit kann symbolisch die Negativität abgeleitet werden. Das Hakenkreuz oder die Swastika ist ein uraltes, schon prähistorisch verwendetes, allgemein gültiges dynamisches Symbol, ein Sinnbild des sich drehenden Sonnenrades. Es hat seinen Ursprung in alten Sonnenreligionen und war in der Induskultur, im Jainismus und Buddhismus, im präkolumbianischen Amerika, in Ägypten und fast im gesamten Europa der Frühzeit verbreitet.[57]

Meist wird die Swastika so dargestellt, dass ihre Außenarme, die „Fähnchen", nach links zurückweisen, so dass beim Gesamtzeichen der Eindruck des Drehens nach rechts entsteht. Das NS-Hakenkreuz ist dazu spiegelverkehrt und dreht sich nach links (die Außenärmchen des Stammkreuzes weisen nach rechts). Kulturgeschichtlich gesehen steht das links herum rotierende Hakenkreuz relativ isoliert da und kommt deutlich seltener vor. Die Swastiken in anderen Kulturen, wie die des Lamaismus in Tibet, sind meist rechtsdrehend, während die ältere, einheimische Bön-Religion, die stark dem Dämonenglauben verbunden ist, die Linksrichtung bevorzugt.

Abbildung 9: linksdrehende und rechtsdrehende Swastika, Induskultur,
ca. 2500 v. Chr. © GNU für freie Dokumentation

Um Verwirrung zu vermeiden, möchte ich hier darauf hinweisen, dass hinsichtlich der einschlägigen Literatur und Terminologie über Swastiken Achtsamkeit geboten ist: Was in den Texten „rechtsgerichtet" (= Fähnchen nach rechts) genannt wird, bedeutet aber Drehrichtung nach links oder gegen den Uhrzeigersinn. Umgekehrt ist das „linksgerichtete" Hakenkreuz (Fähnchen nach links) rechtsdrehend, bewegt sich also im Uhrzeigersinn. Die Drehrichtung, die dynamische Rotationsbewegung, ist entscheidend für die tiefenpsychologische Symbolik. Vereinfacht gesagt: Mit dem Uhrzeiger zu laufen, ist die „gute" und gegen den Uhrzeiger bedeutet die „schlechte" Richtung.

C. G. Jung äußerte sich bezüglich der linksdrehenden Swastika Hitlerdeutschlands in seinen Zarathustra-Seminaren folgendermaßen:

„[...] die Swastika, die sich rückwärts bewegt. Sie wissen, im Buddhismus ist die Bewegung nach links weniger eine Rückwärtsbewegung, es ist eine falsche Bewegung. In Indien und auch in Tibet gibt es allgemein die Vorstellung, dass man beim Herumgehen um einen Stupa oder um das, was sie *Tchorten* nennen (eine Art Schrein, ein Äquivalent zu unserem Kreuz oder diesen kleinen Kapellen auf dem Lande mit einem Heiligenbild), dem Sonnenlauf entsprechend herumgehen muss; sonst ist es falsch. [...] das ist die Weise, in der das Licht rotieren und die Weise, in der man gehen muss. Wenn Sie dem entgegenlaufen, ist es böse, denn Sie machen den regulären Gang der Dinge zunichte; deshalb wird es mit schwarzer Magie in Verbindung gebracht."[58]

Wie ich bei der Blickrichtung der Adlerkopfes schon ausgeführt habe, ist links – und das Gleiche gilt für linksdrehend – symbolisch die Richtung ins Rückwärtige, in die Vergangenheit, psychologisch ins Unbewusste, in Richtung Regression oder hin zu früheren Entwicklungsstufen. Es ist eine „negative" Tendenz, die in die dunklen Bereiche der Seele zielt, während rechts und die Rotation im Uhrzeigersinn symbolisch ins Schöpferische, Lichte, Progressive und Zukünftige weisen. Nur die Rechtsrichtung hat demnach eine positive solare (sonnenhafte) Bedeutung.

Ich möchte aber noch einmal daran erinnern, dass links und linksdrehend nicht ausschließlich negativ zu sehen sind. An sich sind die dynamischen Bewegungen nach rechts und links wertneutral, haben ihre je eigene Berechtigung und Zeit und ergänzen sich; sie sind beide für das Auf und Ab oder den „Gezeitenstrom" der Psyche notwendig. Es hängt immer vom Kontext ab, ob sich eine Tendenz negativ auswirkt.

Das Hakenkreuz in Deutschland hat Hitler zwar selbst entworfen, ist aber keine Neuschöpfung von ihm oder der NSDAP. Es lässt sich über Hitler zurück bis zum „Germanenorden" und dessen Nachfolgeorganisation, die Thule-Gesellschaft, einem gnostisch-rassistischen Orden, und darüber hinaus bis zu Guido von List, einem Schriftsteller völkischer Ideologie und Okkultist, zurückverfolgen. In diesen arischen Bewegungen um 1900, also lange vor der NSDAP, wurde die Swastika, die man aus keltisch-germanischer Zeit aufgegriffen hatte, als Schöpfungssymbol und „Feuerquirl" gesehen.[59] Auch die Vorläuferorganisation der NSDAP, die Deutsche Arbeiterpartei oder DAP, der Hitler ja beitrat und die er dann in die NSDAP umwandelte, hatte sie schon als Emblem.

Wie Nicholas Goodrick-Clarke in seinem Buch *Die okkulten Wurzeln des Nationalsozialismus* ausführt, verfasste Friedrich Krohn, der Symbol- und Heraldikexperte jener Gruppierung bereits 1919 ein Memorandum mit dem Titel „Ist das Hakenkreuz als Symbol der nationalsozialistischen Partei geeignet?". Darin schlug er die Verwendung des rechtsdrehenden Hakenkreuzes vor, weil er darin entsprechend der buddhistischen Anschauung glückliche Auspizien sah, während er die linksdrehende für ein Symbol des Untergangs und Todes hielt. Doch Hitler setzte sich mit seiner Obsession für das linksdrehende Hakenkreuz durch, so dass Krohn seinen Entwurf ändern musste.[60]

Allein schon durch die spiegelbildliche, linksdrehende, sonst kaum vorkommende Art der Swastika, die noch dazu von schwarzer Farbe ist und damit die Unbewusstheit und Rückwärtsgewandtheit unterstreicht, offenbart sich der Nationalsozialismus als eine Bewegung, die ins Dunkle und „Böse", in Auflösung, Negativität und Tod zielt. Hierzu C.G. Jung wörtlich: „Indem nun die Deutschen die schwarze linksdrehende Swastika wählten, haben sie zweifellos die rückwärtsgewandte Bewegung in vielerlei Hinsicht zum Ausdruck gebracht. Zum ersten ist die Swastika ein heidnisches Symbol trotz der Tatsache, dass es überall auf der Erde anzutreffen ist; sie ist ein überaus archaisches Sonnensymbol. Zweitens dann ihre Rückwärtsbewegung und drittens die schwarze Farbe, die Farbe des Bösen. Das sind Regressionen ins Archaische, hin zum Pfad der linken Hand, welcher die dunkle unbewusste Seite darstellt."[61]

Hitler wählte unbewusst und intuitiv dieses uralte Symbol aus, wobei ihm nicht klar war, dass die spezielle Form dieses Signums im Grunde schon die ganze Natur seiner Ideologie offenlegt. Das NS-Hakenkreuz ist überspitzt gesagt wie ein Messerwerk, das in seiner scharfen und negativen Schnittrichtung bereits auf die Endkatastrophe hinweist, ein fataler Strudel, der alles mit sich reißen will. Es ist interessant, dass damals in den Personen Krohn und Hitler diese zwei Tendenzen, die „glückliche" und die „unheilvolle" miteinander kämpften und sich Hitler und seine Negativität, offenbar getragen von der Kollektivmehrheit bzw. vom Zeitgeist, durchsetzten. Davor hatte schon Kaiser Wilhelm II. auf seinem Reisegepäck eine linksdrehende Swastika aufgebracht.[62]

Negative Geschehnisse mit Symbolwirkung

Die im kollektiven Feld in Deutschland vorhandene Negativität konnte sich manchmal auch in äußeren Zwischenfällen manifestieren. Vielleicht ist es nicht ganz abwegig, bestimmte Vorkommnisse an symbolträchtiger Stelle oder zu symbolträchtiger Zeit mit diesen Negativenergien in Verbindung zu bringen.

Bei der großen Silvesterfeier zur Wiedervereinigung rund um das Brandenburger Tor in der Nacht zum 1.1.1990, an der eine halbe Million begeistert Feiernder teilnahmen, erkletterten viele Menschen ein Gerüst, das schließlich unter seiner Last zusammenbrach. Es gab im dem Gedränge mehrere Tote und 135 Verletzte.

Am 27.5.2006 wurde in Berlin der neue Hauptbahnhof, das größte Eisenbahnkreuz Europas, mit einem ausgedehnten Fest und einer Laser-Show in Anwesenheit von Bundeskanzlerin Angela Merkel eingeweiht. Der gigantische glasüberdachte „Bahntempel" mit vielen Ebenen ist ein Prestigeprojekt der Deutschen Bahn und der deutschen Hauptstadt. Im Verlauf der Feierlichkeiten lief ein 16-Jähriger Amok und verletzt mit Messerstichen 35 Menschen, einige davon schwer. Damit nicht genug: Im Januar 2007 riss der Sturm „Kyrill" zwei tonnenschwere Stahlträger aus der Verankerung der neuen Dachkonstruktion. Glücklicherweise kam niemand zu Schaden.

Diese Ereignisse als Zufall abzutun, ist zu banal. Für mich drücken sie etwas Tieferreichendes aus. Bei einem einzelnen Menschen, der sich versehentlich verletzt, sprechen wir von einer Fehlleistung und wenn das des Öfteren passiert, von einer Verletzungstendenz, z.B. aufgrund eines unbewussten Konfliktes. Ähnlich bedeutungsvoll können wir solche „Betriebsunfälle" beim Kollektivwesen Deutschland ansehen, besonders wenn sie an symbolträchtigen Orten und Zeitpunkten stattfinden. Als in die Öffentlichkeit dringende Signale weisen sie uns überdeutlich auf Zwiespältiges in der deutschen Seele hin. Sie sind Selbstoffenbarungen, dass das Negative bei uns noch nicht erlöst ist und dass eine neue Identität und Befreiung von der Vergangenheit so ohne weiteres nicht zu haben sind.

Kapitel 6

Der Vater-Komplex

Wohl dem, der seiner Väter gern gedenkt
der froh von ihren Taten, ihrer Größe
den Hörer unterhält und still sich freuend
ans Ende dieser schönen Reihe sich geschlossen sieht.

Johann Wolfgang von Goethe, Iphigenie

Seit unvordenklichen Zeiten ist das Vaterthema bei uns virulent. Meine These hierzu lautet, dass die viele Störphänomene bei uns Deutschen auch aus unserem kollektiven Vaterkomplex rühren, der ein unverwechselbares Ingredienz unserer deutschen Psyche ist.

„Vater-Komplex" bedeutet dabei nicht unbedingt, dass man Schwierigkeiten mit seinem leiblichen Vater haben muss, sondern die Konflikte können sich auch an väterlichen Symbolfiguren abhandeln. „Vater" in diesem Sinne ist alles, was mit Herrschaft zu tun hat oder in einer hierarchisch übergeordneten Position ist. Dazu gehören neben dem persönlichen Vater der Lehrer, der Arzt, der Vorgesetzte, Wirtschaftsführer, Manager, der geistliche Vater wie Pastor, Pfarrer, Pater oder Papst (letzteren beiden liegt das lateinische *pater* = Vater bzw. das italienische *papa* zugrunde), der Vertreter der Obrigkeit wie Polizeibeamter, Richter, Behördenfunktionär, Regierungsvertreter und der Politiker, ebenso „Vater Staat" mit seinen Ämtern und Institutionen usw.

Autoritäres und Antiautoritäres

Der deutsche Vater-Komplex hat zwei Pole: Auf der einen Seite gibt es die völlige Identifizierung mit dem „Vater", d.h. mit der Autorität, mit dem Prinzip von „law and order", mit Macht und Strenge. Dem steht auf der anderen Seite eine antiautoritäre, aufbegehrende, den „Vater" ablehnende und ihn bekämpfende Haltung gegenüber. Beides ist in uns angelegt, das Autoritäre und das Oppositionelle und beides haben wir in der Geschichte gelebt und sind dabei zwischen den Extremen gependelt. Bis heute spaltet sich unsere

Gesellschaft hier, und zwar nicht nur auf der äußeren Ebene, indem die einen dem patriarchalischen Pol der Identifizierung mit dem Vater-Prinzip, die anderen dem Gegenpol zuneigen, sondern auch innen sind wir zerrissen. In jeder und jedem Deutschen – „zwei Seelen wohnen, ach, in meiner Brust" – besteht dieser Konflikt zwischen den beiden Antagonisten einer autoritären und einer dieser polar gegenüberstehenden, dagegen im Protest befindlichen Instanz, die nicht miteinander ausgesöhnt sind.

Ein Ausgleich, eine Lösung oder Integration gab es lange Zeit weder kollektiv noch in der Einzelpsyche; stattdessen prägte das Spannungsverhältnis aufgrund des ungelösten Vaterkomplexes unser Zusammenleben auf ungute Weise. Wie viele Querelen und fruchtlose Auseinandersetzungen stammen gegenwärtig noch aus dieser unbewussten Quelle! Man schaue sich nur die Regulierungswut des Gesetzgebers und der gesellschaftlichen Institutionen an, die es trotz des ehrlichen Wunschs nach Bürokratieabbau kaum schaffen, diese Bevormundungen seitens „Vater Staat" aufzugeben!

Auf der anderen Seite die genauso unbewusste Aufmüpfigkeit, die verhaltene Wut und der passive Widerstand gegen diese Regularien. Früher gab es überstrenge Lehrer, dann folgte eine Phase einer Lassez-faire-Haltung, ohne zu einer positiven Autorität gefunden zu haben und sich zu einer normalen verantwortlichen Väterlichkeit bekennen zu können. All dies führte zu Reibungs- und Energieverlusten, die dazu beitrugen, die förderlichen Kräfte und den Lebensfluss in unserem Land zu hemmen. Erst heute scheint so langsam eine Zeit anzubrechen, wo wir „erwachsener" werden und unsere Verantwortung in der Welt immer mehr wahrzunehmen bereit sind.

Diese Kontroverse zwischen einer Befehlshaberinstanz und einer aufbegehrenden Persönlichkeitsfacette führte bislang nicht nur in jedem Einzelnen zu innerer Dauerspannung; auch das Land insgesamt laborierte daran. In der Gesamtgesellschaft hatte sich durch diesen Zwiespalt eine äußere Polarisierung in Form widerstreitender Gruppen, Parteien und anderen Gruppierungen herausgebildet. Dabei tendiert z.B. der Rechtsextremismus zum autoritären Pol, während der Linksextremismus zum antiautoritären, Protest- oder Anarchismuspol hinstrebt. Ein Aufflammen dieser anarchischen Tendenzen gab es zuletzt bei G20-Gipfel in Hamburg 2017. Auch die konservativen Parteien insgesamt tendieren mehr zum Ordnungspol, während die Gruppierungen links der Mitte eher bereit sind, mehr „Unordnung", Protest und Freiheitlichkeit zuzulassen.

In der zeitlichen, geschichtlichen Reihenfolge hat sich dieser innere Gegensatz aufgrund des Vaterkomplexes als eine Hin-und-Her-Bewegung zwischen diesen Polen entfaltet. Im Verlauf der historischen Entwicklung gab es mehrere Pendelausschläge, wobei in der Abfolge von Kaiserreich, Weimarer Republik, Hitlerstaat und der Bundesrepublik der 60er- und 70er-Jahre Autoritäts- und Antiautoritätspol jeweils abwechselten. Man kann sogar noch weiter zurückschauen, denn dieses Spannungsverhältnis im Unbewussten unserer Kollektivpsyche ist schon früh angelegt.

Uniformkult, Beamtenwesen und Bürokratie

Zum autoritären Staat gehört die Uniformbesessenheit, -gläubigkeit und -hörigkeit, die in Deutschland mindestens bis 1945 anzutreffen war. Ein Beispiel dafür, welche Bedeutung eine solche Montur haben und welches Kuschen sie hervorrufen konnte, gibt das Stück *Der Hauptmann von Köpenick* von Carl Zuckmayer aus dem Jahre 1930, dem eine so ähnlich abgelaufene reale Köpenickiade von 1906 zugrunde liegt. Im preußischen Königreich, im Kaiserreich – und hier besonders unter Wilhelm II. – spielte der Uniformkult eine herausragende Rolle.

Unter Hitler steigerte sich dies noch in der Differenzierung von Dienstuniformen und der Vermehrung von Abzeichen und Ehrenzeichen. Hitler selbst wuchs in einem Haus auf, das durch Pedanterie, Gehorsam und Pflichterfüllung geprägt war. Sein Vater war ein „Zollamtsoberoffizial" – man muss sich diese Dienstbezeichnung einmal auf der Zunge zergehen lassen – in der höchsten Rangklasse im kaiserlichen Österreich-Ungarn, der großen Wert auf seine korrekte Anrede legte und gerne als Vertreter der Obrigkeit repräsentierte.[63] Hitler wurde von einem Vater und in einer Umgebung aufgezogen, in der Äußerlichkeit, Etikette und Formales mehr galten als unmittelbare Menschlichkeit und unverstelltes Gefühl.

Die Uniform oder machtheischende Dienstkleidung hat psychologisch mit der sog. „Persona" zu tun. Mit „Persona" ist nach C.G. Jung die äußere Rolle gemeint, die wir leben, und hinter der wir alles Private, Persönliche und Allzumenschliche verbergen. Aus der Persona folgt die Statusbewusstheit. Wichtiger als der menschliche Kontakt ist die Legitimation durch Symbolisierungen äußerer Macht sowie das Verschanzen hinter dem Rang oder der Berufsrolle. Wenn in der persönlichen Berührung Unsicherheit besteht, wird dieses Minderwertigkeitsgefühl gerne durch das professionelle Ritual überspielt und überdeckt. In diesem Sinne können wir sagen, dass aus psychologischer Sicht der ganze, in Deutschland einstmals so mächtige Militarismus als Abwehr und Schutz einer fragilen Identität fungierte. Hinter einem Militaristen steht ein unsicheres Ich, das sich auf diese Weise aufwerten und die Umgebung beeindrucken oder einschüchtern will. Heute sind die gesellschaftlich präsentierten Rangabzeichen, Statussymbole und Machtembleme etwas subtiler, aber nicht verschwunden.

Auch das Beamtentum, das seine Wurzeln im absolutistischen preußischen Staat hat, zeigt dieses Verhaftetsein an die Persona. Unter den Preußenkönigen wurde es zur staatstragenden Einrichtung neben der Armee. Es wuchs eine Beamtenschicht heran, deren Positionen gleichsam erblich waren. Dafür waren die Staatsbediensteten gehalten, sich ganz mit dem Staat und der Regierung zu identifizieren. Das Staat-Beamten-Verhältnis ist das autoritäre Vater-Sohn-Verhältnis *par excellence*. Es bietet eine „Lösung" des Konflikts durch Unterordnung und Aufgabe von Selbstständigkeit (nur eine begrenzte, fest definierte dienstbezogene Eigenständigkeit ist zugelassen), die mit entsprechenden Vorteilen wie Beamtenpension, sicherer Arbeitsplatz usw. versüßt werden.

Dagegen sind Strikes oder abweichende politische Positionen oder Statements unerlaubt. Am deutschen Beamtentum wird neben der Vorteile von materieller Absicherung und Unkündbarkeit wohl auch deshalb festgehalten – und für manche ist dies tiefenpsychologisch vielleicht sogar der Hauptgrund –, weil die Beamtenposition im Verkehr mit den Bürgern (zu einem gewissen Grad gilt das natürlich für jede berufliche Position) soziale und emotionale Sicherheit gibt. Auch wenn die Uniform heutzutage nicht mehr die ausschlaggebende Rolle spielt, so ist doch der Beamtenstatus als solcher psychologisch wichtig für das Sicherheitsgefühl der Betreffenden, weil die ganze Machtfülle des Staates dahinter steht, egal ob es sich um einen Finanz-, Bahn-, Zoll- oder Polizeibeamten, einen Richter, Schul- oder Hochschullehrer oder einen sonstigen Dienstleister handelt. Der Betreffende erhält kraft seines Amtes ein gehobenes Selbstwertgefühl. Er ist jedoch gleichzeitig in seiner Freiheit beschnitten und zu vielen Zugeständnissen verpflichtet. Aufgrund der kaum bewussten psychologischen Vorteile lässt sich das Beamtenwesen nur schwer ändern. Für ein modernes Gemeinwesen wird eine ausufernde Beamtenschaft aber immer mehr zu einem Anachronismus; sie verträgt sich schlecht mit den

Bürgerwerten und einer freien, flexiblen und mobilen Gesellschaft und mit der Entwicklung zu einem reiferen Ich beim Einzelnen.

Ganz gleich ob Staatsbedienstete, Verbeamtete, Verwaltungsangestellte oder sonstige Sachbearbeiter – mittels dieser Personen wird die das gesamte Leben beherrschende Bürokratie an die Menschen herangetragen. Über den Behördenapparat mit Papierkrieg und Paragraphenreiterei kann bis heute viel Macht über die Bürgerinnen und Bürger ausgeübt werden. Die Staatsautorität, die früher direkte Gewalt anwandte, tat dies dann auf eine raffiniertere Weise über das mächtige Verwaltungswesen und goss nunmehr Gewalt in indirekter, verdünnter, aber oft ätzender Form über die Menschen aus. Sie entstanden bei vielen ein Gefühl entsetzlicher Ohnmacht, wehrlose Wut, Gegenaggression, Widerstand und Trotzreaktionen, besonders wenn sich Ämter und Organisationen einzig auf ihre Vorschriften und Vorgaben beriefen. Hier bestand lange ein Bereich, wo sich die behördlich Befugten hinter „Panzerplatten" von Verfügungen und Verordnungen versteckten und alles Menschliche auf der Strecke blieb. Inzwischen ist das Leben auch in Deutschland etwas bürgerfreundlicher geworden.

Doch an diesem Punkt wurden jahrelang wechselseitig Aggressionen über Formulare und Bescheide, über Eingaben und Einsprüche rituell durchexerziert, und es gab unermessliche Reibungsverluste, die das Leben für alle Beteiligten unnötig erschwerten und zeitweilig äußerst freudlos machten. Und auch die Einspruchsmöglichkeit gehörte zu diesem Gesellschaftsspiel dazu. Auf jedem Bescheid, und wenn es der banalste und selbstverständlichste ist, wird über Widerspruchsverfahren und -fristen aufgeklärt. Ich glaube kaum, dass dies in einem anderen Land ähnlich exzessiv geschieht. Ein Bürokratieabbau und damit gesellschaftlich weniger Energieeinbuße werden aber erst dann möglich, wenn die dahinter stehenden Mechanismen von Machtausübung und dagegen gerichteter Widerspenstigkeit erkannt und überwunden sind. Denn den autoritären und verkappt aggressiven Machtgelüsten stehen z.T. bis heute noch ebenso aggressive Oppositionsbedürfnisse gegenüber, die auf beiden Seiten relativ unbewusst sind.

In den folgenden Abschnitten will ich die hier angesprochenen Aspekte des Vater-Komplexes mit verschiedenen Beispielen aus der deutschen Geschichte illustrieren.

Der Vaterkonflikt Friedrichs des Großen

Die Vaterproblematik mit Konflikten zwischen Staatsbürgern und Vertretern des Staates durchzieht die deutsche Geschichte bis in unsere Zeit. Obgleich die Auseinandersetzungen zumeist an autoritätstragenden Vaterfiguren abgehandelt werden, so gab es doch auch in großer Zahl ganz konkrete Zerwürfnisse zwischen Söhnen und Vätern. Dieser Widerstreit war über eine geraume Zeit geradezu maßstäblich für die Stimmung in deutschen Familien und ist bis heute nicht vollständig überwunden. Nach 1968 verkehrte sich seine Manifestation oft ins Gegenteil und viele Väter traten allzu kumpelig auf und vermieden eine Ausübung väterlicher Autorität. Inzwischen finden sich heute immer mehr Beispiele für eine ausgeglichene und adäquate Vaterverantwortung und -haltung.

Ein besonders eindrückliches historisches Beispiel eines Vater-Sohn-Konflikts ist der zwischen dem „Soldatenkönig" Friedrich Wilhelm I. von Preußen und seinem ältesten Sohn, dem späteren Friedrich II., dem Großen.

Wir befinden uns in der Zeit des absolutistischen Preußen. Der Vater-König war patriarchal-autoritär, streng protestantisch, jähzornig und unduldsam auch den weiblichen Familienangehörigen gegenüber. Er fokussierte seine Kräfte auf den Aufbau einer enormen Streitmacht und opferte sich für den Staat und dessen Wohl und für seine Soldaten auf, die spartanisch unter Abverlangung unbedingten Gehorsams und Pflichterfüllung bei Aufgabe jeglicher Eigeninitiative erzogen wurden. Auch sein erstgeborener Sohn, der sich eigentlich zu den Schönen Künsten hingezogen fühlte, wurde dieser harten militärischen Dressur unterworfen. Mit 18 Jahren kam es zum offenen Konflikt, als der Kronprinz mit seinem Jugendfreund Leutnant von Katte nach England fliehen wollte, um sich dem Einfluss des Vaters zu entziehen. Der Versuch wurde verhindert, die beiden gefasst, der Kamerad zu lebenslänglicher Haft verurteilt. Der König verschärfte das Urteil zur Todesstrafe und der Freund wurde vor den Augen des jungen Friedrich enthauptet, der sich selbst mit der Todesdrohung konfrontiert sah, dann aber nach einer kurzen Haftzeit freikam, nachdem er sich mit seinem Vater arrangiert hatte.[64]

Nach dem Historiker Joseph Rovan machten diese bitteren Erfahrungen „aus dem kultivierten und feinsinnigen Friedrich, einem exzellenten Musiker, Komponisten und Flötisten, der klassisch gebildet war und ein elegantes

Französisch schrieb, einen harten, unerschütterlichen, energischen und menschenscheuen Charakter". Im Gegensatz zu seinem Vater, der ein tief religiöser Mensch gewesen sei und sein Lebenswerk als Mission der Vorsehung zum Wohle der Untertanen begriffen habe, habe sein Sohn nunmehr seine Aufgabe mit Nihilismus, Verzweiflung und Genialität erfüllt, „weil er sonst nichts zu tun hatte und zum Freitod nicht berufen war."[65]

Abbildung 10: Friedrich der Große (Friedrich II.)

Interessant erscheint mir in diesem Kontext das von Friedrich II in seinem Krönungsjahr erschienene Buch *Anti-Macchiavell,* in dem er sich mit dem Hauptwerk *Il Principe (Der Fürst)* von Machiavelli, diesem obersten Verfechter der Alleinherrschaft, kritisch auseinandersetzt. Hat er hier die Vaterkontroverse auf einer intellektuellen Ebene weitergeführt?

Wie schon beim Thema der Frauenvermeidung in Deutschland kurz erwähnt, verlief die vom Vater aufgezwungene Ehe unglücklich und kinderlos. Man lebte bereits nach zwei Jahren getrennt und zeigte sich gemeinsam nur zu Festlichkeiten. Die These mancher Historiker, dass der Große Friedrich homosexuell gewesen sein könnte, ist wohl eher als latente Homosexualität im psychologischen Sinn zu verstehen, nämlich als ein Verharren auf der Stufe des Jünglings (siehe Kapitel 4). Bei Vater und Sohn war der Zugang zur weiblichen Sphäre verschüttet, und nur in der Liebe zur Musik und in seiner Kunstsinnigkeit behauptete Friedrich ein gewisses Refugium. Sein Gefühlsbereich blieb weitgehend unterdrückt, sicherlich nicht nur durch die brutalen Erziehungsakte des väterlichen Despoten, sondern aufgrund des gesamten kollektiven Felds, das die Unterdrückung des Weiblichen vermittelte.

Lange Zeit haben solche „Abhärtungsmethoden", wie sie in der obigen urtümlich deutschen Geschichte zur Geltung kommen, wenn auch in abgewandelter oder abgeschwächter Form das Familienklima beherrscht. Selbst lange nach 1945 bestanden sie bei Hartgesottenen – wenn ich mich an manche Lehrer erinnere – noch fort, begannen da aber schon vereinzelt in ihr Gegenteil, ins Antiautoritäre, umzukippen. Auch mein Vater stand noch unter dem Einfluss dieser alten Schwarzen Pädagogik. Als ich etwa 12 Jahre alt war, meinte er mich dadurch abhärten zu müssen, dass er mich der Schlachtung eines noch lebenden Karpfens auf dem Küchentisch beiwohnen ließ. Als ich beobachten musste, wie dem sich windenden Tier der Bauch aufgeschlitzt wurde, rannte ich weinend aus dem Zimmer.

Jedenfalls verhärtete sich das ursprünglich empfindsamere Wesen des Kronanwärters Friedrich. Es machte Ehrgeiz, Misanthropie und einsamer Pflichterfüllung Platz. Er verachtete fortan Gefühlswerte und Ideale. Wie sein autoritärer Vater löste er den Konflikt zwischen Macht und Liebe zugunsten der Gewalt, lebte nach seiner Krönung zum König von Preußen 1740 nur noch für seinen Staat und gab die Hälfte der Staatseinnahmen für das Militär aus. Doch er führte auch bedeutende Neuerungen und Verbesserungen ein, wobei er sich wohl als erster Herrscher überhaupt dem Prinzip der Toleranz verpflichtet fühlte.

Natürlich ist eine solide Machtbasis für jeden Staat unumgänglich, besonders im Europa des 18. und 19. Jahrhunderts, als die verschiedensten Kriege in rascher Folge den Kontinent überzogen, doch in der militärischen Stärke von Preußen und dem leidenschaftlichen Anhängen am Soldatentum können wir psychologisch den schon erwähnten Abwehrmechanismus gegen die weichere Wesensseite erkennen. Hitler ließ sich übrigens mit diesem Fridericus Rex und Bismarck zusammen in einer Collage dreier Profile abbilden, was in Hinblick auf die Gefühlskälte, die militaristische Härte und die Verherrlichung des Staates nicht abwegig erscheint, wie er überhaupt die Herrschaft des Nationalsozialismus in der rückwärtigen Anbindung an den „Alten Fritz" zu legitimieren suchte.

Der Innenkonflikt von Friedrich II., die Abtötung seiner weiblichen Seite und die Überbetonung seiner männlichen, spiegelte sich auf der äußeren zwischenstaatlichen Ebene darin, dass er mit allen Mitteln Maria Theresia bekämpfte, die das Habsburgerreich führte. Gegensätzlicher konnten die beiden kaum sein, worauf schon Rovan hinweist. Die österreichische Kaiserin war eine warmherzige, mitfühlende und gütige Frau, religiös im Katholizismus verankert. Auf der anderen Seite der protestantische, schroffe, rücksichtslose, aber hochintelligente Friedrich. Es standen sich im Grunde Denken und Fühlen gegenüber, wobei jeder geniale Fähigkeiten auf seinem jeweils ureigenen Gebiet hatte. Hier zeigen sich – wie an vielen anderen Stellen unserer Geschichte – noch einmal zwei gegensätzliche Seelenanteile in der deutschen Brust, deren eine sich von der andern trennen will.

Für einige Zeit wurde der Konflikt durch den Antagonismus von Preußen und Österreich, den beiden damaligen Großmächten im deutschen Reich, verkörpert. In gewisser Weise gewann der Norden über den Süden, der Protestantismus über den Katholizismus, die Denkfunktion über die Fühlfunktion. (So sollte schließlich Preußen Ende des 19. Jahrhunderts die Grundlage für das zweite deutsche Reich bilden.) Das ist natürlich etwas vereinfachend, denn im Grunde zieht sich die gespaltene Bewusstseinsausrichtung durch die ganze Nation. Auch in Österreich, wenn auch mit anderer Nuancierung, kam es zum Sieg der Rationalität über die Gefühlshaftigkeit, wenn hier vielleicht auch mehr Refugien für einen Wiener Charme oder eine süddeutsche Herzlichkeit bewahrt wurden (im weiteren Verlauf der Geschichte hatten Bayern und der Südwesten den Part Österreichs übernommen). Österreich wurde damals aus der deutschen Nation herausgedrängt und rechnet sich nun seit langem schon nicht mehr dazu. Doch hatten nicht alle späteren Bemühungen, Österreich wieder einzubinden bzw. es wie in Hitlerdeutschland mit der Formel „heim ins Reich" zu vergewaltigen, auch das unbewusste Motiv, die Innenspaltung in der deutschen Seele, das Auseinanderklaffen von diesen disparaten Seelenanteilen zu heilen? Der Nord-Süd-Unterschied selbst innerhalb der Grenzen der geschrumpften Nation ist bis heute noch nicht so verwischt, als dass er nicht in vielem zwischen den Norddeutschen und den Süddeutschen spürbar wäre.

Der Vater-Konflikt mit dem Übervater Bismarck

Stringenz und Strenge des Denkens in deutschen Landen forderten schließlich auch die Verabsolutierung der Staatsautorität, die Verabsolutierung von „Vater Staat". Das Individuum musste sich ihm bis zur Selbstaufgabe unterordnen. Der deutsche Historiker Heinrich von Treitschke, der viel Einfluss in der Kaiserzeit hatte, überhöhte den Staat derart, dass er von der „sittliche[n] Heiligkeit des Staates"[66] sprach. Hier, wie auch schon in preußisch-absolutistischer Zeit, erhielt die Einrichtung des Staates eine Gott-Vater-Projektion, was natürlich inneren Widerspruch hervorrufen muss.

Im neu gegründeten Deutschen Reich entspann sich der „Vater-Sohn-Konflikt" zwischen Bismarck und den Sozialdemokraten. Hier verhielt sich der „Eiserne Kanzler" anmaßend und tyrannisch. Er unternahm es, die Parteipresse und alle Aktivitäten der Sozialdemokraten zu verbieten, und wollte die Gewerkschaften zerschlagen, während sich die Gegenseite auf Widerstandstaktiken verlegte. Viele Andersdenkende verloren aufgrund der von Bismarck eingeleiteten Sozialistengesetze von 1878 ihren Arbeitsplatz, wurden ausgewiesen oder wanderten nach Amerika aus. Schon dadurch kam es zu einer Ausdünnung von demokratisch eingestellten Menschen. Allerdings war Bismarck umsichtig genug, nicht nur durch autoritäre Führung und Entmündigung die Peitsche zu schwingen, sondern gleichzeitig Zuckerbrot auszuteilen, indem er weitsichtige soziale Gesetze erließ und die Sozialversicherung schuf. Sie sind die glänzende andere Seite der gleichen Medaille.

In seinem Mitarbeiterstab verbreitete Bismarck übrigens gleichfalls Angst und Furcht und verhinderte so selbstständiges Denken und Eigeninitiative. Alles war auf den übermächtigen „Vater" zentriert. Der Historiker Gordon Craig geht recht hart mit Bismarcks „Launenhaftigkeit", „Ich-Bezogenheit" und einer „Unmenschlichkeit in seinen persönlichen und amtlichen Beziehungen" ins Gericht, die letzten Endes zu seinem Sturz 1890 führten. Sein Urteil mündet in der Aussage: „[...] unter dem Joch einer unbarmherzigen Disziplin verlor die preußische Bürokratie vollkommen jenen fortschrittlichen Geist, für den sie in einer früheren Epoche berühmt gewesen war."[67]

Die im öffentlichen Dienst Beschäftigten waren durch ihren Amtseid zur Unterstützung des Staates und seiner Politik verpflichtet. Ähnlich wurde mit den Offizieren verfahren, die einen persönliche Treueeid auf den Monarchen

leisten mussten und ihre politische Überzeugung nach ihrem Kriegsherrn aus-
zurichten hatten. Bismarcks Politik war also unleugbar antiliberal.[68]

Abbildung 11: Bismarck

Pendelausschläge zwischen Protest- und Autoritätspol seit dem Ersten Weltkrieg

Während früher, in preußischer und Wilhelminischer Zeit und besonders
im NS-Regime, das Autoritäre in Deutschland dominierte, gab es in den
anarchischen Verhältnissen nach dem Ersten Weltkrieg mit der Auflösung
der Monarchie einen Pendelschwung in die entgegengesetzte Richtung, in
abgeschwächter Form auch noch in der Weimarer Republik. Es kam zu revolutionären Ereignissen, Auflösungserscheinungen und im Geldverkehr zu
destabilisierender Inflation und Deflation.

Die totalitäre, auf die Person Hitler zentrierte Diktatur stellte dann den
absoluten Höhepunkt in der Gegenrichtung dar im Sinne der Restauration
von Macht und Autoritärem. Natürlich stand auch Hitler unter diesem inne-

ren Bann des Vaterkomplexes mit seinem Pro und Kontra, und seine Politik war in erster Linie durch Abwehr und Dagegensein gekennzeichnet; sie war antidemokratisch, antiliberal, antikapitalistisch wie antikommunistisch, antireligiös, antisemitisch und antihumanitär.[69]

Doch er vertrat den Standpunkt totalitärer Macht. Der in der Bevölkerung damals sowieso nur vereinzelte, kaum organisierte und nicht sehr verbreitete Widerstand gegen das Regime wurde brutal „ausgeschaltet", und viele seiner Träger, derer man habhaft werden konnte, wurden ermordet. Trotz seines Scheiterns und der geringen Zahl seiner Anhänger muss uns heute der „deutsche Widerstand" mit als das Beste erscheinen, was Deutschland in jener Zeit zu bieten hatte. Eigentlich paradox, dass die bundesrepublikanische Gesellschaft bis weit in die achtziger Jahre ihr Problem mit diesem deutschen Widerstand hatte.

In der Nachkriegszeit mit der Kulmination in der 68er-Bewegung und der APO, der außerparlamentarischen Opposition, schwang das Pendel stärker denn je zum Anti-Pol. Auch die Zeit des deutschen Terrorismus Ende der 70er-Jahre, die Zeit der Rote-Armee-Fraktion (RAF) und der Bader-Meinhof-Gruppe, zeigt die starke Polarisierung in Deutschland zwischen einem als autoritär wahrgenommenem „Establishment" und den zornigen Rebellierenden. Damals waren Sympathisanten ein Medienthema, was zeigt, dass es in der Bevölkerung eine gewisse innere Sympathie, wenn auch weniger aktive Unterstützung für die widerständigen Systemgegner gab. Dies ist ein Spiegel für den aufsässigen Anteil in der Volkspsyche. Intern folgte die RAF dagegen einem autoritären Führer-Prinzip, was wieder einmal die innere Zerrissenheit angesichts des Vaterthemas offenbart.

Interessant ist, dass herausragende Figuren der RAF wie überhaupt der 68er-Bewegung einen „protestantischen" Hintergrund und zum Teil evangelische Pfarrer in der Familie hatten. Auf der einen Seite steht ein solches geistiges Herkommen für einen immensen Kulturbeitrag, denn Söhne und Töchter von protestantischen Pfarrern – ich nenne nur Friedrich Nietzsche, C. G. Jung, Gottfried Benn und in letzter Zeit Joachim Gauck (der selber Pastor war) und die deutsche Bundeskanzlerin – haben den deutschsprachigen Raum geistig mitgestaltet bzw. Verantwortung für die Gesellschaft übernommen, auf der anderen Seite hat der protestantische Background zu kritischer Distanz und Protestneigung disponiert.

Die „skeptische Generation", wie die Nachkriegsgeneration genannt wurde, und die 68er mit ihrem kritischen Bewusstsein haben gegen die Väter aufbegehrt und eine Protesthaltung gegen das Establishment eingenommen. In Bezug auf die NS-Aufarbeitung wurden jedoch nur erste Ansätze geschaffen. Es gelang noch nicht, das Schweigen der Väter zu durchbrechen. Ein fruchtbarer Beitrag unter anderem erfolgte dessen ungeachtet durch die Frankfurter Schule mit Theodor Adorno, Max Horkheimer, Jürgen Habermas und Herbert Marcuse, die durch ihre „kritische Theorie" und insbesondere durch die von Horkheimer und Adorno 1950 verfasste soziologische Studie *Der autoritäre Charakter* den Ursachen der deutschen Autoritätsgläubigkeit und ihrem Zusammenhang mit dem Faschismus nachging.

Jedenfalls blühte in den mittleren Jahren der Bonner Bundesrepublik die Protestkultur. Mao Tse-tung, Ho Chi Minh und Che Guevara wurden Idole; die Energien der Revolte sollten sich im „Klassenkampf" gegen die „Herrschenden" richten. Die antiautoritären Protestler initiierten Demonstrationen gegen den Vietnamkrieg und Blockaden gegen die Stationierung der Pershing-II-Raketen. Die Anti-AKW(Atomkraftwerk)-Bewegung, Bürgerinitiativen mit gezielten Protesten wie gegen die Startbahn West des Frankfurter Flughafens und Umweltbegehren entstanden. Agitprop – ein Kunstwort aus Agitation und Propaganda, das aus der Anfangszeit des sowjetischen Kommunismus stammt und von der APO übernommen wurde – wurde eingesetzt.

Auf der soziologischen Ebene kam es ferner zur sexuellen Revolution mit einem Aufbrechen von überkommenen Moral- und traditionellen Familienvorstellungen. Der Sexus wurde von ehelicher und partnerschaftlicher Bindung losgelöst und als eigenständiger, das Verhalten bestimmender und sinnliche Genüsse bietender Trieb gesellschaftlich anerkannt. Dies sollte weitreichende psychologische Implikationen haben.

Das ungelöste Vaterproblem heute

So war die deutsche Gesellschaft seit dem 2. Weltkrieg mit kleiner werdenden „Zitterbewegungen" zwischen den Polen von Autorität und Anti-Autorität beschäftigt. Inzwischen beginnen sich die Pole Autorität und Auflehnung zu durchdringen, und der ursprüngliche Protest hat geradezu institutionelle Formen angenommen, hält sich also nicht mehr nur im Außerparlamentarischen auf. Dazu gehört z.B. auch, dass die Partei der Grünen, die ja einst als

Gegenbewegung angetreten sind, einen festen Platz im politischen System gefunden hat.

Das Infragestellen des „Vaters" nach dem Krieg war natürlich eine Reaktion auf die Überziehung von Autorität und den Machtmissbrauch früher. Es zeigte aber – wie jedes Alternieren zwischen Extremen –, dass wir das Vater-Problem innerlich nicht gelöst hatten und noch zu keiner gesunden *auctoritas* vorgedrungen waren. Denn auch hier gilt: *Les extremes se touchent;* die Gegensätze berühren sich. Wie bei dem emotionalen Ungleichgewicht zwischen himmelhoch jauchzend und zu Tode betrübt war bei uns gesellschaftlich bis in die allerjüngste Vergangenheit noch keine reife Zentrierung und goldene Mitte gefunden.

Das übertrieben Autoritäre sowie das kompromisslos Antiautoritäre und Dagegen-Sein haben sich in gleicher Weise als fatal erwiesen. Schon vor dem „Dritten Reich" hatten sensiblere und differenziertere Deutsche unter dem autoritären Klima hierzulande gelitten. Einstein hatte in München in der Schulzeit eine sehr repressive Erziehung „genossen", und er flüchtete daraufhin entsetzt in die liberalere Schweiz.

Von der antiautoritären Erziehung musste man gleichfalls wieder abrücken. Deren Lassez-faire hat viel Schaden angerichtet, weil Grenzsetzungen für eine normale Entwicklung der Heranwachsenden unabdingbar sind. Für einen Außenstehenden sah das Ganze wie ein etwas hilfloses Hin und Her zwischen den Gegensätzen aus. Wir Deutschen hatten lange nicht Weg zu einer liberalen Bürgergesellschaft gefunden, auch wenn es von den verfassungsmäßig zugestandenen Bürgerrechten und der demokratischen Gesellschaftsordnung her so aussah. Zu uneinfühlsam, bürokratisch und entmündigend waren die Direktiven und Vorschriften der staatlichen Organe. Zu verbreitet und gesellschaftlich fast allgemein akzeptiert waren der Missbrauch von Freiheiten, das geradezu selbstverständliche Übertreten von Regeln und die innere Auflehnung gegen Gebote und Konventionen. Zu stark wirkte noch der innere Konflikt, der ungelöste Autoritätskomplex. Mehr Bürgersinn und eine freundliche Hereinnahme der Autorität in uns selbst, in jeden Einzelnen (womit der drohende Zeigefinger außen unnötig wird), haben wir erst in letzter Zeit mehr verwirklicht. Nur eine Integration der Autoritätsfrage kann eine im vollen Sinne freiheitliche Gesellschaft in unserem Lande ermöglichen.

Zu allen Vaterfiguren bestand und besteht manchmal noch eine zwiespältige Einstellung. Die Ablehnung des „Vaters" kann offen oder versteckt sein, z.B. auch versteckt vor dem eigenen Bewusstsein. Beispielsweise war in kaum einem zivilisierten Land das Verhältnis zwischen Bürger und Polizei so gespannt wie bei uns. Man denke nur an die einstmals unbewaffneten Bobbys in London, mit denen jeder gerne ein Schwätzchen hielt. Bei uns dagegen waren in vielen Nachkriegsjahrzehnten noch Beklemmung, Angst und ein schlechtes Gewissen vor der (damals) grünen Uniform dominierend. Und es gehörte fast schon zum guten Ton, sich gegen Obrigkeitliches zu solidarisieren. Dies musste immer wieder zur Zuspitzung des Konflikts zwischen staatlicher Autorität und dem einzelnen Bürger führen, der – wie wir gesehen haben – mehr und mehr über eine kalte Bürokratie und eine Widerständigkeit dagegen ausgekämpft wurde.

Wir Deutschen konnten mit Macht nicht gut umgehen. Das haben wir in der Vergangenheit bewiesen, und deshalb scheuten wir uns bis vor kurzem weitgehend, die Verantwortung für eine positive Machtausübung zu übernehmen. Über viele Jahrhunderte, fast ein Jahrtausend, galt das Symbol des machtlosen Kaisers, der zwar Repräsentant des Römischen Reiches Deutscher Nation war, aber gegenüber den Königen, Fürsten und sonstigen Landesherren kaum Befugnisse und Machtmittel hatte. Dann folgten die letzten Endes verunglückten Versuche mit größerer Machtausstattung oder Machtanmaßung seit dem Zweiten Reich, denen die preußischen Könige vorgearbeitet hatten, der Schiffbruch und ein erster Ansatz zur Demokratie, schließlich das unvergleichlich gewaltsamere Experiment mit Hitler und seiner diktatorisch unbegrenzten Macht, das noch schlimmere Scheitern Deutschlands und schlussendlich die Rückkehr zum alten Prinzip: Heute haben wir das Symbol des weitgehend machtlosen Bundespräsidenten und neben der demokratischen Gewaltenteilung eine zusätzliche Machtaufspaltung durch den Föderalismus. Die föderative Struktur des Alten Reiches, die selbst im Zweiten Reich nie ganz aufgegeben und nur unter Hitler außer Kraft gesetzt wurde, ist wieder vollständig in die alten Rechte getreten. So positiv sinnvolle Mitregierung und teilweise Eigenständigkeit der Länder im demokratischen Staat sind, so sind doch manche Auswüchse des heutigen Föderalismus ebenso wie die Machtkonzentrationen davor Ausdruck des ungelösten deutschen Vater-Komplexes. Wir haben also heute gut dafür gesorgt, dass es zu keiner Machtkonzentration mehr kommen kann. Wahrscheinlich fürchten wir uns unbewusst, wieder zu versagen und das Maß zu verlieren.

Unsere Zwiespältigkeit zum „Vaterthema" der Autorität fand nicht nur innerhalb unserer Gesellschaft, sondern ebenso im Verhältnis zu anderen Nationen und im internationalen Rahmen ihren Ausdruck. Während wir uns selbst höchstens noch im kleinen Maßstab eine gewisse Führungsrolle zutrauten, wurde gleichzeitig jeglicher Führungsanspruch anderer Staaten bemängelt oder bekämpft, worauf ich weiter unten noch ausführlicher eingehen werde.

Heute befinden wir uns dagegen in einer dynamischen Weiterentwicklung mit dem Ringen, selber mehr internationale Verantwortung zu übernehmen, d.h. wir beginnen langsam, uns zu einer positiveren und abgemessenen Väterlichkeit unter Einbezug und Würdigung auch der dagegen sprechenden Gesichtspunkte zu bekennen.

Sympathie für das Anti

Aufgrund des unerlösten Vaterkomplexes hatten wir Deutschen also neben dem Bedürfnis nach Autorität und Ordnung eine Affinität zu allem „Anti", zu Opposition, Protestverhalten, zum Nein-Sagen, Dagegen-Sein, zu Trotz- und Widerstand-Bieten, was besonders seit der Nachkriegszeit eine große Rolle spielte. Man identifizierte sich hierzulande auch viel stärker mit dem Gesetzesübertreter, als dies in anderen Ländern der Fall ist. Unsere geheime Sympathie bezog sich auf Falschparker, Schwarzfahrer, Versicherungsbetrüger, Steuerhinterzieher, Verweigerer, Opponenten und Tabubrecher. Um es metaphorisch zu sagen: Wir zwinkerten dem Teufel ab und zu verschmitzt zu. Das wird bei den religiösen Auswirkungen des Vater-Komplexes später noch anschaulicher werden (siehe weiter unten).

Der aufmüpfige und Disziplin verweigernde Schüler, protestierende Studenten, kämpferische Gewerkschaftler, streikende Arbeiter, anarchistische Rebellen und die gelegentlichen oder notorischen Nein-Sager waren von der gleichen Energie des Dagegen-Seins beflügelt. Aber auch im antiautoritären Lehrer, in einer schlendrianischen Verwaltung oder in einer übermäßig weichen Gerichtsbarkeit steckte dieser Protestpol des Vaterkomplexes, eben jetzt mit umgekehrten Vorzeichen wie vormals. Doch auch das Autoritäre, Unnachgiebige, Harte hatte immer noch seinen Platz. Denn wir waren ja zerrissen; wir hielten gleichzeitig der autoritären Macht und der Gegenseite, dem Unangepassten und dem Ungehorsamen („ziviler Ungehorsam" ist ein beliebtes Schlagwort) die Stange. Es fehlte das Mittelmaß. Wenn es beispielsweise im Erziehungssystem neben dem zeitgemäß verantwortungsvollen engagierten Mentor und dem antiquierten autoritären Pauker den Laissez-faire-Pädagogen oder den Lehrer, der sich innerlich rauszieht und die Dinge laufen lässt, gibt, so ist das von dem her verstehbar, dass unsere Gesellschaft die Pädagogen mit der Erziehungsaufgabe allein lässt und überfordert, da sie selbst keine verbindlichen Normen oder vorbildhafte Muster mehr anbieten kann. In manch anderem Land ist dieser Konflikt versöhnlicher gelöst.

Die Vaterprojektion auf Engländer und Amerikaner

An verschiedenen Stellen dieses Buches hatte ich England zum Vergleich herangezogen und auf schon weiter fortgeschrittene Aspekte des Bewusstseins dort hingewiesen. Dies zu tun, mag trotz der unseligen und rückwärtsgewandten Entscheidung des Brexit noch angehen, weil wir die geistigen und demokratischen Errungenschaften der Jahrhunderte davor würdigen können, aber besonders heikel sind bei uns Vergleiche mit den USA, weil diesem Land gegenüber bei uns kollektiv schon lange ein Vorurteil besteht. Nachdem wir durch die Amtsperiode von Barack Obama und seine weitsichtige und einfühlsame Politik mit Amerika fast versöhnt waren, hat sich unsere Voreingenommenheit seit der Amtseinführung von Donald Trump wieder verstärkt und gleichsam eine nachträgliche Berechtigung erhalten. (Wir sollten aber nicht vergessen, dass Donald Trump, dessen Großvater mit dem Namen „Trumpf" aus der Pfalz in die USA einwanderte, einen Gutteil deutscher Eigenschaften der ersten Hälfte des letzten Jahrhunderts bewahrt hat.) Aber auch vor der Ära Trump ließen wir unsere Kritikliebe besonders gern Amerika zukommen. Ich als Deutscher reihe mich da selbstverständlich ein, denn ich kann das Kritikwürdige an den Vereinigten Staaten – ich will hier nur das Beispiel des gesellschaftlichen Umgangs mit Schusswaffen benennen – oder an manchen seiner Präsidenten durchaus sehen.

Doch es geht nicht um ein „besser" oder „schlechter" im Ländervergleich. Es kommt mir hier darauf an, auf die psychologischen Voraussetzungen in uns hinzuweisen, die viele von uns zum antiamerikanischen Ressentiment geführt haben. Wie kein anderer Staat bot nämlich diese transatlantische Macht, wie in der Antike das Römische Reich, eine geeignete Projektionsfläche für unseren Vaterkomplex. Da sich unsere Anti-Affekte und -vorbehalte zuerst auf England, als dieses noch ein Empire war, bezogen und vereinzelt noch beziehen, also nicht nur die USA betroffen sind, möchte ich hier den umfassenderen Begriff Antiangloamerikanismus verwenden.

Die antienglischen Ressentiments kamen im Vorfeld des Ersten Weltkriegs auf und richteten sich schließlich ebenso gegen die Vereinigten Staaten, als Deutschland im Verlaufe der Kampfhandlungen zu Lande und zu Wasser mehr und mehr seine Felle davonschwimmen sah (siehe Kapitel 8). [70]

Dann folgte der Antiangloamerikanismus Hitlers, der mit antienglischen Ausbrüchen begann und der schließlich Amerika zusammen mit der „jüdischen Hochfinanz" und dem „Weltjudentum" anfeindete. Nach dem Zweiten Weltkrieg blieb der Antiamerikanismus vorübergehend unterschwellig. Auch wenn sich die Außenpolitik nach den großzügigen US-Hilfeleistungen in den Nachkriegsjahren freundlich gebärdete und es in den Anfangsjahren unter Adenauer vielleicht auch wirklich war, so setzte sich das antiamerikanische Ressentiment doch immer wieder durch, zuletzt unter Gerhard Schröder.

Wenn bei uns ein neues Buch von Michael Moore erscheint, dem amerikanischen USA-Kritiker, stapeln sich in den Buchhandlungen die Exemplare bis zur Decke und werden in rasender Geschwindigkeit verkauft. Die Vereinigten Staaten waren nach dem Zusammenbruch der Sowjetunion die einzige verbliebene Super- und Führungsmacht in der Welt und erreichten eine Vorherrschaft, die sich Deutschland schon im Kaiser- und besonders im „Dritten Reich" als Weltherrschaft erträumte. So steckte in unserer Negativeinstellung einerseits uneingestandener Neid auf den übermächtigen „Vater", der zweimal unsere Weltmachtambitionen verhinderte, und andererseits wurde und wird unser Oppositionsgeist durch ihn geweckt.

Vaterverlust und Vaterlosigkeit

Das Verhältnis zu den Vätern innerhalb der Gesellschaft war natürlich besonders in der Nachkriegsgeneration gestört. Die Väter haben nach 1945 ihre Rolle in der Hitlerzeit geleugnet oder verschwiegen und damit ihren authentischen Einfluss auf die junge Generation verspielt, die mit Recht dagegen in den Protest ging. Zu dieser Stummheit und Verunsicherung der Vätergeneration kam die Tatsache hinzu, dass ein Großteil der erwachsenen Männer gefallen oder in Kriegsgefangenschaft war. Nach der Übersteigerung der Führer-Vater-Autorität im „Dritten Reich" konstellierte sich danach der Vater-Verlust, und zwar nicht nur als Autoritätsminderung und innerer Rückzug der Väter, sondern auch ganz real als Männer-Ausrottung. Ein Viertel der deutschen Kinder wuchs ohne Vater auf, weil diese umgekommen oder vermisst waren. Direkt nach dem Krieg war der Anteil aufgrund der in Gefangenschaft befindlichen Männer noch höher.[71]

Die Väter waren also physisch oder psychisch-emotional abwesend und ihre Werte waren in Frage gestellt, so dass Alexander Mitscherlich von einer „vaterlosen Gesellschaft" sprechen konnte.[72] Mit den noch vorhandenen Vätern und gerade mit denen, die sich innerlich entzogen, spitzte sich der Konflikt zu. Die längere Zeit allein auf sich gestellten Frauen hatten an Selbstständigkeit und Unabhängigkeit gewonnen, so dass den heimkehrenden bzw. verbliebenen Männern nun von dieser Seite ein anderer Wind ins Gesicht blies. Ihre Verunsicherung nahm zu, und da sie meist mit Verhärtung und umso stärkeren Rückzug auf ihre traditionelle Position reagierten, wurde auch hierdurch der Konflikt mit der jüngeren Generation noch angeheizt.

Die Unversöhnlichkeiten zwischen Kindern und Eltern, insbesondere zwischen Vater und Sohn, aber auch zwischen Tochter und Mutter, bestanden nicht nur in der Nachkriegszeit, sondern waren für Deutschland allgemein typisch, auch wenn sie in milderer Form in anderen Ländern ebenfalls vorkommen. Ein unauflösbarer Generationenkonflikt oder sogar eine Generationenfeindschaft mit einem Vater-Sohn- oder Kind-Eltern-Antagonismus sind aber nicht der Normalfall. Auch wenn zur „Pubertät" immer aufrührerische Elemente gehören und Grenzen ausgetestet bzw. überschritten werden, so ist dies doch z.B. innerhalb einer wohlwollenden Vater-Sohn-Beziehung möglich. Manche Hollywood-Filme, die wir oft als kitschig empfinden, weil wir ein Übermaß an positiven Gefühlen kaum ertragen, leben uns eine andere Realität vor. Hier steht in Filmen des entsprechenden Genres am Ende meist ganz direkt die Versöhnung bzw. die Entdeckung der tiefen und unverbrüchlichen Verbundenheit zwischen Vater und Sohn.

In Amerika spielt die Vater-Sohn-Beziehung eine eminente Rolle. Dies haben die Engländer in die amerikanische Kultur mit eingebracht. Charles Dickens schreibt in dem Roman *Barnaby Rudge,* dass ein „heiliges Band zwischen Vater und Sohn" existiert. In der englischen und amerikanischen Vater-Sohn-Beziehung dominieren Liebe, Verpflichtetsein, Stolz aufeinander und gegenseitige Unterstützung. Gefördert durch den Beistand der Väter, Großväter und Vorväter und durch den so möglichen Rückbezug auf die männliche Ahnenreihe konnte sich dort ein fundiertes und ruhevolles männliches Selbstbewusstsein ausbilden. Vergleichbares gilt für das Mutter-Tochter-Verhältnis und die Psychologie der Frau.

Vater und Sohn im „Wunder von Bern"

Beim deutschen Vater-Sohn-Thema können wir etwa seit der Jahrtausendwende eine Verbesserung feststellen. Zur Illustration dessen greife ich den Spielfilm *Das Wunder von Bern* aus dem Jahre 2003 auf.[73]

Ausgehend von dem traditionellen Vater-Sohn-Verhältnis mit einem gefühlskalten, harten Kriegsheimkehrer („ein deutscher Junge weint nicht") vollzieht sich eine Wandlung zu einem wirklichen Vater, der weichere Züge zulässt, von der russischen Kriegsgefangenschaft erzählt (aber nicht vom Krieg; so weit ist es noch nicht), eine emotionale Beziehung zu seinem jüngeren Sohn entwickelt und schließlich auch weinen kann. Er lernt, sich in das Kind einzufühlen, und kann Egozentrik und Selbstmitleid mehr und mehr zurücklassen.

Der Film signalisiert für mein Erleben einen Fortschritt, wenn auch nur einen partiellen. Es handelt sich nämlich nur um einen ersten Ansatz, was daran deutlich wird, dass die Beziehung zum ältesten Sohn – der Älteste symbolisiert die Hauptlinie – gänzlich misslingt. Dieser geht in den Protest, sucht die völlige Alternative, engagiert sich kommunistisch und zieht nach Ost-Berlin. Hier, in der männlichen Hauptlinie, bleibt das Vater-Sohn-Thema noch ungelöst; Konflikt und Entzweiung herrschen vor.

Wie es für die deutsche Psychologie typisch ist, steht auch in diesem Film die gleichgeschlechtliche *peer group* (dieser soziologische Begriff meint eine Gruppe Gleichaltriger oder Gleichartiger) im Mittelpunkt. Hier sind es die Spielermannschaft, die Sportkameradschaft, die fußballbegeisterte Männer-Kneipenrunde, das Team im WM-Bus und in der Umkleidekabine usw. Die „männlichen" Thematiken wie die Fußballweltmeisterschaft und die Vater-Sohn-Story überwiegen, auch wenn das psychologische Hauptgewicht auf der emotionalen Vater-Sohn-Ebene liegt und es sich um keinen primärer Fußballfilm handelt. Doch das Thema der Beziehung zwischen Mann und Frau ist dagegen eher nebensächlich, besonders bei den Protagonisten, in der Familie Lubanski. Die Gefühle hierbei bleiben verarmt.[74]

Der Gottvater-Komplex

Auch Gott ist in unserer christlichen Tradition eine Vaterfigur, sogar die mächtigste, und so ist es kein Wunder, dass sich an ihm dieser urdeutsche Konfliktstoff des Vaterkomplexes ganz besonders entzündet.

Zunächst ein paar Worte zum Gottesbegriff. Unter „an Gott glauben" soll hier jegliches Anerkennen einer höchsten waltenden Macht im Kosmos verstanden werden, wozu ein christliches, jüdisches, islamisches, hinduistisches, buddhistisches usw. Credo gehören. Das Gottesbild kann biblisch – alttestamentarisch oder neutestamentarisch – oder von sonstigen Gottheitsvorstellungen geprägt sein. Der Vorstellungskomplex „Gott" entspricht tiefenpsychologisch dem „Selbst", einer psychischen Instanz, die dem Ich so weit übergeordnet ist wie Gott den Menschen. In der Psychologie Jungs verkörpert dieses Selbst die Ganzheit der Psyche und fungiert als ein regulatives Zentrum, das oft genug die bewussten Absichten und Wunschvorstellungen des kleinen menschlichen Ichbewusstsein durchkreuzt, aber sozusagen von einem höheren Standpunkt aus den äußeren Lebensweg beeinflusst und die seelische Entfaltung des Individuums steuert. Damit wird klar, dass das Selbst dem Gottesbild entspricht und seine Impulse als „göttliche" Botschaften verstanden werden können. Gottesglaube bedeutet dann eigentlich, dem Selbst und seiner, dem Ichbewusstsein oft verschlossenen Weisheit den Vorzug zu geben gegenüber ichbestimmtem Wissen und Planen.

Viele Menschen glauben an eine „außen" vorhandene Gottheit, andere sehen in ihr eine den Kosmos ordnende Kraft, wieder andere verorten den „göttlichen Funken" eher in sich selbst bzw. in jeder Seele. Wir finden heute alle Stufen von Religiosität nebeneinander, den konkretistischen Bibelglauben, eine fundamentalistisch-religiöse Haltung, atheistische, antireligiöse oder materialistische Standpunkte des ausgehenden Rationalismus und eine persönliche Spiritualität, die nicht konfessionsgebunden ist. Jeder kann – seit dem Toleranzedikt des Großen Friedrich – nach seiner Fasson selig werden. Für viele Menschen, die noch nicht einer verlässlichen inneren Ethik verpflichtet sind, ist ein äußerer Glaube eine notwendige Stütze, in dem sie religiöse Werte und eine Orientierung für ihr Leben erfahren.

Im christlichen, wie auch im jüdischen und islamischen Kulturraum nimmt „Gottvater" die höchste Position ein. Es gehört zu unseren, immer noch größtenteils patriarchalen Vorstellungen, die Gottheit als männlich anzusehen. Das war nicht immer so. Die ersten Steinzeitidole, kleine Votivskulpturen, zeigen weibliche Muttergöttinnen, die in der Frühzeit der Menschheitsgeschichte überall verehrt wurden. Dabei reichte die Bedeutung der Fruchtbarkeit schenkenden Göttin weit in spätere Zeiten hinein, wie Isis in Ägypten, Demeter in Griechenland oder Ceres im alten Rom. Sie war nicht nur Fruchtbarkeitsgöttin, sondern ihre Symbolik umfasste vielmehr das ganze Mysterium von Leben, Tod und Wiedergeburt. Als dreigestaltige Göttin war sie Schöpferin, Erhalterin und Zerstörerin in einem.[75]

Im Katholizismus wurde in der Marienverehrung noch ein Rest dieser alten matriarchalen Frömmigkeit beibehalten, während sie im Protestantismus gänzlich abgeschafft wurde.

Heute gewinnt die weibliche Gottheit langsam wieder mehr an Bedeutung, z.B. als Schwarze Madonna im christlichen Kulturkreis, während sie in anderen Kulturen und Weltreligionen – wie im tibetischen Buddhismus als Grüne Tara oder im Hinduismus mit seinen weiblichen Gottheiten – immer im kollektiven Bewusstsein präsent war. Der Wandel vom weiblichen zum männlichen Gottesbild hängt mit der Entwicklung von ursprünglich matriarchalen zu patriarchalen Kulturen zusammen. Doch langsam beginnt sich die Erkenntnis durchzusetzen, dass die Gottheit männlich und weiblich zugleich ist. Wird jedoch Gott als männlich gesetzt, kommen alle Aspekte des Vaterbildes zum Tragen, während das Mutterbild und die weibliche Seite außen vor bleiben.

Bei uns gibt der deutsche Vaterkomplex der Beziehung zu Gott noch eine besondere Kennzeichnung. Wir haben eben mit Gott genauso unsere Schwierigkeiten wie mit jeder anderen Autorität. Die Ablehnung, die Anti-Haltung, das Hadern mit Gott oder das „Leugnen Gottes" als psychologisch zu verstehender Sachverhalt zieht sich durch die Geistesgeschichte, bis Nietzsche – eigentlich ein Gottsucher – schließlich verkündete, dass Gott tot sei. Unser Verhältnis zu Gott ist dementsprechend höchst ambivalent und manchmal klar ablehnend. Nach statistischen Angaben glaubten in Deutschland in den vergangenen Jahrzehnten nur etwas über 50% an Gott, während es z.B. in den USA 95% sind. 2018 hat sich die Zahl der an Gott Glaubenden bei uns auf 58% erhöht mit dem deutlichen Unterschied vom 65% in den alten und 25% in den neuen Bundesländern. In Mittel- und Ostdeutschland hat offenbar die materialistische Ideologie eine klare Prägung hinterlassen.

Im Bereich des Religiösen wird also aus dem Vater-Komplex ein Gottvater-Komplex, der unsere gesamte geistige Einstellung zum Leben bestimmt. Zu diesem Thema hat Horst-Eberhard Richter mit seinem Buch *Der Gotteskomplex* einen bedeutsamen Beitrag geleistet, der sich auf den westlichen Menschen insgesamt bezieht. Er meint, dass der aus der geistlichen Ordnung herausgefallene moderne Mensch sich göttliche Allmacht angemaßt habe und den Weg eines von Angst bestimmten Machtwillens gegangen sei.[76]

Zum deutschen Gottvater-Komplex kommen noch die spezifische Antihaltung und das Rangeln mit dieser väterlichen Instanz hinzu. Wie sich dieses zwiespältige Verhältnis Gott gegenüber in der Kulturgeschichte und im geschichtlichen Verlauf abgebildet hat, will ich im Folgenden an einzelnen Blitzlichtern aufscheinen lassen.

Sympathie für den Teufel und für das Böse

So wie wir uns mit Gottvater anlegen, fördern wir in uns eine geheime Sympathie für seinen Widersacher. Wir sind daher nicht nur mit dem Anti, sondern darüber hinaus unbewusst ein Stück weit mit dem „Teufel" verbunden, d.h. mit Anteilen in uns, die im Schatten liegen. Unter „Schatten" verstehen wir ja abgespaltene Impulse und Facetten von uns, die wir im Bewusstsein ablehnen und als böse oder verwerflich verdammen. Symbolisch entspricht so der Teufel all den unverträglichen Schattenseiten in der Psyche des Einzelnen und darüber hinaus dem kollektiven Schatten der Menschheit oder dem absoluten Bösen.

In der Mythologie ist der Teufel der Gegenspieler Gottes. Er wird auch der Antichrist oder Widersacher genannt. Das Wort Teufel hängt etymologisch mit der „Zwei" zusammen, und damit ergibt sich eine Verbindung zum unterscheidenden Bewusstsein und speziell zur Denkfunktion, die ja dichotom arbeitet und Alternativen auseinanderhält wie These und Antithese. Das Denken kann darüber hinaus, besonders wenn es negativ wird, in Zweifel ziehen, abstreiten und negieren. Und das Wort „Zweifel" leitet sich ebenfalls von „zwei" ab. Der Teufel ist also sozusagen der Zweifel- und Verneinungsgeist und gehört in den Kontext der Negativität. Das aus dem Griechischen stammende Wort „Diabolos" weist in der Silbe *dia* mit der Bedeutung „durch", „hindurch" und der wahrscheinlichen etymologischen Wurzel von *duo*, „zwei", ebenfalls in die gleiche Bedeutungsrichtung. Luzifer, Mephistopheles usw. haben die

Fähigkeit zum Spalten, zum negativen Denken und zur Negativität an sich – alles Aspekte unseres faustischen Wesens.

Im 16. Jahrhundert lebte ein gewisser Doktor Johannes Faust, der wahrscheinlich im baden-württembergischen Knittlingen geboren wurde und über den 1587 das erste *Volksbuch vom Doktor Faust* erschien. Dieser Doktor Faustus hatte sich laut der Legende mit dem Teufel eingelassen und war bei alchemistischen Experimenten auf grässliche Weise ums Leben gekommen. Er ist die historische Figur, derer sich die Dichter für ihre Stoffe bemächtigten, zuerst Christopher Marlowe mit dem Drama *Tragical History of Doctor Faustus* 1590 in England, dann Goethe mit dem *Urfaust, Faust I* und *II* (siehe unten), Theodor Storm mit *Pole Poppenspäler*, Gustav Schwab mit einer Nacherzählung der Faustsage, Thomas Mann mit seinem Roman *Doktor Faustus* sowie Heine, Lenau, Grabbe und zahlreiche andere in Deutschland. An der Vielzahl der literarischen Bearbeitungen im deutschen Sprachraum können wir schon die große Bedeutung erkennen, die das Sujet für die Kollektivpsyche hierzulande hat.

Weitere Werke gibt es unter dem Titel *Mephisto*. Der Roman von Klaus Mann wurde unter gleichem Namen verfilmt. Im Schauspieler Gustaf Gründgens wurde während des Nationalsozialismus, der eine besondere Affinität zu diesem Symbol hatte, dieser Part des Faust-Dramas großartig gefeiert. Mephistopheles ist für uns Deutsche eine faszinierende Gestalt. Andere literarische Stoffe, die sich mit dem Teufel und dem Problem des Bösen beschäftigen, sind unter vielen anderen *Das kalte Herz. Mitteilungen aus den Memoiren des Satan* von Wilhelm Hauff oder *Die Elixiere des Teufels* von E.T.A. Hoffmann. Alfred Dürer hat die für uns Deutsche typische „Trinität" von „Ritter, Tod und Teufel" dargestellt, die in diesem Kupferstich nach links reiten. In diesem ausdrucksstarken Werk haben die Spektren von Rittertum bis Militarismus, von Todesinteresse bis Todessehnsucht und von der Negativität bis zur Gottverneinung leibhaftige Gestalt angenommen.

In genialer Intuition und aller Klarheit hat unser größter Dichter, Goethe, den faustischen Charakterzug an uns Deutschen gesehen, zu dem ja die mephistophelischen Einflüsterungen gehören, und er hat ihn in seinem aussagekräftigen Faust-Epos eindrucksvoll dargestellt. Darüber hinaus ist in diesem Drama – und dies ist das Bedeutendste – eine Auflösung des Problems angeboten. Mephistopheles, der „Geist, der stets verneint", ist eben auch die „Kraft, die Böses will und Gutes schafft". Goethe hat wohl die Chance erkannt, die in dem Abgrund der Verneinung und des Bösen steckt.

Abbildung 12: Ritter, Tod und Teufel.
Kupferstich von Albrecht Dürer

Doch ein Sich-Einlassen mit dem Bösen ist erst einmal ein „Verkaufen der
Seele", und wir müssen nun in einem mühsamen Weg unsere Seele wieder
befreien und uns auf eine höhere Ebene hocharbeiten. Dazu ist zunächst
der „Abstieg zu den Müttern" notwendig, also ein tiefes Hinabtauchen zum
Grund unserer Vergangenheit und in unser kollektives Unbewusste. Die
„Mütter" symbolisieren hier den Urgrund, aus dem alles geworden ist. Sie stellen die Wurzelbasis dar und sind als Gebärerinnen Urheber allen Seins. Ein
anderes Symbol ist die schon erwähnte „Schwarze Madonna" – das Weiblich-

Göttliche, das auch das Dunkle umfasst –, die als Führerin durch diese Bereiche fungieren kann. Erst dann, mit dem Wissen aus der Tiefe und mit der Wahrnehmung auch des Schattens, der dem Leben erst Körperlichkeit und Dreidimensionalität verleiht, ist Erlösung, d.h. Versöhnung und Integration, möglich. „Wer immer strebend sich bemüht, den können wir erlösen" heißt es tröstlich gegen Ende des zweiten Teils.

Neben der Sympathie für den „Teufel" bildet in der deutschen Geistesgeschichte ein Faible generell für das Böse ein beliebtes Sujet. Ich möchte auf eine Aufzählung einer schier unüberschaubaren Folge von Titeln und Werken verzichten und erinnere hier nur an wenige Exempel wie Nietzsches „bleicher Verbrecher" in seinem *Zarathustra* oder *Die Räuber* Schillers, der auch Novellen über Verbrecher und finstere Machenschaften schrieb. Das Interesse besonders am „erhabenen Verbrechen" war damals groß. Schiller verfasste obendrein die Vorrede zu einer deutschen Neuausgabe der bedeutendsten Verbrechensdarstellungen im 18. Jahrhundert von Francois Gayot de Pitaval.

Für die Weimarer Zeit resümiert der Historiker Joachim Fest: „In viel gefeierten Provokationen behandelten die Bühnen der zwanziger Jahre Vatermord, Inzest und Verbrechen, der tiefe Hang der Zeit ging auf die Verhöhnung ihrer selbst. In der Schlussszene von Brecht/Weills Oper ‚Mahagonny' traten die Darsteller an die Rampe und demonstrierten auf Plakaten ‚Für den chaotischen Zustand unserer Städte!', ‚Für die Käuflichkeit der Liebe!', ‚Für die Ehre der Mörder!' oder ‚Für die Unsterblichkeit der Gemeinheit!'"[77]

In den Weltkriegen, besonders im zweiten, dem „totalen Krieg", wurde sichtbar, wie sehr sich Deutschland von „Gott" und ethischen Gesetzen abgewandt und insgeheim mit diabolischen und „bösen" Kräften identifiziert hatte. Dies verstärkte die Polarisierung zwischen den kämpfenden Parteien. England und Amerika durften sich mehr auf der Seite des „Guten" wähnen und vertraten die Sache der Freiheit, während Hitlerdeutschland aktiv die Rolle des Bösewichtes, des Störenfrieds und des „Widersachers" eingenommen hatte. Diese Gegenüberstellung hatte sich Deutschland also aufgrund seiner inneren Psychologie und der daraus resultierenden Untaten selbst zuzuschreiben.

Bezeichnend ist ein Militärlied, das in dieser Zeit gesungen wurde, von dem ich einige Ausschnitte wiedergebe:

Bomben auf Engeland

Wir fühlen in Horsten und Höhen
Des Adlers verwegenes Glück!
Wir steigen zum Tor
Der Sonne empor,
Wir lassen die Erde zurück. [...]
Ran an den Feind!
Bomben! Bomben!
Bomben auf Engelland! [...]
Wir stellen den britischen Löwen
Zum letzten entscheidenden Schlag.
Wir halten Gericht.
Ein Weltreich zerbricht.
Das wird unser stolzester Tag! [...]

Hier werden nicht nur Wahn und Anmaßung evident, die die deutsche Stimmung vor den Weltkriegen prägte, sondern auch die Identifizierung mit dem Bösen. Wie hätte man sonst das Land der Engel zerstören wollen? In praktisch allen abgedruckten Versionen, die ich gefunden habe, wird im Titel „Engeland" mit einem „l" geschrieben, während im Refrain dann „Engelland" mit zwei „ll" auftaucht. Der Inselstatt wird also unbewusst mit den Gottesboten in einen Zusammenhang gestellt, auf das man – somit ein doppelter Frevel – Bomben werfen will. Die Sprache verrät es. Deutlicher als in solchem folkloristischen Material können sich unsere verborgenen Anschauungen gar nicht zeigen. Außerdem klingen in der Tirade die damals typisch deutsche Weltfremdheit, das Wunschdenken und die Illusion, selbst die Weltherrschaft an sich reißen zu können, an. Dass dazu höher entwickelte Fähigkeiten, unter anderem ein differenziertes Fühlen, ein bewältigter Vaterkomplex, eine Integration der unbewussten Aggressionen sowie eine bewusste Entscheidung zu ethischen Werten notwendig sind, wurde dabei nur allzu sehr übersehen.

Das Interesse an Schandtaten überdauerte die Kriege. Von den realen Schauplätzen des „Großdeutschen Reiches" verlagerte sich die Faszination wieder zu Bühnen- und Leinwandbösewichtern, wobei in der zweiten Hälfte des 20. Jahrhunderts Klaus Kinski unangepasste und verbrecherisch-geniale Gestalten am besten spielte. In der eruptiven Aggressivität und dem fanatischen Zorneswillen dieses Schauspielers lebte noch einmal der nietzscheske und diabolische Deutsche auf – und stieß auf große Resonanz.

Unsere Identifikation mit dem „Anti" und dem „Bösen", die zu unserem Hader mit Gott dazugehört, dem wir hierin sozusagen die kalte Schulter zeigen, erwies sich früher in der Welt auch darin, dass unsere Politik sich manchmal an totalitäre Staaten anbiederte. Wir Deutschen waren auf diesem Auge in Bezug auf diktatorische und autoritäre Systeme, vor allem wenn materielle Eigeninteressen auf dem Spiel standen oft blind oder sehgemindert. Eines der letzten Beispiele war Gerhard Schröder, Bundeskanzler bis 2005, mit seiner Haltung gegenüber China und Russland. Seit einiger Zeit ist es aber inzwischen Usus, dass Regierungsvertreter bei Besuchen in solchen Ländern Menschenrechtsverletzungen klar beim Namen nennen.

Reformation und Protestantismus

Unser Zwist mit dem „Vater im Himmel" und seinen Stellvertretern in der Kirche kam besonders in einer bestimmten geschichtlichen Epoche und in einem spezifisch deutschen kulturellen Phänomen zum Ausdruck, nämlich in Reformation und Protestantismus. Beide sind sehr vielschichtig zu sehen und waren eine berechtigte Antwort auf die Degeneration der römischen Kirche mit ihrem Ablassunwesen und anderen Auswüchsen. In Bezug auf diese komplexe Ära und die daraus hervorgehende religiöse Erneuerung kann ich hier nur wenige psychologische Hinweise geben und muss andere Dimensionen unberücksichtigt lassen.

Offenbar handelte es sich um notwendige Umbrüche auf dem Weg zum modernen Menschen. Aber auch der (Gott-)Vaterkomplex wurde mit Reformation und Protestantismus gleich zweifach abgehandelt: Zum einen wurde er an der Person des Papstes, am Inbild des Vaters, und seiner weltlichen Macht ausgetragen. Zum anderen konnte am Heiligen Vater als der „Stellvertreter Gottes auf Erden" auch der Strauß mit Gott, mit Gottvater, ausgefochten werden.

Zwar gab es auch in anderen Ländern reformatorische Bestrebungen, doch der lutherische Protestantismus ist ein deutsches Phänomen und gehört zur deutschen Psychologie. Schon die Namensgebung ist nicht zufällig und uns schon aus dem Vokabular des Autoritätskomplexes vertraut. Das Wort *Protestantismus*, das von „Protest" oder „protestieren" abgeleitet ist (*protestari* be-

zeichnet in seiner lat. Urbedeutung den mutigen Vorgang, „öffentlich zu be-
zeugen"), weist auf unseren Urkomplex hin. Geschichtlicher Hintergrund der
Namensgebung ist die „Protestation" der evangelischen Reichsstände 1529
beim Reichstag zu Speyer, auf dem Einschränkungen in Bezug auf die Reformation und die Freiheit zur Ausübung der katholischen Messe beschlossen
werden sollten.[78]

„Protestantismus" wurde aber zum Inbegriff der Opposition gegen die alte
Kirche und den Pontifex. Der Protestantismus im engeren Sinne war besonders in deutschem Boden verwurzelt. Er hatte keinen universellen Anspruch
wie die Aufklärung oder der Humanismus, sondern spielte sich im Konflikt-
feld zwischen den deutschen Ländern und dem Primas der katholischen Kirche ab.

Luther als überragende geistige Gestalt hatte eine große Ausstrahlung und
brachte viel ins Rollen. Seine und die woanders entstehenden christlichen
Erneuerungsbewegungen hatten ungeahnte Auswirkungen auf das damalige
Europa. Wenn wir die Reformation und ihre Folgen überblicken, können
wir – vielleicht mit einem gewissen Stolz, aber auch mit großem Erschrecken –
feststellen, dass deutsche Ideen und deutsche geistige Schöpfungen im Guten
wie im Bösen schon immer eine hohe Sprengkraft hatten. Ähnlich wie bei
Bismarck, Wilhelm II. und Hitler verdichtete sich schon bei Martin Luther
die deutsche Geschichte in einer Person.

Auch der Begründer des Protestantismus war ein Exponent der Kollektivpsyche seiner Zeit. Was Luther trug, war der im Volk bereitliegende Affekt gegen das Papsttum. In dem reformatorischen Aufbegehren konnte man
lang angestaute Gefühle der Demütigung durch römische Bevormundung
abschütteln. Die nicht nur auf das Religiöse begrenzten Umwälzungen, die
Luther hervorrief, hatten auf der Basis des Vaterkonflikts kollektivpsychisch
die Befreiung vom übermächtigen Rom zum Ziel. Und wie in späteren Zeiten
das englische Imperium und anschließend die Weltmachtstellung der USA
das Objekt deutscher Projektionen und eines Anti-Vater-Affekts wurden bzw.
in subtilerer Form immer noch sind, so richteten sich im 16. Jahrhundert die
zornigen Energien gegen den Papst und die Kurie in der Hauptstadt Italiens.
Die Autorität des „allein selig machenden" Katholizismus, seine Traditionen
und die Dogmen als patriarchale Ordnungsprinzipien wurden abgeworfen.
Im Rahmen der reformatorischen Wirren und Kämpfe wurde schließlich sogar der Vatikan von meuternden Landsknechten erobert und geplündert.[79]

Ein problematisches Resultat der Reformation waren weitere Kirchenspaltungen, und eine katastrophale Folge war der Dreißigjährige Krieg. Neben dem früheren Schisma in Orthodoxe und Römisch-Katholische kam jetzt der Graben zwischen den Reformierten und der alten Kirche hinzu. Damit nicht genug: Aufgrund weiterer Reformatoren in mehreren Ländern und durch Untergruppierungen waren die Evangelischen bald vielfach in sich zerstritten. Bezogen auf den Konflikt zwischen Lutheranern und den Anhängern Zwinglis resümiert Joseph Rovan: „Schon bei seinem ersten Auftreten zeigte sich der deutsche Protestantismus also gespalten, und Spaltungen sollten seine Geschichte und die Geschichte Deutschlands bis heute prägen. Der Hader unter den Protestanten verschärfte sich noch, als der Calvinismus als dritte Form des reformierten Glaubens hinzukam."[80]

Auch bei Luther selber trat mit der Zeit das Uneinssein zutage. Entgegen seiner bewussten Absicht – und hierbei können wir wieder das Wirken des unbewussten Schattens sehen – kam es im weiteren Verlauf auch beim Urheber selbst zu religiöser Intoleranz und Ausübung von Zwang. Die ungelöste Vaterproblematik hatte den Deutschen sozusagen von hinten eingeholt.

Ungeachtet dessen hatten Luther und seine Reformation eine immens fruchtbare Bedeutung für die deutsche Geschichte. Mit Luthers Bibelübersetzung und der Einführung des Deutschen als religiöse, literarische, wissenschaftliche und politische Schriftsprache wurden zudem die Grundlagen für eine breite Allgemeinbildung der Bevölkerung, für die Selbstfindung der Deutschen und den späteren Aufschwung der Wissenschaften gelegt.

Bewusstseinsgeschichtlich ist der Befreiungsschlag des reformatorischen Umbruchs nachvollziehbar und sogar notwendig gewesen. Der Protestantismus erwies sich als vorbereitender Schritt zu einer bedeutsamen und gleichzeitig prekären weitergehenden „Befreiung" und geradezu „Entfesselung" von bislang gebundenen Kräften. Er löste die Menschen aus den festen Bindungen der katholischen Kirche und den dazu gehörigen moralischen Fesseln. Der Pietismus des evangelischen Lagers, der eigene, ebenso enge Moralvorstellungen entwickelte, versuchte zwar ein Gegengewicht zu den atemberaubenden neuen Freiheitsmöglichkeiten zu schaffen, doch der durch den protestantischen Glauben hervorgerufene Bewusstseinsfortschritt konnte durch nichts mehr aufgehalten werden.

Protestantismus und Reformation stellten in ihren Auswirkungen einen Zwischenschritt zum Materialismus dar, und ihr Bekenntnis hat sich im Gang der Geschichte mit einer materialistischen Denk- und Handlungsweise verträglicher erwiesen als das katholische. Der rein materialistische Standpunkt – egal ob marxistischer oder kapitalistischer Prägung – kommt ohne Gott aus. Selbst viele Pfarrer von protestantischer Konfession sind heute von ihren Glaubensanschauungen her eher atheistisch geprägt oder unverständig geistigen Wirklichkeiten gegenüber und engagieren und verstehen sich eher sozialreformerisch denn als religiöse Seelsorger. Natürlich ist dieser Schritt heute angesichts des modernen Zeitgeistes auch aus einer katholischen Erziehung heraus möglich, doch historisch und bewusstseinsgeschichtlich vollzog er sich zunächst über die protestantischen Kirchen.

Der erste Schritt, sich von Gott abzulösen oder gar abzukehren, war also der, sich von äußeren kirchlichen Autoritäten und Lehrmeinungen zu lösen. Der Mensch war jetzt nur noch unmittelbar Gott verantwortlich und brauchte keine Vermittlung mehr durch Priester oder Bischöfe, und schließlich glaubte er, nur noch vor sich selbst verantwortlich zu sein. Mit der Erstarkung und Selbstbewusstwerdung wertete sich der Mensch immer mehr gegenüber Gott auf und es kam zu einer Konkurrenz mit ihm. Psychologisch heißt das: Das Ichbewusstsein des Menschen stellte sich über das größere Zentrum der Psyche, das Selbst, und es wollte damit die Steuerung selbst in die Hand nehmen – ein zu großes Wagnis, da das Ich ja nur einen kleinen Ausschnitt der Wirklichkeit überblickt. So verlor der moderne Mensch mit der Zeit jegliche religiös-spirituelle Verpflichtung; es kam zu einer Bindungslosigkeit statt *religio* (lat. Rückbindung).

Indem das Ich an den Gott zustehenden Ort rückte, entstand die Möglichkeit des Missbrauchs der so angemaßten Macht. Im *Faust* heißt es an dieser Stelle durch das entsetzte Gretchen, die bei dem um sie werbenden Doktor diese gefährliche Bewusstseinshaltung erkennt: „Heinrich, mir graut's vor dir." Hier liegt die Wurzel der „Hybris", eine Gefahr, die die Griechen sehr wohl kannten und in dem Mythos von Ikarus abbildeten. Sie wussten um die Machtfülle und die Versuchungen der neu entdeckten mentalen Fähigkeiten und nahmen die Risiken im Bild des himmelstürmenden und schließlich abstürzenden Sohns des Dädalus ahnungsvoll vorweg. Hier ist der Ansatzpunkt für die mephistophelische Verführung, der Deutschland in seiner Geschichte erlegen ist.

Doch die Entwicklung des Bewusstseins vom dogmatischen Glauben über den evangelischen Wunsch einer direkteren Ich-Du-Beziehung zu Gott bis hin zu einer materialistischen Auffassung, die geistigen Faktoren höchstens ein sekundäres Gewicht zugesteht und Gott entweder für inexistent erklärt oder in ein transzendentales Jenseits verschiebt, ist psychologisch notwendig. Der Weg zum modernen Bewusstsein führt wahrscheinlich zwangsläufig über die Aufgabe des naiven Glaubens und meist über die Gottverneinung, bis sich durch die Krisis der Gottesferne eine neue und individuelle Spiritualität entwickeln kann.

Auf der äußeren – der geographischen und soziologischen – Ebene war der Dreißigjährige Krieg von 1618–1648 die schwerwiegendste Folge der Reformation. Er tobte sich mit seinen Kämpfen, Verwüstungen, Plünderungen und Übergriffen auf die Bevölkerung fast nur auf deutschem Boden aus. Der Zusammenprall der verschiedenen Völker und Religionen wurde durch die vorausgegangene konfessionelle und politische Spaltung Deutschlands möglich gemacht. Dieser erste schreckliche Krieg führte zusammen mit Bildersturm und Bauernaufständen zu einer nie da gewesenen Vernichtung von Menschenleben und Ortschaften sowie von Kunstschätzen und anderen Kulturgütern.

Sehr tiefgreifend waren auch die psychologischen Folgen des massenhaften Tötens, Mordens und der unvorstellbaren Grausamkeiten, wie sie z.B. in Grimmelshausens Roman *Der abenteuerliche Simplicissimus* von 1669 beschrieben werden. Hier kam es erstmals im großen Stil zu einer Entfesselung destruktiver Kräfte und des „Bösen". In jener Zeit ist erstmals im größeren Stil der kollektive Schatten auferstanden, und Schattenkräfte haben barbarisch auf deutschem Gebiet gewütet. Der Dreißigjährige Krieg hinterließ tiefe Spuren und Narben in der deutschen Psyche, die in den späteren Weltkriegen wieder aufbrechen sollten.

Weitere Aspekte des Gottvaterkomplexes in der deutschen Geschichte

Wir machen nun abschließend einen Sprung über das fast rein protestantische Preußen hinweg in das Zweite Deutsche Reich, in die Bismarck'sche und Wilhelminische Ära. Hier waren nicht nur die innen- und außenpolitischen Auseinandersetzungen ein Spielfeld des deutschen Vaterkomplexes, sondern in eindrucksvoller Weise auch religiöse Themen und der Clinch mit Gott und seinen Vertretern.

Nach Auffassung des Historikers Gordon Craig hatte es der Gottesglaube in dieser Periode Deutschlands schwer. Dazu trug seiner Meinung nach die in den westlichen Ländern seit der Aufklärung herrschende naturwissenschaftliche Orientierung mit ihrem zunehmenden Materialismus sowie die moderne Bibelkritik bei. Die Voraussetzungen für den Materialismus habe ich ja bereits angesprochen. Konsequenter und herausfordernder noch als Charles Darwin in England, der einen Schöpfergott bestehen ließ, hat bei uns Ernst Haeckel einen allumfassenden pseudoreligiösen biologistischen Standpunkt vertreten, der später zur Legitimation von Eugenik, Rassenhygiene und Sozialdarwinismus herangezogen wurde.[81] Auf der anderen Seite leistete Haeckel einen wichtigen Beitrag zur Biologie des ausklingenden 19. Jahrhunderts und schuf wunderschöne Bildbände, z.B. über die „Kunstformen der Natur".

Um jene Zeit zeichneten sich in Deutschland und Österreich eine ausgeprägte antiklerikale und antikatholische Einstellung sowie antipäpstliche Stimmung ab, die nach dem Vatikanischen Konzil von 1869–1870 durch den Lehrsatz von der Unfehlbarkeit des Kirchenoberhauptes noch geschürt wurden. Denn dies war Wasser auf die Mühlen des deutschen Autoritäts- und Vaterkomplexes. Der so wachgerufene Oppositionsgeist suchte sich verschiedene Ausdruckskanäle. Zum einen gab es – wie der auch in literarischer Hinsicht beschlagene Gordon Craig in Einzelnen anführt – künstlerische Produktionen, Theaterstücke (z.B. Ludwig Anzengrubers *Der Pfarrer von Kirchfeld* [1870]), Gedichte (z.B. *Huttens letzte Tage* [1872] von Conrad Ferdinand Meyer), Erzählungen (z.B. *Der letzte Zentaur* [1904] von Paul Heyse), Gemälde (z.B. von Böcklin) und mit Wilhelm Busch erste comicartige humoristisch-satirische Bildergeschichten (wie *Heiliger Antonius* [1870], *Die fromme Helene* und *Pater Filuzius* [beide 1872]), die sich dieses Themas annahmen und in ihren Werken den Affekt gegen die Kirche zum Ausdruck brachten. Zum anderen machte sich auf der politischen Bühne an erster Stelle der deutsche Historiker Heinrich von Treitschke zum intellektuellen Sprachführer gegen den Katholizismus. Er betrachtete den Sieg des protestantischen Preußens über das katholische Frankreich als die angemessene Antwort auf die römischen Provokationen der Unfehlbarkeit des Papstes und sein fortschrittsfeindliches Denken. Rom sei ein Vampir, der dem Deutschtum die Lebensenergie aussauge. Diese Affronts hatten Rückhalt in weiten Teilen des Volks.[82]

Auch Bismarck unterstützte die antipäpstliche Kampagne, wobei es ihm darum ging, der katholisch orientierten Zentrumspartei eins auszuwischen.

Es war ihm ein Dorn im Auge, dass diese Partei einer anderen Instanz verpflichtet war als der weltlichen Macht des Staates. Der Kanzler argumentierte in einer Rede im März 1873, es handele sich „um einen uralten Machtstreit, der so alt ist wie das Menschengeschlecht, um den Machtstreit zwischen Königtum und Priestertum [...]."[83]

Dieser Konflikt wurde in Deutschland gründlicher als in vielen anderen Ländern durchgezogen. Das Besondere ist hier, dass der Staat eine quasi-religiöse Bedeutung erhielt und dass eine innere Verpflichtung gegenüber Gott als Konkurrenz angesehen wurde.

Mit der obigen Aussage befand sich Bismarck auf einer Linie mit Treitschke. Später wies der Kanzler „in dunklen Andeutungen auf eine gigantische Verschwörung zwischen den katholischen Mächten hin, die das Reich zu zerstören versuchen würden, wenn Deutschland nicht die geeigneten Schutzmaßnahmen ergriff."[84] Er erklärte in einem Zeitungsartikel der Zentrumspartei und der römischen Kurie den Krieg und war willens, alle katholischen Priester aus dem Staatsdienst zu entfernen, Kirche und Staat zu trennen und gegen katholische Bildungseinrichtungen vorzugehen.

Einzelne Schritte davon waren im Sinne eines modernen Staates durchaus sinnvoll, doch der Ton, der Affekt und eine unsachliche Schärfe machten die Musik. Dazu gehörte auch ein rational nicht begründbares Gesetz gegen die Jesuiten, das landesweit auf große Zustimmung stieß. Hier nahm die Auseinandersetzung die Dimension eines „Kulturkampfes der Menschheit" an, eine Formulierung des linksliberalen Abgeordneten und Mediziners Rudolf Virchow, die damals weithin Anklang fand. In diesem regelrechten Krieg zwischen der Reichsregierung und der Kirche, insbesondere dem Katholizismus, wurden so viele Bischöfe und Priester des Amtes enthoben und ins Gefängnis geworfen, dass schließlich das Ausland aufmerksam wurde. Das Resultat war, dass eine enorme Zahl von Gemeinden besonders in Preußen – hier waren es fast ein Drittel – ohne Pfarrer auskommen mussten. Die Fehde und die damit entfachten aggressiven Kräfte, die mit der Zeit immer mehr Unbehagen unter einem Teil der Deutschen erzeugten, resultierten 1874 in einen Mordanschlag eines katholischen Küfergesellen auf Bismarck.[85]

Später sollten sich solche „Kulturkämpfe" in ganz anderem Ausmaß wiederholen, indem sie wie z.B. im Ersten und Zweiten Weltkrieg nach außen gewendet und zu einem Konflikt zwischen der „deutschen Kultur" und der französischen bzw. angloamerikanischen „Zivilisation" verzerrt und hochstilisiert wurden.

Ausgehend vom protestantischen Preußen bis zu Hitler ist eine zunehmend nicht nur antikatholische, sondern überhaupt antireligiöse Stimmung festzustellen. Der Nationalsozialismus desavouierte die Religion insgesamt und verlangte von vielen Mitgliedern, insbesondere von SS-Angehörigen, der Kirche und dem Glauben an Gott abzuschwören. Priester, die sich nicht einschüchtern ließen und offen für ihre Wert- und Glaubensvorstellungen eintraten, kamen ins KZ, wurden misshandelt und gefoltert; und diese Opfer wurden im Konzentrationslager nach Augenzeugenberichten gezwungen zu sagen: „Es gibt keinen Gott. Unser Herrgott ist Adolf Hitler."[86]

Bei der Besetzung Frankreichs zerstörte die „Schutzstaffel" alle Kruzifixe (die in katholischen Gebieten oft im Freien stehen), die die Truppen auf ihrem Weg antrafen. Hitler erging sich in Phantasien und Plänen, nach dem Krieg mit den Kirchen abzurechnen, den Papst in vollem Ornat auf dem Petersplatz in Rom aufzuhängen und das Straßburger Münster in ein Ehrenmal für den unbekannten Soldaten umzuwandeln. Er soll auch ernsthaft daran gedacht haben, den Vatikan zu besetzen.[87]

Seit dem katholischen Adenauer der frühen Bundesrepublik trat im Konflikt und im „Kulturkampf" mit der katholischen Kirche eine deutliche Wende ein. Wir fanden langsam zur Normalität, was sich auch darin zeigte, dass mit Joseph Ratzinger als Benedikt XVI. seit langem erstmals wieder ein Deutscher zum Papst gewählt wurde. Die letzte deutsche Papstnominierung liegt fast ein halbes Jahrtausend zurück. Und jener Hadrian VI. residierte nur etwas mehr als ein Jahr von 1522–1523. Davor war wiederum eine Pause von ca. 500 Jahren ohne einen Deutschen auf dem Papststuhl. Bei der Bedeutung Deutschlands damals als Kernland des Römischen Reiches ist das ein nicht zu übersehendes Signal für den Kriegszustand zwischen Deutschland und der kirchlichen Macht.

Kapitel 7
Der Mythos vom Weltenende

In Wahrheit ist jeder an allem schuldig,
nur wissen es die Menschen nicht:
wüssten sie es aber,
so hätten wir gleich das Paradies auf Erden.

Fjodor Dostojewskij, Die Brüder Karamosow

Ein weiteres Symptom in Deutschland ist eine Angstbereitschaft, die sich leicht bis zu einer Katastrophenangst steigern kann. So landen unsere angstvollen Gedanken leicht bei apokalyptischen Vorstellungen und beim Weltenende. Unsere Angst – vom Ausland *German Angst* genannt – gleicht einem Pessimismus, der immer den jeweils schlimmsten Fall annimmt.

Auch in den letzten Jahrzehnten grassierte immer wieder bei den verschiedensten Anlässen diese sich manchmal bis zur Panik hochschaukelnde Angst. Lange Zeit waren wir fixiert auf die Furcht vor einem dritten Weltkrieg. Bei lokalen Konflikten in der Welt sind wir schnell geneigt, einen sich entwickelnden und ausbreitenden Krieg anzunehmen. Besonders beim ersten und zweiten Golfkrieg, aber auch im Kosovo-Konflikt und im Georgien- und Ukrainekrieg mit Russland flackerten jeweils die Ängste auf. Hinsichtlich Krankheiten und Pandemien war es um das Jahr 2000 BSE, der „Rinderwahn", im Jahre 2002 war es SARS, eine meist tödliche Infektionskrankheit der Atemwege mit Ursprung in China, 2006 war es die gefährliche Vogelgrippe und 2009/2010 war es die Schweinegrippe mit dem Influenza-A Virus H1N1, an denen wir unsere unterschwelligen apokalyptischen Bangigkeiten aufhängen konnten. Unsere generelle Tendenz zu Panik und Hysterie findet immer wieder ein neues Objekt. Auch die Flüchtlingskrise 2015 löste bei vielen hierzulande Ängste aus, doch inzwischen war das Bewusstsein der Menschen in Deutschland so erstarkt, dass die Mehrheit erstmals die freundliche Einstellung einer Willkommenskultur einnehmen konnte.

In dem Inferno von 1945 schien die Angst vor dem Weltenende Wirklichkeit zu werden, nur war die Katastrophe von uns selbst bewusst oder unbewusst in Szene gesetzt worden. Bis heute fühlen wir uns nicht vor Wiederholungen gefeit. Hier kommen offen oder unterschwellig Bilder vom Weltenbrand oder Weltende an die Oberfläche und bestimmen suggestiv unser Tagesbewusstsein. Diese latente Untergangsstimmung in uns hat mit sehr tiefen und frühen Schichten unserer „Volksseele" zu tun, nämlich mit der germanischen Mythologie.

Germanische Mythologie und römisch-christliche Kulturierung

Dass die germanische Mythologie, die eine der ältesten und tiefsten Schichten unserer kollektiven deutschen Psyche darstellt, noch mächtig in uns wirkt, ist meine vielleicht brisanteste These. Die germanische Mythologie nimmt nach meinem Verständnis bis heute mit bestimmten Bildern, insbesondere dem Vorstellungskomplex des Weltuntergangs oder Weltenbrandes, von der Tiefe her auf unser Denken, Fühlen und Handeln Einfluss. Deshalb sind wir anfällig für irrationale Ängste, Weltuntergangsstimmungen und Fehlinterpretationen.

Wenn diese germanische Schicht auch im Verlaufe der weiteren geschichtlichen Entwicklung weitgehend aus dem Bewusstsein gelöscht wurde, so blieben ihre Wirkkräfte doch im Unbewussten erhalten. Ganz eliminiert werden können diese Energien nicht, und ein Ausdruck ihres weiterbestehenden Daseins sind z.B. Orts- und Wochentagnamen, in denen noch die alten Götter durchschimmern. Der Donnerstag geht bei uns auf den germanischen Gott Donar/Thor zurück, und auch die Engländer haben diese Wurzel in ihrem *Thursday* beibehalten. Hier hat sich sogar der vom Gott Wotan abgeleitete *Wednesday* erhalten – Wotan war in spätgermanischer Zeit der Hauptgott –, während bei uns der „Wotanstag" durch den neutralen Begriff Mittwoch ersetzt wurde, der nüchtern die Mitte der Woche anzeigt. Der Montag (Mond-Tag), englisch *Monday*, geht auf noch früheres matriarchales Bewusstsein zurück, wo der Mond als weibliche Gottheit noch eine große Rolle spielte. Der Dienstag, englisch *Tuesday*, verweist auf den altdeutschen Gott Zio oder den altnordischen Gott Tyr und der Freitag, englisch *Fryday*, hängt mit der Göttin Frija, in England und nordischen Ländern Frigg, zusammen. Der Samstag, der bei den Römern „Saturntag" hieß, überdauerte in England als *Saturday*. Saturn war ein Fruchtbarkeitsgott, dem zu Ehren um die spätere Weihnachtszeit herum die Saturnalien mit sexuellen Ausschweifungen gefeiert wurden.

Die romanisierten Kelten und Germanen hatten diesen Kult weitgehend übernommen. Doch bei uns wurde dieser Wochentag mit seinen Namen als Samstag oder Sonnabend ebenfalls von seinen alten Wurzeln abgeschnitten. Diese Unterschiedlichkeit im Beibehalten oder Aufgeben alter Wochentagbezeichnungen ist vielleicht schon ein Hinweis darauf, dass in England alte und neue kulturelle Schichten mehr eingegliedert wurden, während bei uns ein härterer Schnitt mit der alten Kultur gemacht wurde (siehe unten).

Die germanische Mythologie stellt natürlich nur eine seelische Schicht unter anderen dar. Etwas später datieren weitere mythologische und kulturelle Lagen wie die griechisch-römische und die christliche, die bei uns allerdings verzögerter als in weiten Teilen des übrigen Europa hinzukamen. Auch wurde nur das südliche und westliche Deutschland von der antiken Weltmacht erobert und römisches Recht und Denken eingeführt, während weite Teile Germaniens durch den Limes und natürliche Barrieren vom durch die Römer vorangetriebenen Kulturierungsprozess längere Zeit abgeschnitten blieben.[88]

Gallien, Britannien und die hispanische Halbinsel kamen dagegen schon früh mit der antiken Kultur in Kontakt. Auch nahm die Christianisierung auf der britannischen Insel einen friedsameren Verlauf als bei uns, indem dort das hereinströmende Neue in das Bestehende integriert wurde.[89]

In den Landstrichen, die heute Deutschland heißen, lief die Einführung des Christentums nämlich gewaltsamer und unnachgiebiger ab. 723 n. Chr. ließ der Missionar Bonifatius, der später Bischof wurde und schließlich heiliggesprochen wurde, die dem Gott Donar/Thor geweihte Eiche bei Geismar im heutigen Hessen umhauen. Mit diesem Fällen der „Bonifatius-Eiche" und der damit verbundenen Bekehrung kamen die alten germanischen Götter zu Fall. Schon im 9. Jahrhundert versuchte Kaiser Ludwig der Fromme, die heidnische Überlieferung nach Möglichkeit zu unterdrücken. Es legte sich bei uns schnell eine christliche Schicht darüber, die die Urmythologie zum großen Teil in tiefere Bereiche verdrängte, wenn auch einiges „Heidnische" in die Rituale und Feiertage des Christentums einfloss. Vielleicht hängt mit der verzögerten Romanisierung und wenig konzilianten Christianisierung die anders verlaufene und in mancher Hinsicht hinterherhinkende Bewusstseinsentwicklung in Deutschland zusammen.

C. G. Jung schrieb bereits im Jahr 1918 zu diesem Thema: „Das Christentum zerteilte den germanischen Barbaren in seine untere und obere Hälfte, und so gelang es ihm – nämlich durch Verdrängung der dunklen Seite – die helle Seite zu domestizieren und für die Kultur geschickt zu machen. Die untere Hälfte aber harrt der Erlösung und einer zweiten Domestikation. Bis dahin bleibt sie assoziiert mit den Resten der Vorzeit, mit dem kollektiven Unbewussten, was eine eigentümliche und steigende Belebung des kollektiven Unbewussten bedeuten muss. Je mehr die unbedingte Autorität der christlichen Weltanschauung sich verliert, desto vernehmlicher wird sich die ,blonde Bestie' in ihrem unterirdischen Gefängnis umdrehen und uns mit einem Ausbruch mit verheerenden Folgen bedrohen. Diese Erscheinung findet als psychologische Revolution beim Einzelnen statt, wie sie auch als soziales Phänomen auftreten kann."[90]

Diese Sätze waren prophetisch genug. An anderer Stelle machte Jung sogar noch deutlicher auf den Einfluss der verdrängten Mythologie auf das geschichtliche Geschehen aufmerksam. Bereits 1936 erahnte er den kommenden Brausewind über Europa und sah die Bewegung in Deutschland, von der das Volk ergriffen war, als ein Erwachen des bis dato in der Volksseele schlafenden germanischen Gottes Wotan.[91]

Der Schweizer Tiefenpsychologe begreift dabei Wotan selbstverständlich nicht als persönliche Gottheit oder realen Gott, sondern symbolisch als Kraftphänomen und Urbild im Unbewussten der Seele, als – wie er sich ausdrückt – „Archetyp".

Ich werde neben dem Gott Wotan noch die nordisch-germanischen Mythen vom Weltenende hinzunehmen, wie sie uns in den Eddaliedern und speziell in der Völuspá erhalten sind. Denn diese Endzeitmythen scheinen einen noch nicht erkannten fatalen Einfluss vom Unbewussten her auf uns zu nehmen, und nur mit ihnen wird ein volles Verständnis unserer Kollektivpsyche möglich.

Sturmgott Wotan

Doch zunächst zu Wotan-Odin. Im südlichen Germanien wurde diese Gottheit Wotan oder Wodan genannt, in den nördlichen Regionen hieß die mythologisch gleiche Gestalt Odin. Wotan, dessen Name sich von „Wut" bzw. „wütig" herleitet, ist der Führer des wilden Heeres. Er ist ein Sturm- und Windgott. Das ist auch im Sinne von Raserei und Wüten zu verstehen, da er die Leidenschaften seiner Gefolgsleute entfesselt. Er ist der Gott des Krieges und der Kampfbegier, ist „Heervater" und „Siegvater" und damit Herr über die

Völkergeschicke. Sodann ist er ein rastlos schweifender Wanderer und Jäger. Als Gebieter des Sturmes und selbst Stürmender ist er ferner für die Unwetter verantwortlich. Der Wind ist ein Symbol des Geistes, und so verwundert es nicht, dass Wotan-Odin auch der Himmelsherr und Gott der geistigen Kultur ist. Außerdem ist er der Herr der Toten; die Toten der Schlachten gehören ihm als Opfer. Er ist Führer der Totengeister (die Geister sind ein primitiver Ausdruck für den Geist im Sinne des Geistigen), aber auch Schirmherr des Geistes wie der Dichtkunst, des geheimen Wissens und der Zauberkünste. Er ist der Erfinder der Runen und kündet durch sie das Schicksal. Mit all dem kann er Gemüt und Geist der Menschen erregen.[92]

Abbildung 13: Wotan/Odin

Es ist nicht ganz von der Hand zu weisen, sondern erscheint nachvollziehbar, wenn C.G. Jung schon die Jugend- und Wanderbewegung um die Wende des 19. zum 20. Jahrhundert auf Wotan bezieht, der hier schon einmal schlaftrunken geblinzelt und dann besonders in der Kampfbegeisterung des Ersten Weltkriegs sich kurz geräkelt hat. Der vollends erwachte Wotan ist dann durch Hitler und die Entfesselung des nächsten Weltkrieges in Erscheinung getreten, wobei Hitler wie sein Vorbild Wotan ein „Ergreifer" der Männer war. Dies geschah in den 30er-Jahren in Form von Männerbünden wie der SA, der SS, dem Kriegsheer, usw. Es sei so laut Jung zum „furor teutonicus" gekommen, ein Volk im Zustand des Wütens. Dies vermerkte der Begründer der Archetypenlehre wie gesagt bereits einige Jahre vor Kriegsausbruch, also weit bevor der eigentliche deutsche Amoklauf begann![93]

Auf die aus dem 13. Jahrhundert stammende Legende vom im Kyffhäuser schlafenden Kaiser Friedrich Barbarossa, der dereinst aufwachen und das Reich retten werde, werde ich noch genauer einsteigen (siehe Kapitel 8). Hier wurde der Wotanarchetyp auf den staufischen Kaiser projiziert.

Das Weltenende nach der Edda

Die germanische Endzeitmythologie geht zwar auf indoeuropäisches Ideengut zurück, steht aber mit ihren apokalyptischen Bildern ziemlich einzigartig in der Welt da. Etwas Ähnliches begegnet uns höchstens noch in der neutestamentlichen Offenbarung des Johannes mit *Harmagedon*, dem Schauplatz der letzten Entscheidungsschlacht der weltlichen Könige gegen Gott (darauf geht der Katastrophen-Film *Armageddon* zurück). In manchem Volksglauben gibt es die Vorstellungen von wiederkehrenden Weltzyklen mit Zerstörung und Erneuerung wie im Hinduismus. Aber kaum ein anderes Sagengut hat sich sonst so auf das Weltende konzentriert und es so detailliert ausphantasiert wie das nordisch-germanische. In den Liedern der Edda sind diese nordischen Göttersagen und Visionen vom Untergang der Welt am besten und zusammenhängend überliefert. Auch das Nibelungenlied enthält Aspekte der Endzeitvorstellungen. Es war lange verschollen gewesen und trat erst 1755 mit seiner Neuentdeckung in einer mittelalterlichen Handschrift wieder ins deutsche Bewusstsein.

Hier eine kurz gefasste Darstellung des Mythos vom Weltende nach den Edda-Liedern, hauptsächlich aus der *Völuspá*:[94]

Abbildung 14: Götterdämmerung,
Bühnenbild von M. Brückner zur Wagner-Oper

Odin (der ja Wotan entspricht), der einst den ersten Menschen den Atem gegeben hatte, opfert sich selbst, indem er neun Tage mit dem Kopf nach unten im Wind an der Weltenesche hängt und eines seiner Augen dafür hingibt, vom Brunnen der Weisheit zu trinken. (Mit diesem *Upside-down* sind symbolisch eine Umkehr der normalen Sichtweise und ein Blick nach unten, d.h. ins Unbewusste verbunden, wodurch sich neue Einsichten ergeben.)

Wotan gehört die Stätte Walhall, deren Dach aus Speeren und Schilden gebaut ist und über deren westlichem Tor ein Wolf hängt, darüber ist drohend ein Adler. Zwei Wölfe liegen ihm zu Füßen und auf seinen Schultern sitzen zwei Raben, die ihm aus der ganzen Welt Kunde bringen. Unheil verkündende Träume erschrecken nun die Asen (ein germanisches Göttergeschlecht). Odin erhält die düstere Kunde vom Falle Baldurs: Der lichte Gott ist tot. Der finstere Loki hatte den Tod Baldurs veranlasst. Loki wurde daraufhin von den Asen gefesselt und in eine Felshöhle eingeschlossen.

Doch nun bricht Ragnarök herein, das Weltenende und die Götterdämmerung. Unruhe geht durch die Welt und viele Zeichen geschehen. Odin schaut nun die drohenden Anzeichen des nahenden Verderbens und rüstet zum letzten Kampfe. (Der Zwist der Götter, d.h. der seelischen Mächte oder Archetypen des Unbewussten, hat seine Auswirkungen auf die Erde, auf das Geschehen in der sichtbaren Welt.) Krieg verbreitet sich unter den Menschen und schließlich in der ganzen Welt. Weithin über die Erde reiten bzw. durch die Lüfte fahren die Walküren, weibliche Geisterwesen, die Schlachten entscheiden und Krieger schützen oder für den Tod auswählen. Es wird von einem schrecklichen Winter berichtet, der dem Weltenende vorangeht. Loki und der Fenriswolf, bisher gefesselt, werden frei. Die höllischen Mächte brechen los. Der Wolf Fenrir ernährt sich vom Fleisch Gefallener und rötet den Sitz der Götter mit Blut. Nachdem er groß geworden ist, rennt er mit klaffendem Rachen der Sonne hinterher und verschlingt sie, deren Schein sich in blutrote Farbe verwandelt und sich schließlich verfinstert. Im Riesenzorn wälzt sich die Weltschlange durch die Wogen. Der Adler krächzt, Leichen zerreißend. Dem Wolf folgt ein wildes Heer. Die entfesselten Elemente Wasser und Feuer brechen von allen Seiten über das Land Midgart herein und raffen die Menschen dahin. Odin unterm Goldhelm, den Speer in der Faust, sprengt dem Wolf Fenrir entgegen, doch er unterliegt und wird von ihm verschlungen. Erst Odins Sohn Thor[95] kann das Untier töten. Er erschlägt die Midgartschlange, fällt aber durch ihr Gift ebenfalls tot zu Boden. Die Götter sind gefallen, Feuer verbrennt die ganze Welt. Die Sonne wird schwarz, die Erde sinkt ins Meer, Dampf und Feuer sprühen auf, heiße Lohe bedeckt den Himmel.

Die Götter der alten Welt erscheinen nicht mehr wieder, aber ein jüngeres Geschlecht löst sie ab. Unter anderem kommt Baldur der Gute zurück. Eine neue Sonne leuchtet, denn die alte Sonne gebar eine Tochter, ehe der Wolf sie verschlang. Ein neues Menschengeschlecht wird groß. Die Welt endet zwar im Feuer, doch sie ersteht erneut in verklärter Gestalt.

Baldur ist ein Lichtgott und trägt in seinem Namen eine indoeuropäische Wurzel von „weiß, glänzend, leuchtend". Er ist so schön, dass ein heller Schein von ihm ausgeht. Sein Beiname „der Gute" unterstreicht seine positive Bedeutung. Er wird in den Erzählungen durch den Einfluss Lokis beseitigt, der das tötende Prinzip verkörpert. Loki und der Fenriswolf, der die Wahrheit verdunkelt, können als Aspekte des Bösen verstanden und in christlicher Sprache als „Teufel" übersetzt werden. Mit der Ermordung Baldurs werden

das lichte Prinzip, die Weisheit (Weiß-heit im übertragenen Sinne), das er-
leuchtete Bewusstsein oder die hellsichtige Intuition umgebracht.[96] Erst nach
der Götterdämmerung ersteht dieses alles wieder.

Die Parallelen von Wotan und Ragnarök zur deutschen Geschichte

Die Sichtweise Jungs, die seelische Auferstehung des Sturmgottes Wotan
als Verständnisgrundlage für den nationalsozialistischen Sturm in Deutschland und über Europa zu nehmen, erscheint einleuchtend. Wir finden Belege
dafür auch in vielen NS-Bezeichnungen und Rangabzeichen: Sturmgeschütz,
Sturmabteilung (SA), ein „Sturm" als SS-Einheit, die SS-Dienstgrade Sturm-
mann, Sturmscharführer, Sturmbannführer etc. Eines der frühen Kampflieder
der Nationalsozialisten lautet: „Sturm, Sturm, Sturm, Sturm, Sturm, Sturm!
/ Läutet die Glocken von Turm zu Turm! / […] / Läutet Sturm, dass die Erde
sich bäumt […]."

Der „Volkssturm" war das letzte Aufgebot aller Altersgruppen am Ende
des Krieges. Bereits in einem Gedicht von Karl Theodor Körner aus dem
Jahre 1813 hieß es: „Das Volk steht auf, der Sturm bricht los". Diese Sentenz
wurde von der Goebbels-Propaganda aufgegriffen und 1943 in den UFA-
Film *Kolberg* umgesetzt, der an den Durchhaltewillen appellierte.

Schon lange vor der NS-Zeit grollte etwas aus dieser altgermanischen See-
lenschicht heraus. Es fand seinen Niederschlag in düsteren, ahnungsvollen
Gedichten wie dem folgenden expressionistischen von Georg Heym (1887–
1912) mit dem Titel *Der Krieg,* das vor dem Ersten Weltkrieg datiert:

> Aufgestanden ist er, welcher lange schlief,
> aufgestanden unten aus Gewölben tief.
> In der Dämmrung steht er, groß und unerkannt,
> und den Mond zerdrückt er in der schwarzen Hand.
>
> In den Abendlärm der Städte fällt es weit,
> Frost und Schatten einer fremden Dunkelheit […].
>
> Und es schallet, wenn das schwarze Haupt er schwenkt,
> Drum von tausend Schädeln laute Kette hängt.

Einem Turm gleich tritt er aus die letzte Glut,
Wo der Tag flieht, sind die Ströme schon voll Blut.
[…][97]

Schon hier hat sich etwas wie bei einem kommenden Erdbeben tief unten in der Erde gerührt und vibriert drohend. Die Intuition des Dichters hat das Bevorstehende gespürt. Ich möchte den Zeilen, die für sich sprechen, nur *einen* tiefenpsychologischen Hinweis hinzufügen: Der Mond symbolisiert das Weibliche. Es ist der weichere, weibliche Einfluss, der in diesem Gestirn zum Ausdruck kommt. Und diese Seite wurde ja in der finsteren Zeit damals – besonders durch das „Schwarze Korps", durch die SS, – unterdrückt oder wie zerdrückt.

Noch frappierender und bedrückender werden die Parallelen der NS-Zeit zur germanischen Mythologie, wenn wir die Weltzerstörungsmythen mit hinzunehmen. Mit ihnen haben wir aus der Tiefe unseres Unbewussten ein Muster für das kollektive Geschehen vorliegen. Wie gut kann man die Untergangsmythen auf die 30er-Jahre und den Zweiten Weltkrieg beziehen! (Auf Einzelheiten von Vernichtung und Selbstvernichtung und das unbewusst-zielstrebige Hinarbeiten auf die Katastrophe wird das nächste Kapitel noch eingehen.)

Ich sehe es auch nicht als Zufall an, dass Hitler an die Macht kam, dass – wie es manchmal heißt – „unglücklicherweise ein Mann wie Hitler die Geschicke Deutschlands lenken musste". Hitler wurde durch eine kollektiv-psychische Welle hochgespült. Die Gesamtpsyche des deutschen Volkes war damals in Bewegung, und sie war zu einem Vorstoß disponiert, wie er sich dann im Nationalsozialismus und im Zweiten Weltkrieg realisierte. Nur weil Deutschland sich Hitler unbewusst zu seinem Exponenten und Exekutor auserkoren hatte, konnte dieser seinen Platz einnehmen und behaupten. Er wurde als ausführendes Organ der archetypisch-mythologischen Wirkkräfte gebraucht, handelte im Auftrag dieser Schicht des Unbewussten und setzte die Vorgaben getreu um.

Auch Joachim Fest nähert sich diesem Standpunkt, wenn er schreibt: „Erst wenn dieser einzelne die Integrationsfigur vielfältiger Emotionen, Ängste oder Interessen [ich möchte hinzufügen: auch unbewusster Interessen, K.-U. A.] ist und machtvolle, von weither kommende Energien ihn vorwärtstreiben, werden solche Ereignisse möglich."[98] Und an anderer Stelle, indem er sich auf Jacob Burckhardts Ausspruch „Die Geschichte liebt es bisweilen, sich auf einmal in einem Menschen zu verdichten, welchem hierauf die Welt gehorcht" zu beziehen scheint: „Hitlers Leben lohnte denn auch der Beschreibung und Interpretation kaum, wenn nicht überpersönliche Verhältnisse und Tendenzen darin zum Vorschein kämen und seine Biographie nicht stets auch ein Stück Biographie der Epoche wäre."[99]

Wieder ist die Dichter-Intuition an der Quelle solcher unterirdischer Vorgänge, und so wurde durch Stefan George (1868–1933) der „Führer" 1921 in einem Versgesang vorweggenommen:

> […]
> Herr wiederum herr · zucht wiederum zucht · er heftet
> Das wahre sinnbild auf das völkische banner
> Er führt durch sturm und grausige signale
> Des frührots seiner treuen schar zum werk
> Des wachen tags und pflanzt das Neue Reich.[100]

Der Wolf

Die oben vorgestellte Zusammenfassung des Weltuntergangsmythos lässt also mannigfaltige Assoziationen zu unserer deutschen Geschichte zu. Neben dem Wort „Sturm" sind noch einige andere in der nordischen Saga vorkommende Begriffe tief in der deutschen Sprache verankert und kommen in vielen Wörtern und Wendungen sowie in Märchen und Dichtungen vor.

Besonders im Nationalsozialismus hatten diese Bezeichnungen Konjunktur, zu denen auch der „Wolf" gehört. Er ist nicht nur in mannigfache deutschstämmige Eigennamen (Vor- und Nachnamen, Ortsnamen) eingegangen, sondern lebte seinerzeit in vielen Zusammensetzungen wie „Wolfsschanze", „Wehrwolf" und „Werwolfgruppen" wieder auf.

Die „Wolfsschanze" war das von der Organisation Todt gebaute militärische Führer-Lagezentrum, der „Werwolf" ein anderes Führerhauptquartier. Der „Wehrwolf" war ein 1923 gegründeter paramilitärischer Männerbund, der 1933 in der Sturmabteilung aufging, und die „Werwölfe" waren freischärlerische SS-Verbände in den letzten Kriegswochen. Hitler ließ sich von seiner engsten Umgebung gern „Wolf" nennen, und er verstand den Namen als die germanische Urform von Adolf.[101]

Winifred Wagner, eine Freundin Hitlers und Festspielchefin von 1930 bis 1944 in Bayreuth, bekam von jenem ein Porträt mit der Widmung „Von Wolf an Winnie". Dass die jüngere Schwester Hitlers nach ihrer Verheiratung Paula Wolf hieß, ist nur als Kuriosum anzumerken.

Ein Theaterstück des NS-Dichters Hans Rehberg über den U-Boot-Krieg, das 1944 uraufgeführt, sich aber nicht für die damalige Propaganda eignete und wieder abgesetzt wurde, hat den Titel *Die Wölfe*. Übrigens heißt noch heute ein von der Bundeswehr genutzter Geländewagen „Wolf". Die VW-Stadt Wolfsburg geht auf den Sitz eines Adelsgeschlechts zurück. Diese von den Rittern von Bartensleben gegründete „Wolfsburg" ist schon 1302 verbürgt. Erst ab 1938 mit der Gründung des Volkswagenwerks wurde die Ansiedlung aber zu einem großen Ort, der zu Ehren des „Führers" Wolfsburg heißen sollte und wo dieser den KdF(„Kraft-durch-Freude")-Wagen, den späteren „Käfer", bauen ließ. Und erst 1945 erhält die entstehende Großstadt ihren endgültigen Namen.

Weltenende

Ähnlich bedeutungsschwanger waren die Ausdrücke „Weltenbrand" und „Weltenende", wie überhaupt „Ende" („Endlösung", „Endsieg"). Schon der Erste Weltkrieg war für Millionen von Menschen ein Inferno gewesen. Im Zweiten wurde sinnbildlich die ganze Welt in Brand gesteckt, und für die meisten Deutschen war die Endzeit gekommen; etwas anderes als Untergang konnte nicht mehr gesehen werden. Mit dem 1939 begonnenen Krieg schien ein alles verschlingender Weltenbrand entfesselt. Schon in den Jahrhunderten davor geisterte die mythische Szene des Weltuntergangs im Feuer immer wieder durch deutsche Literatur und deutsches Gedankengut wie z.B. in folgendem pathetisch-patriotischen Vers von Emanuel Geibel (1815–1884) aus dem Jahre 1858:

> Schlage, schlage denn empor,
> Läutrungsglut des Weltenbrandes!
> Steig' als Phönix draus hervor,
> Kaiseraar des deutschen Landes![102]

Geibel ist derselbe Dichter, von dem auch die Zeilen stammen: „Und es mag am deutschen Wesen einmal noch die Welt genesen." Zumindest kann die Intuition dieses Nationalpoeten das Weltende als Wandlungsgeschehen begreifen, aus dessen Asche Neues hervorgeht, hier allerdings konkret auf das künftige deutsche Reich bezogen und nicht als seelisches Geschehen.

Es ist interessant, dass wir Deutschen beim Verständnis des Mythos vom Weltenende und der „Götterdämmerung" den Akzent bisher weitgehend auf seine negativen Aspekte gelegt haben, während das Wort „Dämmerung" den Sinn von Abend- *und* Morgenanbruch zulässt und der Mythos Tod *und* Neugeburt, Stirb *und* Werde hergibt. Auch in der gleichnamigen Wagner-Oper *Götterdämmerung,* dem letzten Teil des *Ring der Nibelungen,* in dem dieser germanische Heldenstamm erlischt, feiert am Ende nur der Tod sein großes Fest: Alle Helden sterben; Siegfried und Gunther werden von Hagen getötet, Brünnhilde verbrennt sich auf dem selbst errichteten Scheiterhaufen. Auch hier finden sich statt Liebe und erfüllender Beziehung Streit, Missgunst, Fremdgehen (unter dem Deckmantel des Vergessenstrunks), Mord und Selbstmord.

Ganz unter dem Einfluss des Weltuntergangs-Mythos stehend und fixiert auf das Negative liebte der deutsche Diktator in den Wagner-Opern am meisten das Finale der *Götterdämmerung.* „Immer, wenn in Bayreuth die Götterburg unter dem musikalischen Aufruhr brennend in sich zusammensank, ergriff er im Dunkel der Loge die Hand der neben ihm sitzenden Frau Winifred Wagner und verabreichte ihr bewegt einen Handkuss."[103] Deshalb und im Zuge des Rückgriffs auf das Germanentum wurden die Wagner-Opern im „Dritten Reich" besonders geschätzt, was sie in manchen Augen leider bis heute diskreditiert hat. Die in ihnen enthaltenen Heldenmythen kamen ferner der Kampfgeist-, Durchhalte- und Todesideologie damals sehr entgegen.

Der Adler

Auch der „König der Lüfte" weist weit in unsere mythologische und geschichtliche Vergangenheit zurück. Im Mythos bewohnt er die oberste Region der Weltenesche Yggdrasil, wo er die Winde erzeugt, und er ist ja auch bei der Götterdämmerung anwesend.

Geschichtlich gesehen ist der Adler unser ältestes Wappentier, das schon früh im alten Römischen Reich deutscher Nation auftauchte (siehe Kapitel

2). Hier laufen zwei Traditionslinien zusammen: der Adler als Teil der germanischen Mythologie und sodann als Emblem des römischen Imperiums. Karl der Große übernahm das Symbol von den Römern. Eine erste heraldische Darstellung ist auf einer Münze Kaiser Friedrich Barbarossas aus dem späten 12. Jahrhundert zu sehen. Später zierte der Greifvogel die Reichsflaggen des Alten Reiches, Preußens, des Deutschen Bundes, des Bismarckreiches und so fort bis heute. Zeitweilig gab es den Doppeladler. Er war seit dem 15. Jahrhundert das Signum des römisch-deutschen Kaiserreichs bis 1806 (Ende des Alten Reiches), hatte Bestand im darauffolgenden Deutschen Bund und in Österreich, wo er auch die K- und K-Monarchie Österreich-Ungarns prägte.

Es zieht sich somit eine ununterbrochene Spur der Adlersymbolik von den Anfängen bis zum Bundesadler heute. Optisch besteht kein allzu großer Unterschied zwischen dem farbigen Adlerwappen, das in der Liederhandschrift Codex Manesse um 1300 das erste Mal abgedruckt ist, und dem Bundeswappen der BRD. Auch im neuen Bundestag des renovierten Reichstagsgebäudes in Berlin präsidiert der Aar, und zwar als „Fette Henne" (siehe Abb. 8b), wie heute sein nicht ganz unzutreffender Spitzname ist. Der etwas aufgedunsene Vogel des modernen Deutschland erscheint wie ein behäbig-saturiertes Wohlstands-Gegenbild zum asketischen, übermäßig harten, machtbekundenden und -besessenen Raubvogel der NS-Zeit und wäre dieser Zeit sicherlich dekadent und verweichlicht vorgekommen.

Hier zeigt sich wieder einmal ein Merkmal von uns Deutschen, etwas zu stark von einem Extrem ins andere zu pendeln. In den beiden zuletzt genannten Adlertypen spiegelt sich die gleiche Gegensatzschwankung, die wir im Autoritären und Antiautoritären kennengelernt haben. Die beiden gegensätzlichen Adlerbilder zeigen, dass wir noch nicht zu einer balancierten Mitte gefunden haben, vielleicht auch noch nicht ganz zu der freien Kraft und der geistigen Höhe unseres Wappentiers. Denn beim „König der Lüfte" handelt es sich um ein schönes Symboltier, das durch seine Fähigkeit, sich hoch aufzuschwingen, frei umherzuschweifen und einen großen Überblick bei klarstem Erkennen zu bekommen, ein Geistsymbol ist. Er ist ein ideales Sinnbild für das geistige Potenzial, das in unserer Intuition und Denkfunktion – besonders wenn diese sich gut entwickelt und durchgeistigt hat – beschlossen liegt. Ist das Denken aber zu kontrollierend und überwachend, wird damit jegliche Freizügigkeit verhindert. Wir können also auch über das Symbol des Adlers ein Stück weit zu uns selbst finden.

Abbildung 15: Adler im Codex Manesse

Der Philosoph Johann Gottlieb Fichte (1762–1814) sagt in seinen *Reden an die deutsche Nation:* „[…] dagegen wird der deutsche Geist neue Schachten eröffnen, und Licht und Tag einführen in ihre Abgründe und Felsmassen von Gedanken schleudern, aus denen die künftigen Zeitalter sich Wohnungen erbauen. […] der deutsche Geist ein Adler, der mit Gewalt seinen gewichtigen Leib emporreißt und mit starkem und vielgeübtem Flügel viel Luft unter sich bringt, um sich näher zu heben der Sonne, deren Anschauung ihn entzückt."[104]

Diese Worte wurden einst als schön empfunden, auf uns wirken sie mit ihrem Pathos unzeitgemäß und unangenehm. In übertriebener und heroischer Weise lassen sie die geistigen Möglichkeiten Deutschlands anklingen, und man erkennt hierin schon deutlich die Absturzgefährdung des Ikarus. Hans D. Gelfert meint, dass mit Fichtes Reden die fatale Tradition deutscher Überheblichkeit begonnen habe.[105]

Der Weltuntergang oder das ungute Ende in geistigen Produktionen

Nach diesem Exkurs in die Symbolik komme ich zu meinem Hauptgedanken zurück. Das suggestive Bildmaterial des mythischen Weltuntergangs und der Götterdämmerung hat meiner Auffassung nach nicht nur stark in die dramatischen geschichtlichen Geschehnisse Deutschlands hineingespielt, sondern ist bis heute noch nicht ganz zur Ruhe gekommen. Die unbewältigten psychischen Energien der Ragnarök geistern weiter in Deutschland herum. Auch unser öffentliches Leben, unsere kulturellen Erzeugnisse und die Sendungen in den Medien waren lange Zeit durchsetzt von aus dem Mythos vom Weltenende herkommenden Bildern und Themen, was unter dem Aspekt der Negativität in Deutschland bereits angesprochen wurde. Wir waren bis in die jüngste Zeit stark auf den Untergang konzentriert. Schon Oswald Spengler, beeinflusst durch den kulturkritischen Zeitgeist, hatte sein 1918 und 1922 in zwei Bänden erschienenes epochales, aber pessimistisches Buch *Der Untergang des Abendlandes* genannt. Und ein deutscher Film aus dem Jahre 2004, der sich dem Hitler-Phänomen nähert, heißt bezeichnenderweise *Der Untergang;* er stellt das Scheitern und die Selbstmorde im Hitlerbunker dar und trägt den Untertitel „Ein Volk wartet auf seinen Untergang".[106] (Ich komme später auf diesen Film noch einmal zurück; siehe Kapitel 9.)

Untergang, Untergang, immer wieder Scheitern und Untergang! Wir hatten beharrlich, wie das Beutetier angesichts der Schlange, den Blick erstarrt auf den Schrecken gerichtet und sind bis heute noch nicht vollständig darüber hinausgekommen.

Bei deutschen Filmproduktionen hatten wir die Neigung zu einem schlechten Ende schon kennengelernt. Auch viele deutschsprachige Dichter haben immer wieder die Endkatastrophe in ihren Werken in Szene gesetzt bzw. ihre Dichtungen in Katastrophen ausarten lassen, mehr als in anderen Ländern.

So zieht sich eine Tendenz zu einem „tragischen" Ende in den verschiedensten Werken durch unsere Geistesgeschichte. Hier nur ein Beispiel: Als Deutscher hatte Schiller ebenfalls Probleme mit dem Happyend. Er bleibt bei seiner *Geschichte des Abfalls der vereinigten Niederlande* in der Schreckensherrschaft des blutrünstigen Herzogs Alba stecken, obwohl er den Triumph der Freiheit schildern wollte. Auch *Wallenstein* endet grauenhaft. Die Impulse fahren sich im Negativen fest. Was er im Grunde schreibt, sind Katastrophengeschichten in künstlerischer Form.[107]

Auch von literaturgeschichtlicher Seite ist der gleiche Sachverhalt – das Vorherrschen von Untergangsdichtungen in Deutschland – angemerkt worden. Der Unterschied zu anderen Nationen wird hier allerdings politisch erklärt. Während hierzulande über lange Zeit eine Vielzahl von – im literaturwissenschaftlichen Sinne – Tragödien geschaffen wurden, gab es laut dem Anglisten Gelfert in demokratischen Gesellschaften wie den USA in der literarischen Tradition überhaupt keine Tragödien. Im monarchistischen und besonders totalitären Deutschland dagegen sei das Ringen um die Demokratie von der Aufklärung bis zur Mitte des 20. Jahrhunderts von einem Ringen um die Tragödie begleitet worden, das sich bis in die Zeit des Nationalsozialismus hingezogen habe.[108]

England war demgegenüber in allem früher dran. Schon nach 1616 begannen die echten Tragödien, wie Shakespeare sie schrieb, einem bloß sensationellen Trauerspiel zu weichen, bei dem der Held ein Verbrecher ist, den die gerechte Strafe ereilt. Und nach der Shakespeare-Zeit bricht hier die Tragödientradition Mitte des 17. Jahrhunderts ganz ab, während im deutschsprachigen Raum eine lange Reihe tragischer Dichtungen von Lessing über Schiller, Kleist, Büchner, Grabbe, Stifter, Grillparzer und Hebbel bis hin zum Spätwerk von Gerhart Hauptmann bestehen bleibt.[109]

Auch Goethe konnte meist nicht anders, als schlimme Ausgänge zu kreieren. Der tiefere Grund dafür scheint mir zu sein, dass das kollektive Feld bei uns anders als in anderen Ländern stark durch den germanischen Untergangsmythos geprägt ist. Daraus ergeben sich Unterschiede in der Entwicklung des Bewusstseins im Vergleich zu anderen Völkern, die sich sowohl auf die Staatsform als auch auf die Inhalte der Literatur auswirken. Bei uns ist eben bis in die heutige Zeit hinein der germanische Mythos noch virulent.

Weltuntergangsängste heute

Dass Geschichte und zurückliegendes Kulturschaffen von der germanischen Mythologie beeinflusst wurden, erscheint nun ohne weiteres nachvollziehbar. In welcher Weise aber sind wir Heutigen noch von ihr geprägt? Nach meiner Beobachtung besteht eine andauernde untergründige Angst, dass sich das Weltenende wieder bewahrheiten könnte, vielleicht in einem noch schlimmeren Ausmaß als in der deutschen Geschichte. Problematisch daran ist, dass uns die Quelle der Angst verborgen bleibt und ihre Herkunft aus dem Endzeitmythos nicht bewusst ist. Wir halten diese Mythen heute auf Abstand und setzen uns nicht mit ihnen auseinander, weshalb wir bis dato noch nicht ihrem geistig-symbolischen Gehalt näherkommen konnten. Mit solcher Angst und Abwehr bleiben aber die negativen Einwirkmöglichkeiten des Mythos bestehen.

Die Ängste wechseln, das hintergründige Motiv bleibt gleich. Die Befürchtungen werden an Verschiedenstem festgemacht, wie Anfang des Kapitels schon ausgeführt wurde. Das Gute an diesen Besorgnissen und dem Unbehagen ist, dass es uns motiviert, besonders achtsam mit den Gefahren von Wissenschaft und Technik umzugehen, möglichst nachhaltig mit der Natur zu verfahren und politisch zurückhaltend zu agieren. Weniger gut sind eine allgemeine Überängstlichkeit und daraus resultierende Hemmungen und manchmal eine Verzagtheit.

Ich will dies an einem Beispiel klarmachen:

In Deutschland besteht zwar keine Gefahr mehr, militärisch das apokalyptische Geschehen des Weltenbrands oder Weltuntergangs erneut auszuagieren, und es gibt keine realistischen Anzeichen dafür, es demnächst erleiden zu müssen, trotzdem gibt es immer noch eine unterschwellige Angst vor solch einem Szenario. Teilweise floss dies – besonders in der Zeit des Kalten Krieges – in die Befürchtungen vor einem erneuten Welt- und Nuklearkrieg ein. Zwar war da wirklich nicht ganz auszuschließen, dass das Ost-West-Spannungsverhältnis einmal dramatischer ausgehen könnte, doch auch heute noch ist die psychologische Situation diesbezüglich bei uns nicht durchgreifend verändert. Bei verschiedensten Konflikten und Kriegen der letzten Jahrzehnte kam bei deutschen Politikern und uns Deutschen allgemein immer wieder die Angst vor einer unkontrollierten Ausbreitung und einem „Flächenbrand" auf. Schon vor dem ersten Golfkrieg grassierte eine verbreitete Kriegsangst, wodurch selbst die Kinder hierzulande verunsichert wurden. Es ist hier ohne weiteres ersichtlich, dass hinter dieser „German Angst" das Bild vom Weltenbrand wirkt. Uns ist das manchmal Übertriebene solcher Befürchtungen nicht klar, doch vom Ausland wird es sehr wohl registriert und oft als typisch deutsche Übertriebenheit belächelt.

Eine umsichtige und friedliebende Politik in der Nachkriegszeit in Deutschland, die wir gelebt und bestritten haben, ist als hohes Gut zu sehen. Es ist gut, dass es für uns Deutsche mit unseren historischen Erfahrungen heutzutage ganz selbstverständlich ist, dass wir uns auf kein militärisches Unternehmen – außer auf von der UN gemeinschaftlich getragene Missionen – einlassen dürfen. Für uns ist nur noch eine echte Friedenspolitik möglich. Es ist aber notwendig, auf den da hineinwirkenden psychologischen Angstmechanismus aufmerksam zu machen, weil dieser unseren Realitätsblick oft ein Stück weit trübt. Wir projizieren nämlich die Inhalte unserer Psyche nach außen und erleben dann die realen Bedrohungen oft etwas verzerrt, weil sie mit unseren unbewussten Katastrophenbildern befrachtet sind.

Die geistig-transformierende Dimension des Weltuntergangsmythos

Die archetypischen Bilder von Wotan und Endzeitkatastrophe werden also untergründig in unserer Kollektivpsyche so lange weiterwirken, bis ihr Gehalt ganz ins Bewusstsein gehoben und verstanden ist. Erst dann können diese Mythen ganz ihre positive und geistig transformierende Kraft entfalten. Nach dem Verdämmern und dem Tod der alten Götter können schließlich neue „Götter" heraufdämmern, und eine neue Zeit kann anbrechen. Die Götterdämmerung erhält dann ein positives Vorzeichen und beschränkt sich nicht mehr nur auf den Untergang.

Bewusstheit über die eigene Mythologie ist meines Erachtens eine Voraussetzung, um ihr nicht zu verfallen. Der Nationalsozialismus hatte zwar Anleihen bei und einen Rückgriff auf die germanische Mythologie gemacht, aber nicht im Sinne einer bewussten Auseinandersetzung, sondern in Form einer blinden Identifizierung. In der nationalsozialistischen Bewegung, in den Blitzkriegen und dem Sturm über Europa wurde man eins mit Wotan und den Endzeitmythen, d.h., der germanische Mythos wurde unwillkürlich und konkretistisch ausgelebt. Man ließ sich unbewusst von diesen archetypischen Kräften erfassen, doch ihre geistigen Dimensionen verstand man nicht. Damit kam es eben ganz real zu einer Entfesselung von bösen Kräften, zu einer Verdunkelung der Kultur und zu einem In-Brand-Setzen der Welt. Baldur, der intuitive Weisheit und hellsichtige Voraussicht, aber auch Gefühl und „Weiblichkeit" verkörpert, wurde getötet. Zum Glück enthält der Mythos, dass „Baldur" wieder aufersteht und eine neue, geklärte Welt ins Leben tritt. Ich werde am Schluss des Buches diesen Gedanken noch einmal aufgreifen und überlegen, wie eine zeitgemäße Transformation dieser Energien aussehen könnte, die nur über eine Wiederbelebung und Förderung von Geist und Gefühl gelingen wird.

Kapitel 8

Der Abstieg – Deutschlands Weg
nach „ganz unten"

*Es ist ja wirklich keine kleine Sache, um seine
eigene Schuld und um sein Böses zu wissen,
und es ist nichts weniger als ein Gewinn,
seinen Schatten aus den Augen zu verlieren.
Das Bewusstsein der Schuld hat nämlich den
Vorteil, dass man damit in der Lage ist, etwas
daran zu ändern und zu verbessern. Was im
Unbewussten bleibt, verändert sich bekanntlich
nie, nur im Bewusstsein lassen sich psychologische
Korrekturen anbringen. Das Bewusstsein
der Schuld kann daher zum gewaltigsten
moralischen Antrieb werden.*

C.G. Jung, Nach der Katastrophe

Das jetzige Kapitel wendet die psychologischen Erkenntnisse *in summa* auf die
Geschichte an, nachdem in den vorangegangenen Abschnitten schon hin und
wieder einzelne Zusammenhänge dieser Art hergestellt wurden. Die bisher
erarbeiteten deutschen Komplexe und psychischen Besonderheiten, Vermögen und Unvermögen – die Vorherrschaft des Denkens, das unterentwickelte
Fühlen, die damals noch viel mehr als heute grassierende Negativität, der ungelöste Vaterkomplex, die Identifikation mit dem Bösen sowie das Wirkfeld
des germanischen Mythos vom Weltenende – setzen uns nunmehr in die Lage,
die politischen Ereignisse und Verwicklungen, die zu den beiden Weltkriegen
geführt haben, besser zu verstehen. Und gleichzeitig lassen sich an dem historischen Ablauf – ich konzentriere mich auf die Zeit von der Reichsgründung
1871 bis zum Ende des „Dritten Reiches" 1945 – noch einmal alle Merkmale
deutscher Psychologie verdeutlichen.

Viele Menschen bewegen bis heute die Fragen: Wie konnte sich eine so
ungünstige Entwicklung in Deutschland vollziehen, angefangen von der Wilhelminischen Zeit bis zum Ersten Weltkrieg, mit einer gewissen Atempause

in der Weimarer Republik bis hin zum absoluten Tiefpunkt der NS-Diktatur und dem Zweiten Weltkrieg, der quälendsten Zeit im Verlauf unserer deutschen Historie? Was hat Deutschland selbst dazu beigetragen und auf welche Weise?

Folgende psychologischen Determinanten haben meines Erachtens zu dieser Abwärtsbewegung geführt und den Lauf der Dinge schließlich in die braune Zeit und ihre Entsetzlichkeiten einmünden lassen, als Deutschland kulturell und moralisch so absank und letzten Endes auch von seiner geistigen Bedeutung her einen Niedergang verzeichnen musste: Einmal haben mangelndes Fühlen und Feingefühl zusammen mit rechthaberischem Denken dazu geführt, dass Deutschland sich selbst überschätzte und sich überheblich über alle anderen Länder stellte. Diese wurden so verprellt, verärgert und gegen Deutschland eingenommen. Dies ist in der emotionalen Vorgeschichte zum Ersten Weltkrieg ersichtlich und wiederholt sich in noch größerem Maße vor dem Zweiten.

Ferner verschärfte die Negativität des Denkens unsere Projektionen, indem den potenziellen Feinden, z.B. Russland und Frankreich, in übertriebener Weise Übelwillen, Hass und Bedrohlichkeit unterstellt wurde, was wiederum scheinbar die eigene Feindseligkeit rechtfertigte und präventive Aggressionen begründete. Der Vaterkomplex, der sich auf Länder wie England und die Vereinigten Staaten als Mächte und Mächtige richtete, lieferte zusätzliche Affektenergien. Eine weitere Polarisierung und Eskalation bewirkte die geheime Sympathie mit dem Bösen – durch Hitler ja z.T. ganz offen gelebt –, die die eigene Würde beschädigte und Deutschland in eine noch misslichere Position hineinmanövrierte. Den Kriegsgegnern wurde dadurch auch die Motivation zu schärferem Vorgehen geliefert. Nicht zuletzt wurde das Geschehen noch durch die apokalyptischen mythologischen Bilder in der deutschen Kollektivpsyche angefacht und eine Endkatastrophe unbewusst herbeigesehnt, wodurch ein frühzeitiges Einlenken, Zur-Besinnung-Kommen oder ein Akzeptieren der Niederlage verunmöglicht wurden.

Zur Vorgeschichte des Ersten Weltkriegs

Schon am Ende des 19. Jahrhunderts, beginnend mit der Reichsgründung 1871 und besonders nach dem Ende der Amtsperiode Bismarcks 1890, entstand in Deutschland parallel zu einem erstarkenden Machtgefühl ein immer anmaßenderes Denken bei gleichzeitig „tumbem" Fühlen, das der emotionalen Bedürfnisse und Empfindlichkeiten der anderen europäischen Länder nicht gewahr wurde. Bismarck, der als ein großes Politikgenie und bedeutsamster deutscher Staatsmann vor 1945 zu würdigen ist, mahnte dagegen immer zur Mäßigung. Es ist vor allem ihm zu verdanken, dass das Reich geschaffen wurde und sich stabilisieren konnte und es damals zu einer insgesamt 43-jährigen Friedensperiode kam. Doch während unter seiner fast drei Jahrzehnte dauernden Regierungszeit die besonnenen Kräfte überwogen, verließen diese Deutschland nach seinem Abgang 1890 weitgehend.

Schon 1866, nach dem Sieg Preußens über Österreich durch die Schlacht bei Königgrätz, hatte dieser weitsichtige Mann an seine Frau geschrieben: „Wenn wir nicht übertrieben in unseren Ansprüchen sind und nicht glauben, die Welt erobert zu haben, so werden wir auch einen Frieden erlangen, der der Mühe wert ist. Aber wir sind ebenso schnell berauscht wie verzagt, und ich habe die undankbare Aufgabe, Wasser in den brausenden Wein zu gießen und geltend zu machen, dass wir nicht allein in Europa leben, sondern mit noch 3 Mächten, die uns hassen und neiden."[110]

Ohne Bismarck als preußischen Ministerpräsidenten und später als Reichskanzler wäre ein überzogenes Streben nach „Weltgeltung" bereits viel früher ein Zug der deutschen Politik geworden. Priorität hatte bei ihm Diplomatie und nicht Krieg; so war er auch immer ein Gegner eines Präventivfeldzugs, welcher im Ersten und Zweiten Weltkrieg von deutscher Seite gleich gegen mehrere Länder ausging.

Doch auch der „Eiserne Kanzler", ein exzellenter, klarer Denker, war den zeitbedingten negativen Projektionen („hassen und neiden", siehe oben) unterworfen. Beständige freundschaftliche Beziehungen zu anderen Ländern aufzubauen schien ihm kein prioritäres Bedürfnis zu sein. Es ging ihm eher um den Ausgleich von Machtinteressen. Das war sein eigentliches Betätigungsfeld. Innen- wie außenpolitisch beeindruckend und wirkungsvoll – so der Historiker Gordon Craig – „erwies sich seine nie um einen Ausweg verlegene Verhandlungskunst und seine virtuose Fähigkeit, rivalisierende Kräfte gegeneinander auszuspielen".[111] Seine Mitarbeiter hätten seine Fähigkeit geschätzt, Entwicklungen abzuwarten, und ihre größte Bewunderung habe seiner Entschlossenheit, seiner zupackenden Sicherheit und seinem unerschöpflichem politischem Einfallsreichtum gegolten.[112]

Bismarcks Intentionen und Interventionen waren jedoch ganz vom Denken geprägt. Wohl machte er damit eine kluge und überlegte Arbeit, und unter ihm kam es nicht zu den späteren eklatanten Verkennungen und der verzerrenden Selbstüberschätzung. Doch auch er schenkte als Deutscher in seiner „Realpolitik" typischerweise der Realität des Fühlens nicht genügend Beachtung. Man kann ihm das natürlich nicht ankreiden, weil kollektiv das Bewusstsein dafür noch nicht entwickelt war und es teilweise bis heute ja noch nicht ist. Jedenfalls tat sich Bismarck nicht gerade durch Liebenswürdigkeit hervor, und er war in diesem Sinne im internationalen Verkehr nicht besonders „diplomatisch". Er verstand sich als „ehrlicher Makler", der er ja auch war.

Ich habe auf die von der Denkfunktion gesteuerte Ehrlichkeit, der manchmal Fühlgrundsätze geopfert werden, schon aufmerksam gemacht (vgl. Kapitel 3). Verstieß nicht auch Bismarck gegen Gesetze des Fühlens und gegen Freundschaftsbindungen? Auf dem Berliner Kongress 1878, auf dem er sich zugestandenermaßen aufrichtig um eine Friedensregelung in Europa bemühte und darin für die nächsten Jahrzehnte auch erfolgreich war, verärgerte er Russland dermaßen, dass es später eine Allianz mit Frankreich einging. Das sollte sich als schwerer Nachteil zu Beginn des Ersten Weltkriegs erweisen, worauf der Publizist und Historiker Sebastian Haffner hinweist. Es war weniger, dass Russland bei der Regelung stark benachteiligt worden wäre, sondern eher das Atmosphärische, Klimatische, das den Riesen im Osten verbitterte. Dabei wäre Deutschland aufgrund der Vorgeschichte der bilateralen Beziehungen Russland eigentlich zu Dank verpflichtet gewesen.[113]

Dadurch und durch anschließende Affronts verschlechterte sich schon unter Bismarck die Beziehung zu den Russen weiter. So wurde der gut gemeinte Rückversicherungsvertrag mit dem Zarenreich von 1887, der in verschiedenen Kriegsfällen den jeweils anderen Partner zur Neutralität verpflichtete, durch doppelgleisiges Fahren auf deutscher Seite in seiner Bedeutung als emotionales Bindeglied zunichte gemacht. Die russische Enttäuschung wuchs, als im gleichen Jahr im Rahmen der deutschen Schutzzollpolitik der inländische Kapitalmarkt durch das sog. Lombardverbot für russische Anleihen gesperrt wurde. Dies führte zu einem Kursverfall der russischen Wertpapiere und zu einer schweren Beeinträchtigung der Finanzmärkte Russlands, die daraufhin nach Paris und Amsterdam auswichen. All das kränkte Russland, entfremdete es von Deutschland, und ein Bündnis des Zarenreiches mit Frankreich rückte bereits hier näher.

Dieses Taktieren Bismarcks gab dazu den deutschen Militärs mehr Raum, den diese sofort nutzten. General Alfred von Waldersee, Stellvertreter Moltkes im Großen Generalstab, hielt in seinem apokalyptischen Denken eine militärische Auseinandersetzung mit Russland für unausweichlich, plädierte für einen Präventivkrieg und bemühte sich zusammen mit dem einflussreichsten Außenpolitiker des Reiches, Friedrich August von Holstein, darum, Österreich in einen Konflikt mit Russland zu treiben. Hierauf musste wieder Bismarck dämpfend in Aktion treten.[114] Doch die Folge war der Zweibund zwischen Frankreich und Russland als Geheimvertrag, der großes Unbehagen in Europa hervorrief und weitere Bündnisse dieser Art nach sich zog. Notgedrungen schlossen sich Italien, Österreich und Deutschland 1882 zu dem hauptsächlich gegen Frankreich gerichteten Dreibund zusammen.

Auch gegen England gab es bewusste und unbewusste Vorbehalte, die zu ungünstigen Auswirkungen führten. Der Emporkömmling Deutschland „löckte" wider das mächtige Weltreich. Dies begann schon mit der Kolonialpolitik unter Bismarck, die in ihrer Stoßrichtung provokativ antienglisch war.[115] 1884 schickte er seinen Sohn Herbert nach London. Dieser „rang den Engländern mit einer guten Portion unnötigen Säbelrasselns sowie einiger für seine Gesprächspartner recht peinlichen Hinweise auf ihre schwache Position in Ägypten" die Anerkennung deutscher Ansprüche auf Gebiete in Südwestafrika und die Fidschi-Inseln ab.[116] Diese englischen Zugeständnisse führten aber nicht zu einer Verbesserung der gespannten deutsch-englischen Beziehungen, da Bismarck keine freundlichen Signale setzte, um die Lage zu entschärfen. Im Gegenteil folgten weitere Provokationen, die Togo, Kamerun, Ostafrika und Neuguinea betrafen. Die vor allem mit Blick auf Paris lancierte anti-englische Stimmungsmache, mit der man die Franzosen für sich einnehmen wollte, lösten bei diesen jedoch nur Befremden und Irritation aus.

1888 sah es kurzfristig nach einer Wende der deutschen Politik aus, als Friedrich III. Nachfolger von Wilhelm I. und deutscher Kaiser wurde. Seine Regierungszeit dauerte jedoch nur 99 Tage, da der an Kehlkopfkrebs schwer Erkrankte bald darauf starb. Es hat keinen Sinn zu spekulieren, was unter seiner Ägide geworden wäre, denn die Schicksalsbahnen für Deutschland sollten anders verlaufen. Das kollektive psychische Feld war anders gepolt. Dieser Kronprinz hatte die Prinzessin Victoria, eine Tochter von Königin Victoria von Großbritannien geheiratet. Die beiden Frauen, besonders seine ihm geistig und – wie wir ergänzen müssen – vor allem gefühlshaft überlegene

Gemahlin, hatten einen glücklichen Einfluss auf ihn und verhalfen ihm zu einer, für deutsche Verhältnisse fortschrittlichen und vergleichsweise liberalen Einstellung. Von ihm wäre ferner eine dezidiert anglophile Politik zu erwarten gewesen, was ihn sofort in Gegensatz zu Bismarck brachte, der allen Impulsen und Plänen des neuen Kaisers entgegenzuwirken suchte.

Doch erst nach der Ära Bismarck häuften sich die diplomatischen Fehler, die – und das wird meines Erachtens bis heute außer bei Historikern nicht genügend gesehen – kausal daran beteiligt waren, dass Deutschland überhaupt und noch dazu in einer so ungünstigen Konstellation in den Ersten Weltkrieg hineinschlitterte. Das Studieren der deutschen Geschichte in der Zeit seit dem Abgang Bismarcks erfüllt einen mit Bestürzung und Scham, wie sich deutsche Politiker unter Federführung von Kaiser Wilhelm II. verhielten, was sie auslösten, in die Welt setzten und wie im Grunde schon die Zielgerade zu 1945 hin vorgebahnt wurde.

Wahrscheinlich wird es vielen Lesern ähnlich wie mir gehen, dass ihnen beim Verfolgen der kommenden Jahrzehnte ab 1888 der Atem genommen wird, sie wie durch etwas Schweres und Dunkles hindurchgehen und zeitweise in einem peinvollen Gefühlszustand sind, aus dem sie am Ende wie betäubt auftauchen. Denn in dieser Zeitspanne bis zum Nationalsozialismus gibt es nur verschwindend geringe Lichtblicke, so z.B. Stresemann in der Weimarer Republik und wenige andere. Aber diese hatten keine Chance und wurden entweder kaltgestellt oder ermordet, während Hitler ja mehrere Attentate überstand.

Wir sollten die aus heutiger Perspektive eklatanten Fehlleistungen jedoch nicht von unserem jetzigen Standpunkt aus bewerten, denn inzwischen hat sich unser Bewusstsein weiterentwickelt und hinterher ist man immer klüger. Wir sind ja heute hinsichtlich der Entfaltung der Fühlfunktion ein erkleckliches Stückchen weiter. Wir können aber noch lernen, wenn wir das Damalige anschauen, uns mit der „Diplomatie" der Wilhelminischen Ära konfrontieren und uns dem Schamgefühl stellen, das die damaligen Vorgänge heute in uns auslösen. Und in subtilerer Form wirken manchmal noch ähnliche Tendenzen in der Jetztzeit, und unser Fühlen und Takt vertragen noch eine Portion Weiterentwicklung.

Nach dem Tod seines Vaters wurde Wilhelm II. 1888 mit knapp 30 Jahren Kaiser. Da er selbst starke Ambitionen hatte und in seiner Monarchenfunktion nicht nur Staffage sein, sondern auch auf die Politik Einfluss nehmen wollte, kam es bald zum Konflikt mit Bismarck, der so zwei Jahre später aus dem Amt gedrängt wurde, dazu aber selbst durch zunehmend unflexibles Verhalten mit beitrug.

Ich muss hier kurz auf den Charakter dieses letzten deutschen Kaisers, Wilhelm II., eingehen, der fatale Züge aufwies und mit seiner Sprunghaftigkeit, Unstetigkeit, hohlen Repräsentiersucht und seinem übersteigerten Geltungsbedürfnis die deutsche Außenpolitik bald auf einen Schlinger- und Crash-Kurs brachte. Der deutsche Herrscher war von einem ungestümen Bewegungsdrang erfüllt und liebte es, mit Pomp und „in vollem Ornat" geräuschvoll aufzutreten, wobei sein Imponiergehabe oft peinlich wirkte. Sein unbeständiges Wesen trug maßgeblich dazu bei, dass weder die Konflikte im Innern gelöst, noch die Außenpolitik verantwortlich geführt wurde, die im Gegenteil immer mehr entgleiste. Triumphale Gesten und pathetische Worte sollten Dilettantismus, Egozentrik und Mangel an Selbstdisziplin überdecken, und in seiner Uniformversessenheit entsprach er genau dem Typus, der sich aus Selbstunsicherheit hinter seiner Persona versteckt. Dadurch räumte er auch dem Militär unverhältnismäßig viel Einfluss ein.[117]

Aufgrund des mächtiger werdenden Reiches wurden der Kaiser und seine neuen Kanzler im Vorfeld des Ersten Weltkrieges immer überheblicher und versäumten es, haltbare partnerschaftliche Beziehungen zu den anderen Mächten (außer der „Nibelungentreue" zu Österreich) zu knüpfen. Der entscheidende Fehler war, den 1887 von Bismarck abgeschlossenen Rückversicherungsvertrag trotz großen Interesses und weitgehenden Entgegenkommens Russlands 1890 nicht zu verlängern. Hier spielt schon eine unausgesprochene Geringschätzung gegenüber dem Nachbarn im Osten hinein.

Die unheilvolle Folge war, dass sich wie schon erwähnt Frankreich sofort Russland annäherte und es 1894 zwischen diesen beiden Mächten zu einem festen Bündnis kam. Nachdem sich die unangenehmen Konsequenzen des aufgelösten Vertrags mit Russland bald darauf zeigten, wähnte man sich gezwungen, den Engländern in der Kolonialpolitik übermäßige Zugeständnisse zu machen, in der blauäugig-gutmütigen, aber realitätsfremden Einschätzung, nach der vorhergegangenen antienglischen Kampagne sich jetzt an England anschmiegen zu können und dort schnell eine Annäherung zu erreichen, was natürlich bei den realistischen und auf Gleichgewicht bedachten Briten nicht fruchtete. Dann gab man sich vorübergehend der Illusion hin, das Einvernehmen mit Russland reaktivieren zu können. Also eine unstete Politik ohne

Takt und Fingerspitzengefühl, deren Zickzackkurs selbstverständlich völligen Schiffbruch erleiden musste.

Und sofort erfolgte wieder eine Kehrtwendung aufgrund der Enttäuschung über Großbritannien. Nun glaubte die deutsche Regierung, durch Drohen und militärisches Imponieren zum Zuge zu kommen. Die Instrumente autoritären Handelns, Zuckerbrot und Peitsche, die im Innern nur einen auf das Land begrenzten Schaden anrichten können, wirken sich in der Außenpolitik verhängnisvoll aus. Und Drohgebärden sind weder im zwischenmenschlichen Umgang noch im Verhältnis der Völker zueinander eine probate Maßnahme, langfristig friedliche Ziele und gegenseitigen Nutzen zu erreichen. Wilhelm II. verstärkte das koloniale Engagement Deutschlands, und von Holstein, sein einflussreicher Außenpolitiker, meinte England unmissverständlich klarmachen zu müssen, dass es vorteilhafter für das Inselreich ist, Deutschland als Freund denn als Feind zu haben.

Auch glaubte er, die in dieser Weise eingeschüchterten Engländer an den Dreibund (Deutschland, Österreich-Ungarn und Italien) binden zu können. Man verschmähte es fortan besonders, die Position des englischen Empires zu würdigen, mischte sich im Gegenteil unklugerweise in verschiedene überseeische Angelegenheiten ein und übersah geflissentlich britisches Entgegenkommen, so dass die Beziehungen zwischen Deutschland und England auf einem nie dagewesenen Tiefstand anlangten. Der Ton macht ja bekanntlich die Musik, und da die deutschen Politiker selbst berechtigte Einwände wie z.B. die Rücknahme des Kongo-Vertrages mit Schroffheit und kränkenden Worten vorbrachten, wurde unnötig viel Porzellan zerschlagen.[118]

Die mangelhafte Fühlfunktion tritt einem hier also unübersehbar entgegen, was aber in Deutschland selbst nicht erkannt wurde. Besonders schlimm und im Tonfall noch verletzender wurde es, als der Kaiser die Außenpolitik selbst in die Hand nahm. Sogar die Verbündeten waren zusehends über die nicht nachvollziehbaren Stimmungs- und Positionswechsel entgeistert, die immer rascher erfolgten. So mischte sich Wilhelm II. 1896 plötzlich in die Auseinandersetzung zwischen England und Transvaal, dem heutigen Südafrika, ein. Er sandte an den Staatschef von Transvaal, Ohm Krüger, eine unterstützende und England provozierende Depesche, die sog. Krüger-Depesche, die erstmals in der britischen Presse und Öffentlichkeit eine starke antideutsche Stimmungswelle hervorrief.

Die deutsche Außenpolitik am Ausgang des 19. Jahrhunderts muss also als in vollem Umfang gescheitert angesehen werden, da man sowohl eine Entzweiung mit Russland als auch ein tiefes Zerwürfnis mit England zustande gebracht hatte, von dem Verhältnis zur französischen Republik, die man sowieso als Erzfeind betrachtete, gar nicht weiter zu reden. Dieses unser heutiges Resümee war aber – wie Gordon Craig feststellt – nicht die Meinung des Volkes, das begeistert war über die Ambitionen und Vorstöße des Reiches und „fortgetragen von der berauschenden Freude, England gedemütigt zu sehen. […] Dass der Opportunismus und die Arroganz der deutschen Politik im Laufe der vergangenen drei Jahre [vor 1896] das Gleichgewicht der Kräfte in Europa bereits zuungunsten Deutschlands verschoben hatten, entging den meisten Deutschen."[119]

Deutschland wollte eine Weltmacht sein und hatte auch das militärische Potenzial dazu, doch seine innere Verfassung und die Unreife des kollektiven Bewusstseins standen in einem frappanten Widerspruch dazu. Wie Craig konstatiert, wies Deutschland in seiner Grobheit, seinem trampeligen Auftreten, seiner emotionalen Ungeschicklichkeit und seinem übertriebenen Gehabe alle Fehler eines Parvenüs auf. Dass dieser Stil im Lande selbst enthusiastisch gefeiert wurde, sagt eben viel über den Stand des Bewusstseins zu jener Zeit aus.[120]

Sogar von Intellektuellen wurde der Weltmachtanspruch Deutschlands propagiert und mit dessen „höherer Kultur" begründet. Die Vormachtstellung Englands wurde – wie ich meine hauptsächlich aufgrund des kollektiven negativen Vaterkomplexes und der damit zusammenhängenden Anti-Haltung – ignoriert. Ohne dass man den Kontakt zum Empire und eine Abstimmung mit ihm gesucht hätte, wurde 1898 schließlich die Flottenpolitik eingeleitet, die die damalige Weltmacht äußerst brüskieren musste. Man wollte den Konkurrenten damit bewusst reizen – und dies zu einem Zeitpunkt, als es schon eine Allianz zwischen Frankreich und Russland gab! Als England dann ein Bündnis anbot, wenn Deutschland auf die Flottenaufrüstung, die den Lebensnerv des Inselstaates mit seinen überseeischen Kolonien traf, verzichte, reagierte man mit, wie Sebastian Haffner feststellt, einem typisch deutschen Denken: Wenn England uns jetzt schon entgegenkommt, wird es nach der Flottenaufrüstung noch viel mehr Zugeständnisse machen. Ein Denken – aber eben kein Fühlen –, das sich nach Meinung dieses Historikers in fast gleichlautender Weise wiederholte, als die Sowjetunion 1952 Adenauer die

Wiedervereinigung anbot.[121] Wahrscheinlich sind aber diese beiden Fälle nicht ganz zu vergleichen, denn die Offerte Stalins war sicherlich mit vorerst nicht sichtbaren Pferdefüßen verbunden.

Gibt es einen besseren Beweis als die deutsche Politik am Ausgang des 19. Jahrhunderts, wie fehlendes Fühlen und einseitiges, von Selbstüberschätzung genährtes Denken zu Realitätsfremdheit führen? Bei all dem machten Wilhelm II. selbst und die Reichskanzler nach Bismarck eine klägliche Figur. Sie waren nicht in der Lage, außer der blinden Verbrüderung mit Österreich auch nur mit *einer* anderen Macht einen positiven Gefühlsrapport herzustellen. Stattdessen kam es bereits 1904 zwischen England und Frankreich zur *Entente cordiale*, also zu einem „herzlichen Einvernehmen" trotz gegensätzlicher Interessenspolitik. Echte freundschaftliche Beziehungen sollten Deutschland erst nach dem Erlebnis der totalen Demütigung und nach dem Erschrecken über sich selbst, also erst nach 1945, möglich werden, und auch hier nur vereinzelt wie zuerst zu Frankreich und dann zu Russland und Polen, zunächst nicht zu England. Und auch mit Amerika waren wir trotz anderslautender Lippenbekenntnisse nicht so richtig warm geworden. Das Verhältnis zu den Vereinigten Staaten blieb trotz der Dankesschuld aus den in Kapitel 6 besprochenen Gründen ambivalent.

Der Erste Weltkrieg

Damals, vor 1914, empfand sich Deutschland auf einmal „eingekreist" und machte sich nicht klar, dass es zu dieser Situation selbst maßgeblich beigetragen hatte. Eine ordentliche Portion emotionaler Trübsicht war nötig, die europäischen Mächte Frankreich, Russland und England gegen sich einzunehmen. Doch damit nicht genug. Noch im Juli 1914, nach dem von einem Serben auf den österreichischen Thronfolger verübten Attentat und kurz vor Kriegsbeginn, wies der Kaiser englische, auf Vermittlung ausgerichtete Vorschläge selbstgerecht zurück.

Und schließlich drängte der Schlieffen-Plan, der Präventivschlag gegen Frankreich und Einmarsch zu Beginn des Krieges in Belgien, dessen Neutralität durch England garantiert war, Großbritannien in den Konflikt. In ähnlicher Weise sollte später Hitler die durch England garantierte Integrität Polens nicht ernst nehmen, und Hitlerdeutschland war ebenso überrascht vom

Abbildung 16: Das Attentat in Sarajewo.
Illustration des Corriere della Sera vom 5.7.1914

Kriegseintritt Englands in den Zweiten wie das Wilhelminische Deutschland von dessen Eintritt in den Ersten Weltkrieg.

Hier, vor dem Einmarsch in Belgien 1914, machte die deutsche Regierung noch einen fatalen Fehler und zeigte einen eklatanten Mangel an emotionalem Urteilsvermögen, indem sie vorab Belgien ein Ultimatum zukommen ließ, worin es die Stimmungslage in diesem Land völlig falsch einschätzte. Die Note an Belgien verletzte dessen Ehre und Integrität, und der noch in letzter Minute gestrichene Passus, dass Belgien im Falle eines freundlichen Verhaltens mit Gebietszuwächsen aus Frankreich rechnen könnte, hätte England noch mehr aufgebracht. Der Historiker Christopher Clark schreibt dazu: „Der Umstand, dass dies Bethmann Hollweg nicht sofort aufgefallen war, wirft nicht gerade ein schmeichelhaftes Licht auf sein politisches Urteilsvermögen auf der Höhepunkt der Krise." Das deutsche Ultimatum, so Clark, entpuppte sich als schwerer politischer Fehler und verlieh der Entente ein unerschütterliches Gefühl der moralischen Überlegenheit.[122] Im Grunde war es schon die halbe Miete für den letztendlich von den Gegner Deutschlands gewonnenen Krieg.

Das mangelnde Respektieren von Abkommen und völkerrechtlichen Zusagen, in erster Linie gegenüber England, war ein Zug deutscher Politik bis einschließlich Hitler. Fatal daran war die Koppelung solcher Konventionsbrüche mit selbstüberschätzendem Wunschdenken und Realitätsblindheit. Ähnlich motiviert – oder besser: ähnlich unmotiviert – war dann das Verhalten Deutschlands, das Amerika in den Krieg zwang. Das Kaiserreich eröffnete den unbeschränkten U-Boot-Krieg, dehnte ihn auch auf US-Schiffe aus und forderte damit natürlich Nordamerika heraus. Der U-Boot-Krieg war militärisch weitgehend sinnlos, erzeugte aber ein vorübergehendes Triumphgefühl und hatte die eigentlich voraussehbare Folge, mit den USA als weiteren Gegner den Krieg verlieren zu müssen. Schon hier kam – noch unterschwellig und gemäßigt – ein gewisser Untergangsrausch zum Tragen, indem auch noch die letzten Chancen und Hoffnungen verspielt wurden. Das sollte sich im „Dritten Reich" bis zum endzeitlichen „Armageddon" steigern, wo Hitler Amerika ebenso selbstmörderisch den Krieg erklärte. Doch schon 1914 hatte sich der mythologische Hintergrund der Kollektivpsyche belebt, als „Wotan" erstmals auferstand, sich das „wilde Heer" in unbeherrschbarer Anfangsbegeisterung in Bewegung setzte und gemäß dem apokalyptischen Mythos-Vorbild alle Register damals möglicher Vernichtung gezogen wurden.[123]

Mit dem Giftgaskrieg, bei dem es zum Gaseinsatz aus Chlorflaschen kam – später auch von Senfgas und anderen Gasgiften –, überschritt Deutschland eindeutig eine moralische Grenze und setzte sich durch dieses Sich-Einlassen mit dem Bösen ins Unrecht. Die Technik der Giftwaffen hatte Prof. Fritz Haber entwickelt, Präsident der damaligen Kaiser-Wilhelm-Gesellschaft (ihre Nachfolge hat die Max-Planck-Gesellschaft angetreten), der daraufhin als Patriot gefeiert wurde. Er entwickelte sie gegen den Willen seiner Frau weiter, die wenige Tage nach dem ersten Gaseinsatz 1915 (im belgischen Ypern) mit der Dienstwaffe ihres Mannes Selbstmord beging. Doch auch dies hielt ihn nicht ab, den Giftgaskrieg weiter zu betreiben.

Auch hier gibt es wieder den symbolisch bedeutsamen Tod des Weiblichen in Deutschland, wo das Prinzip Macht über andere Werte wie Fühlen und Ethik die Oberhand bekam. Vor sich selbst wird ein unethisches Verhalten meist mit Hilfe der Denkfunktion entschuldigt, d.h. es wird „rationalisiert", wie der psychologische Fachterminus lautet. Fritz Haber legte es sich so zurecht, dass die Franzosen ja mit gasgefüllter Gewehrmunition den Anfang gemacht hätten (es handelte sich um ein relativ harmloses Tränengas) und dass durch den Chlorgaskrieg Menschenleben geschont werden könnten, da dadurch der Krieg schneller (für Deutschland siegreich) beendet würde. Der jüdischstämmige Nobelpreisträger (Nobelpreis 1918/1919 für die Synthese des Ammoniak im Haber-Bosch-Verfahren), der früh zum protestantischen Glauben konvertierte, war auch an der Entwicklung eines Schädlingsbekämpfungsmittels gegen Nager auf Blausäurebasis beteiligt, das später als Zyklon B von der SS zur Judenermordung eingesetzt wurde. Auch Angehörige von Haber fielen diesem Gift zum Opfer. Er war selbst Mitglied des Aufsichtsrats der IG Farben, der Herstellerfirma, emigrierte aber 1933 nach England, als in Deutschland die antijüdischen Gesetze auf den Weg gebracht wurden. Welch eine Verquickung der Schicksalswege![124]

Die Journalistin und Autorin Wibke Bruhns arbeitete überzeugend heraus, dass wir es in diesem ersten großen Krieg mit Erich Ludendorff, dem Stabschef der Obersten Heeresleitung, mit einer ähnlichen Schlüsselfigur zu tun haben, wie sie später Adolf Hitler darstellte. Noch im Juli 1918 hatte Ludendorff den Endsieg prophezeit. In verblendeter Wundergläubigkeit und Verleugnung der Realitäten verhinderte er nicht nur einen Verständigungsfrieden, der im Laufe des Krieges mehrmals möglich gewesen wäre, sondern informierte auch den Kaiser und die Regierung, die ihrerseits den Reichstag unterrichtete, erst Ende September 1918 über die wirkliche Lage und die Notwendigkeit der Kapitulation. Da alle in Deutschland die Ausblendung der wahren Situation stillschweigend mitgemacht hatten und bei der bislang herrschenden Siegesgewissheit niemand auf eine Niederlage vorbereitet war, fiel man aus luftiger patriotischer Höhe plötzlich unsanft auf den Boden der Tatsachen. Selbst in der Truppe war man überrumpelt von den Neuigkeiten.

Wibke Bruhns schildert dies in ihrem Buch *Meines Vaters Land* so: „Stöhnend und schluchzend' nahmen die hochrangigen Offiziere zur Kenntnis, dass der Krieg verloren und an der Westfront jeden Moment ein Durchbruch des Feindes zu erwarten sei."[125] Und die Politik fühlte sich jahrelang von den Militärs belogen. Bei mehr Realitätssinn hätte aber jeder das Kommende sehen können. Die Verlängerung des Krieges durch Ludendorff kostete im letzten Dreivierteljahr allein auf deutscher Seite noch einmal 1,5 Millionen Soldaten das Leben. Dieser General war dann aber zu feige, die Verantwortung zu übernehmen und selbst den Waffenstillstand zu erbitten, sondern ließ das den Reichstag mit Hilfe der Sozialdemokraten machen, die später undankbarerweise dafür geschmäht wurden. Ihnen und der Regierung wurde der „Dolchstoß" unterstellt, während die Armee im Felde unbesiegt geblieben sei.

Bereits 1918 war man also der Verführung unterlegen, aus der Niederlage durch eigenes Zutun noch Schlimmeres und geradezu Endzeitliches zu machen. Dies geschah einerseits durch das Verzögern eines noch rechtzeitigen und akzeptablen Friedens, andererseits durch geplante Akte eines theatralischen Untergangs. So befahl die Leitung der Marine – an der Waffenstillstandspolitik der Regierung vorbei – die selbstmörderische Aktion, die gesamte kaiserliche Flotte gegen England zu werfen, was nur durch die bekannte Meuterei der Mannschaften und die beginnende Revolution in Deutschland verhindert wurde. Die Marine ließ es sich jedoch nicht nehmen, sich kurz vor Unterzeichnung des Versailler Vertrages in der britischen Bucht von Scapa Flow selbst zu versenken.

Für das Selbstverständnis eines Volkes ist es erschreckend und erniedrigend mitzuverfolgen, wie 1918 sang- und klanglos die Monarchie unterging, nachdem 47 Jahre lang das Kaisertum, hervorgegangen aus dem Königtum Preußens, bestanden hatte. Es war ein würdeloser Abgang Kaiser Wilhelm II, der sich frühzeitig in die Niederlande absetzte. Und würdelos auch, dass die Bevölkerung dieses Ende nach einer langen Zeit vaterländischer Kaiserbegeisterung ohne deutlich artikulierte Gefühlsregung hinnahm. Hier fehlten schon das emotionale Abschiednehmen und ein adäquater Trauerprozess, ähnlich wie später am Ende des „Dritten Reiches".

Als Fazit müssen wir leider festhalten, dass es bereits in der Kaiserzeit im Vorfeld des Krieges Fehler über Fehler des „deutschen Michel" in der emotionalen Politik gab. In beiden Weltkriegen wiegte sich Deutschland dazu in der Illusion, England (und die USA) könnten neutral bleiben, worauf man aber in der politischen Beziehungsarbeit nicht hingewirkt hatte. Im Gegenteil: Das ambivalente Verhältnis zu diesen Großmächten und „Vaterfiguren" bedeutete ja gerade, dass Deutschland einerseits glaubte, trotzig und arrogant auf sie herabsehen und ihre Aussagen ignorieren zu können, während es andererseits insgeheim zu ihnen als einer Instanz aufschaute, die der deutschen Sache letzten Endes Sympathie entgegenbringen werde.

Die psychische Befindlichkeit Deutschlands nach dem verlorenen Weltkrieg

Bedauerlicherweise führte die Niederlage 1918 nicht zu einer wirklichen und anhaltenden Ernüchterung und Bescheidung. Es kam im Gegenteil sofort zur besagten Legendenbildung, es habe seitens der Politik einen Dolchstoß von hinten gegeben, während das Militär „Ehre eingelegt" habe. Bei dieser Realitätsverleugnung und Abwehr aller Enttäuschungs- und Trauergefühle können wir hier, bezogen auf die Kollektivpsyche, „psychotherapeutisch" beurteilen, dass der „Klient" Deutschland noch nicht bereit war, sich mit sich selbst zu konfrontieren, sondern stattdessen die Schuld auf einen Sündenbock schob. Wir Deutschen wollten oder konnten uns der Frustrierung unserer Wunschvorstellungen damals noch nicht stellen und waren nicht in der Lage, selbstkritisch zu reflektieren, was zu dem Fiasko des Ersten Weltkriegs geführt hatte. Wir waren auch noch nicht bereit, unsere Weltwahrnehmung als Wirklichkeitsverkennung aufzudecken. Das schuf die Voraussetzung dafür, dass sich die Katastrophe in noch größerem Stil wiederholen musste.

Die Realitätsverblendung war ohne Ausnahme beim „kleinen Mann" bis zu den höchsten Repräsentanten des Staates verbreitet. Wie anders ist sonst die Forderung Paul von Hindenburgs 1918 zu verstehen, nachdem General Ludendorff den verlorenen Krieg eingestanden hatte, in den anstehenden Verhandlungen die Annexion der lothringischen Erzgruben zu erwirken?[126]

Die Wirklichkeit sah anders aus und führte zum Versailler Vertrag. Dessen Bedingungen waren zwar rigoros, demütigend und keinesfalls fair, doch Deutschland hatte durch seine Uneinsichtigkeit und Geringschätzigkeit zu diesem Ergebnis beigetragen. Ferner ist es immer ein unguter Zug – bei einem einzelnen Menschen wie bei einer ganzen Nation – die Schuld außen und bei den anderen zu suchen. Denn so sind keine Selbstbesinnung und innere Veränderung möglich. Mit einer Haltung, den eigenen Anteil an der Schuld anzunehmen und die Verantwortung für das eigene Versagen zu übernehmen, hätte Deutschland auch bei den Siegermächten eine andere Wirkung erzeugt. Stattdessen ging es zu ihnen in Opposition und gegenüber den festgelegten Reparationszahlungen in den passiven Widerstand.

Wehleidigkeit und Abwehrhaltung gewannen die Oberhand und waren wichtiger als das eigene Wohlergehen. So wurden die Inflation Anfang der 20er-Jahre und die Deflation während der Weltwirtschaftskrise 1929 nicht nur hingenommen, sondern insgeheim begrüßt und wirtschaftspolitisch gefördert, damit ein verarmtes Deutschland nicht in der Lage wäre, die Kriegskompensationen zu entrichten. Das Verhalten erinnert an ein Kind, das sich selbst schädigt, um den Eltern Schuldgefühle zu machen, oder an einen Ex-Ehepartner, der sich geschäftlich ruiniert, um keinen Unterhalt zahlen zu müssen. Reichskanzler Brüning nahm übrigens mit der hausgemachten Verschärfung der Wirtschaftskrise seit 1929 auch das weitere Erstarken der nationalsozialistischen Partei in Kauf, denn das Elend der Massen spielte die Menschen Hitler in die Arme.

Psychologische Ursachen für das Aufkommen des „Dritten Reiches"

Deutschland schob also die Schuld am verlorenen Krieg und seine Folgen auf die unglücklichen Umstände, auf ein zu frühes Eingehen auf die Kapitulation (Dolchstoßlegende), auf das „neidische England" usw. und reflektierte sein eigenes Verhalten nicht. Im Gegenteil, nach einer kurzen demokratischen und gemäßigten Phase brach die eine Zeitlang unterdrückte enttäuschte Wut umso stärker hervor. Es kam in einer Art Trotzreaktion zu einer Forcierung und Steigerung all jener Kräfte und Verblendungen, die eigentlich schon ihre Untauglichkeit für die Realitätsbewältigung bewiesen hatten. Deutschland beharrte starrsinniger denn je auf seinem Standpunkt. Bezeichnenderweise wurde 1921 zum Deutschlandlied noch eine inoffizielle Strophe hinzugedichtet, in der es hieß: „Deutschland, Deutschland über alles / und im Unglück nun erst recht." Dies alles trug wesentlich dazu bei, dass Hitler und der Nationalsozialismus hochkommen konnten.

Daneben gab es natürlich auch andere und gegenläufige Ansichten und Stimmen. Doch ähnlich wie sich in einem Menschen bei einem fragwürdigen Verhalten die Stimme des besseren Selbst zwar meldet, aber in den eigennützigen und unverständigen Stimmen untergeht, so verhielt es sich damals mit dem Gesamtwesen Volk, in dem die einsichtigen und warnenden Rufer in der Minderzahl waren und unterdrückt wurden. Ich möchte in Bezug auf die Situation um 1933 diese Analogie zwischen Einzelperson und Nation noch etwas weiterspinnen. Nehmen wir einen Menschen, der eine (vielleicht nur kleinere) Verfehlung begangen hat. Er wird zur Rechenschaft gezogen, doch er stellt sich selbst nicht in Frage und zieht daraus keine Lehre. In einem trotzigen „Jetzt erst recht" behält er seine bisherige Einstellung nicht nur bei, sondern intensiviert sein schuldhaftes Verhalten noch und macht sich nun erst eigentlicher Vergehen schuldig. Ein solcher Mensch wird dadurch nur umso schlimmer Schiffbruch erleiden. Und oft kann erst eine Katastrophe mit furchtbarem Schuldigwerden und hartem Zurückschlagen der Umgebung einen Stopp setzen und Reflexion und innere Umkehr ermöglichen. Ähnlich ist es mit den Wegen und Irrwegen einer ganzen Nation, bis schädliche Denk- und Verhaltensweisen abgelegt oder gewandelt werden können.

Aus einer solchen Perspektive wird es ganz klar, dass auch die Geschehnisse von 1933 bis 1945 nicht einer kleinen Clique in die Schuhe geschoben werden können. Die Weichen zur NS-Diktatur wurden damals – gedanklich und tatsächlich – *kollektiv* gestellt, sodass die weit überwiegende Mehrheit in geringerem oder größerem Ausmaß als psychisch verstrickt anzusehen sind. Dabei wurde Hitler nicht nur von unbewussten kollektivpsychischen Kräften, sondern natürlich auch auf der bewussten und äußeren Ebene vom Großteil der Bevölkerung getragen, wenn auch nicht von jedem Einzelnen völlig reflektiert. Nach seinen großen innen- und außenpolitischen Erfolgen hatte er eine offen bekundete Zustimmung von 80% in der Bevölkerung. Es gibt einen Ausspruch, der besagt, dass ein Volk immer die Führung hat, die es verdient. Ich möchte es psychologisch ausdrücken: Die Regierung eines Landes entspricht cum grano salis dem Bewusstseinsstand der Bevölkerung. Deutschland war von seiner inneren Entwicklung einfach noch nicht so weit, dass ein Hitler unmöglich gewesen wäre; im Gegenteil: Hitler war der passende Schuh.

Außer denjenigen, die das Land frühzeitig verließen oder die aufgrund ihres sensiblen Gewissens und ihres für das Leid anderer offenen Herzens nicht wegsehen konnten, sondern sich äußerten, aktiv wurden und Verfolgung erlitten, haben alle in irgendeiner Form mitgemacht und das System mitgetragen. Nur ganz wenige wie die Geschwister Hans und Sophie Scholl oder Dietrich Bonhoeffer – um nur drei herausragende Persönlichkeiten zu nennen – hatten ein so hoch entwickeltes Bewusstsein und ein solches Mitgefühl, dass sie den Mut aufbrachten, um der Wahrheit willen und für die Verfolgten ihr eigenes Leben einzusetzen. Die deutsche Widerstandskämpferin Sophie Scholl war nicht einmal 22 Jahre alt, als sie hingerichtet wurde. Sie zeichnet sich durch ein – bei uns bis dato seltenes – hoch entwickeltes Fühlen aus. Ihre Briefe und Tagebuchaufzeichnungen, aber auch der sehenswerte Film[127] über sie aus dem Jahre 2005 zeigen uns eine junge Frau von hoher Empfänglichkeit für die Schönheiten der Natur und von tiefem Glauben, aber auch einen Menschen von innerer Anmut. Sie beschäftigte sich in ihren Aufzeichnungen intensiv mit der Harmonie der Seele: „Ich merke, dass man mit dem Geiste (oder dem Verstand) wuchern kann, und dass die Seele dabei verhungern kann." In einem ihrer Briefe ist zu lesen: „Man muss einen harten Geist und ein weiches Herz haben."[128] Diese ungewöhnliche Frau hatte also ein klares Bewusstsein für Denken *und* Fühlen.

Wenn wir Heutigen uns aufrichtig fragen, wie wir uns in der damaligen Zeit verhalten hätten, so müssten die meisten zugeben, dass sie entweder begeistert eingestimmt, sich angepasst oder zumindest arrangiert hätten oder vielleicht außer Landes gegangen wären. Wer könnte von sich sagen, dass er eine solche Zivilcourage aufgebracht hätte wie die Mitglieder der Weißen Rose oder der Begründer der Bekennenden Kirche? 2006 musste Günter Grass zugeben, dass er bei der Waffen-SS war, zu der er in den letzten Kriegswochen eingezogen wurde. Es ist für uns heute leicht zu behaupten: „Ich hätte da nicht mitgemacht", weil wir auf die historische Erfahrung zurückblicken und mit unserem heutigen Bewusstsein auf den verlorenen Krieg und die Gräueltaten der NS-Zeit schauen können. Wir stecken nicht in der damaligen Zeit drin, sind nicht vom damaligen Zeitgeist mitgerissen und sind nicht den Bedrohungen ausgesetzt, wie es die Andersdenkenden damals waren. Wir sind dem aktuellen Zeitgeist unterworfen und ausgeliefert. Unser Verfallensein an den jetzigen Zeitgeist und die Fehlgriffe, die wir dadurch heute machen – auch heute herrscht ein kollektives Feld mit spezifischen Denkmustern und Vorurteilen –, werden uns erst später und ebenfalls erst im Rückblick bewusst werden. Wir sollten uns also nicht über die damalige Generation erheben. Ohne unser heutiges Wissen und ohne den Verarbeitungsprozess seit der Nachkriegszeit wären wir nicht auf dem jetzigen Stand und wahrscheinlich genauso in das Geschehen mit hineingezogen worden.

In dem Moment, als Deutschland seine zarteren Stimmen abtötete, hatte es seine Seele endgültig verkauft und war den „Teufelspakt" mit dem mephistophelischen Teil der Denkfunktion eingegangen. Es hatte sich gegen „Gott" entschieden und gewandt; d.h. es hatte sich gegen sein höheres Selbst und die diesem innewohnenden ethischen Werte gestellt. Psychologisch gesehen maßt sich hier das Ich (oder die Nation) durch sein egomanisches Denken göttliche Allmacht an und schwingt sich damit zu hoch auf. Erst sein Fall und sein Scheitern, der furchtbare Absturz oder „Höllensturz", können dann das Ich (die Nation) zu einem heilsamen Wendepunkt bringen.

Das Denken wurde innerpsychisch und außen zur Diktatur; es begann das Fühlen brutal zu unterdrücken und zu tyrannisieren, und es kam zur Machtergreifung Hitlers. Das Verführerische sowohl an der verabsolutierten Denkfunktion als auch an Hitler ist, dass sie Stärke suggerieren sowie Sicherheit und Schutz vor schmerzlichen Gefühlen versprechen. In Deutschland sorgten unter anderem *Schutz*staffel oder SS (die Buchstaben wurden als Doppel-Sig-Rune zackig, mit geraden, abgeknickten Linien und nicht mit gerundetem S dargestellt)[129], *Sicherheit*sdienst (SD) und die Geheime Staatspolizei (Gestapo) für die Durchsetzung und Behauptung der Denk-Ideologie. Die starke Aufrüstung, der gewaltige Militärapparat, die Massenaufmärsche, die Reichsparteitage, die geradezu soldatische Gleichschaltung der Gesellschaft wie auch die monumentale Architektur Albert Speers stellten eine Machtdemonstration und Drohgebärde nach innen und außen dar. Was nicht in diese Selbstüberhebung der Denkfunktion passte und die Großmachtillusionen stören könnte, wurde als entartet, als minderwertig und lebensunwert oder als „Parasiten im Volkskörper" rigoros ausgegrenzt und ausgemerzt. Symbolischer Ausdruck des „Willens zur Macht" war der Adler, der seine Krallen in den Globus bohrt – dieses Bild war auf der Diplomatieuniform des Außenministers Ribbentrops aufgestickt[130] und war auch als riesenhafte Skulptur zu sehen.

Zur Vorgeschichte des Zweiten Weltkriegs

Aber die Stille blieb. Sie war in den Dingen, in den Gassen, im Land – echolos, traumlos. Es war eine Stille wie nach dem Einschlag eines ungeheuren Meteoriten. Taube Glieder, taube Bewegungen, immer noch. Noch immer setzt sich der Staub, langsam, langsam, der Staub braucht hundert Jahre und hundert Messen und hundert Schlager. Er braucht zweihundert Jahre, allein der Staub weiß, was er braucht. Der Einschlag ist immer noch in der Luft. Er löscht alles, was vorher war. Er dringt durch alles, durch die Haut, die Gedanken, durch das ganze verlorene Land, durch dich und mich.

Wolfgang Büscher[131]

Zwar war Hitler machtpolitisch bis 1938 außerordentlich erfolgreich, doch nie ist die deutsche Diplomatie verheerender ausgefallen als in seiner Ära. Das gilt besonders, seit Ribbentrop 1936 deutscher Botschafter in London war. Das Ziel war eigentlich, England zu einem dauerhaften Bündnis zu bewegen. Doch selbst angesichts der kommunistischen Gefahr in Osteuropa waren die Briten von Hitlers Art und Auftreten so angewidert, dass sie mehr und mehr gegen eine Allianz eingenommen wurden. Als alle Angebote an England seitens Hitlers nichts fruchteten, nahm er einen immer kritischeren, herausfordernden, ja drohenden Ton gegenüber dem Inselreich an.

Die Appeasement-Politik des britischen Premiers Chamberlain konnte zu nichts führen, da sie auf Hitler traf, der ein archaischer geartetes Bewusstsein hatte als die Regierungschefs der anderen westlichen Mächte. Man kann aber in der „Beschwichtigungspolitik", wie sie deutsch genannt wird, auch die mehr generöse, von Taktgefühl geleitete und den Interessen des anderen entgegenkommende Haltung der Engländer sehen, die nach den erlebten Enttäuschungen schließlich unter Churchill wieder in mehr Macht- und Revanchedenken umschlug.

Während der Sudetenkrise im September 1938 stellte der britische Premierminister alles Prestigedenken zurück und war zu weitestgehendem – im wahrsten Sinne des Wortes – Entgegenkommen bereit. Hitler ließ für eine Zusammenkunft den fast 70-Jährigen bis nach Berchtesgaden zu seinem Alpenhof kommen und war nicht in der Lage, den Großmut Chamberlains mit wenigstens einer freundlichen Geste zu erwidern. Und er war überhaupt nicht bemüht, ernsthafte Angebote zu einem friedlichen Kompromiss zu machen. Dennoch erklärte sich der Brite bei einem Folgetreffen eine Woche später in Godesberg bereit, der Abtretung des Sudetenlandes an Deutschland zuzustimmen.[132]

Um die emotionalen Folgen des demütigenden Verhaltens gegenüber England machte sich Hitler keine Gedanken, es war ihm nicht einmal bewusst. Eine Konsequenz der erfahrenen Erniedrigungen Englands, das nicht mehr an eine aufrichtige Verhandlungsbereitschaft Hitlers glaubte, war sicherlich die Garantieerklärung für Polen im März des folgenden Jahres. Hitler in seiner Realitätsverkennung sah sich als abgewiesener Bewerber um ein Bündnis mit dem Inselstaat, schlug schrillere Töne an, polterte gegen die „Einkreisungspolitik" Englands und drohte bei einer Rede anlässlich des Stapellaufes der „Tirpitz", den gemeinsamen Flottenvertrag aufzukündigen, was auch wenig später erfolgte.[133]

Der geschichtlich Versierte sieht hier schon die zahlreichen Wiederholungsmomente: wieder die Projektion, man werde eingekreist; wieder kommt Alfred von Tirpitz ins Spiel, der für die Flottenaufrüstung im Kaiserreich hauptverantwortlich war – hier als Name eines Schlachtschiffes, hinter dem die gleiche herausfordernde Großmachteinstellung steht wie in der Zeit vor dem Ersten Weltkrieg. Der überfällige Meinungsumschwung in Großbritannien war jetzt zum ersten Mal auch an antideutschen Demonstrationen zu erkennen.[134]

Aus dem Konzept gebracht, stürzte sich Hitler in den Pakt mit Stalin, dessen tiefere Motivation wahrscheinlich der Hass auf England war. Er war so begierig, dieses Nichtangriffsabkommen mit der Sowjetunion abzuschließen, dass er alles Unterhandlungsgeschick fahren ließ, um schnellstmöglich diesen Vertrag unter Dach und Fach zu bringen. Selbst als zusätzliche sowjetische Forderungen kamen, telegrafierte Hitler einfach „Ja, einverstanden", womit er Stalin kurzerhand halb Osteuropa einschließlich Finnland und Bessarabien überließ.[135]

Das Geheime Zusatzprotokoll des Ende August 1939 – also kurz vor Eröffnung der Kampfhandlungen – abgeschlossenen Pakts sah für den Eventualfall eine Teilung der Interessensphäre in Osteuropa mit einer Aufteilung Polens vor. Während Stalin den Vertrag laut seiner Äußerungen sehr ernst nahm und auf sein Ehrenwort versicherte, dass die Sowjetunion ihren Partner nicht betrügen würde,[136] war dieses Abkommen für Hitler nur ein taktisches Manöver, um vorübergehend seitens Russlands Ruhe und für seine allerersten Kriegsziele freie Bahn zu haben.

England machte angesichts der drohenden Gefahr und eingedenk der Erfahrungen von 1914, als es Belgiens Neutralität garantiert hatte, noch einmal unmissverständlich klar, dass es entschlossen sei, zu seiner Zusage bezüglich Polens zu stehen und wandelte die Garantie sogar in einen Beistandspakt um. Hitler glaubte dennoch nicht an die ernsthafte Kriegsbereitschaft Großbritanniens und fuhr mit seiner nach allen Seiten geringschätzigen Diplomatie fort, selbst gegenüber dem Bündnispartner Italien. Obwohl ihm klar war, dass er einen Krieg mit dem Empire unbedingt vermeiden musste, da dies vorzeitig das Ende seiner Ambitionen bedeutet hätte, ignorierte er die englische Schutzzusicherung an Polen und rechnete nach einem schnellen Überrennen des östlichen Nachbarn mit einem Einlenken der damaligen Weltmacht. Welche Fehleinschätzung! Hitler konnte aufgrund seiner insuffizienten Fühlfunktion nicht erkennen, dass er es emotional mit England völlig verdorben hatte und dass man dort den deutschen „Führer" und seinen Charakter bereits gänzlich durchschaut hatte. Als das Einlenken nicht kam, setzte Hitler auf die irreale Hoffnung – für ihn war es eine Gewissheit –, dass nach einem Sieg über Frankreich sein Angstgegner und Wunschpartner auf einen Frieden eingehen müsse.

Der Beginn des Zweiten Weltkriegs und das „Unternehmen Barbarossa"

Nach Joachim Fest traf Hitler, besonders nachdem seine Pläne mit England gescheitert waren, eine Reihe von „Selbstmordentscheidungen", was nur ein anderer Ausdruck ist für die ihm innewohnende Negativität und sein Bestimmtsein durch den Mythos vom Weltenende. Dass schon Bethmann Hollweg, der zu Kriegsbeginn 1914 Reichskanzler war, „von den gleichen pessimistischen Phantasien und germanisch getönten Untergangsstimmungen erfüllt war wie Hitler auch, zeigt die ganze weitgespannte Verbindlichkeit des Schicksals- und Katastrophenmotivs für das deutsche Bewusstsein"[137], so Fest.

Nach dem Überfall auf Polen als Auftakt des Zweiten Weltkriegs und nach dem Präventivfeldzug gegen Frankreich war die nächste fatale Handlung Hitlers, im Juni 1941 das „Unternehmen Barbarossa" zu starten, die vertragsbrüchige Attacke auf die Sowjetunion. Der Name der Aktion war mythologisch aufschlussreich gewählt. Friedrich I, Kaiser des Heiligen Römischen Reiches im 12. Jahrhundert, genannt Rotbart, lateinisch Barbarossa, hatte Deutschland eine 38-jährige Periode der Kaiserherrlichkeit beschert. Friedrich Barbarossa ertrank 1190 im Alter von 68 Jahren im Fluss Saleph in Kleinasien. Der Sage nach ist er nicht gestorben, sondern ruht im Kyffhäuser, einem Bergrücken im Thüringischen und harrt darauf, im alten Kaiserglanz und Machtfülle wieder aufzuerstehen. Er sitzt schlafend auf einer Bank dort in einer Höhle, und sein rötlicher Bart ist schon durch den Tisch gewachsen. „Er hat hinabgenommen / des Reiches Herrlichkeit / und wird einst wiederkommen / mit ihr, zu seiner Zeit", wie sein Namensvetter Friedrich Rückert gedichtet hat.

Schon im Zweiten Reich lebte der Kyffhäusermythos auf, und Wilhelm II. ließ ein Kyffhäuserdenkmal erbauen. Ähnliche Mythen, dass der Herrscher nicht tot ist, hielten sich ja auch nach Hitlers Ende, der wohlweislich seine Leiche unkenntlich machen ließ. Gleich danach tauchten Gerüchte auf, die sich bis in die 50er- und 60er-Jahre hielten, ihm sei mit einem U-Boot die Flucht gelungen, er lebe in einem spanischen Kloster oder auf einer südamerikanischen Ranch.[138] Wir erkennen in all diesen Legenden, allem voran in der Barbarossa-Sage, das uns schon vertraute Wotan-Motiv, das untergründig im Volksbewusstsein rumort.

Hitler war sich ahnungsweise bewusst, dass er mit dem Lostreten des Krieges mit Russland einen weiteren Schritt tief in den Kollektivschatten tat und endgültig die Büchse der Pandora geöffnet hatte. In der Nacht vor dem Angriff auf Russland äußerte er: „Mir ist, als ob ich die Tür zu einem dunklen, nie gesehenen Raum aufstoße, ohne zu wissen, was sich hinter der Tür befindet."[139]

Dahinter warteten die Gräuel im Osten einschließlich der nun bald forciert betriebenen Ermordung von Menschen in Konzentrationslagern und die ganzen endzeitlichen Kriegsszenarien. Dass Hitler im Dezember dieses Jahres 1941 auch noch unsinnigerweise und ohne Not den USA den Krieg erklärte, die zu der Zeit schon der mächtigste Staat der Erde waren, wundert jetzt nicht mehr. Vier Tage zuvor hatten die Japaner Pearl Harbor, den amerikanischen Kriegshafen und Stützpunkt auf Hawaii, überfallen und mit Kamikazeflügen bombardiert. Doch dies war für Hitler nur ein äußerer Aufhänger; die Würfel mit der halb bewussten Entscheidung, den Endzeitmythos ablaufen zu lassen, waren längst gefallen.

Alle Attentate auf Hitler scheitern

In einem größeren Zusammenhang gesehen können wir auch das Scheitern der zahlreichen Attentate auf den Diktator nicht als Zufall abtun. Sie waren in dem damals noch herrschenden Energiefeld einfach unwahrscheinlich und nicht erfolgversprechend, und oft retteten den „Führer" offensichtlich seine Eingebungen.

Hitler war ja sehr intuitiv. Die Intuition ist eben nicht nur für geistige Höhenflüge zuständig, sondern kann allen Zwecken dienen. Dass diese Ich-funktion bei Hitler leitend war, ohne von anderen Funktionen mäßigend und überprüfend begleitet zu werden, erkennt man unter anderem daran, dass er mehr in einer Traum- und Phantasiewelt lebte als in der Wirklichkeit. Besonders in seinen jüngeren Jahren hatte er die Vorliebe, Entscheidungen durch das „Münzorakel", das Hochwerfen einer Münze, herbeizuführen. Sonst ließ er sich von der Impulsivität seiner Einfälle fortreißen. Seine Phantasie schoss über das Ziel hinaus und ins Kraut bis zur „Pseudologia phantastica" (so bezeichnet der Psychiater das Fabulieren, Märchenspinnen oder Lügen, an deren Wahrheitsgehalt der Betreffende jedoch größtenteils selbst glaubt). Seine Intuition garantierte Hitler zwar über Jahre hinweg eine erstaunliche Treffsicherheit in seinen Entscheidungen und ließ ihn mit der Zeit wie einen genialen Spieler (Spieler sind ebenfalls von der Intuition geleitet) fast unfehlbar erscheinen, doch dadurch rutschte er immer mehr in eine Va-banque-Mentalität hinein.[140]

Dieses „Anhangen an den Zufallsgott" (auch dies eine Spielereinstellung) offenbaren ein unreifes Urteil und ein schwaches Ich, das sich so der Eigenverantwortlichkeit entzieht. Für ichhafte Entscheidungen muss man die Verantwortung übernehmen; überlässt man sie dem Schicksal, so kann man diesem hinterher die Schuld geben. Ferner illustriert das Beispiel Hitler, wie eine entfesselte Intuition, die nicht von einem warmherzigen Fühlen begleitet wird, sondern der – wie bei diesem Diktator – ein negatives, vernichtendes Denken zur Seite steht, letztendlich fürchterlich in die Irre führen muss.

Wie Joachim Fest ausführlich beschreibt, häuften sich ab 1943 die An-schläge auf das Leben des „Führers". Zwei Sprengkörper versagten und deto-nierten nicht. Beim nächsten Mal hatte Hitler den Schauplatz 10 Minuten verfrüht verlassen. Beim folgenden Versuch explodierte die Bombe vorzeitig. Dann wieder verhinderte ein alliierter Angriff ein Attentat, weil dabei sämt-liche Modelle der Uniformen zerstört wurden, die Hitler vorgeführt werden sollten, währenddessen ihn ein Offizier erschießen wollte. Als der Termin nachgeholt werden sollte, war Hitler plötzlich nach Berchtesgaden gefahren und entging damit gleich zwei Komplotten, da zu diesem Zeitpunkt erstmals auch Graf von Stauffenberg zuschlagen wollte. Bei einem dritten Vorführter-min – der Offizier war inzwischen schwer verwundet, aber ein anderer wollte das Vorhaben ausführen – erschien Hitler unvorhergesehen nicht. Ein ande-rer Entschlossener von Offiziersrang bekam am Tag des geplanten Attentats entgegen den sonstigen Gepflogenheiten keinen Zugang zu Hitlers Berghof. Parallel dazu verweigerten auch die Westmächte die Unterstützung, da sie den Verschwörern keine Zusagen für den Fall eines erfolgreichen Staatsstreichs gaben.[141]

Der Ausgang des berühmten Attentats vom 20. Juli 1944 ist bekannt. Claus von Stauffenberg hatte im Führerhauptquartier Wolfsschanze die Ak-tentasche mit dem Sprengsatz unter dem schweren Eichentisch abgestellt, über den sich Hitler beim Studieren der Karte weit vorgebeugt hatte und der die Wucht der Detonation bremste. Dennoch waren neben vier Toten fast alle anderen Anwesenden schwer, der „Führer" dagegen nur leicht verletzt. Hätte die Explosion im Bunker stattgefunden, wo die Besprechung eigentlich vorgesehen war, und nicht in der oberirdischen Baracke, in der der Druck durch die Fenster entweichen konnte, wären alle tot gewesen. Die Intuition Hitlers und die Gunst des Schicksals – oder sollte man besser sagen: Ungunst? – wirkten zusammen. Hitler war sich wieder einmal der göttlichen Vorsehung gewiss: „Nach meiner heutigen Errettung aus der Todesgefahr bin ich mehr denn je davon überzeugt, dass es mir bestimmt ist, nun auch unsere gemein-same große Sache zu einem glücklichen Abschluss zu bringen!"[142] Bis auf das Wort „glücklich" hatte er damit in gewisser Weise sogar Recht.

Szenarien des Zweiten Weltkriegs

Hitler handelte – von der bewussten Vernunft aus betrachtet – irrational und wie getrieben. Wenn man ihn aber als Verkörperung der mythologischen Kräfte versteht, in deren Bann er unbewusst stand, erscheint alles zielstrebig. Sebastian Haffner meint ähnlich wie Joachim Fest zu der absolut rätselhaften Kriegserklärung gegen Amerika, dass Hitler damit die Niederlage unausweichlich machen wollte.[143]

Schon im März 1940 hatte er einem amerikanischen Diplomaten erklärt, es handele sich nicht darum, ob Deutschland vernichtet würde, Deutschland werde sich bis zum Äußersten wehren, aber im allerschlimmsten Fall würden eben alle vernichtet werden.[144] Kurz vor dem Untergang gab er die Weisung, die alliierten Staatsmänner so anzugreifen und persönlich zu beleidigen, damit es zu keinem akzeptablen Angebot von deren Seite kommen konnte.[145]

Ich vermute, dass sich bei Hitler im Angesicht des Scheiterns noch zusätzlich der ambivalente Hass auf Amerika auf selbstschädigende und selbstvernichtende Weise seinen Weg bahnte, so wie das Rumpelstilzchen, das sich mitten entzweireißt, als sein Name bekannt wird, d.h., als es *erkannt* ist. Auch Hitler wusste sich damals schon von Angloamerika durchschaut und festgenagelt. Auch wenn er bewusst noch eine Zeitlang an den „Endsieg" geglaubt haben mag, so hatten doch längst die dämonischen Kräfte von ihm und der deutschen Kollektivpsyche Besitz ergriffen. Negativität und Lebensverneinung taten ein Übriges. Joachim Fest beschreibt dies mit den Worten: „Ohne eine tief in der Herkunft, früher Prägung und Zeitstimmung verankerte Todesenergie sind Wesen und Verhalten Hitlers kaum zu erklären."[146]

Das Szenario des germanischen Mythos vom Weltenende mit dem totalen Untergang entfaltete sich im Außen, und das Verhängnis nahm seinen Lauf. Die Verdunkelung, das Verschlingen der Sonne durch den Fenriswolf, wurde in mehrfachem Sinne in Szene gesetzt. Erstens verdunkelte und engte sich das gemeinschaftliche Bewusstsein ein, zweitens wurden die NS-Verbrechen vor der Weltöffentlichkeit wie auch vor der eigenen Bevölkerung weitgehend verborgen und verdunkelt, drittens war die ständige städtische Verdunkelung ganz konkret ein Muss angesichts der Luftüberlegenheit der Alliierten, und nicht zuletzt handelte es sich bei dieser Zeit um die dunkelste Phase unserer Historie.

Auch der Weltenbrand realisierte sich. Die „Brandfackel" des Zweiten Weltkriegs, der weltweit 60-65 Millionen Tote forderte, setzte einen großen Teil des Globus in Flammen. Die Verbrennungsöfen des Holocaust und die sonstige Todesmaschinerie kosteten ca. sechs Millionen Juden das Leben. Das Geschossfeuer wütete in den Schlachten, und vieles wurde in den überrannten Gebieten in Brand geschossen oder in Brand gesteckt. Beim Rückzug aus Russland wurde die Losung der „verbrannten Erde" ausgegeben, die einzig zurückgelassen werden sollte. Schließlich kam die Lohe in den Luftangriffen wie ein Bumerang auf Deutschland zurück. Sie fiel in Form von Phosphorbomben vom Himmel und entfesselte tödliche Feuerstürme in den Straßenzügen der Städte.

Dass sich in diesem letzten Abschnitt des Weltkriegs der Weltenbrand realisierte, wird besonders anschaulich, wenn man Augenzeugenberichte hinzuzieht – von Opfern des Holocaust oder der Wehrmachtsverbrechen, aber auch von den Deutschen selbst, die zuletzt in das von ihnen ausgelöste Geschehen immer tiefer hineingerissen wurden. Zur Verdeutlichung hier die Schilderung eines damals sechs Jahre alten Kriegskinds vom amerikanischen Vormarsch in einem kleinen Weiler in der Pfalz, bei weitem nicht eines der schlimmsten Kriegsgeschehnisse. Interessant daran ist aber, wie auf einmal inmitten des „Weltenbrands", in der höchsten Not, das weibliche Prinzip wichtig wird, das in Deutschland – vor allem zur Zeit des Nationalsozialismus – so unterentwickelt bzw. unterdrückt war:

„Meine Schwestern und ich kauerten zusammen mit der Mutter in einer Ecke des Luftschutzkellers. Unsere Mutter hatte sich schützend über uns gebeugt. In ihrem Rücken stand ein alter Schrank. Wie sie später sagte, hatte sie diesen Ort mit Absicht gewählt. Erst sollte der Schrank, dann sie auf uns fallen und so Schutz geben, wenn das Haus einstürzen sollte. Die Erde war in Bewegung, das Haus wankte in seinen Fundamenten. Es war ein Beben und dumpfes Rollen in immer neuen Schüben. Da die Abdeckung des Ausstiegsschachtes weggerissen worden war, konnte man nach draußen sehen, und so war das, was draußen geschah, auch im Keller gegenwärtig.

Am Himmel, der taghell erleuchtet war, spielte sich ein bizarres Schauspiel ab. Bombengeschwader rückten in immer neuen Wellen heran. Die Scheinwerfer der nahen Flak tasteten den Himmel ab. Brandbomben fielen wie Feuerregen vom Himmel. Man hörte das Zischen der Flakgeschosse, Detonationen von Bomben, das Geräusch von Flugzeugabstürzen, fernes Sirenengeheul.

Es ist schwer Worte zu finden, die dies wiedergeben. Inferno, Apokalypse, Weltuntergang sind gewiss keine Übertreibungen.

Das kleine Grüppchen kauerte in der Ecke. Ich höre immer noch unser Beten. Es war ein Beten in einer Inbrunst und Tiefe, wie ich es nie wieder erlebt habe. Es waren Gebete an die Gottesmutter, die ich heute noch in Teilen auswendig kann. Die schützende und bergende Nähe zur Mutter und das Gebet zur Gottesmutter, zum mütterlichen Teil der Gottheit, gaben mir ein Urvertrauen, das schwer in Worte zu fassen ist."[147]

Nero-Befehle und kulturelle Selbstzerstörung

Was Hitler anrichtete und was wir Deutschen uns selbst antaten, ist ohne Beispiel. Vielleicht hat noch nie zuvor ein Volk ein so großes Unheil angerichtet. Und noch nie wurde einem so großen Volk durch eigenes Verschulden eine solch desaströse Zerstörung und grenzenlose Demütigung zugemutet, in der die Bevölkerung alle Übel wie psychischen Terror, Obdachlosigkeit, Vertreibung, Hunger und millionenfache Vergewaltigung erleiden musste. Doch schon 1941 hatte Hitler geäußert: „Wenn das deutsche Volk einmal nicht mehr opferbereit und stark ist, sein Blut für seine Existenz einzusetzen, so soll es vergehen und von einer anderen, stärkeren Macht vernichtet werden. Ich werde dem deutschen Volk keine Träne nachweinen."[148]

Noch im März 1945 gab Hitler die sog. „Nero-Befehle" – die zum Glück nur teilweise umgesetzt wurden –, alle im Reich noch vorhandenen Ressourcen und die ganze Infrastruktur zu zerstören, ehe sie dem Feind in die Hände fallen. Diese Anordnungen hätten nicht in erster Linie die vorrückenden Truppen mit ihren eigenen Versorgungswegen, sondern die deutsche Bevölkerung getroffen, der damit die Lebensgrundlage entzogen worden wäre und teilweise entzogen worden ist. Auch die Kunstschätze und -denkmäler sollten der Vernichtung zum Opfer fallen, z.B. historische Gebäude, Schlösser, Kirchen, Theater und Opernhäuser (wenn Hitler auch an anderer Stelle, wie beispielsweise in seiner Heimatstadt Linz, inkonsequenterweise vieles zu bergen suchte).[149] Im Depot eines Salzbergwerks, das gesprengt werden sollte, lagerten 6755 Gemälde Alter Meister, darunter Werke von Leonardo da Vinci, Michelangelo, Rubens, Rembrandt, Vermeer, van Eyck und anderen. Doch der aus dem Führerbunker in Berlin unter Exekutionsdrohung weitergeleitete Befehl wurde zum Glück nicht ausgeführt.[150]

In den letzten 11 Monaten des an sich längst verlorenen Krieges gab es durch den kollektiven Wahn und den Starrsinn Hitlers mehr deutsche Opfer, besonders unter der Zivilbevölkerung, als in allen Kriegsjahren davor. Hitlers letztes Ziel nach der Judenvernichtung war der vollkommene Ruin Deutschlands, von denen die „Nero-Befehle" nur das letzte Mosaiksteinchen waren. Davor hatte es schon das selbstmörderische Aufbieten des „Volkssturms", in dem noch viele Alte und ganz Junge, die Hitlerjungen und Flakhelfer, geopfert wurden, und militärisch unverständliche Manöver wie die Ardennenoffensive im Dezember 1944 gegeben. Dieser Gegenangriff gegen die Alliierten im Westen, zu der Hitler Truppen gegen den Rat des Generalsstabs von der Ostfront abzog, machte nach Meinung Sebastian Haffners die Tür im Osten weit für die Russen auf, die ja durch die NS-Propaganda bei den Deutschen am meisten gefürchtet waren. Mit der Ardennenoffensive verhinderte der desperate Feldherr, dass die gemäßigteren Alliierten zuerst den größten Teils Deutschlands besetzen konnten. Tatsächlich zerriss sofort die sowieso schon bedrängte Ostfront und die russischen Verbände konnten schnell bis zur Oder vorstoßen und als erste Berlin einnehmen.[151]

Ich finde, dass der psychologische Gedankengang Haffners nicht ganz von der Hand zu weisen ist, dass Hitler so die Deutschen der russischen Rache ausliefern und sie möglichst nicht den freundlicher gesinnten Amerikanern und Engländern überlassen wollte.

Ferner wüteten in den letzten Kriegswochen SS-Werwolfgruppen und andere Kommandos auf eigene Faust, die Depots und Gebäude sprengten und alle Menschen töteten, die an Übergabe und Weiterleben-Wollen dachten. Dazu wurde der sog. „Flaggenbefehl" ausgegeben, nach dem alle männlichen Bewohner derjenigen Häuser, die eine weiße Fahne zeigten, sofort erschossen werden sollten.[152] So wurden beispielsweise Bürgermeister, die zum Wohle der Einwohner den Ort den einrückenden Truppen übergeben und mit ihnen kooperieren wollten, noch in letzter Minute ermordet. Die fanatischen SS-Gruppen konkurrierten in ihrem Zerstörungswerk mit dem Bombenkrieg und Artilleriefeuer der Kriegsgegner. So waren nicht nur die Opferzahlen auf der Gegenseite entsetzlich hoch – in der Sowjetunion gab es allein sieben Millionen Tote unter den Zivilisten und 3,5 Millionen Kriegsgefangene –, auch bei uns Deutschen hielt der Tod reiche Ernte: neben den über 5 Millionen gefallenen Soldaten gab es 1-2 Millionen Tote bei den 12 Millionen Vertriebenen sowie 500.000 durch Bombardierung Getötete.

Es ist erstaunlich, dass diese Tatsachen, die Sebastian Haffner „Verrat Hitlers an Deutschland"[153] nennt, bisher nur wenig ins öffentliche Bewusstsein gedrungen waren und erst seit Oliver Hirschbiegels Kinofilm *Der Untergang* (2004) etwas mehr Eingang gefunden haben. Wir sind in unserer historischen Selbstkonfrontation noch nicht ganz dabei angekommen, Hitler auch in Bezug auf das eigene Volk als das zu sehen, was er war: ein Massenmörder. Hitler hatte quasi den kollektiven Selbstmord befohlen, und dieser wurde von den NS-Oberen vorgelebt. Die Nazi-Größen und viele untergeordnete NS- und SS-Angehörige töteten sich und ihre Kinder, denen ein Leben unter Fremdherrschaft nicht zugemutet werden sollte. Selbst nach dem „Zusammenbruch" brachten sich schätzungsweise noch 100.000 Deutsche um, wobei Gruppenselbstmord häufig war. Dies zeigt, wie stark man mit dem Gedankengut Hitlers bzw. – tiefer geschaut – mit dem Mythos vom Weltenende identifiziert war.

Kurz vor Schluss gab es noch das merkwürdige Phänomen, den Untergang karnevalistisch zu feiern. Statt Trauer, Demut, Selbstbesinnung oder gefasste Entgegennahme der Konsequenzen kam es bei vielen Angehörigen des Regimes und deren Umfeld zu einer unwirklichen Lustigkeit. Man dachte nicht über den Punkt der Niederlage hinaus – es gab keine Vorstellung von einem Leben jenseits davon – und dachte nicht daran, bestmöglich für die Übergabe der Macht und das Überleben der Menschen zu sorgen. Man wollte nichts anderes, als zusammen mit der Weltanschauung des Nationalsozialismus unterzugehen.

Mit dieser dionysischen Randale z.B. in den letzten Stunden in Berlin wurde dokumentiert, dass „jetzt alles egal ist". In diesem Zusammenhang kam es zu ungeheuren Rücksichtslosigkeiten, bis dahin, auch die eigenen Kinder mit in den Tod zu reißen. Zum Glück muss man sagen: nicht bei allen. Als viele Männer vollkommen desorientiert waren und nichts Besseres wussten, als bis zuletzt blind unsinnigen Befehlen zu folgen, hatten besonders Frauen oft ein Herz, halfen weiterhin Juden und versteckten sie, kümmerten sich um das zum Überleben Notwendige, waren also lebenszugewandt und -bejahend und glaubten an die Zukunft, wie Christian Graf von Krockow eindrucksvoll anhand von Berichten aus Pommern beschreibt. Er resümiert: „Im Untergang aber, wenn er unversehens denn eintritt, verliert das einseitig männliche Prinzip jeden Glanz. Auf einmal taugt es nicht mehr, niemand kann es noch brauchen, es zerbricht. Zum Überleben im Untergang wie zum Leben überhaupt ist anderes nötig."[154]

222

Tod und Vernichtung

Negativität im Denken mündet letzten Endes in vernichtende Handlungen ein. Im Begriff „Vernichtung" steckt das Wörtchen „nicht", das in den Bedeutungszusammenhang von „nichtig", „zunichte machen" und in den Kontext von Verneinung und Negation gehört. Das „Dritte Reich" führte die Negativität des Denkens im großen Stil zu ihrem Höhepunkt: bis zur tatsächlichen Vernichtung von Menschen. Hier zeigt sich auch krass, wie das Denken zu allem benutzt werden kann, wenn ein bestimmtes Ziel vorgegeben wird. Für jeden noch so scheußlichen Plan lassen sich mit Hilfe der Denkfunktion rechtfertigende Gründe finden. Der Nationalsozialismus ist eine eindrückliche Mahnung, dass das Denken nicht losgelöst von einem ethischen Wertesystem eingesetzt werden darf, sondern in Menschen- und Wahrheitsliebe eingebunden werden muss. Unter Hitler wurde das Denken bei gleichzeitiger Unterdrückung des Fühlens dazu benutzt, das Töten von sog. „lebensunwertem Leben" oder „rassisch Minderwertigem" als rechtens zu begründen. Das geschah mit intellektuell scheinbar stichhaltigen Argumenten. Deshalb konnten auch so viele Deutsche der nationalsozialistischen Ideologie überzeugt und begeistert folgen, weil das schlechte Gewissen wegrationalisiert wurde. Verbrechen wie die Shoah oder die Euthanasie stellen somit die Extremfolge einer negativierten Denkfunktion dar, die bis zum Töten geht. Jede ideologische Denkfunktion gleich welcher Art muss im psychologischen Sinne als undifferenziert gelten. Sie hat keinen weiten Horizont und keine umfassende Kritikfähigkeit, sondern ist auf bestimmte Voraussetzungen eingeengt. Es ist ein engstirniges und gleichsam zusammengepresstes Denken, meist im Dienst von Egoismus und Machtstreben.

Ein erster Vorläufer von Völkermord und Menschenvernichtung war bereits die brutale Niederschlagung des Herero-Aufstands 1904 in Deutsch-Südwestafrika. Befehlshaber von Trotta, der von Wilhelm II. mit der Angelegenheit betraut worden war, kalkulierte von vornherein die Vernichtung dieses Stammes ein, zu der es dann ja auch weitgehend kam. Es war der erste große Genozid in unserer deutschen Geschichte mit ca. 80.000 Toten. Der Gas- und Vernichtungskrieg des Ersten Weltkriegs gehört ebenfalls in diese Reihe, die bis zu Hitler verläuft, der alles überbot, was Androhung und Ausführung an Vernichtung anbetrifft. Er führte einen „totalen Krieg", und befahl Vernichtung und abermals Vernichtung. Zuerst kamen das ungezählte

Foltern und Liquidieren von Regimekritikern oder Denunzierten, sodann die Euthanasie, der sog. „Gnadentod", mit insgesamt 180.000 Opfern. Besonders Geisteskranke waren betroffen. So wurden ca. 100.000 psychisch Kranke und geistig Behinderte in der sog. „T4-Aktion", benannt nach dem Berliner Planungsbüro in der Tiergartenstraße 4, ermordet. Dann ordnete Hitler den Vernichtungsfeldzug gegen Russland und dabei die völlige Vernichtung von Leningrad an (die nicht gelang). Bei Stalingrad ließ er die 5. Armee der Vernichtung anheimfallen. Während des ganzen von Deutschland ausgehenden Krieges fand eine Orgie des Tötens statt, mit Millionen von Gefallenen auf beiden Seiten, mit dem Wüten in den überrannten Gebieten und zuletzt mit dem Rückstoß der entfesselten Mächte im Bombenterror und den Feuerstürmen in den Städten und in den Gräueln von Vertreibung und teilweise auch bei der Besatzung.

Doch nicht nur auf den Schlachtfeldern und an der „Heimatfront", sondern gerade auch in den Todesfabriken von Auschwitz, Majdanek, Treblinka und anderer Konzentrationslager, wo das „Ausmerzen" von Menschen bis zuletzt beschleunigt durchgeführt wurde, erfüllte sich Hitlers Drang nach Vernichtung. Er plante und vollzog weitgehend die Vernichtung der europäischen Juden und anderer sog. „minderwertiger Rassen", wobei es in den KZs zusätzlich zur direkten Tötungsmaschinerie die „Vernichtung durch Arbeit" gab. Die sog. „Endlösung der Judenfrage", die durch die Wannsee-Konferenz vom 20. Januar 1942 bezeugt ist, wurde beschlossen, als der deutsche Vormarsch in Russland zum Stillstand gekommen war. Kurz vor dieser Zusammenkunft von hohen NS-Funktionären hatte Hitler noch Amerika den Krieg erklärt. Er machte sich nach Haffners Ansicht auf diese Weise davon frei, auf irgendjemanden Rücksicht nehmen zu müssen, und habe sich so ganz den Verbrechen hingeben können. Auch an dieser zeitlichen Abfolge werde deutlich, dass bei Hitler der Vernichtungswille stärker war als politische und militärische Erwägungen.[155] In der Endphase des schon lange aussichtslosen Krieges wünschte Hitler schließlich die gänzliche Vernichtung der Deutschen.

In all dem trat unmaskiert und brutal die Negativität zutage. Hitlers Wunsch nach völliger Vernichtung seiner eigenen Landsleute hat sich nicht erfüllt. Das Leben ist weitergegangen. Der Weltuntergang ist nicht eingetreten. Doch das Schicksal des damaligen Denk- und Bewusstseinszustands war besiegelt. Für die meisten Deutschen war mit der äußeren Welt, den zerstörten Städten und dem Zerfall des Reiches und des Staates auch die herrschende Weltanschauung eingestürzt. Insofern war es im Erleben der Beteiligten durchaus das Weltende oder der Untergang. Bezeichnenderweise konnte das Ende der Hitler-Zeit 1945 nur von einem kleineren Teil der Bevölkerung als Befreiung erlebt werden. Die meisten sahen es als Niederlage und Zusammenbruch, so wie man sagt: „Eine Welt ist für mich zusammengebrochen." Erst später konnte zunehmend der Befreiungsaspekt wahrgenommen werden. Doch die vollständige innere Befreiung von negativen kollektiv-unbewussten Wirkkräften steht noch aus.

Vernichtung, Untergang und Tod hatten in jener Zeit ihren Kulminationspunkt. Die deutsche Geschichte durchzieht eine Todessehnsucht, die – wie aufgezeigt – schon früh zur Geltung kam und z.B. auch in den Schriften Ernst Jüngers anklingt, wenn er von den Erlebnissen des Ersten Weltkriegs berichtet. Diese latente Todessehnsucht wurde in der NS-Ära zum manifesten Todesinteresse und zur Todesverwirklichung. Diese Zeit war meisterhaft darin, das Gedenken an Tote bzw. den Tod zu feiern. Totenehrungen wurden mit größtem Pomp durchgeführt, und Todesverachtung war einer der höchsten Werte. In der SS hieß es: „Den Tod geben und den Tod empfangen", was millionenfach – viel mehr noch im Geben – ausgeführt wurde. Der Tod war also Programm, die SS stand offen unter dem Symbol des Todes, und viele eilten davon angezogen zu dieser Organisation. Und die sog. Totenkopfverbände waren für die Vernichtungslager zuständig. Schon die Hitlerjugend pflegte das Motto: „Wir sind geboren, für Deutschland zu sterben", und in einem HJ-Lied heißt es: „Nun lasst die Fahnen fliegen in das große Morgenrot, das uns zu neuen Siegen leuchtet oder brennt zum Tod."[156]

Das Totenkopf-Symbol kam allerdings nicht erst im Nationalsozialismus auf. Schon lange vor den Totenkopfeinheiten der SS gab es eine Tradition der Todesembleme in Deutschland. Auch in anderen Ländern spielte zeitweise der weiße Schädel mit den gekreuzten Knochen als Symbol eine Rolle, doch nie so durchgängig und intensiv wie in deutschen Landen. Nach dem Tod König Friedrich Wilhelm I. 1741 übernahm ein preußisches Husarenregiment das Zeichen von ungarischen und polnischen Vorbildern und legte sich eine schwarze Uniform mit dem Totenkopf auf dem Hut zu. Diese „Mode" wurde von verschiedenen Husaren- und Infanterieregimentern übernommen und schließlich zierte der Totenkopf bis 1818 die Mützen aller deutschen Husaren. Im Ersten Weltkrieg wurde der Totenschädel als Verbandsabzeichen von einer großen Zahl verschiedener deutscher Einheiten benutzt. Hinzu kam, dass einige Piloten den Totenkopf in Abwandlungen als persönliches Abzeichen führten. Gleich nach dem Ende der Kämpfe 1918 wanderte das Todesemblem zu einzelnen Freikorps und ab 1923 wurde es vom „Stoßtrupp Hitler" verwendet, der späteren Stabswache und Keimzelle der SS. Schon vor Bestehen der „Schutzstaffel" trugen nationalistische Veteranen Totenkopfringe, -Manschettenknöpfe und andere privat gefertigte Schmuckstücke zu ihrer Alltagskleidung. Dann wurde das Totenkopfabzeichen bis zum Ende des „Dritten Reiches" massenhaft an Kragenspiegeln, Helmen und Mützen sowie auf dem SS-Ring als Statussymbol getragen. Aber auch in der Wehrmacht und selbst bei der Danziger Polizei und Feuerwehr wurde das Todeszeichen geführt, was weniger bekannt ist; Sondereinheiten, Kampfwagen-Besatzungen und Panzertruppen hatten oftmals das Emblem auf ihre Fahrzeuge gemalt. Es soll nicht verschwiegen werden, dass auch manche Eliteeinheiten anderer Nationen ihre Uniformen mit dem Totenkopf „schmückten", wenn auch bei weitem nicht in dem Maße wie in Nazi-Deutschland.[157]

Wir haben dieses Thema noch nicht ganz durchgearbeitet, einige dieser Todesenergien sind noch unerlöst, und die Negativenergien von Tod, Vernichtung und Untergang geistern teilweise bis heute noch durch das kollektive Feld unserer Psyche. Unsere Kinder, die ja immer die unbewusst virulenten Kräfte übernehmen, offenbaren das und halten uns manchmal – wie ich eingangs dargestellt habe – den Totenkopf vor Augen, als Mahnung und unbewussten Appell, dass wir noch weiter an der Integration dieses „Todestriebs"[158] arbeiten müssen.

Noch immer ist der Tod ein Meister aus Deutschland. Nehmen wir als Beispiel nur Gunther von Hagens „Körperwelten". Seine Plastinationen, seine präparierten Leichen, und die Art der Darbietung zeigen einen eklatanten Mangel an Fühlfunktion, Pietät und Ehrfurcht. Sie stehen in einer Folge mit den seinerzeit zu „rassekundlichen Zwecken" in Formaldehyd eingelegten Köpfen und Menschenteilen und erinnern schaurig an die von der SS für Lampenschirme und Bucheinbände benutzte Menschenhaut oder die zu Hockern verarbeiteten Menschenknochen. In beiden Fällen konnten sich die Opfer gegen die Art der Verwendung und „Präsentation" nicht wehren, weder die ermordeten KZ-Insassen noch Gunther von Hagens im Ausland eingekaufte Leichen, über die es Gerüchte gab, dass es Verstorbene aus Russland und Hingerichtete aus China seien.

Antisemitismus und die Notwendigkeit, die Projektionen aufzulösen

Der Antisemitismus ist zwar kein auf Deutschland begrenztes Phänomen, und er ist auch zeitlich nicht auf die NS-Ära beschränkt gewesen, doch aufgrund des ungeheuren Ausmaßes an Verfolgung und Vernichtung in unserer jüngeren Geschichte haben wir Deutschen eine besondere Verpflichtung, uns psychologisch mit diesem Phänomen zu beschäftigen.

Schon im Mittelalter gab es in Europa Judenverfolgungen, besonders im 14. Jahrhundert, als man die Juden für die Pest verantwortlich machte und ihnen Brunnenvergiftung und Ritualmorde unterstellte. Die Juden, die in erster Linie in den Städten siedelten, hatten oft nur ein befristetes Bleiberecht. Als 1424 ein Schutzbrief für die Kölner Juden auslief, wurden ihre Friedhöfe zerstört, ihre Synagoge in eine Ratskapelle umgewandelt und sie selbst entschädigungslos enteignet und vertrieben.[159]

Dies war nicht einmal der eklatanteste Vorfall. Die Nazi-Pogrome haben also durchaus ihre Vorläufer über 500 Jahre vorher. Schon von daher kann man der verbreiteten Ansicht nicht zustimmen, dass es in erster Linie Hitlers Privathass gewesen sei und es im Deutschland der 30er-Jahre keine größere antisemitische Stimmung gegeben habe. In der Kollektivpsyche war diese Aversion – auch wenn das nicht nur für Deutschland gilt – vielmehr latent vorhanden und konnte durch die nationalsozialistische Propaganda reaktiviert werden, zumindest im Sinne eines passiven Geschehenlassens und Wegschauens.

Psychologisch handelt es sich beim Antisemitismus um eine Projektion von eigenen Anteilen auf einen Sündenbock. All das, was wir Deutschen an uns selbst nicht wahrhaben wollten an z.B. Materialismus und Bereicherungstendenz wurde in einer psychologischen Operation aus uns herausgelöst und den Juden angehängt, d.h. auf sie projiziert. Wir konnten all diesen unangenehmen Eigenschaften nicht ins Auge sehen und als unseren eigenen Schatten annehmen, und so bedeutete es eine Entlastung für unsere Psyche, dies alles nach außen auf eine definierte Gruppe zu verlegen und es dort zu bekämpfen. Man ist dann scheinbar befreit vom inneren, unsichtbaren Unhold. Er ist dann außen sichtbar vor einem und kann – so war der Trugschluss – dort für immer vernichtet werden. Heute sind wir zu einem großen Teil unserer Verantwortung gerecht geworden und in dieser Hinsicht deutlich weiter gekommen. Wir konnten diesen Mechanismus der antisemitischen Schuldzuweisung inzwischen weitgehend ablegen. Dazu war und ist es notwendig, die Projektionen als Eigenes und zu uns Gehörendes zu erkennen und anzunehmen. Dazu war es notwendig, unser Bedürfnis wahrnehmen, die Schuld für unser Unbehagen an uns selbst anderen zuzuschieben, und zu spüren, welche Entlastung das bedeutet. Viel schwieriger ist es, die gespaltene eigne Seele auszuhalten!

Nun ist das Schuldgeben eine Vorliebe der Denkfunktion. Wenn das Denken der Gebieter ist, überwiegen kausales oder pseudokausales Rückverfolgen und Ursachenforschung. Schuldzuweisungen sind somit ein Werk der negativen Denkfunktion. Was das Denken auf der einen Seite an Aufklärung von Kausalität fruchtbar leistet, z.B. im wissenschaftlichen Bereich, das verfehlt es, wenn es zwischenmenschliche Belange und das Verhältnis von Menschengruppen zueinander kausalistisch untersucht und zu vermeintlichen Fehlern und Schuld gelangt, die dann bis zu Adam und Eva zurückverfolgt werden können. Hier wird aus der Ursache dann eine Schuld im Sinne von Verfehlung.

In Bezug auf den Antisemitismus hat erst nach Auschwitz eine echte Auseinandersetzung begonnen und während der letzten 70 Jahre eine langsame Einstellungsänderung stattgefunden. Wir müssen allerdings zwischen der bewussten Haltung und den bewussten Äußerungen – da hat sich natürlich am meisten getan – und den unbewussten, vorbewussten oder den nur nicht offen bekundeten Haltungen unterscheiden. Bei letzteren ist noch Arbeit zu leisten, sowohl bei denjenigen Menschen, die ihr weiter bestehendes Ressentiment nur aus Opportunität nicht laut werden lassen, als auch bei denen, die sich noch verborgene dunkle Ecken in ihrer Psyche erhalten haben, also unbewusst antisemitisch eingestellt sind. So gibt es – die erstere oben genannte Gruppe – immer noch Menschen, die antisemitische Vorurteile haben. Bis auf den heutigen Tag halten sich hinter mehr oder weniger vorgehaltener Hand Ansichten von der Presse-, Meinungs- und Geldmacht, die die Juden weltweit und besonders in Amerika angeblich haben, was an frühere NS-Thesen über das „Finanz- und Weltjudentum" anknüpft.

Dass solche Vorurteilskerne in der „Volksseele" weiterhin bestehen, konnte man in der Vergangenheit in geradezu schöner Regelmäßigkeit bei Ausrutschern einzelner Politiker beobachten, die dann jeweils zu Recht von der Bühne verschwinden mussten. Es ist, als wären da noch verdrängte Affekte und diese müssten über ein Ventil von Zeit zu Zeit Druck ablassen. Positiv daran ist nur, dass es den Selbsterkennungs- und Bewusstmachungsprozess vorantreibt, der immer nur graduell und in winzigen, dennoch wesentlichen Schritten vorankommt.

Mit dem Fortschreiten der Geschichte sind uns Deutschen nach und nach alle Projektionsmöglichkeiten genommen worden, zumindest auf politischer Ebene. In unserer Historie haben wir früher immer Feindbilder gebraucht, um als Nation ein Eigengefühl zu entwickeln. Wir konnten anfangs nur mit dem Bewusstsein einer äußeren Bedrohung zu einem dauerhaften Nationalgefühl finden.[160]

Inzwischen sind uns Stück für Stück unsere „Feinde" abhanden gekommen. Die Erzfeinde England und Frankreich gibt es nicht mehr. Auch mit Russland haben wir längst Frieden und Freundschaft geschlossen. Und seit der sog. „Endlösung" ist kein auch noch so naiver und scheinbar harmloser Antisemitismus mehr möglich.

Es ist zu hoffen, dass wir heute auch im Inland, im Nachbarschaftskontakt und im Umgang mit Fremden immer weniger die Projektion auf einen „Feind" oder auf „Minderwertige" nötig haben.

Kapitel 9
Die Wende zum Positiven

*Aber nicht nur schöpferisches und genießendes Leben
hat einen Sinn, sondern: wenn Leben überhaupt
einen Sinn hat, dann muss auch Leiden einen
Sinn haben. Gehört doch das Leiden zum Leben
irgendwie dazu – genauso wie das Schicksal und
das Sterben. Not und Tod machen das menschliche
Dasein erst zu einem Ganzen.*

Viktor Frankl[161]

Die Goethe-Eiche im Lager Buchenwald

Im November 2006 erschien in der Neuen Zürcher Zeitung erstmals in deutscher Sprache ein Bericht eines ehemaligen Buchenwald-Häftlings – höchstwahrscheinlich handelt es sich um Ludwik Fleck, Wissenschaftler und Philosoph, der verschiedene KZs überlebte.[162] Er erzählt die Geschichte einer imposanten Eiche, die acht Kilometer von Weimar entfernt herausragend auf dem Ettersberg in einem dichten Buchenwald stand. Dieser Baum war schon hunderte von Jahren alt, als im 18. Jahrhundert Weimar einer der Mittelpunkte der deutschen Kultur wurde. Hier und im benachbarten Jena lebten damals Goethe, Schiller, Herder, Schelling, Fichte und Hufeland, und der Ettersberg mit seiner Eiche war ein beliebtes Ausflugsziel. Unter dieser Eiche habe Goethe das Kapitel „Walpurgisnacht" aus dem „Faust" geschrieben, hier soll Hufeland seine Makrobiotik gelehrt haben. Der prächtige Riese steht in dieser Zeit somit für die deutsche Wissenschaft und Kultur, er verkörpert Kraft, Rhythmus und Beständigkeit, ist Teil der Schönheit der Natur und lädt zum Verweilen ein.

Es ging damals die Sage, dass mit dieser Eiche das Schicksal des Deutschen Reichs verknüpft sei, dass es fallen werde, wenn die Eiche sterbe. Keine 200 Jahre später findet sich der Baum in einer ganz anderen Umwelt wieder, denn die Nazis lassen just an dieser Stelle ein Konzentrationslager mit dem Namen „Buchenwald" bauen. Es müsse wohl Mephistopheles selbst gewesen sein – so

Fleck –, der dies den NS-Herrschern geraten habe. Während um den Baum große Teile des Waldes gerodet und Baracken und Krematorien gebaut werden, bleibt die Eiche stehen – genau in der Mitte des Lagers. „Einzig die Goethe-Eiche hat der Satan verschonen lassen. … Der Satan gab auch die Idee ein, an der Goethe-Eiche Gefangene aufzuknüpfen." Der Boden um die Eiche herum trug nicht mehr sattes Grün sondern war nun von „Blut getränkt".

Acht Jahre lang blieb die Eiche unverrückt stehen trotz der Verletzungen an der Rinde durch Hunde, die wie rasend die Erhängten zu erreichen suchten. 1942 zeigte der Eichenbaum nur noch spärliches Grün, 1943 gar keines mehr, und die Gefangenen schöpften eingedenk der Sage Hoffnung. Dann gab es 1944 einen Luftangriff der Amerikaner, wo über eine Brandbombe das Feuer schließlich auch die Eiche erreichte, während sonst die Gebäude der Insassen weitgehend verschont blieben. Die Gefangenen löschten mit einer Eimerkette das nebenstehende Waschhaus, nicht aber die Eiche, die bis auf Reste des verrußten Stammes niederbrannte. „In ihren Minen ist eine heimliche Freude, ein schweigender Triumpf: Nun wird die Prophezeiung der Sage wahr!" Ein Dreivierteljahr später ging das letzte Deutsche Reich unter.

Der Beginn der Aufarbeitung

Ich finde, das ist eine kuriose und berührende Geschichte, die es verdient, an dieser Stelle erzählt zu werden, wo am Ende des 2. Weltkrieges das „Dritte Reich" in Scherben liegt und es um das Überleben, um einen Neuanfang und schließlich um die Aufarbeitung des Geschehenen geht.

Dieser notwendige Verarbeitungsprozess, der überhaupt erst ein sinnvolles Weiterleben und Weitermachen ermöglichte, kam anfangs nur zögernd in Gang und wurde erst in den letzten Jahrzehnten intensiver und schneller. In der Zeit unmittelbar nach dem Krieg standen alle unter Schock, was für einen Moment ganz heilsam war. Doch dann wurde erst einmal alles weitestgehend verdrängt. In der Phase nach 45 musste man sich von der unmittelbaren Vergangenheit abwenden. Es war zu schrecklich, man konnte dem eigenen Schatten noch nicht ins Auge sehen, das Wahrhaben wäre zu schmerzlich gewesen. Angesichts der Abgründe galt das, was in Schillers Gedicht *Der Taucher* (wo allerdings auf dem Grunde die „Kostbarkeit" zu finden ist) zum Ausdruck kommt:[163]

Da unten aber ist's fürchterlich,
Und der Mensch versuche die Götter nicht
Und begehre nimmer und nimmer zu schauen,
Was sie gnädig bedeckten mit Nacht und Grauen.

Wie nach dem ersten Hineinschauen in ein gruseliges Kellerverließ – um ein anderes Bild zu gebrauchen – wurde die hochgehobene Bodenklappe zu Tode erschrocken wieder zufallen gelassen. Etwa nach dem Motto Nietzsches „„Das habe ich getan', sagt mein Gedächtnis. ,Das kann ich nicht getan haben' – sagt mein Stolz und bleibt unerbittlich. Endlich – gibt das Gedächtnis nach.“[164]

Das heißt, man es wurde verleugnet und ausgeblendet. Erst nach einer Weile konnte aus Neugierde, aufgezwungener Weise oder auch notgedrungen ein erneuter kurzer Blick gewagt werden, um dann den Deckel sofort wieder heftig zuzuschlagen. Wieder brauchte es Zeit, das Erhaschte zu verdauen, bis die Luke noch einmal einen Spalt weit aufgemacht werden konnte.

So verhielt es sich in den 40er- bis 80er-Jahren, wobei das Hineinlugen in die „Schreckenskammer Blaubarts“ durch die großen Medienereignisse wie z.B. der Nürnberger Kriegsverbrecherprozess im Herbst 1945, die Auschwitzprozesse 1963–1965 und später die bedeutenden Fernseh- und Kinofilme wie *Holocaust* (1979), *Heimat 1* (1984), *Schindlers Liste* (1993) usw. bewerkstelligt wurde.

Inzwischen sind Aufarbeitung und Bewusstseinsentwicklung mit verschiedenen TV-Mehrteilern wie *Die Flucht* (2007, ARD) und *Unsere Mütter, unsere Väter* (2013, ZDF) bei uns gut weitergegangen. Von amerikanischer Seite hat der Zehnteiler *Band of Brothers – Wir waren wie Brüder* (2002, deutsche Erstausstrahlung 2003) zur Beleuchtung der realen Vorfälle und Verhaltensweisen auf Seiten beider Kriegsparteien zwischen 1942 und 1945 beigetragen. Die Sendungen haben nach meinem Eindruck von Jahrzehnt zu Jahrzehnt einen immer genaueren dokumentarischen Wert und trauen sich heute immer ungeschminkter die Details aus den Zeiten rund um den Zweiten Weltkrieg darzustellen, sodass wir uns da in einem guten Prozess befinden.

Schindlers Liste

Ist es nicht ein humorvoller und versöhnlicher Wink des Schicksals, dass gerade ein Amerikaner jüdischer Abstammung, nämlich Steven Spielberg, uns einen konstruktiven Weg gewiesen hat, mit diesem schwierigsten deutschen Thema des Völkermords an den Juden umzugehen? Es ist diese unvergleichliche angloamerikanische Positivität, die die Auschwitz-Problematik im Kinoereignis *Schindlers Liste*[165] aus der Perspektive des mitfühlenden Deutschen Oskar Schindler beleuchtete, wo das Schlimme durch Gutes gemildert wird, und es nicht – wie wir Deutsche es zu tun pflegten – unter den Hammerschlägen von schwarzer Schuld und harter Selbstverdammung dargestellt wird.

Durch Spielbergs Film wird ein anderer Umgang mit dem Holocaust aufgezeigt. Sein Film enthält die Botschaft: Es gibt auch den anderen Deutschen. Er muss sich nur weiter entwickeln. Mit dieser ein Stück weit vergebenden Haltung hat der Erfolgsregisseur sich nicht nur mit seiner eigenen jüdischen Herkunft auseinandergesetzt, sondern insbesondere auch zu unserer modernen deutschen Identitätsfindung und Verarbeitung des geschichtlichen Komplexes der Hitlerzeit beigetragen. Man kann sich so wieder etwas leichter mit Deutschland identifizieren, weil es ja auch diese andere, wenn auch vielfach nur im Verborgenen gelebte Seite gab. Und auf dieser Basis wird die Konfrontation mit dem eigenen Schatten und mit dem Schrecklichen der Shoah leichter möglich. Wir können unserem jüdisch-amerikanischen Freund Spielberg dankbar sein für seine Unterstützung.

Die Chronologie der Aufarbeitung

Doch zurück zur Genealogie der Ereignisse. Schon 1945/46 wurde der von den Amerikanern gedrehte Dokumentarfilm *Die Todesmühlen* in den Kinos gezeigt, der drastisch das in den befreiten Konzentrationslagern vorgefundene Elend schildert. Auch wurde die Bevölkerung in der Umgebung der verschiedenen Lager in den ersten Wochen nach der Kapitulation genötigt, sich die dortigen Leichenberge oder Massengräber und die noch überlebenden, fast verhungerten Häftlinge anzuschauen. Die Reaktionen der mit diesem Grauen Konfrontierten wurden übereinstimmend so beschrieben, dass sie keine Trauer offenbarten, sondern in angstbesetzter Abwehr und Sprachlosigkeit verharrten und damit scheinbar genau die den Deutschen unterstellte Herzlosigkeit und Härte enthüllten.[166]

Unter anderem kam durch diese „Zumutung", mit der Nase auf die Verbrechen gestoßen zu werden, recht früh eine Debatte über die Frage der Kollektivschuld auf, die von den einen ganz und gar befürwortet, von den anderen dagegen rigoros verneint wurde. Diese Auseinandersetzung spaltete damals die Gesellschaft, und die Nachkämpfe haben sich lange Zeit hingestreckt. Der Philosoph und Psychiater Karl Jaspers äußerte bereits 1946, dass jeder, der sich prüfte, etwas finden würde, was er nicht hätte tun sollen.[167] Das wurde damals noch nicht allgemein anerkannt und nachvollzogen. Entsprechend erbittert waren die Abneigung und das Sich-Verwahren gegen jegliches Ansinnen einer Kollektivschuld, die noch dazu die Nachgeborenen umfassen sollte.

Interessanterweise gibt es laut Norbert Frei kein einziges Dokument der Siegermächte, in dem der Kollektivschuldvorwurf erhoben wird. Dieser Zeitgeschichte-Historiker sieht in der Unterstellung einer solchen pauschalen Anschuldigung von außen das Gefühl einer verbreiteten persönlichen Verstrickung, also ein schlechtes Gewissen. Mit dem Bekämpfen eines angeblichen Kollektivschuldvorwurfs der ehemaligen Gegner habe man im Bewusstsein, ungerecht behandelt zu werden, die eigene Schuld beiseiteschieben können. Alle nicht auf Hitler und die engere NS-Führung beschränkten Anschuldigungen seien so abgewehrt worden.[168] Die fehlenden schriftlichen Belege von offizieller Seite können natürlich nicht darüber hinwegtäuschen, dass damals solch ein kollektiver Vorwurf in der Luft lag, ja z.T. bis in die Jetztzeit fortbesteht. Ende der 90er-Jahre hatte das Buch *Hitlers willige Vollstrecker* von Daniel Goldhagen für ein Aufleben der Kollektivschulddiskussion gesorgt.[169]

Großen seelenkundlichen Tiefblick verrät der Gedanke von Theodor Heuss, der in der Kollektivschuld eine „Umdrehung" erkennt, „nämlich der Art, wie die Nazis es gewohnt waren, die Juden anzusehen: dass die Tatsache, Jude zu sein, bereits das Schuldphänomen in sich eingeschlossen habe".[170]

Unser erster Bundespräsident verstand die damalige Debatte also als ein Rebound- oder Bumerangphänomen, nachdem wir Deutschen zwölf Jahre lang die jüdischen Mitbürger gemeinschaftlich für vorgebliche Schandtaten haftbar gemacht hatten. Folglich gab es psychologisch gesehen primär einen Selbstvorwurf, der aber auf das Ausland projiziert wurde.

Ich finde, wir Deutschen sollten unseren generellen Anteil an dem, was damals geschah, annehmen, und zwar auch die, die die sog. „Gnade der späten Geburt" haben, also die nach ca. 1930 Geborenen. Denn mit dieser Wendung, die Helmut Kohl einmal so unglücklich in Israel benutzte,[171] will man sich nur den unangenehmen Wahrheiten entziehen. Allerdings ist es gut, den Begriff Schuld zu vermeiden, da er zu vorwurfsvoll ist und Bestrafung impliziert. Besser ist es, von einer kollektiven Verantwortung zu sprechen, die gerade die gegenwärtig lebenden Deutschen einlösen müssen. Es ist ein gutes Zeichen, dass von unseren Politikern seit einiger Zeit in ruhiger und selbstverständlicher Weise von „unserer Verantwortung" gesprochen wird und der moralisierende Begriff der Schuld nicht mehr so stark die Diskussion beherrscht. Schon an dieser kleinen Einzelheit ist der Bewusstseinsfortschritt erkennbar.

Dann kam – mit dem Schwerpunkt in den 60er-Jahren – eine Zeit, wo von „unbewältigter Vergangenheit" und „Vergangenheitsbewältigung" gesprochen wurde, was bedeutete, dass man irgendwie mit dieser Vergangenheit leben musste. Die „Bewältigung" hat noch vieles geschönt und an das begrenzte Auffassungsvermögen angepasst, wie Norbert Frei überzeugend ausführt.[172] Erst später setzte eine wirkliche Konfrontation mit Aufarbeitung und beginnender Integration ein, die langsam zu einer erneuerten nationalen Identität führt.

Seit den 90er-Jahren wird mehr und mehr die Rolle des einfachen Bürgers in der NS-Zeit erforscht.[173] Es kommen auch – kurz bevor es nicht mehr möglich ist – vermehrt Zeitzeugen zu Wort. Man wird konkreter, die Aufarbeitung geht mehr ins Detail. So gelangen wir mehr und mehr von der Klitterung weg, dass nur eine Nazi-Clique verantwortlich zu machen sei. Seit Ende des letzten Jahrhunderts wächst dazu der Mut, sich die scheußlichen Fakten der Shoah genauer unter die Lupe zu nehmen. Inzwischen ist eine Fülle von Dokumentationen, Spielfilmen und Büchern erschienen, die das „Dritte Reich" zum Thema haben. Nach der Jahrtausendwende wurden in TV-Produktionen erstmals die SS und die Rolle der Ärzte intensiv beleuchtet. Daran ist ablesbar, dass sich der Prozess des Durcharbeitens vertieft und beschleunigt. Das sind erfreuliche Signale.

Hier bekommen wir Deutsche übrigens viel Lob aus dem Ausland, weil wir ernsthaft und gründlich an die Auseinandersetzung mit unserer Vergangenheit gegangen sind, was in anderen Ländern nicht immer selbstverständlich ist. So schreibt die in Ungarn geborene und nach Großbritannien ausgewanderte jüdische Journalistin und Historikerin Gitta Sereny: „Die Tatsache, dass […] diese Wunde existiert und seit nunmehr einem halben Jahrhundert nicht aufhört wehzutun, hat den Nationalcharakter der Deutschen verändert. Und wenn Deutschland heute (wenn auch in einem ganz anderen Sinn, als von Hitler geplant) zwar nicht der Herrscher, wohl aber das Herz Europas ist, dann liegt das meiner Meinung nach eben daran, dass sich Deutsche aller Altersgruppen immer wieder auf diese Wunde besinnen."[174]

Die Deutschen haben auch begonnen, sich selbst als Opfer wahrzunehmen, was aber noch eine Gratwanderung ist zwischen einer angemessenen Trauer über das erlittene Leid und einem Verdrängen der eigenen Täterschaft bei gleichzeitigem Selbstmitleid und Vorwurf dem ehemaligen Gegner gegenüber. Die Kriegskindergeneration und deren Traumatisierungen werden erforscht, und in der psychiatrischen und tiefenpsychologischen Untersuchung findet der zeitgeschichtliche Aspekt als neue Dimension Eingang in die Diagnostik.[175] Das Schicksal der Vertriebenen und der Ausgebombten rückt in den Vordergrund. Seit dem Jahre 2000 gab es in ARD und ZDF mehrteilige Dokumentationen zu den Kriegsgefangenen und Vertriebenen aus der Perspektive der Zeitzeugen mit meist parallel dazu herausgegebenen Büchern.

In diesem Zusammenhang ist vor einigen Jahren die Forderung laut geworden, eventuell in Berlin ein Zentrum für Vertreibung zu bauen, was besonders in unseren östlichen Nachbarländern auf vehemente Kritik gestoßen ist. Länder wie Polen oder Tschechien spüren sehr sensibel, was unbewusst mitschwingt. Es funktioniert eben nicht, verkürzt zum Gedenken des eigenen Leids zu kommen (und damit die eigene Urheberschaft auszublenden), ohne den folgerichtigen Weg zu gehen, das den anderen zugefügte Leid voll anzuerkennen. Erst wenn wir zu dieser Anerkennung fähig sind, werden wir glaubhaft auch Orte und Stätten für unsere eigene Trauer haben.

Einige Zeilen aus dem Brief eines Wehrmachtsgefreiten von Anfang Februar 1945, der das Elend der Vertreibung seiner Landsleute mit ansehen muss, geben hier Aufschluss: „Mir tun nur die armen Frauen und Kinder leid, die bei so eisiger Kälte ihre Heime verlassen mussten. Es muss schrecklich gewesen sein. Solche Bilder kenne ich ja, nur war es damals nicht unsere eigene Zivilbevölkerung. Als Landser kommt einem das gar nicht so zum Bewusstsein, da gehört so etwas mehr oder weniger zum Beruf."[176]

Dieses Zeitzeugnis offenbart etwas Wesentliches zum psychologischen Erkenntnisprozess: Erst wenn der angerichtete Schaden, das Zufügen von

Schmerz, zu einem selbst zurückkehrt und fühlbar geworden ist, wenn Grausamkeit und Entbehrung am eigenen Leibe gespürt werden (bzw. bei den Angehörigen seiner Familie oder seines Volkes gesehen werden), beginnt die Bewusstwerdung.

Aufschlussreich waren auch die Querelen um die Entschädigung der Zwangsarbeiter in den 90er-Jahren und um die Wehrmachtsausstellung, die zuerst 1996 eröffnet worden war und nach Protesten wegen offensichtlicher Fehler 2002 in revidierter Form wiederholt wurde. Es dauerte lange, bis die Politik unter dem Druck laufender Prozesse wirklich zu Zahlungen bereit war und sich alle maßgeblichen Firmen zu ihrer Verantwortung für die damals zwangsrekrutierten ausländischen Arbeitskräfte bekannten. Und dass die bis dahin als sauber geltende Wehrmacht teilweise einen Vernichtungskrieg geführt und Verbrechen begangen haben sollte, führte erst zu einem Aufschrei, bis nach und nach unter der Wucht der Beweise und Argumente auch dies eingestanden werden musste.

Zum Spielfilm „Der Untergang"

Der bereits erwähnte Film *Der Untergang* aus dem Jahre 2004 war ein wichtiger Schritt in diesem Konfrontationsprozess mit uns selbst. Man muss in der Tat vom Ende und dem Unheil ausgehen, um die Ereignisse dann weiter zurückspulen zu können. Und zwar muss das wiederholt geschehen, ähnlich wie bei einer Psychotherapie, die auch in Spiralbewegungen immer tiefer in das eigentliche Trauma oder den Komplex eindringt. Erst wenn wir im Erinnern eine gewisse Authentizität erreicht haben – und das scheint mit diesem Streifen mit seiner größtmöglichen Wirklichkeitsnähe geglückt –, können die Ereignisse davor vertieft werden. Es wird noch eine Zeitlang dauern, bis wir es z.B. wagen werden, auch an die damals ausgelösten euphorischen Gefühle zu gelangen und z.B. die Anfangsbegeisterung zulassen und darstellen können. Noch haben wir Angst, diese Emotionen in uns zu mobilisieren, die zu jener Zeit die Menschen so unselig verführten.

Es ist gut, dass der ungemein bedrückende Film schonungslos dokumentarisch zeigt, was sich in den letzten Kriegstagen in der Schlacht um Berlin im Führerbunker abgespielt hat. Er mag vielleicht manchen, vor allem filmästhetischen Gesichtspunkten verpflichteten Kritikern nicht genügen, und er ist vom Emotionalen her für den Zuschauer überaus beklemmend – besonders in der lang und breit vorgeführten Szene, in der Magda Goebbels ihre Kinder mit Gift umbringt –, doch für die Bewusstwerdung ist er unumgänglich. Und in der schockierenden Darstellung kommt der positive Zug deutscher rückhaltloser Offenheit und Wahrhaftigkeit zur Geltung, die zu keinem Mittel der Beschönigung greift. Erschreckend und geradezu wütend machend ist, dass man als Betrachter zur Kenntnis nehmen muss, dass weder Hitler selbst, der diesen Kindern verbunden war und in Einblenden im liebevollen Zusammensein mit ihnen gezeigt wird, noch eine der Frauen im Führerbunker, nicht einmal die eigene Mutter, sich für das Leben der Unschuldigen einsetzte oder einen Versuch der Rettung unternahm. Hier sieht man, wie verbogen und durch die Denk-Ideologie des Nationalsozialismus in Mitleidenschaft gezogen auch das weibliche Prinzip und das unmittelbare Fühlen waren. Psychologisch gut getroffen ist ferner, als Frau Goebbels nach der Tat aus dem Kinderzimmer herauskommt und ihr Mann ihre Hand nehmen will, sie sich kalt und starr entzieht und weggeht. Auf der Basis von Mord, noch dazu der eigenen Kinder, ist keine, nicht einmal eine augenblicklange Begegnung zwischen Mann und Frau, ist kein noch so kleiner Liebes- oder Trostmoment möglich.

Ein solches Werk mit diesem authentischen Blick wäre 20 bis 30 Jahre zuvor noch nicht möglich gewesen. Da hätte man durch Satire, Übertreibung oder moralisierende Verzerrung die Furchtbarkeit der Realität noch verschleiern müssen. Die dekuvrierende menschenverachtende Haltung von Hitler und Goebbels gerade auch dem eigenen Volk einschließlich Kindern und Alten gegenüber, wie sie in der Produktion korrekt dargestellt wird, wäre da vom Publikum noch nicht aufgenommen worden. Gerade viele der älteren Generation hätten die damit verbundene Entidealisierung und „Entheiligung" des „Führers" im Grunde noch nicht toleriert. Das kollektive Bewusstsein war da noch nicht so weit.

Mit dem selbst erfahrenen Unglück beginnt das Sich-Öffnen für Mitgefühl und Einsicht. Der Aufarbeitungsprozess hat längst ein Stadium erreicht, wo wir das selbst erlittene Leid in vollem Umfang anschauen und unsere Betroffenheit zulassen dürfen, ohne dass uns dies noch als Ablenkung von eigener Täterschaft ausgelegt wird. So hat z.B. das ganze Ausmaß an Grauen bei der Bombardierung Dresdens das allgemeine Bewusstsein 2006 über den ZDF-Fernsehfilm „Dresden" erreichen können. An dieser Stelle wurden heftige Emotionen wach und nur oberflächlich vernarbte Wunden brachen auf.

Die erste spontane Schmerzreaktion war bei einer Minderheit zwar immer noch die Schuldzuweisung an die Briten: „Das war nicht nötig, war militärisch unsinnig. Das war ein Verbrechen" usw. Doch es war damit ein Anstoß erfolgt, und die öffentliche Diskussion wie auch die innere Auseinandersetzung mit dem Thema erreichten ein neues Niveau.

In der weiteren Ursachenforschung wird man erkennen, dass viele Kriegsereignisse eine verständliche Vergeltung und Strafaktion der Siegermächte, der Russen, der Franzosen, auch der Briten und Amerikaner waren. So arbeitet sich das Bewusstsein allmählich zu den eigenen Verbrechen oder Grausamkeiten vor, und es kommen die Menschen in den Blick, die unter der deutschen Kriegsführung in Polen, in der Ukraine, in Russland usw. gelitten haben, nicht zuletzt die verfolgten und vernichteten Juden. Und schließlich hört die Frage nach dem Vorangegangenen, nach Ursache und Schuld auf. Schmerz entsteht und ein allgemein menschliches Mitgefühl wird wach, das nicht mehr auf eine bestimmte Gruppe begrenzt ist. Hier ist der Punkt, an dem Verantwortung übernommen wird und Wandlung und Reifung stattfinden.

Geschichte des Holocaust-Mahnmals als Symbol unserer Zwiespältigkeit

Dass aber die Beschäftigung mit dem deutschen Kernthema der Verbrechen an den Juden zäh verläuft und von Zwiespältigkeit geprägt ist, zeigt die Geschichte des Holocaust-Mahnmals in Berlin. Wie kaum ein anderes Objekt bot sich diese Stätte schon bei der Planung und während des Baus als eine geeignete Projektions- und Präsentationsfläche an, die unsere Ambivalenz, unser Uneinssein und die noch herrschende Unbewusstheit diesem Themenkomplex gegenüber sichtbar werden ließ.

Es gab schon im Vorfeld eine Unzahl von unschönen Auseinandersetzungen, bis schließlich die Entscheidung für die Version der Betonstelen von Peter Eisenmann fiel. Aber auch beim Bau häuften sich Unstimmigkeiten und Pannen. Bei diesem heikelsten aller deutschen Themen, dem Völkermord an den Juden, zeigte sich, dass es kaum möglich war, nur ganz „reine" Firmen zu beteiligen, die nicht in irgendeiner Weise in die NS-Zeit verwickelt waren. Hier besteht eine ähnliche Situation wie in unserer Sprache, in der ja auch seit Hitler die Fettnäpfchen dicht an dicht stehen.

Am Beispiel der Holocaust-Gedenkstätte wurde evident, wie weit auch die Wirtschaft mit dem NS-Regime verwachsen war. Es gab Proteste, als der Auftrag für die Anti-Graffiti-Schutzschicht der Stelen an die Degussa vergeben wurde, die wie viele andere Betriebe eine unrühmliche Rolle im „Dritten Reich" gespielt hatte. Doch die Vergabe an die BASF als Nachfolgeunternehmen der IG-Farben, die das Gift Zyklon B der Gaskammern produziert hatte, ging erst recht nicht, so dass nach einem vorübergehenden Baustopp die Degussa den Zuschlag behielt. Wenn das Thema nicht so ernst wäre, könnte man belustigt sein angesichts der Schicksalsironie, durch die wir immer wieder mit der Vergangenheit konfrontiert wurden. Und es hat etwas Tröstliches, dass es st niemanden gibt, der nicht betroffen ist, der nicht in irgendeiner Weise beteiligt war.

Abbildung 17: „Das junge Deutschland schaut in seine Vergangenheit"
© *Burkhard Bartel/fotocommunity.de*

Als das Stelenfeld fertig war und die Stätte am 10. Mai 2005 eröffnet wurde, tollten gleich Kinder zwischen den Blöcken herum und Jugendliche sprangen von Stele zu Stele, was zwar das Gebot der Ehrung der Toten verletzte und teilweise Empörung hervorrief, aber auch als ein friedliches Zeichen neuen fröhlichen Lebens gesehen werden kann. Ich hätte mir zwar als Bauwerk eine schönere Erinnerungs- und Versöhnungsstätte gewünscht, aber vielleicht muss sie so düster aussehen, damit durch dieses monotone „Gräberfeld" oder durch diese kalte Betonwüste das zutiefst Bedrückende und Unbarmherzige der Shoah zur Geltung kommt.

Ein schwieriger Bewusstwerdungsprozess

Der Vorgang der Aufarbeitung hat in jedem einzelnen von uns abgespielt und spielt sich weiter ab. Das gilt auch für die jüngeren Generationen, die selbst nicht mehr der Kriegsgeneration oder deren Kindern angehören. Sie haben über die Familie kaum noch einen Bezug zum 2. Weltkrieg – höchstens noch über Großeltern und Urgroßeltern –, aber gerade sie werden den Prozess der Aufarbeitung und Bewusstwerdung weiter vorantreiben. Dieser Prozess ist gar nicht so einfach, denn es tut weh und verunsichert zutiefst, sich dem zunächst einmal „Unglaublichen" zu stellen. Deshalb ist die Verleugnungstendenz, die es früher stärker gab, psychologisch verstehbar. Zum Glück spielt sie heute kaum noch eine Rolle außer bei wenigen Holocaustleugnern.

Auch ich habe, als ich in meinen Zwanzigern war, zwar von der Realität Auschwitz gewusst, aber mich zunächst nicht für Einzelheiten interessiert. Später war ich bei einer Selbsterfahrung erschrocken, was da aus den verborgenen Schichten des Unbewussten zutage kam. Es war Anfang der 1980er-Jahre in einem 14-tägigen internationalen Workshop, in dem tief kontempliert, also über eine vorgegebene Frage (das Wesen des Menschen betreffend) meditiert wurde, wobei alles Aufsteigende dem Arbeitspartner der jeweiligen Zweiergruppe mitgeteilt werden sollte. Dieser hatte die Aufgabe, nur zuzuhören und sich jedes Kommentars und jeglicher Wertung zu enthalten. Plötzlich kam unabweisbar ein Satz in mir hoch, und zwar bei mir, der ich ein Nachkriegsgeborener bin und mir keines Antisemitismus bewusst war, nämlich: „Jews are rats." Ich war überrascht und entsetzt, konnte aber nicht weitermachen, ohne den Satz mitzuteilen. Der Prozess blockierte an dieser Stelle, wenn ich mich nicht dazu bekannte. Da es mir zu peinlich war und ich mich nicht traute, es meinem Gegenüber zu offenbaren, ging ich zum Leiter, einem Amerikaner, der diese Möglichkeit extra angeboten hatte. Ich sagte ihm den Satz, der mir gekommen war: „Jews are rats." Er verstand mich akustisch nicht richtig. Ich erinnere mich merkwürdigerweise an das Detail, dass er „What?" fragte und nicht „Excuse me?" oder „Pardon?", also eher wie ein Deutscher in schlechtem Englisch nachhakte. Ich wiederholte den Satz. Er reagierte: „Ah, reds!" Ich dachte, er versteht mich deshalb falsch, weil Amerika das eigene Trauma mit dem Völkermord an den Indianern, den „Rothäuten", hat, das es noch nicht vollständig aufgearbeitet hat. Deshalb reagierte er so erschrocken und missverstehend. „No", entgegnete ich und suchte noch deutlicher zu artikulieren: „Rats! The little animals." Jetzt war es angekommen. In seiner ruhigen, alles akzeptierenden Art schloss er: „Okay. Go on contemplating!" Seine wertfreie Entgegennahme half mir, über diese Klippe hinwegzukommen, diese Schicht in mir zu erforschen und schließlich loszulassen.

Ich glaube, dass diese Episode zeigt, wie sehr wir Deutsche von unserem kollektiven Feld, das in seinen tieferen Ebenen noch die Bilder und Gedanken des Nationalsozialismus in sich trägt, beeinflusst sind – so wie die Amerikaner von ihrem kollektiven Unbewussten mit dem Genozid an den Indianern abhängen. Ich erinnere mich, früher in einer Dokumentation Ausschnitte aus dem NS-Propagandafilm *Der ewige Jude*[177] gesehen zu haben, in dem demagogisch jüdische Menschen und Rattenschwärme in Parallele gesetzt werden. Die dadurch während der Hitlerzeit ins Unbewusste gesendeten Suggestionen und Assoziationen der Vergiftung und Ausrottung von Ungeziefer waren in die Kollektivpsyche gedrungen und hatten sich dort festgesetzt. Zusammen mit der viel weiter zurückreichenden Geschichte des Judenhasses oder -ressentiments sind hier negative Gedankenkomplexe entstanden, die sich nicht so schnell wieder auflösen lassen. Denn die Kollektivpsyche ist nicht auf eine Generation beschränkt, sondern hat eine Kontinuität über viele Menschenalter. Auch bei mir lagerten ja in einer bisher unzugänglichen Tiefenschicht solche Aussagen.

Das trifft auf viele Deutsche zu. Es passierten ja in der Vergangenheit nicht nur Politikern immer wieder ein antisemitischer Lapsus, auch viele andere Leute des öffentlichen Lebens hatten da ihr „Coming out". Manche erinnern sich vielleicht noch an den beliebten, 2005 verstorbenen Schauspieler Harald Juhnke, der alkoholsüchtig war und – wie Zeugen berichteten – in den USA im Delirium einen schwarzen Wachmann als „dreckigen Nigger" bezeichnete und vor diesen Zeugen gesagt hatte: „Bei Hitler wäre so etwas vergast worden."[178] Oder denken Sie an Prinz Ernst August von Hannover, der einmal auf die Anweisung eines Zollbeamten am Flughafen mit dem Hitlergruß reagierte.[179]

Und rumort es nicht vielerorts und in den Psychen vieler nach dem Krieg geborener Menschen am 20.4., Hitlers Geburtstag? Jahr für Jahr räkelt sich da bei manchen noch der unterirdische Wotan-Hitler. Die Versuche neonazistischer Gruppen, an diesem Datum Treffen einzufädeln, stellen nur die Spitze des diesbezüglichen Eisbergs dar. Dieser Tag stellt ein Problem dar und wird im öffentlichen Kalender der Bundesrepublik bewusst ausgeklammert, denn an diesem Datum ist jedwede politische Veranstaltung inopportun. Zum untergründigen Interesse an der Hitlerära sind auch das erlaubte „Gedenken", also z.B. die sarkastischen, kabarettistischen oder schwarzhumorig gemeinten Darbietungen und Unterhaltungen, mit denen man jene Zeit wieder aufleben lässt, zu zählen.

Die oben geschilderte kleine Szene, die ich selbst erlebt habe, zeigt außerdem Folgendes: Nur in einem Klima, das nicht wertet und nicht moralisiert, können sich die verborgenen Bereiche unserer Psyche heraus trauen, können wir mehr und mehr von unserem Schatten entdecken. Das gilt jedoch nur zum Zweck der Innenschau und Reflexion. Es ist also kein Freibrief für politische Äußerungen. Angesichts rechtsextremer Umtriebe, die keinerlei Abrücken von der alten Ideologie und des Hass-Standpunkts aufweisen, sind natürlich nach wie vor die aktive Entrüstung und die klare ethische Stellungnahme angebracht; ja, dies ist eine Forderung eines wachen Bürgersinns. Im Aufarbeitungsprozess aber brauchen wir – und das wurde erst mit der zunehmenden zeitlichen Distanz möglich – eine annehmende Haltung. Annahme hat jedoch nichts mit Gutheißen zu tun. Sie ist eine psychologische Einstellung, die nicht bewertet, weder billigt noch missbilligt, sondern alles mit großen offenen Augen ohne Zurückzucken betrachtet. Jedes vorschnelle Verurteilen würde hier den Vorgang des tieferen Eindringens und Bewusstwerdens sofort abbrechen.

Beachtung der eigenen Träume

Jeder Einzelne ist nach wie vor aufgerufen, an der Aufarbeitung mitzuwirken, wobei jeder seinen eigenen Schwerpunkt setzen kann. Mir haben meine Träume geholfen. Sie haben die Richtung vorgegeben, mit welchen dunklen Anteilen ich mich beschäftigen sollte. Jeder Mensch kann auf seine Träume achten, die neben vielen aktuellen und persönlichen Fragestellungen manchmal auch die überpersönlichen Themen und Aspekte der Zeitgeschichte aufgreifen. Man kann da auf Schatteneigenschaften, auf ungeliebte Anteile von sich selbst stoßen, auf unterdrückende oder tätliche Gewalt, auf Tötendes, eben auf den „Hitler in uns". Träume geben ihre Bedeutung häufig nur preis, wenn sie konsequent auf den Träumer selbst bezogen werden. Alle im Traum vorkommenden Personen symbolisieren dann Seelenanteile von uns, sind also Aspekte unserer eigenen Psyche. Träumen wir z.B. von dem deutschen Diktator, so geht es um das Diktatorische in uns, um eine uns vielleicht gar nicht bewusste Persönlichkeitsseite, die machtbesessen und unduldsam ist. Dies ist eine Möglichkeit, die Träume zu verstehen. Darüber hinaus können die einstigen geschichtlichen Geschehnisse wie Kriegsszenen oder solche von Verfolgung, Vertreibung usw. direkt in den Träumen auftauchen.[180]

Ich habe hier die Erfahrung gemacht – und Ähnliches berichten andere Psychotherapeuten[181] –, dass sogar Erlebnisse der Eltern und Großeltern in die Träume einfließen können. Und zwar gerade dann, wenn diese nie darüber gesprochen haben.

Ich hatte eine Patientin, deren Vater bei der Waffen-SS war und der „schwieg wie ein Grab"; von ihm erfuhr seine Tochter also nicht die kleinste Einzelheit. Doch in ihren Träumen traten Szenen auf, die unverkennbar an grausige Realitäten im kriegsbesetzten Russland oder in der Ukraine gemahnten – mit Räumen voller Leichen, über die man hinwegsteigen musste. Der Schluss liegt nahe, dass der Vater solche Erlebnisse gehabt hat und vielleicht an Kriegsverbrechen beteiligt war, deren Bilder sich dem Kind via Unbewusstes mitgeteilt haben. Da die alte, direkt involvierte Generation das Geschehene nicht aufarbeitete – fast alle haben wie abgesprochen konsequent geschwiegen –, ist es Hypothek und Auftrag der Nachgeborenen, diese Komplexe in der kollektiven Psyche zu lösen.

Nach solchen Träumen und ihrer Besprechung begann sich die Patientin erstmals für die deutsche Vergangenheit und zaghaft auch für die SS zu interessieren, einen Bereich, den sie bisher vollständig tabuisiert hatte. Sie holte ein altes Fotoalbum des inzwischen verstorbenen Vaters hervor, das sie zuletzt vor ca. zwanzig Jahren aufgeschlagen hatte. Da stellte sie geschockt fest, dass sämtliche Fotos des Vaters herausgerissen waren. Der Vater musste alle Aufnahmen, die ihn in Uniform zeigten, vernichtet haben.

Diese Begebenheit ist für mich eine Illustration dafür, wie die Vergangenheit ausgelöscht wurde. Dies ist hunderttausendfach in den Familien passiert. Und auch die Folgegeneration hat lange Zeit die Verdrängung mitgemacht.

Die Behandlung meiner Patientin, eine Lehrerin um die 50, fand 2001 bis 2003 statt; das Kriegsende lag also über 55 Jahre und der Tod ihres Vater über zehn Jahre zurück. Der oben erwähnte entlarvende Traum blieb nicht der einzige. Wiederholt wurde von den Träumen das Thema mit Anklängen an Mord, „Desinfektions"-Gift, Tod und Verwesung behandelt. Es half dieser Frau, die mit einer Depression in meine Behandlung kam, als einen Teil ihres Problems die Auseinandersetzung mit der eigenen Geschichte und der Verstrickung ihrer nächsten Angehörigen in Angriff zu nehmen.

Inzwischen habe ich in den Träumen vieler Patientinnen und Patienten solche kollektiven Einflüsse mit Bildern von Gefangenentransporten in Güterzügen, von Verbrennungsöfen usw. erkannt. Ich selbst hatte Träume von jüdischen Massengräbern, verborgen unter Tennisplätzen, von Details aus dem KZ, aber auch einen Traum von einer schönen neuerrichteten jüdischen Gedenkstätte, einer Halle, in der in einem Luftstrom kreisende Blätter auf die Vergänglichkeit hinwiesen. Diese Träume hatten bei mir nichts mit meinem Vater oder anderen Verwandten zu tun, stammten also nicht aus dem familiären Unbewussten, sondern aus tieferen Regionen, eben aus dem kollektiven Unbewussten, das uns alle, das alle Deutschen angeht und betrifft.

Eine befreundete Heilpraktikerin und Psychotherapeutin erzählte mir, dass sie vor einigen Jahren von einem Bauernhof träumte, in dem eine Kuh den Boden aufscharrte und wo Kinderleichen hervorkamen. Es stellte sich im Traum heraus, dass der Hof auf verscharrten Kindern gebaut war, die allesamt in einer Schule verbrannt waren. Zu dem Zeitpunkt, als sie mir den Traum für mein Buch zuschickte, wurde gerade – es war im Jahr 2005 – auf dem Stuttgarter Flughafengelände ein Massengrab mit etwa 30 verhungerten jüdischen Zwangsarbeitern gefunden, die wahrscheinlich vom elsässischen KZ Natzweiler-Struthof zu dieser Außenstelle kommandiert worden waren.

Überall stoßen wir mehr und mehr auf unsere „Leichen im Keller". Die genannte Kollegin hatte übrigens im Alter von 14 bis 19 Jahren aus einem unerklärlichen Impuls heraus ein Halskettchen mit einem Judenstern getragen und sogar behauptet, sie sei Jüdin. Ich weiß auch von anderen Menschen, die aus unbewusster Wiedergutmachung in ihrer Jugendzeit ähnliche Dinge getan haben und z.B. in jungen Jahren den Drang hatten, nach Israel zu reisen. Der Sohn meiner Bekannten hatte mit Anfang 20 ebenfalls einen bezeichnenden Traum, in dem er wusste, dass er Jude war (was er ebenso wenig ist wie seine Mutter), und bei dem Versuch, Frauen geheim über einen Gebirgspass zu bringen, von einem „Militäroffizier" erschossen wurde, der dann mit dem Fuß auf seinen Kopf trat. Der Traum endet mit dem Satz des Opfers: „Ich denke, du kriegst mich nicht klein, egal was passiert."

Das Beispielmaterial ließe sich beliebig erweitern. Vielleicht können noch mehr Menschen durch das nächtliche Durchleben in ihren Träumen und der anschließenden Vergegenwärtigung ein Stück zur Vergangenheitsverarbeitung beitragen.

Identifikation mit Tätern und Opfern

Eine andere Möglichkeit der Vergangenheitsarbeit ist das Hineinversetzen in die damalige Zeit und in die Rollen von Opfer und Täter. In der Annäherung an dieses Thema wird man sich zuerst einmal mit den Opfern identifizieren, sich primär in diese hineinversetzen und deren damalige unerträgliche Lage, Demütigungen und Qualen nachvollziehen. Das gelingt besonders beim Lesen von Tatsachenberichten aus Konzentrationslagern oder Lebensgeschichten von Verfolgten. Wenn wir diese Erfahrungen innerlich nacherlebt haben, soweit das überhaupt per Einfühlung möglich ist, können wir versuchen, uns mehr und mehr in die Psyche und das Erleben der beteiligten SS- und Gestapo-Leute oder auch nur in die jener wegschauenden Mitmenschen hineinzubegeben.

Dieses Erkunden der eigenen Schattenregionen ist am allerschwierigsten und mit oft schier unüberwindlichen Widerständen verbunden. Muss ich nicht als Arzt z.B. der Wahrscheinlichkeit ins Auge sehen, dass ich – wie viele andere, die an die damals gültigen Ideale glaubten – in die SS eingetreten wäre, die zu jener Zeit als eine Eliteorganisation galt, auf deren Zugehörigkeit man stolz war. Ich wäre vielleicht in ein KZ beordert und peu à peu in die dortige unmenschliche Maschinerie hineingezogen worden. (Hier schreit alles in einem auf: „Ich doch nicht!") So wäre ich vielleicht für Tötungen mit- oder hauptverantwortlich geworden. Oder ich hätte meine Unterschrift für Euthanasieselektionen gegeben, hätte der Hinrichtung von „Politischen" – wie es damals hieß – und vermuteten Partisanen „ärztlicherseits" beigewohnt. Kann ich sicher sein, dass ich keine „wissenschaftlichen" Experimente durchgeführt hätte, was ja nicht nur Mengele gemacht hat, sondern was in großem Stil damals geschah? Die Deformierung des Denkens durch die NS-Ideologie („Das sind keine Menschen" und „Die müssen sowieso sterben") haben viele Gräueltaten und pseudowissenschaftlichen Menschenversuche erleichtert. Wäre ich nicht in Versuchung gewesen, im Gefühl der Macht über Leben und Tod, das durch keine äußere rechtliche oder moralische Instanz gebremst wurde, noch andere und vor anderen verborgene Untaten zu begehen?

Von unserem heutigen Bewusstsein her können wir solche Eventualitäten schnell von uns weisen und als unvorstellbar abtun. Aber wer kann für sich die Hand ins Feuer legen, dass er mit einem weniger fortgeschrittenen Bewusstsein und unter dem fast zwingenden Einfluss einer kollektiven Hysterie nicht unter Umständen in so etwas hineingeraten wäre, das sich dann verselbstständigt hat? Auch ist bekannt, dass in Ausnahmesituationen und speziell in Kriegen – wie z.B. im Vietnamkrieg geschehen – sich brave amerikanische Familienväter und bisher unauffällige Normalbürger zu Massakern und anderen Mordtaten hinreißen oder da hineinziehen ließen.

Auch wenn man sich nicht vorstellt, in einem KZ gearbeitet zu haben, sondern wie der Großteil der Bevölkerung des damaligen deutschen Reiches in anderen Funktionen tätig gewesen zu sein – auch dann wäre man verstrickt gewesen in bösartige Diskriminierung, herzlose Ausgrenzung und brutale Verfolgung. Bis auf einige wenige Ausnahmen hatten alle die Augen zugemacht, das Herz verschlossen und ihre innere Stimme zum Schweigen gebracht.

So können wir, jeder auf seine Art und Weise, die Beteiligung und die Mitverantwortung innerlich nachvollziehen. Das funktioniert aber nur dann, wenn wir den Leidensprozess aus der Opfer- *und* der Täterperspektive durchlaufen und dabei unser Fühlen ganz mitnehmen. Auch wenn wir mit der Täteroptik beginnen, kommen wir im Erschrecken über uns selbst und über unsere bisher bestgehüteten Schattenseiten im nächsten Schritt zum Mitfühlen mit den Leiden der Betroffenen.

Kapitel 10
Die Zukunft Deutschlands

*Durch die Ethik der Ehrfurcht vor dem Leben
gelangen wir in ein geistiges Verhältnis zum
Universum. Die Verinnerlichung, die wir durch
sie erleben, verleiht uns den Willen und die
Fähigkeit, eine geistige, ethische Kultur zu schaffen,
durch die wir in einer höheren Weise als der
bisherigen in der Welt daheim sind und in ihr
wirken. Durch die Ethik der Ehrfurcht vor dem
Leben werden wir andere Menschen.*

Albert Schweitzer[182]

Die Bewusstseinsentwicklung in Deutschland befindet sich im Fluss, und deutliche Veränderungen sind vor allem seit der Jahrtausendwende auf allen Gebieten zu beobachten. Umgestaltungen, Neuanfänge und verschiedene ermutigende Entwicklungen zeichnen sich ab. Natürlich verläuft solch ein Prozess immer nach dem Tanzschritt: zwei vor, einer zurück.

Dabei trägt jeder einzelne auf seine Weise zu diesem Wandlungsgeschehen bei. Zeitungs- und Zeitschriftenbeiträge sowie TV-Sendungen sind deutlich positiver geworden; auch das Erfreuliche wird mehr und mehr berichtet. Die Gesamtstimmung bei bestimmten Anlässen ist unverkrampfter und aufgeräumter geworden. Auch beim Thema des Vaterkomplexes hat sich manches verbessert. International beginnt Deutschland ohne allzu große Widerstände, Aufgaben in einer guten und verantwortungsbewussten Weise zu übernehmen. Das Fühlen hat sich weiterentwickelt, auch wenn es hier noch an vielen Stellen hapert.

Was ansteht, ist der Einbezug von mehr Intuition und Geistigkeit. Intuition und Geist hängen ja zusammen (vgl. Kapitel 3), und eine transformierte Geistigkeit trägt zur Wende bei. So kann z.B. der Katastropheneinfluss des nur halb verstandenen germanischen Endzeitmythos an Kraft verlieren, wenn über das Symbolverstehen der Auferstehungscharakter der „Götterdämmerung" mit der Möglichkeit, sich selbst durchgreifend zu verändern, deutlicher sichtbar wird. So kann gesamtgesellschaftlich mehr und mehr ein förderliches Klima entstehen, im Arbeitsleben, in der Freizeit, im Bildungswesen, in Schule und Universität.

Chance und Sinn des Bösen

Entscheidend für die Wandlung sind dabei die kollektive Schattenarbeit und die Integration des Bösen. Erst danach können eine bewusste Entscheidung zur Positivität und eine Weiterentwicklung von Fühlen und Intuition voll gelingen. Hier müssen die zunächst unreifen Potentiale aus dem Schattenbereich wie Edelmetalle aus dem groben und unedlen Gestein herausgeschmolzen werden.

Die vorangegangenen Kapitel sollten helfen zu verstehen, wie es zur deutschen Katastrophe kam. Der seit 1945 bestehende Stachel in unserer Kollektivpsyche kann dadurch mehr und mehr aufgelöst und befriedet werden, indem wir die Wurzeln der geschichtlichen Entwicklung erkennen. Mit diesen Einsichten erschließen sich Sinnhaftigkeit und Ausblick auf eine kreative Zukunft. Es mag merkwürdig klingen, diesem sinnlosen Töten, Morden und Sterben jener Zeit einen Sinn abzugewinnen. Diese Sinngebung des scheinbar jeglichen Sinns Entbehrenden ist weder eine nachträgliche Rechtfertigung noch eine Aufhebung der schweren Verantwortung. Es handelt sich vielmehr um eine Sicht, die einen Augenblick von der moralischen Entrüstung absieht, um die tieferen Schichten menschlicher Existenz aufscheinen zu lassen. Es ist unsere einzige konstruktive Möglichkeit, den Blick auf die Frage nach dem Sinn und dem Wozu zu konzentrieren. Das gilt gerade für uns Nachgeborene, die wir gar nicht dabei waren, also für die Folgegenerationen der Täter und Opfer. Denn von den Opfern und Tätern leben heute nur noch ganz wenige. Und die Kriegsgeneration war in ihrer überwältigenden Mehrheit nicht in der Lage, das Geschehen reflektierend anzuschauen, geschweige denn aufzuarbeiten.

Ich möchte im Zusammenhang mit der Frage nach dem Sinn noch an zwei Aussprüche Viktor Frankls erinnern, der das KZ überlebte, aus seiner Leiderfahrung eine Quintessenz für alle Menschen zog, ein engagierter Psychotherapeut wurde und den Sinn in den Mittelpunkt rückte: „Was hier Not tut, ist eine Wendung in der ganzen Fragestellung nach dem Sinn des Lebens: Wir müssen lernen und die verzweifelten Menschen lehren, *dass es eigentlich nie und nimmer darauf ankommt, was wir vom Leben noch zu erwarten haben, vielmehr lediglich darauf: was das Leben von uns erwartet!"*[183]

Der zweiter Ausspruch bezieht sich auf das Ende seiner KZ-Zeit: „Gekrönt wird aber all dieses Erleben des heimfindenden Menschen von dem köstlichen Gefühl, nach all dem Erlittenen nichts mehr auf der Welt fürchten zu müssen – außer seinen Gott."[184]

Diese Seinserfahrungen gelten im Grunde nicht nur für KZ-Opfer und andere Verfolgte, sondern sie können ebenso für die Täter oder die scheinbar unbeteiligten Deutschen fruchtbar werden, die schließlich selbst in der einen oder anderen Weise Opfer wurden oder persönliches Leid erfuhren – wenn auch kaum je in dem den Juden zugefügten Ausmaß – und sich damit ihnen gefühlsmäßig annähern können. Unter einem Gesichtspunkt *sub specie aeternitatis* sollten wir heute in dem schlimmen Geschehen auch die Chancen wahrnehmen, nachdem unsere Eltern- und Großelterngeneration diese Fehler begangen und diese Täterschaft auf sich genommen hat. Unbeabsichtigt und unbewussterweise haben sie damit dennoch indirekt Wachstum und Entwicklung angestoßen. Um Missverständnissen vorzubeugen, sage ich nochmals, dass das natürlich niemals rechtfertigt, was sie getan haben. Doch nun, da es passiert ist, können wir feststellen: Ohne sie und ohne ihre Vergehen hätten wir diese rasante bisherige Bewusstseinsentwicklung nicht machen können, und wir hätten nicht diese gewaltige Antriebskraft für die bereits erfolgten und die noch anstehenden Quantensprünge im Lernen.

Zu dem Thema, dass in großer Schuld die Aussicht auf große Reifung und Entwicklung liegt, schreibt C.G. Jung in seiner Schrift „Nach der Katastrophe": „Wo die Schuld groß ist, kann sich auch eine noch größere Gnade dazugesellen. Ein solches Ereignis bewirkt innere Wandlung [...]. Der Deutsche hat heute die einzigartige Chance, seinen Blick dem inneren Menschen zuzuwenden, auch wenn sein äußeres Leben schwer ist."[185]

In einem anderen Aufsatz schreibt er: „Wohl ist kein Volk so tief gefallen wie das deutsche, und keines hat sich mit einem solchen Mal gezeichnet, das in Generationen nicht abzuwaschen sein wird. Wo aber ein Pendel so weit nach der einen Seite ausschlägt, da kann es auch ebenso weit nach der anderen schwingen – vorausgesetzt, dass man dieses Gleichnis auf die Seele eines Volkes anwenden darf."[186]

So riet er bereits 1945: „Mit dem einsichtigen Annehmen der Kollektivschuld wäre ein großer Schritt nach vorwärts getan. Aber dies allein bedeutet noch keine Heilung, wie auch kein Neurotiker durch bloßes Verstehen geheilt ist. Noch ist die Frage zu beantworten: Wie lebe ich mit diesem Schatten?"[186]

In großer Schuld liegt also die Chance zu großer Bewusstheit. Vielleicht löst sich hierin das Rätsel, warum uns manche Nationen im Fühlen voraus sind. In Ländern wie England, Spanien, Frankreich und Italien wurde meines Erachtens die Entwicklung eines differenzierten Fühlens durch deren Geschichte schon frühzeitig angestoßen. Diese Nationen machten nämlich als Kolonialmächte Jahrhunderte vor uns Erfahrungen mit Völkermord und Unterdrückung, als sie die Ureinwohner anderer Erdteile auslöschten oder mit ihnen Sklavenhandel betrieben.

Mit diesen Verfehlungen oder „Verbrechen gegen die Menschlichkeit" – wie wir es heute nennen würden – wurden früh in großem Maße Schuld und Verantwortung auf sich genommen. Das geschah natürlich nicht in der bewussten Absicht, reifer zu werden, doch die geschaffenen Tatsachen hatten eine transformierende Wirkung und führten in einem langen Prozess zusammen mit anderen Faktoren letztendlich zu größerer Bewusstheit im Bereich des Fühlens und Mitfühlens. Dies gilt in einem gewissem Umfang selbst dann, auch wenn die meisten Kolonialmächte ihre Vergangenheit noch nicht umfänglich genug aufgearbeitet haben. Bei uns liegen die begangenen Völkermorde noch nicht so lange zurück, und wir befinden uns noch mitten in diesem Aufarbeitungsprozess.

Ich möchte übrigens damit keinesfalls behaupten, dass es zu einer kollektiven Entwicklung der Fühlfunktion und von Bewusstheit allgemein nur dann kommen kann, wenn über Schuldigwerden und anschließende Ächtung ein „Stachel" in der Kollektivpsyche gesetzt wird. Dieser Weg, der allerdings bis heute noch im Zusammenleben der Völker geschieht – in der Gegenwart vor allen Dingen noch in Ländern der Dritten Welt in Form von Genozid und massenhaftem Töten –, kann natürlich niemals gut geheißen werden. Dass ein Lernprozess ohne Gräueltaten, sondern über eine ethische Kritikfähigkeit und daraus resultierende Veränderungsimpulse das eigentlich Wünschenswerte ist, steht außer Frage.

Ich glaube, dass die Bewusstseinsevolution der Menschheit heute endlich an einem Punkt ist, wo die Entwicklung mehr und mehr in einer friedlichen globalisierten Form fortschreiten kann. Denn der Austausch und die Vernetzung haben ein Maß erreicht, dass alle von den aktuellen Geschehnissen und den dabei gemachten Erfahrungen erreicht werden. Sie können davon in ihrem Fühlen berührt werden und somit profitieren. Und vor allem schaut heute das Weltbewusstsein über die Medien zu und völkerrechtlich kriminelle Taten lassen sich kaum noch verdunkeln oder bemänteln.

Kollektive Schattenarbeit und Integration des Bösen

Mit der Annahme des Schattens und des Bösen werden die Schuld über-wunden und der Weg in lichtere Bereiche frei. Ohne das Böse verherrlichen zu wollen, möchte ich nun eine Einsicht Nietzsches anfügen, der sich wie kaum einer sonst mit dem Bösen auseinandergesetzt hat und ihm auch – durch geistige Überhebung und Krankheit – in seinem persönlichen Leben nicht entkommen ist. Es ist aus dem Buch „Die fröhliche Wissenschaft" der Aphorismus 19 mit dem Titel „Das Böse":

„Prüfet das Leben der besten und fruchtbarsten Menschen und Völker und fragt euch, ob ein Baum, der stolz in die Höhe wachsen soll, des schlechten Wetters und der Stürme entbehren könne: ob Ungunst und Widerstand von außen, ob irgendwelche Arten von Hass, Eifersucht, Eigensinn, Misstrauen, Härte, Habgier und Gewaltsamkeit nicht zu den *begünstigenden* Umständen gehören, ohne welche ein großes Wachstum selbst in der Tugend kaum mög-lich ist?"[188]

Man spürt auch hier die Gefahr und geistige Verführung darin; und alles, alles ist ja eingetreten, keiner der genannten Tatantriebe und keine Tat ist aus-gelassen worden. Aber ohne dies an sich heranzulassen, ohne Selbsterkenntnis, geht es nicht. Auch an anderer Stelle hat der deutsche Dichterphilosoph wie kein anderer eine tiefe Innenschau in unsere Kollektivpsyche und unseren Schatten gewagt, wenn er in *Also sprach Zarathustra* im Abschnitt, der über-schrieben ist „Der hässlichste Mensch", schreibt:

„Ich erkenne dich wohl", sprach er mit einer erzenen Stimme: *„du bist der Mörder Gottes!* Lass mich gehn. Du *ertrugst* den nicht, der *dich* sah – der dich immer und durch und durch sah, du hässlichster Mensch! Du nahmst Rache an diesem Zeugen!"[189]

Hier haben wir eine Verständnisbasis für das Konzept des „Ugly German", nämlich die Abwendung von Gott im Vaterkomplex (wo wir uns gegen den „Vater im Himmel auflehnen und ihn zu entthronen suchen) und die Sym-pathie mit dem Bösen. Des weiteren finden wir darin einen Hinweis für die Notwendigkeit der Schattenbearbeitung.

Es ist für mich erfreulich zu sehen, dass es immer mehr Mahner und Weg-bereiter in Deutschland gibt, die einbringen, was uns bislang unbewusst war und damit zu einer Art Kollektivtherapie und Kulturtherapie beitragen. Im-mer mehr Stimmen – wie z.B. die des Historikers Joachim Fest, der ebenfalls das Böse wie das Gute als eine Möglichkeit des Menschen sieht – plädieren für die Integration des Bösen: „Wir müssen das Böse in unsere Rechnung vom Menschen wieder stärker aufnehmen, als es seit der Aufklärung geschehen ist.“[190]

In seiner Hitler-Biographie schreibt er über Hitler: „Er hat ein ungeheures Zerstörungswerk angerichtet: Menschen Städte, Länder, auch Werte, Tradi-tionen und Lebensformen ausgelöscht. Aber seine folgenreichere Hinterlas-senschaft ist der Schrecken darüber, wessen der Mensch gegen den Menschen fähig ist. Jeder trägt seither eine Ahnung mit sich, wie dünn der Grund ist, auf dem wir stehen. […] Aufs Ganze gesehen hat er die schöne Selbsttäuschung aufgedeckt, die dem seit der Aufklärung herrschenden Menschenbild zugrun-de lag. Doch dieses womöglich wichtigste seiner Vermächtnisse ist weder an-erkannt noch angenommen.“[191]

Von einer übergeordneten Warte gesehen erscheint es so – und in der Nach- und Erinnerungsarbeit haben wir auszuleuchten –, als habe sich Deutschland kollektiv das Thema Tod und Vernichtung, verbunden mit Angst, Qual und Leiden, vorgenommen. Es hat diesen menschlichen Erfahrungsbereich bis in die tiefsten Abgründe hinein ausgelotet und sich daran berauscht; es hat sich sozusagen damit zur Aufgabe gemacht, diese Schicht für das Wissens- und Er-fahrungsreservoir der Menschheit gründlichst zu „erforschen“. Dabei hat sich die deutsche Kollektivseele zutiefst verstrickt und dadurch die Verpflichtung auf sich genommen, diese Erfahrungen auszuwerten und für uns und die ge-samte Menschheit fruchtbar werden zu lassen. Doch was damals gleichsam in einem Nu getan und angerichtet wurde, braucht in der Auflösung viele Jahr-zehnte, vielleicht ein bis zwei Jahrhunderte. Wir haben einen Teil der Aufgabe bewältigt. Es geht jetzt darum, zu den Dispositionen in unserer Kollektivpsy-che, die dies alles möglich gemacht haben, zu stehen und sie zu wandeln. Das müssen wir Nachfolgenden es als Teil des Gesamtwesens Deutschland leisten.

Wie ich deutlich gemacht habe, vagabundieren weiterhin noch viele un-verstandene Negativenergien in der Kollektivpsyche herum, und sie treten wie Spukphänomene mal hier mal dort zutage. Die Faszination des Todes ist noch nicht ausreichend begriffen, und das Töten – heute im Sinne des Nicht-

Lebenlassens feinerer Gefühlsregungen sowie des Herabminderns mittels des negativen Denkens – hat noch nicht ganz aufgehört. Noch gibt es viel emotionales oder geistiges Negieren. Die Gesellschaft ist noch teilweise von Negativität durchsetzt. Das Wiederholen des Alten und das erneute Ausagieren von Ängsten führen nicht weiter, sondern nur die Schattenarbeit im Rahmen der Selbsterkenntnis. Dazu gehört ein immer tieferes dokumentarisches und historisches Eindringen mit einer verstehenden, fühlenden und reflexiven Anteilnahme.

Schattenarbeit bedeutet, Aggressionen und alle Boshaftigkeiten der eigenen Kollektivpsyche nicht mehr außen abzuhandeln. Früher neigten wir ja dazu, das Böse anderen anzuheften, vor allem durch antisemitische und sonstige Projektionen, was heute nicht mehr geht. Die Reste dieser negativen Energien können nur noch innen behandelt werden. Erst einmal „kocht" es so in uns, ohne das die Negativität herauskann. Gerade darin liegt aber die Chance. Ich will hier die Analogie des geschlossenen Gefäßes aus der Alchemie aufgreifen, die allgemein für den seelischen Wandlungsprozess verwendet wird. Es darf nichts aus dem „Gefäß" der Psyche nach außen dringen, damit die Verwandlung der groben „Ausgangsstoffe" gelingt. Durch das Leiden eines Menschen an sich selbst – ohne auszubrechen, ohne zu versuchen, sich auf bequeme Art durch Projektion seines Schattens zu entledigen, sondern durch geduldiges Aushalten der Spannung – bleiben alle Energien im Prozessgeschehen, und schließlich kann die „chemische Reaktion" stattfinden. Das heißt, an diesem Punkt kann Wandlung eintreten.

So sehen wir uns heute kollektiv unseren eigenen Schattenkräften und dem Bösen gegenüber, und ein Ausweichen oder Auslagern sind nicht mehr möglich. Wir können nicht mehr alles wie früher auf eine feindliche Nation oder eine unliebsame Minderheit projizieren. Wir haben damit im Innern zu tun, im Innern des Landes, im Kollektivbewusstsein und letztlich in der Einzelpsyche. Erst einmal können sich so Nachbarschaftskonflikte, Streitfälle und Zivil- wie auch Strafprozesse häufen, nachdem die Projektionsmöglichkeit auf das „böse Ausland" oder auf eine ausgegrenzte Minderheit weggefallen ist. Vielleicht hängt auch die Zunahme chronischer und autoaggressiver Erkrankungen bei den Menschen damit zusammen. Das gilt nicht nur für Deutschland, denn die Projektionsmöglichkeiten sind im Zuge der Bewusstseinsentwicklung ebenso in vielen anderen Ländern weggefallen. In diesem Zwischenstadium, in dem wir uns befinden, bleibt uns nichts anderes übrig als Wandlung.

Die Entwicklung des Fühlens

Schattenbewältigung und Entwicklung des Fühlens hängen eng zusammen, und eine Frucht der Schattenarbeit ist die Erweiterung des Fühlens. Wäre die Fühlfunktion in Deutschland schon bewusster und differenzierter gewesen, hätte Hitler keine Chance gehabt, an die Macht zu kommen und seine verbrecherischen Vorhaben durchzuführen. Über die Fühlfunktion, die persönliche Werturteile abgeben kann, hätte man Hitler erkannt und durchschaut. Seine Reden und Vorhaben, ja sein ganzes Auftreten wären einem zutiefst unsympathisch gewesen.

Und mit der Öffnung des Fühlbereichs wird sich auch in Bezug auf das Denken eine bedeutsame Veränderung ergeben, denn es wird schließlich vom Fühlen allgemein und von Mitgefühl speziell durchdrungen sein, und wir werden für unsere nun gewandelten Überzeugungen weiterhin entschieden und konsequent, doch jetzt gleichzeitig rücksichts- und verständnisvoll eintreten können. Wenn sich das Fühlen bei uns zu einer kraftvollen und einflussreichen inneren Stimme herausbildet, die sich emanzipiert neben das Denken stellt, dann können Denken und Fühlen wie aus einem Munde sprechen. Eine schöne Vorstellung, die nicht nur Theorie bleiben muss, sondern realisierbar ist.

Die Fühlfunktion kann geübt und damit differenziert werden. Für ihre Entwicklung gibt es Übungsmöglichkeiten für jeden Einzelnen. Das gesamte kollektive Feld kann sich dann wandeln, wenn jeder Einzelne persönlich daran arbeitet und so seinen Beitrag im Kleinen erbringt. Vom Fühlen wird ja vor allem der zwischenmenschliche Umgang bestimmt, und dieser ist ein Prüfstein für ihre Qualität.

Wir können uns darüber Rechenschaft ablegen, indem wir uns fragen: Bringen wir genügend ungekünstelte Freundlichkeit dem andern gegenüber auf? Können wir egozentrisches Denken zurückstellen und dem anderen mit mehr Liebe und Wohlwollen begegnen? Können wir mit ihm mitfühlen? Erste kleine Schritte bestehen auch in Übungen, in denen man sich in verschiedenen Situationen und bei allen Erlebnissen mehrfach am Tag fragt: „Was fühle ich jetzt?" oder „Wie fühle ich mich jetzt?" oder „Was sagt mein Fühlen dazu?" Man sollte gefasst darauf sein, dass vielleicht erst einmal keine Antwort kommt, dass das Fühlen noch schweigt oder dass sich andere Funktionen melden, dass man z.B. anfängt zu denken, einem etwas von früher einfällt oder eine Außenwahrnehmung ins Bewusstsein kommt. Es ist anfangs gar nicht so leicht, die Ich-Funktionen voneinander zu unterscheiden und sie von aufkommenden Emotionen abzugrenzen. So braucht man für die Entwicklung der eigenen unerschlossenen Fühlfunktion einen langen Atem. Der Weg lohnt sich aber, weil sich schließlich nicht nur Kontakt- und Beziehungsfähigkeit verbessern, sondern überhaupt die Lebensqualität und -freude erhöht wird. Und das haben wir ja kollektiv zur Überwindung von Stimmungen, die manchmal Richtung Depressivität gehen, von denkerischem Pessimismus und Negativität dringend nötig.

Entscheidung zur Positivität

Nach der Schattenarbeit schließt sich noch ein weiterer Schritt an, nämlich ein konsequenter Entschluss zur Positivität. Das Dunkle der Vergangenheit ganz auf- und anzunehmen und tiefinnerlich den Pakt mit dem Dämon des Neins aufzukündigen, ist nur der halbe Weg. Die eigentliche Wende zum Positiven wird erst vollzogen, wenn der Verneinungsimpuls in ein unbedingtes Ja zu Leben und Zukunft umgewandelt ist. Erst aus einer solchen Entscheidung, die bis in die verborgenen Winkel unserer Seele vordringt, entspringen Kreativität und der Mut zu einer zukunftsweisenden Vision. Wir als Deutsche tun uns ja schwer mit dem Positiven und dem Ja. Das Übergewicht der Negativität durchdringt eben noch – wie es bei solchen Komplexen der Fall ist – alle Lebensbereiche und zeigt sich nicht nur am Vermeiden von Happyends.

Es geht freilich nicht darum, zu einem naiven Ja zurückzukehren. Das ist gar nicht möglich und auch nicht erstrebenswert. Wir können und wollen nicht mehr in einen unbewussten Zustand zurück. Wir haben vom Baum der Erkenntnis gegessen, unser Feigenblatt verloren und das Böse getan. Wir haben damit Unterscheidungsvermögen für gut und böse gewonnen, und so kann unser Ja nur ein wissendes sein, das die dunklen Erfahrungen mit einschließt.

Manche Völker sind deutlich andere Wege gegangen und tun sich mit der Positivität nicht so schwer. So zum Beispiel die meisten Angloamerikaner, die unter anderem den Glaubenssatz „Das Gute siegt" haben. Das heißt natürlich noch nicht, dass die scheinbar „gerechte Sache" im umfänglichen Sinne gut ist und wirklich oder immer segensreiche Effekte zeigt. Das Gute wie das Böse ist oft relativ. Das Ethos des Guten hängt stark vom Bewusstsein des jeweiligen Verantwortlichen, z.B. eines Präsidenten oder Kanzlers, aber auch vom ganzen Volkes ab, je nachdem, ob man sich seines Schattens und des im „Guten" verborgenen Bösen bewusst oder ob man sich dessen eher unbewusst ist.

Dennoch ist es notwendig, das Gute bestmöglich anzustreben. „Edel sei der Mensch, hilfreich und gut" – dieses Goethe-Wort aus dem Gedicht *Das Göttliche* hat für uns heute vielleicht einen ungewohnten Klang, ist aber keinesfalls antiquiert. Gerade wir Deutschen könnten uns nach der Erfahrung des Abgründig-Bösen und nach der Auflösung des Vatergott-Komplexes auf einer wissenderen Stufe wieder unserer edelmütigen Wesensseite nähern und Gutes bewirken.

Ferner besitzen andere Länder mehr positive Affirmationen, Stärkungssätze und kollektive Autosuggestionen mit aufbauendem Inhalt, die eine nicht zu unterschätzende Wirkung haben. So heißt es in der inoffiziellen Nationalhymne der USA *God bless America,* in England lautet der offizielle patriotische Song *God save the Queen,* in weiteren europäischen Ländern gibt es das *Vive la France,* das *Viva Italia,* das *Viva España* usw., zu denen wir aufgrund unserer Gebrochenheit höchstens schwache Gegenstücke haben. Erst wenn wir in unserer Identitätsklärung weiter sind und das ursprüngliche, mit der einst angestrebten Vormachtstellung über andere verbundene „Deutschland, Deutschland über alles" durch Selbsterkenntnis gewandelt und integriert haben, werden wir möglicherweise zu neuen Formeln finden. Die heute gesungene Strophe unseres nationalen Hymnus enthält ja schon wunderschöne, bejahende Formulierungen wie „Blüh im Glanze dieses Glückes", hinter denen man voll und ganz stehen kann. An den amerikanischen und englischen Slogans könnte manche Deutsche auch das Wort Gott irritieren. Denn zur Negativität gehörte ja der symbolisch zu verstehende Pakt mit dem Teufel, das Nein zu und eine gewisse Abkehr von – konkret oder symbolisch zu verstehen, ganz wie man will – Gott.

In den eben genannten Ländern, besonders in England, umgibt man sich dagegen gern mit bejahenden, Positives vermittelnden Sinnzeichen. In der nordenglischen Stadt Newcastle-Gateshead z.B. errichteten die Stadtväter auf einem Hügel die Skulptur eines Engels von beinahe 20 m Höhe und mit einer enormen Flügelspannweite. Das Monument wird täglich von Hunderttausenden passiert, die es von den nahe gelegenen großen Verkehrsadern aus sehen. Es heißt, seitdem gelinge alles, was der Stadtrat initiiere, als ob ein

Schutzengel seine mächtigen Schwingen über die bislang verarmte Kohlenregion ausgebreitet habe.[192] Nach meiner eigenen Beobachtung besteht in England ein gutes Milieu für optimistische Gedanken und Symbole.

Auf übernationaler Ebene allerdings hat Deutschland bereits Wesentliches beigesteuert, z.B. die von Schiller gedichtete *Ode an die Freude,* vertont von Beethoven im letzten Satz seiner 9. Sinfonie, deren Melodie nun als Europahymne dient. Dieses „Freude, schöner Götterfunken" und „Alle Menschen werden Brüder" („und Schwestern" müsste man ergänzen) sind schöne zukunftsweisende Mottos, mit denen sich alle Europäer und nicht nur diese identifizieren können. Wenn wir das Wertvolle aus unserem kulturellen Besitz sammeln (aber ohne etwas scheinbar Unwertes auszugrenzen) und Neues in schöpferischer Weise erschaffen, werden sich ein neuer „Mythos" und eine neue positive Vision herauskristallisieren. Dann können wir mit Substanz und Qualität beruhigt nach Europa gehen und eines ferneren Tages darin aufgehen, weil unsere Talente mit denen der anderen Partner in eine europäische Kollektivpsyche eingeflossen sind.

Ein Ja zum Positiven und allgemein zum Leben ist auch etwas, was eine bessere Geburtenrate unterstützt. Denn um ein Kind in die Welt zu setzen, gehören Zuversicht und ein Glaube an die Zukunft. Es erfordert ferner, innerlich Konventionen und einer gewissen Normalität zuzustimmen, die Familie zu bejahen und nicht nur das „Besondere" zu wollen. Die Besonderheit liegt in der Individualität, mit der wir unsere Rolle und unser Leben ausfüllen. Auf philosophischem Gebiet tut sich hier bereits einiges. Philosophen sind ja Vordenker und geistige Wegbereiter. Neben den bisher dominierenden Philosophien des Todes gibt es nun z.B. auch eine Lebensphilosophie, begründet von Wilhelm Schmid, und eine Philosophie der Geburt oder der „Natalität", begründet von Ludger Lütkehaus.

Veränderung des gesellschaftlichen Klimas im Forschungs- und Bildungsbetrieb

Entwicklung des Fühlens und Entscheidung zur Positivität werden sich auch günstig auf das gesellschaftliche Klima in Deutschland auswirken, das ja gegenwärtig nicht immer förderlich ist. Wir sind in der Regel noch nicht so weit, uns – das gilt auch in wissenschaftlicher Hinsicht – gegenseitig zu unterstützen, positiv zu beachten und lobend wertzuschätzen. Zu häufig dominieren die negativen Projektionen, die den Beitrag des anderen, egal ob in der Forschung oder bei jeglichem kreativen Schaffen, ignorieren, fragwürdig finden, kritisieren oder herabwürdigen. Die Überwindung von Negativität und Antihaltung kann diese innerdeutsche Atmosphäre grundlegend zum Positiven wenden. Auch hier können wir wiederum auf das Vorbild der Amerikaner und Engländer schauen, die diesbezüglich zu einer besseren Haltung gefunden haben. Nicht nur herrscht dort mehr Freundlichkeit untereinander, man fördert sich auch wechselseitig und erhöht eher den Mitmenschen und sogar die Konkurrenten, als dass man sie herabmindert oder ihnen Knüppel zwischen die Beine wirft.[193]

Besonders im Bildungsbereich ist ein grundlegender Wandel von Umgangston und gefühlsmäßiger Einstellung von allen Beteiligten wünschenswert. Denn heute reicht es nicht mehr aus, wenn die Ich-Funktionen Empfinden und Denken getrimmt, also Faktenwissen, Logik sowie weiteres kognitives und rational-intellektuelles Können eingeübt werden. Ja nicht einmal selbstständiges Arbeiten und Teamfähigkeit reichen aus, heute sind weitergehende Befähigungen im Sozialverhalten und in der emotionalen Kompetenz gefragt. Darüber hinaus funktioniert die Vermittlung von Lerninhalten nur dann optimal, wenn das Gefühlsklima an den Lehreinrichtungen und gesellschaftlich insgesamt stimmt. Die heutigen Schwierigkeiten an den Schulen und Universitäten beruhen nämlich meiner Meinung nach zu einem großen Teil auf der zu schlechten Fühl-Atmosphäre.

Nach ungünstigen PISA-Studien und anderen Untersuchungen werden bei dem Versuch, Abhilfe zu schaffen, fast nur Vorschläge aus dem Denken heraus gemacht oder solche Ideen in den Raum gestellt, die eine Verbesserung der Lerntechniken zum Ziel haben. Eine Veränderung im emotionalen Miteinander wird nicht gefordert; dieses Problem wird nicht einmal gesehen. Die Neurobiologie, die neuerdings intensiv mitspricht, kann bei der Lösungsfindung eine Hilfe sein, aber nur wenn die gefühlsmäßigen Belange berücksichtigt werden. Und hierzu gibt es heute überragende Erkenntnisse und Befunde, die die Forderung unterstützen, das Emotionale stärker einzubeziehen.[194]

Beispielsweise hat die moderne Hirnforschung den – für einen guten Beobachter eigentlich selbstverständlichen, jetzt aber eben wissenschaftlichen – Nachweis erbracht, dass Lernen in einem Umfeld bestmöglich ist, in dem man sich wohl fühlt und mit Interesse und Freude dabei ist. Vereinzelt wird in der Schuldiskussion auch schon eine Erhöhung der sozialen Kompetenzen gefordert, was dem Kern der Sache nahekommt, nämlich der Entwicklung der emotionalen Intelligenz, die die hier entscheidende, bisher noch fehlende Intelligenzsparte ist. Ferner sollten eine Wertschätzung von Kreativität und Intuition hinzukommen.

Im teilweise verzettelten Schul- und anonymen Universitätsbetrieb gibt es leider kaum noch eine persönliche Beziehung zwischen Lehrenden und Lernenden. Aber nur eine über Jahre bestehende Schüler-Lehrer-Bindung und das Arbeiten in relativ kleinen Gruppen schaffen – falls die „Chemie" stimmt – ein stabiles Beziehungsgefüge, ein Bewusstsein von Zugehörigkeit und Geborgenheit sowie das nötige Vertrauen, in dem erst umfassendes Lernen und Persönlichkeitsreifung möglich sind. Nur so kann sich das Fühlen der Einzelnen hervorwagen, und nur so können sich soziale Fähigkeiten wie Rücksichtnahme, Verständnis und Einfühlungsvermögen bei Schülern und Lehrkräften entfalten. Diese Grundsätze gelten auch für Studierende, deren Arbeitsweise naturgemäß noch selbstständiger und stärker eigenverantwortlich ist und bei denen man ebenfalls mit einer langjährigen Mentorschaft und menschlichen Gefühlsbindungen viel Positives bewirken kann.

Solche Vorschläge werden aber erst zum Zuge kommen können, wenn der Vaterkomplex in Deutschland ein Stück weiter aufgelöst ist, denn bisher stehen dessen psychologische Auswirkungen einem solchen kooperativen Miteinander zwischen Lehrenden und Lernenden entgegen. Durch den noch teilweise unaufgearbeiteten Vaterkomplex sind wohlwollende Grenzsetzung und freiwilliges Akzeptieren von Regeln noch kein Allgemeingut. Zu einem erfolgreichen Lernmilieu – bei den Lernenden untereinander wie auch zwischen Lehrer und Schüler bzw. Dozent und Student – gehört aber eine Grundeinstellung von gegenseitigem Respekt: Respekt nicht im Sinne von traditionell deutscher Autoritätsfurcht den „Respektpersonen" gegenüber, sondern Respekt im Sinne von gegenseitiger Achtung und Annahme. Nur so kann es zu einer fruchtbaren Gemeinschaftsbildung kommen. Ich weiß, dass so etwas nicht einfach verordnet werden kann. Und es fehlt da auf beiden Seiten zwar nicht an gutem Willen, aber erst einmal an echtem Verständnis und dadurch an wirklicher Bereitschaft. Es bedarf eines längeren Zeitraumes, bis die Qualitäten des Fühlens als bedeutsam erkannt werden und der Vaterkomplex ganz überwunden sein wird. Aber der Anfang liegt in der Einsicht und einem jetzt beginnenden ernsthaften Bemühen.

Dann werden Anonymität, Vereinsamung und Desorientierung, oft verbunden mit dem Gefühl der Überforderung und Sinnlosigkeit, an unseren Unis aufhören und ein in jeder Hinsicht effektiveres Studium möglich werden. Denn im bisherigen Massenbetrieb der gesichtslosen und kalten Alma Mater brechen ein Drittel der so demotivierten Studierenden ihr Studium ab. Wenn man nur einmal den pekuniären Aspekt betrachtet (den ich hier für viel weniger wichtig erachte), ist allein dies eine volkswirtschaftliche Vergeudung und ein jahrelanges Brachliegen von „Humankapital". Bei einer solchen grundsätzlichen Änderung werden auch viele Schulklassen nicht mehr ein Ort des Unbehagens, vielfältiger Negativerlebnisse und Frustrationen sein, sondern die den Kindern *per se* eingegebene Wissbegierde und ihren Lerndrang bestärken und allen Beteiligten mehr Bestätigung geben.

Geist und Intuition

Nicht zuletzt führt der Weg von uns Deutschen zu einem erneuerten Selbstverständnis, das der Zukunft gerecht wird, über eine Aktivierung, Belebung und Differenzierung, ja Weiterentwicklung der Intuition, die neben der Mäßigung des Denkens und der Befreiung des Fühlens ansteht. Damit würde das Geistige wieder eine größere Bedeutung bekommen. Die deutsche Psyche ist von ihrer Anlage her sehr geistig, wie viele Deutschlandkenner meinen, die ihr einen Hang zum Geistigen und zur Innerlichkeit attestieren; doch davon ist manches verschüttet. Durch die „Gottesabkehr", die zunehmend materialistische Weltanschauung weltweit seit dem 18./19. Jahrhundert und besonders durch die Zäsur des „Dritten Reiches" haben wir Deutsche teilweise den Kontakt zum geistigen Bereich verloren. Die ehemaligen DDR-Bürger, die noch 40 weitere Jahre einer staatlich verordneten atheistischen Weltanschauung unterworfen waren, haben es z. T. noch schwerer.

Liegt es an Hitler und seiner verderblich mitreißenden Intuition, dass wir Deutsche, die wir in der NS-Zeit die schrecklichen Auswirkungen solch einer unkontrollierten und undifferenzierten Intuition gesehen und uns auch bei anderen Anlässen „blutige Nasen" geholt haben, sehr zaghaft, kleinlaut und übervorsichtig mit der Intuition geworden sind und sie kaum noch als eine innere Stimme und auch nicht im internationalen kulturellen Austausch zulassen? Sie muss allerdings entwickelt sein, denn sonst kann sie sich – wie wir an der NS-Zeit sehen – wirklichkeitsentfremdend und gefährlich auswirken.

Mit der Intuition und der geistigen Seite der Denkfunktion zu operieren, ist *eine* Sache. Doch zur Geistigkeit gehört noch mehr, nämlich das Schöpferische, das Kreative, das anlagemäßig bei uns stark ist und das immer wieder einzelne Große auf verschiedenen Gebieten hervorgebracht hat, das aber lange zurückgedrängt und mit dem Trauma von Naziherrschaft und verlorenem Krieg noch weiter in den Hintergrund getreten war. Die Sehnsucht zum Geistigen ist jedoch da und wird sich nie ersticken lassen, doch mit dem virulenten Vaterkomplex waren der Zugang dorthin zum Teil verstellt und das Schöpferisch-Geistige und Spirituelle blockiert worden. Besonders in den ersten Dekaden der Nachkriegszeit wurde meiner Meinung nach nur noch wenig wirklich Neues und Weiterführendes an geistigen Schöpfungen aus Deutschland heraus erzeugt und geboren.

Romantik und Naturphilosophie

Besonders in der Zeit, als intensiver Zugang zum Religiösen und Spirituellen bestand – vom Frühmittelalter bis in die Romantik und vereinzelt darüber hinaus – gab es große geistige Hervorbringungen. Gefühl und Intuition drängten u.a. in der deutschen Romantik vom Ende des 18. bis Mitte des 19. Jahrhunderts mit Gewalt nach oben und bildeten ein Gegengewicht zu den materialistischen Tendenzen in Europa. In der Romantik und romantischen Naturphilosophie hatte Deutschland einen Ansatz gemacht, die Intuition wieder in eine führende Stellung einzusetzen und dem Gefühl mehr Raum zu geben. Diese Entwicklung wurde dann leider unterbrochen, als sich die naturwissenschaftliche Weltanschauung, reduziert auf die materielle Welt, weiter durchsetzte. Der Begriff „romantisch" bekam eine abschätzige Konnotation und wird heute fast nur noch im Privatbereich der Liebesbeziehung toleriert.

Romantische Bestrebungen sind auch deshalb in Misskredit geraten, weil gewisse „romantische" Strömungen in den Nationalsozialismus einflossen, z.B. ein „gnostischer Rassismus" oder eine „esoterische Ariosophie".[195] Hier hatten sich die bis dahin ins Unbewusste der Kollektivpsyche verdrängten Kräfte auf ungute Weise einen Weg gebahnt, der eine üble Vermischung zwischen an sich legitimen Bedürfnissen nach Gefühl und Geist mit Nationalismus und Rassenvorurteilen darstellte. Hineingemengt wurden Hass auf Minderheiten und Fremde sowie der Wunsch nach Macht, während das Prinzip

Liebe aufgegeben wurde. In diesem rückwärtsgewandten, als reaktionär und menschenverachtend zu bezeichnenden Treiben war die eigentliche romantische Unterströmung im Grunde nicht mehr erkennbar. Seither ist natürlich jeglicher Anklang an Derartiges tabu, und das berechtigte romantische Bedürfnis der Deutschen hat es noch schwerer. Doch der Drang danach lebt in der Kollektivpsyche weiter, und an die romantische Tradition kann in einem zeitgemäßen und guten Sinne angeknüpft werden.

Die romantische Naturphilosophie des frühen 19. Jahrhunderts war in ihrer konsequenten Ausprägung eine fast rein deutsche Angelegenheit. In England gab es nur vereinzelt derartig orientierte Wissenschaftler und in Frankreich praktisch gar keine. Es setzte sich vielmehr der englische Empirismus durch, eine auf reine Sinnesbeobachtung und Experiment begründete Wissenschaft, und der romantische Ansatz ging unter. Auch wenn manche Aussagen der Romantiker durch die englische Erfahrungswissenschaft widerlegt werden konnten, so haben sie deswegen ihre Gültigkeit in einem allgemeineren Sinne nicht verloren. Sie bleiben in einem symbolischen Verständnis bedeutsam, denn sie beziehen sich im Grunde nicht – darin liegt das Missverständnis, dem die Naturforscher oft selbst unterlegen sind – auf materielle, sondern auf geistige und feinstoffliche Wirklichkeiten. Diese uns Deutschen an sich eigene Wesensart und Sicht der Welt (die aber auch in anderen Ländern angelegt ist), in der Intuition und Naturgefühl eine hervorragende Rolle spielen, besteht latent bis auf den heutigen Tag. Die keltisch-germanische Tradition, wo die Natur geheiligt war, es viele Naturheiligtümer gab und die geistige Führung durch Zauberer, Barden und Schamanen entscheidend war, ist noch nicht ganz erloschen. Sind nicht auch so das Gefühlsengagement in Bezug auf das „Waldsterben", das echte Interesse an Umweltschutz und die Naturliebe überhaupt in Deutschland zu verstehen?

Das Intuitiv-Geistige der deutschen Kultur, wie es vor allem in der Romantik zum Tragen kam, musste sich nach dem Siegeszug des Empirismus weitgehend ins Unbewusste zurückziehen, blieb aber als eine Unterströmung in der Kollektivpsyche bestehen. Dies belegt auch das Wort eines Südosteuropäers, dessen Blick aus der Distanz es besonders gut ermöglicht, Wesentliches zu erkennen. So äußerte der ungarische Philosoph László F. Földényi, der sich von der deutschen Kultur und ihren romantischen Wurzeln geheimnisvoll angezogen fühlt, im Jahr 2005:

„Für mich ist die deutsche Kultur aus demselben Grund so verlockend, aus dem sie natürlich auch so gefährlich ist: Weil sie als gewaltige Wildnis denjenigen, der dem Genuss nicht um jeden Preis widerstehen will, schnell in sich aufsaugt. Weil sie dazu neigt, die scharfen Konturen des Ich, deren Ausarbeitung sonst zu den großen Errungenschaften und Leistungen der europäischen Kultur zählt, zu verwischen. Aber nicht um das Individuum aufzulösen, sondern im Gegenteil um zu beleuchten, dass hinter dem Ich auch etwas anderes, etwas Breiteres, Tieferes und vielleicht sogar Dauerhafteres lauert: das, was Nietzsche als Terra incognita bezeichnet und mit dem Namen Selbst versehen hat. Auf diesem Gebiet hat die deutsche Kultur meines Erachtens Großes geleistet, hierin liegt ihre große Besonderheit. Und hierin liegen nach wie vor ihre große Chance und einzigartigen Möglichkeiten."[196]

Damit könne – so Földényi – Deutschland beispielhaft für die ganze europäische Kultur der neuzeitlichen Tendenz entgegentreten, die das Wesen des Menschen auf das vordergründige Ich, d.h. nur auf das Bewusstsein (ich ergänze: mit dem Vorherrschen von Realitätswahrnehmung und Denken), beschränken will und die übergeordnete psychische Ganzheit, das Selbst, außer Acht lässt.

Geistige Innenschau und Intuition

Vielleicht ist mit dem unterschwelligen romantischen und vor allem geistigen Bedürfnis auch das steigende Interesse in der westlichen Welt an psychologischer Selbstentwicklung, an Techniken, das kreative und mentale Potenzial zu entfalten, an humanistischen Therapien, am Weisheitsgut indigener Völker, an östlichen Übungswegen wie Yoga Tai Chi und Qi Gong sowie überhaupt an jeder Form von geistiger Vertiefung zu erklären. Durch das aktive Interesse am Geistigen und die Wendung nach Innen haben sich besonders im deutschen Sprachraum viele Erkenntnisse entwickeln können. Diese umfassen philosophische Systeme und Theorien jeglicher Disziplinen, und sie betreffen auch die Psychologie des Unbewussten. Das Unbewusste wurde vom deutschen Philosophen Eduard von Hartmann (1843–1906) entdeckt und auch so benannt, nachdem schon Carl Gustav Carus Mitte des 19. Jahrhunderts sich implizit mit dem Unbewussten beschäftigt hatte. Es entwickelte sich die Tiefenpsychologie, als deren Vorläufer und Pionier bereits Nietzsche anzusehen ist und die dann durch Sigmund Freud und Alfred Adler in Österreich und Carl Gustav Jung in der Schweiz und später auch durch andere Deutschsprachige ausgearbeitet wurde.

Sehr frühzeitig hatte bereits die deutsche Mystik mit ihrer Wendung ins Innerliche und Geistige eine bedeutende Rolle gespielt, wobei ich hier nur auf wenige tief spirituelle Menschen wie Hildegard von Bingen, Mechthild von Magdeburg, Meister Eckhart, Johannes Tauler, Heinrich Seuse und Jakob Böhme verweisen will. Über Nikolaus von Kues und andere hat sich eine mystisch geprägte philosophische Tradition bei uns in Deutschland durch zahlreiche Persönlichkeiten bis in die Moderne fortgesetzt.

Auch der schon häufiger zitierte Hans-Dieter Gelfert sieht die Tiefe als Markenzeichen deutschen Denkens und erwähnt speziell den spekulativen Idealismus (hinter Idealismus und Ideal steht die Idee, so dass wir auch bei diesem Begriff auf die Intuitionsfunktion verwiesen werden) bei Fichte, Schelling und Hegel und nennt in diesem Zusammenhang auch Heidegger mit seiner Vorstellung vom Urgrund des Seins. Auf dem Boden der Kantischen Kritiken habe sich in Deutschland das spekulative Denken als spezifisch deutsche Form des Philosophierens entwickelt, während die Engländer dagegen als erbärmliche Empiriker gelten würden.[197]

Doch auch die größten Naturwissenschaftler (und zwar aller Nationen) haben in jeder geschichtlichen Ära den Bezug zum Geistigen, zur Intuition oder zur Spiritualität behalten bzw. ihn sich erarbeitet. Viele herausragende Forscher waren sich – bis in die heutige Zeit – des Zusammenhangs von Materie und Geist bewusst, und ihrer Arbeit lagen eine schöpferische Idee und oft auch eine spirituelle Haltung zugrunde. Gemeint sind hier neben unzähligen anderen Johann Wolfgang von Goethe als Natur- und Geistesforscher, der schon durch sein hoch entwickeltes Fühlen eine deutsche Ausnahmeerscheinung war, der geistig suchende Physiker Johann Wilhelm Ritter, der universelle Naturforscher Alexander von Humboldt, der romantische Naturphilosoph und -wissenschaftler Carl Gustav Carus, der in allen Forschungsobjekten stets die geistige Idee mit sah, und viele andere sowie in neuerer Zeit Werner Heisenberg und Albert Einstein, die eine geistige Ordnung als Grundlage anerkannten und die nur über die alle menschlichen Grenzen überschreitende Intuition zu ihren revolutionären Entdeckungen fanden. Die Liste der Namen könnte beliebig um andere Pioniere in den verschiedensten Wissenschaftsbereichen erweitert werden, von denen wir oft nicht mal mehr die Namen kennen und zu deren Forschungsbeitrag das Erinnerungsband weitgehend abgerissen ist.

Auch bei anderen geistgeprägten Hervorbringungen wie z.B. der Literatur waren wir Deutschen von jeher kraftvoll. Der Ausdruck „Volk der Dichter und Denker" verweist eben nicht nur auf das Denken, sondern auch auf den Geist, auf die Gabe der Phantasie und die künstlerische Schöpfungskraft, die alle der Domäne der Intuition angehören. Nur einzelne andere Länder können ähnlich viele Schriftsteller, Dramatiker, Lyriker, Vers- und Prosadichter aufweisen. Eine große Anzahl von ihnen war stark von der Idee oder von der Vision, manchmal sogar von einer Phantastik bis hin zur Weltabwendung, beeinflusst – man denke z.B. an Poeten wie Hölderlin oder Rilke, die eigene, tief bedeutsame innerliche Welten geschaffen haben. Friedrich Schiller, viele andere idealistische Dichter und auch Goethe, der allerdings auch fest in der realen Welt verankert und insgesamt in seinen Ich-Funktionen sehr ausgewogen war, lassen ein klares Dominieren des Geistes- und Intuitionsbereiches erkennen. Die Balladen, Dramen und Gedichte Schillers z.B. bringen nicht nur Gefühl oder Pathos zum Ausdruck, sondern auch den Geist erhabener Ideale und sind in keiner Weise naturalistisch oder realistisch, sondern intuitionsgeprägt. Noch mehr entspringen E.T.A. Hoffmanns Werke einer reinen Traumwirklichkeit. Natürlich gibt es auch dem Realismus verbundene Erzähler und Dichter, doch die bedeutendsten Schriftsteller haben – das gilt für alle Länder – immer auch eine starke Intuition besessen.

Doch heute heißt es hierzulande, bei der Intuition und kreativen Phantasie aufzuholen, wenn andere Nationen uns in diesem Bereich nicht hoffnungslos den Rang ablaufen sollen. Führend sind inzwischen nämlich – wenn wir nur einmal das Genre der Fantasy betrachten – die Angelsachsen mit *Der kleine Hobbit, Die Nebel von Avalon, Der Herr der Ringe, Harry Potter,* dem Film *Matrix* als Verfilmung des Romans *Neuromancer* und andere Science Fiction. Außer Michael Ende mit seinen wunderschönen Märchen *Momo* und *Die unendliche Geschichte* hat sich kaum ein Deutscher mehr an diese Literaturgattung gewagt, während früher die Phantasiedichter und Märchenerzähler Legion waren. Die Fiktion- und Fantasy-Sparte ist dabei natürlich nur ein kleiner Ausschnitt aus der Literatur, in der die Intuition eine bedeutende Rolle spielt.

Die Dominanz der phantasierten oder spekulierten Geisteswelt bei deutschen Dichtern und Denkern ging jedoch manchmal so weit, dass Weltträumerei und Wirklichkeitsfremdheit resultieren. Das ist immer eine der Gefahren der Intuition, wenn ihr keine gleichwertige Außenwahrnehmung und Realitätsfunktion gegenüberstehen, weil dann ein Abgleiten in Unwirklichkeit, Spekulatives und Bodenverlust möglich wird. Wenn jedoch der Kontakt zur realen Welt und zur Natur gut ist und keine Weltabgewandtheit besteht, ist eine geläuterte Intuition die wertvollste Befähigung, die wir Menschen überhaupt haben. Sie erspart Umwege und führt direkt zu den höchsten Wahrheiten und Grundfragen des Menschseins.

Abbildung 18: Der fliegende Robert aus Struwwelpeter

Das spezifisch deutsche Thema des Wunschdenkens und der Realitätsverkennung wird schon im *Struwwelpeter,* dem bebilderten Kinderbuch aus dem 19. Jahrhundert, und zwar in *Der fliegende Robert* und in *Hans Guck-in-die-Luft* aufgegriffen. In ersterer Geschichte ist das Fortgerissenwerden vom Sturm, d.h. vom Geist, von hochfliegenden Phantasien und Vorhaben dargestellt. Beide Figuren halten sich in einem Wolkenkuckucksheim auf. „An die Wolken stößt er schon, […] Stößt zuletzt am Himmel an", heißt es von Robert.

Bei Hans Guck-in-die-Luft, der nicht auf seinen Weg, auf den Boden, auf das „Niedere" achtet, lautet es: „Noch ein Schritt! Und plumbs! Der Hans / Stürzt hinab kopfüber ganz!" Ikarus-hafte Hybris der beiden geistigen Ich-Funktionen Denken und Intuition lässt den Absturz auf den Fuße folgen.

Einst ging er an Ufers Rand
Mit der Mappe in der Hand.
Nach dem blauen Himmel hoch
Sah er, wo die Schwalbe flog,
Also daß er letzengrad
Immer mehr zum Flusse trat.
Und die Fischlein in der Reih'
Sind erstaunt sehr, alle drei.

Abbildung 19: Hans Guck-in-die-Luft aus Struwwelpeter

Der deutsche Wunderglaube war nirgends eindrucksvoller und grotesker als im Verlaufe des Zweiten Weltkriegs, als bis zuletzt ein großer Anteil der hypnotisch zusammengeschweißten „Volksgemeinschaft" noch an den sog. „Endsieg" glaubte. Schon als die Amerikaner den Rhein überschritten hatten und die Russen nicht weit von Berlin waren, hoffte man noch auf die Geheim- und Wunderwaffe, die alles wenden würde. In dieser Hans-Guck-in-die-Luft-Manier war man zumindest davon überzeugt, dass sich die „Amis" schließlich mit Deutschland verbünden und gemeinsam die „Bolschewiken" abwehren würden. Noch am 13. April 1945 – das Kriegsende war am 8. Mai, der amerikanische Präsident Roosevelt war gestorben, doch natürlich hatte dessen Tod nicht den geringsten Einfluss auf den Kriegsverlauf – keimte im Berliner Führerbunker noch einmal die abstruse Hoffnung auf den „Endsieg" auf.

Ein neues Gefühl und ein neuer Geist für Wissenschaft und Kunst

Ich kann in diesem Ausblick zu einer gewandelten Gesamtkultur – Wissenschaft und Kunst eingeschlossen –, bei der es nicht nur um ein ökologisches, sondern generell um ein ethisches Bewusstsein geht, nur wenige Hinweise und Anregungen aus tiefenpsychologischer Sicht geben, denn dies ist nicht Gegenstand dieses Buches. Es würde zu weit wegführen und mich den sicheren Boden meines Kompetenzbereiches überschreiten lassen.

Wenn in Zukunft das Fühlen und die Intuition kollektiv mehr eingebunden werden, kann bei uns psychisch-geistig ein höheres Niveau erreicht werden. In der globalen Bewusstseinsevolution geschieht das bereits ansatzweise. Mit dem Einbeziehen dieser beiden Ich-Funktionen wird auch das in Vergessenheit geratene Prinzip Seele wieder aufleben, nicht in rückwärtsgewandter, sondern in moderner und in einer mit dem Spirituellen verbundener Form. Schließlich wird das Weibliche dadurch in unserer Kultur nicht nur rehabilitiert, sondern stärker verankert und eine größere Bedeutung erhalten. Im Sinne der symbolisch verstandenen „Götterdämmerung" können wir uns nach dem Untergang des alten Weltbilds und Paradigmas auf die dann neu anbrechende Zeit einer aus Geist und Gefühl geborenen Kultur freuen.

Zu einer solchen neuen Vision gehört auch eine Veränderung der Wissenschaften. Was in der materialistischen Forschung heute im Grunde weltweit fehlt, ist gerade der Einbezug des Fühlens und der Intuition. Die Notwendigkeit, das Gefühl in die wissenschaftliche Zielsetzung, Planung und Durchführung der Untersuchungen einfließen zu lassen, wird heute bereits von namhaften Wissenschaftlern erkannt und benannt.[198]

Hier liegt für uns Deutsche eine weitere Chance, wobei wir uns da nicht von scheinbaren Sachzwängen behindern lassen sollten. Diese Durchdringung der Wissenschaften mit der Fühlfunktion bezieht sich dabei nicht nur auf die Natur- und Biowissenschaften, sondern auch auf die Philosophie und Geisteswissenschaften insgesamt, die sogar einen besonderen Beitrag zur beschleunigten Umsetzung leisten können.

In den Wissenschaften und in der westlichen Kultur überhaupt fehlt jedoch nicht nur das Gefühl als gewichtige Komponente, auch das Geistige hat kollektiv gesehen bisher nur eine untergeordnete Bedeutung, während es im Sinne einer fortgeschrittenen Bewusstheitsentwicklung eine führende Rolle spielen und eine Grundorientierung geben könnte. Der Paradigmenwechsel hin zu einer mehr geistig orientierten Wissenschaft ist natürlich nicht allein eine Herausforderung für uns Deutsche, aber gerade wir können hier aufgrund unserer spezifischen Tradition bedeutend beitragen.

Wissenschaft und Selbsterfahrung – Versöhnung von Deduktion und Induktion

Eine gewandelte Wissenschaft bedeutet auch, dass das Element der seelischen Erfahrung und der verantwortlichen Beteiligung, unser Involviertsein als Mensch, bei der Beschäftigung mit dem Untersuchungsgegenstand wieder die führende Rolle erhält. Das gilt nicht nur für die Psychiatrie und Psychologie, wo verständlicherweise Selbsterfahrung und Selbsterkenntnis ganz entscheidend sind – eine in die Tiefe gehende Psychotherapie z.B. ist ohne Lehranalyse, Introspektion und Selbstreflexion der Therapeutin bzw. des Therapeuten undenkbar –, sondern im Grunde für alle Wissenschaften, insbesondere natürlich für die sog. Lebenswissenschaften, die die Trennung zwischen Kultur- und Naturwissenschaften überwinden wollen.

Überall können Fühlen und Intuition, Herz und Geist mit dem wissenschaftlichen Arbeiten gekoppelt werden. Nur so kann der Wissenschaftler verbindlich Stellung beziehen; nur so hält seine psychisch-ethische Entwicklung mit den technologischen Möglichkeiten Schritt. Der Forscher, Denker oder Experimentator nimmt sich bzw. sein Menschsein in den wissenschaftlichen Gegenstand mit hinein, erkennt, erfährt und entwickelt sich darin. Ein distanziertes, wie durch eine Glasscheibe getrenntes Verhältnis von Beobachter und Untersuchungsobjekt ist nicht mehr zeitgemäß. Wir können heute erkennen, dass wir unauflösbar und schicksalhaft mit dem Objekt verbunden sind. Ein Gleiches gilt übrigens für den musischen Bereich, für Kunst und Musik.

Ferner bedeutet der Einbezug der Intuition, dass der deduktive Wissenschaftsansatz wieder eine maßgebliche Stellung bekommt. Das Deduktive – die Ableitung des Einzelfalls aus einem allgemeinen Gesetz, zu dem man primär über die Idee, also über Intuition, gefunden hat – hat meiner Meinung nach Zukunft. Damit wird kein Gegensatz zwischen Vision, Eingebung und Spekulation auf der einen und Experiment, Erfahrungstatsache und Beobachtung auf der anderen Seite konstruiert, sondern es wird eine Versöhnung von Deduktion und Induktion angestrebt. Während der induktive Ansatz, die Verallgemeinerung von Detailbefunden, heute alleinig herrscht – die Intuition geht höchstens als Privatphantasie des Forschers ein – könnten in Zukunft am Anfang mehr die Idee, der geistige Überblick und das Überschauen des Ganzen stehen, in dessen Kontext die Einzelbeobachtungen einzuordnen sind und worauf auch eine Forschungsplanung basieren sollte. Dazu bedarf es aber eines *consensus omnium* innerhalb einer neuen geistigen Orientierung und dazu müsste sich die Gesellschaft erst mehr gewandelt haben. Da das auf längere Zeit noch nicht abzusehen ist, sind wir von einer deduktiven Forschungsplanung noch weit entfernt.

Jedes Land oder Volk der Welt kann seinen Beitrag zur Weiterentwicklung, Bewusstseinsevolution und Vervollkommnung der Welt leisten, auch wir Deutsche. Es ist gut für jede Nation, sich seines Beitrages bewusst zu werden, weil ihr dies Würde, Selbstwertgefühl, Identität und Sinn vermittelt. Der deutsche Anteil bestand früher hauptsächlich darin, in den Natur- und Geisteswissenschaften Impulse zu setzen. Heute können wir vor allem durch die Schattenintegration einen wichtigen Beitrag leisten, da wir aufgrund der jüngeren deutschen Historie hier eine gewisse Vorreiterrolle übernommen haben.

Und es gibt kein Volk, das nicht etwas Wesentliches für die Menschheit beisteuern kann. Inzwischen rücken auch die asiatischen Länder mehr ins Blickfeld, deren Zutun in dem großen Verschmelzungsprozess des Bewusstseins immer bedeutender wird. In diesem „East meets West" kommen nun stärker die geistigen Schätze des Ostens und dessen Kulturgut zur Geltung – z.B. aus Indien, Tibet, Japan und China –, und es geschieht eine Amalgamierung, die bereits vor über 100 Jahren angefangen hat, sich immer weiter intensiviert und immer breitere Schichten erfasst.

Das Gold unserer Nationalflagge nach oben kehren

Zum Abschluss möchte ich eine kleine Geschichte erzählen, die sich in den Vereinigten Staaten zugetragen hat, und daran einige Gedanken zu unserer Flagge knüpfen. Erlebt hat sie ein Freund und Kollege von mir während eines früheren Schüleraustauschs.

Bei einem Festakt am Ende der Besuchszeit wurden die Fahnen aller beteiligten Länder aufgestellt. Mein Freund stellte fest, dass die deutsche Flagge verkehrt herum aufgehängt war und wies den Gastgeber darauf hin. Diesem war dies ungemein peinlich – Amerikaner legen ja großen Wert auf diese nationalen Symbole –, und er korrigierte es sofort. Offenbar war er selbstverständlich davon ausgegangen, dass das Gold oben sein müsse, und ohne darüber nachzudenken hatte er deshalb die Flagge in dieser Ausrichtung befestigt. Dass der schwarze Streifen zuoberst kommen könnte, schien ihm augenscheinlich nicht vorstellbar.

Diese Anekdote gibt mir Gelegenheit, spielerisch auf die Farbsymbolik unserer Nationalflagge einzugehen. Es gibt außer Belgien nur wenige Staaten auf der Welt, die Schwarz in der Fahne haben (vor allem sind das arabische und afrikanische Länder). Es gehört noch mehr Chuzpe dazu, das Schwarz nach oben hin zu orientieren, was nur ganz selten der Fall ist, so bei dem zentralafrikanischen Staat Uganda, in dessen Nationalfahne es einen schmalen Streifen Schwarz oben und in der Mitte gibt, und bei den Ländern Jordanien, Kenia und Westsahara, deren Flaggen oben einen schwarzen Balken tragen, bei allen dreien allerdings graphisch etwas aufgelockert.

Was bedeutet das symbolisch für uns? Schwarz ist einerseits die Farbe der Nacht und des Weiblichen im Gegensatz zum Männlichen, zum Taghellen und Solaren. Schwarz in dieser Bedeutung ist an sich positiv oder wertfrei, doch im reinen Schwarz fehlen die im Dunkeln leuchtenden Gestirne und vor allem der Mond, der unauflöslich zum Yin dazugehört. Schwarz ist aber auch die Farbe der Dunkelheit im Sinne des Unbewussten oder des Schattens (wie ja ein sehr verborgener Bereich des Unbewussten genannt wird), in dem auch „das Böse" zu Hause ist. Schwarz ist ferner die Farbe der Trauer, der Depression, aber auch der Eleganz und des Machtstatus.

All diese zuletzt genannten Charakteristika hatten wir Deutschen in unserer Entwicklung ganz nach oben kommen lassen, sozusagen zuoberst gekehrt. Unser Weg, auf dem wir bereits ein gutes Stück gegangen sind, besteht ja darin, uns durch dieses Dunkle ganz hindurchzuarbeiten, durch unsere schwärzeste Vergangenheit mit dem größten Missbrauch der Macht, durch unseren Schatten mit dem Wirklichkeit gewordenen Bösen, durch die Trauer um den „Verlust der Unschuld", durch das Entsetzen über und die Trauer um die vielen Millionen Ermordeten, Gefallenen und Umgekommenen und über die ungeheuren kulturellen und materiellen Einbußen. Auch eine kollektive Depression mussten wir durchwandern in der jüngsten Vergangenheit.

Inzwischen steht an, bis zur roten Schicht unserer Nationalflagge vorzudringen. Das Rot ist einerseits die Farbe der Affekte, z.B. der Aggression, die ja im Blutrausch des Zweiten Weltkriegs und des Genozids reichlich gelebt wurde, und sie ist andererseits die Farbe des Fühlens und der Liebe. Das Rot der unbewussten Affektivität und Emotionalität kann durch Verfeinerung und Differenzierung zum Rot der bewussten Fühlfunktion werden. Das ist – wie ich es sehe – in einem gewissen Maße bereits geschehen und weiterhin eine unserer primären Aufgaben.

Wenn wir uns die Qualität des Fühlens ganz angeeignet haben und das Rot zur gelebten Farbe des Herzens geworden ist, wird der Zugang zum goldenen Boden, zur am stärksten verschütteten Schicht frei. Das Gold ist schlechthin eine göttliche Farbe. Als Farbe des Edelmetalls symbolisiert es das Wertvolle an sich, doch es meint nicht nur das materielle Element Aurum, sondern verweist im übertragenen Sinne auf die unzerstörbare geistige Kostbarkeit in der Tiefe der Seele, auf unseren göttlichen Kern. Nietzsche kontempliert über das Gold und die Frage, wie es zum höchsten Werte kam: „Darum, dass es ungemein ist und unnützlich und leuchtend und mild im Glanze; es schenkt sich immer. / Nur als Abbild der höchsten Tugend kam Gold zum höchsten Werte. Goldgleich leuchtet der Blick dem Schenkenden. Goldesglanz schließt Frieden zwischen Sonne und Mond."[199]

Gelbgolden ist auch die Lichtfarbe der Sonne als Symbol von Bewusstheit, und dieses Licht war ja im germanischen Mythos zeitweise vom schwarzen Fenriswolf verschlungen. Gelb oder Gold ist darüber hinaus die Farbe der geistigen Intuition, ist ein Ausdruck des Geistes an sich einschließlich der Spiritualität. Das Gold wird ebenso für die höchste Aurschicht des Menschen verwendet, und zahlreiche künstlerische Darstellungen zeigen hier die goldene Aureole als Ausdruck eines Erleuchtungs- oder hochbewussten Zustands.

Wie ich schon ausgedrückt habe, bedürfen wir dringend einer „Durchfühlung" und „Durchgeistigung" unserer Kultur, d.h. der Wissenschaften, der Künste wie auch des ganzen Lebens. Wir haben dringend nötig – und das gilt für jeden Einzelnen –, weiter unser Herz zu öffnen im Sinne eines dem Mitmenschen zugewandten Fühlens und das geistige Geschenk unserer Intuition zu entfalten. Rot und Gold als Sinnbilder von Fühlen und Intuition fordern uns somit auf, mit dem Fühlen das Weibliche und mit der Intuition das Spirituelle zu entwickeln. Nehmen wir einmal an, dass die Abfolge der Farben in unserer Flagge uns einen fruchtbaren Weg aufzeigt, den wir umsetzen wollen, so müssen wir mit unseren Anstrengungen in der vorgeschlagenen Richtung fortfahren. Dann können wir fündig werden und zum Gold auf dem Grunde gelangen.

Und nach der Erlösung des Gefühls und des Geistigen können wir dann vielleicht eines Tages mit Hilfe unseres gewandelten Bewusstseins die Fahne umdrehen, wie es der Amerikaner in liebenswürdiger Naivität und wohlmeinendem Optimismus schon vorweg für uns getan hat.

Anmerkungen

1.   Vgl. Kluge (1995²³).
2.   Vgl. Deutsches Wörterbuch von Jacob und Wilhelm Grimm.
3.   Auch der Ausdruck „morphogenetisches Feld" von Rupert Sheldrake kommt diesen hier unterbreiteten Vorstellungen nahe und beschreibt im Grunde ähnliche Phänomene. Sein wichtigstes Buch ist „A New Science of Life" von 1981, deutsch „Das schöpferische Universum. Die Theorie des morphogenetischen Feldes" (1983, 1993).
4.   Siehe Helmuth Plessner: Die verspätete Nation. Über die politische Verführbarkeit bürgerlichen Geistes. 1959, ursprünglich 1935.
5.   Vgl. Tann (1991).
6.   C. G. Jung charakterisiert Hitler als Hysteriker mit einer Pseudologia phantastica (selbsterfundene Lügen, an die man selbst glaubt): „Das deutsche Volk hätte auf die dem Ausländer (bis auf wenige schwerbegreifliche Ausnahmen) als lächerlich erscheinende, pathetische, das heißt offenkundig hysterische Geste Hitlers und auf seine weibisch kreischenden Reden niemals hereinfallen können, wenn diese Gestalt, die mir auf Grund eigenen Augenscheins wie eine psychische Vogelscheuche vorkam (ein Besenstiel als ausgestreckter Arm), nicht ein Spiegelbild der allgemeinen deutschen Hysterie gewesen wäre. Man wagt es ja nicht gerade ohne schwere Bedenken, sozusagen ein ganzes Volk als ‚psychopathisch minderwertig' aufzufassen, aber es war – weiß Gott – die einzige Möglichkeit, sich die Massenwirkung dieses Popanzes einigermaßen zu erklären." (GW 10, § 419.) „Minderwertig" ist die Fühlfunktion, die solche hysterischen Phänomene ermöglicht, weil sie kein Werturteil fällen kann.
7.   In: Wehr (1985), S. 273 ff.
8.   Vgl. Obrist (1990).
9.   Leopold von Ranke: Politisches Gespräch. Mit einer Einführung von Friedrich Meinecke. München und Leipzig 1924. Zitiert nach: von Krockow (2002), S. 111.
10. Stürmer (1983), S. 407. Zitiert nach: von Krockow (2002), S. 52. Von Krockow erörtert gut nachvollziehbar die gesellschaftlichen Auswirkungen dieses europäischen Krieges in Deutschland.
11. Krockow (2002).
12. Aus „Alle Lieder" (1991) von Wolf Biermann.
13. Asserate (2003), S. 14.

14. Es fängt zaghaft an, dass manche Autoren wieder „wir" sagen. Siehe z.B. das Buch von Matthias Matussek Wir Deutschen. Warum uns die anderen gern haben können. (2006). Auch im Titel 1945 und wir. Das Dritte Reich im Bewusstsein der Deutschen (2005) des Historikers Norbert Frei ist dieser Pluralis. Dass „wir" und „die Deutschen" in einer Überschrift vorkommen – wie ja auch im vorliegenden Buch –, trifft genau den beginnenden Umbruch, reflektiert aber auch die Mischung von Distanz und Nähe, die dem Thema angemessen ist.

15. Siehe dazu auch Sebastian Haffners Buch Geschichte eines Deutschen. Die Erinnerungen 1914–1933. (2002). Es ist interessant, dass Haffner dieses wichtige Zeitzeugenbuch, das lebendig und aus persönlicher Perspektive Geschichte vermittelt, zu Lebzeiten geradezu schamhaft verschwiegen hat und nur wenige Ausschnitte daraus veröffentlichte. Damals war es einfach noch nicht statthaft, über diesen Teil der deutschen Vergangenheit zu schreiben, selbst wenn man wie Haffner so unverdächtig und antinazistisch war. Das Schweigen der älteren Generation hat offenbar auch solche kritischen Geister angesteckt. Haffner macht in diesem autobiografischen Büchlein übrigens die Sprachregelung mit, „die Nazis" zu sagen, was aus seiner Sicht als Gegner Hitlers und Emigrant verständlich ist.

16. Asserate (2003), S. 246.

17. von Krockow (1999), S. 35.

18. Neben den vier genannten Ich-Funktionen, mit denen viel in der Jung'schen analytischen Psychotherapie gearbeitet wird, gibt es noch weitere Ich-Funktionen, die in der Freud'schen Psychoanalyse herausgearbeitet wurden.

19. C. G. Jung hat sein Modell der vier Orientierungsfunktionen Denken, Fühlen, Empfinden und Intuieren zusammen mit Extraversion und Introversion in seinem Buch Psychologische Typen (1921/1950, 1971), Gesammelte Werke (GW) 6, dargestellt. Diese Typologie Jungs wurde seither von Ursula Eschenbach (in ihrem Buch Der Ich-Komplex und sein Arbeitsteam. Topographie der Selbstentfaltung [1986]) und von mir weiterentwickelt. Siehe dazu mein Buch: Therapeutisches Arbeiten mit dem Ich. Denken, Fühlen, Empfinden und Intuieren – die vier Orientierungsfunktionen (2011 Opus Magnum, 2. Auflage). Hier sind auch die vier psychologischen Ich-Funktionen dargestellt und in ihrer Rolle für die Psyche erläutert. Ferner siehe Monika Rafalski: Empfinden, Intuieren, Fühlen und Denken. Die vier psychischen Grundfunktionen in Psychotherapie und Individuation (2018).

20. Zur Intuition siehe auch das gut lesbare Buch Intuition – die innere Stimme (2006) von Ang Lee und Theodor Seifert, das das Thema umfassend behandelt.

21. Auf Madame de Stael und das Hölderlingedicht bin ich durch Gelfert (2005a, S. 133) aufmerksam gemacht worden.

22. Zum unterentwickelten Fühlen siehe das nachfolgende Kapitel 3.

23. Wassily Kandinsky: Das Geistige in der Kunst.

24. Genaueres hierzu vgl. Adam (2003), S. 58–67.

25. Gelfert (2005a), S. 45.

26. Gelfert (2005b), S. 26.

27. „Volk ohne Raum" ist der Titel eines Buches von Hans Grimm, das erstmals 1926 erschien und in der Weimarer Zeit mit über 200000 Exemplaren verkauft wurde.

28. Jung (1981): GW 18/I, § 96. Jung gab mir mit seinen verschiedenen Hinweisen in seinem Werk neben eigenen Beobachtungen entscheidende Anregungen, diesen Sachverhalt des Mankos der Fühlfunktion in Deutschland nachzugehen. An anderer Stelle sagt Jung in Bezug auf die deutschen Minderwertigkeitsgefühle: „Minderwertigkeitsgefühle sind in der Regel minderwertiges Gefühl, was nicht etwa ein Wortspiel ist. Keine intellektuelle oder technische Leistung der Welt vermag die Minderwertigkeit des Gefühls wettzumachen. […] Ich bin ja keineswegs der erste, dem das deutsche Minderwertigkeitsgefühl aufgefallen wäre. (Was haben Goethe, Heine und Nietzsche über ihr eigenes Land gesagt?) Minderwertigkeitsgefühl bedeutet ja eben gerade nicht, dass es unberechtigt wäre. Es gilt nur nicht für die Seite oder Funktion, an der es erscheint, sondern bezieht sich auf eine zwar undeutlich geahnte aber wirklich vorhandene Minderwertigkeit." (Ebd. [1945/1946, 1974]: GW 10, § 416f.)

29. Fontane (1998b), S. 29.

30. Fontane (1998a), S. 367.

31. Fontane (1998c), S. 35.

32. In einem Radiointerview in SWR2 im Mai 2006.

33. Vgl. Gelfert (2005b), S. 26 und Davies (1999), S. 664 ff.

34. Ders. (2005a), S. 170.

35. Vgl. Gelfert (2005b), S. 65f.

36. Aus der Zeitschrift „Die Gartenlaube", 1912. Zitiert in: Craig (1999), S. 241. Auch die anderen Informationen zur Situation der Frau im 19. Jahrhundert sind weitgehend diesem Werk Craigs entnommen.

37. Gelfert (2005b), S. 116f.

38. Siehe von Krockow: Die Stunde der Frauen.

39. Vgl. Krockow (1999), S. 74–80.

40. Vgl. Krockow (1995), S. 75.

41. Vgl. Fest: „Hitler. Eine Biographie." Ullstein, Berlin 2004 (6. Auflage), S. 85.

42. Vgl. ebd., S. 349; 465ff.

43. Albert Speer: Erinnerungen. Zitiert in: Fest: Hitler, S. 745.

44. Zitiert in: Ebd., S. 844.

45. Hellmuth Plessner (1895-1985, deutscher Philosoph und Soziologe, Vertreter der Philosophischen Anthropologie. Das gemeinte Werk heißt: „Die verspätete Nation. Über die politische Verführbarkeit bürgerlichen Geistes" von 1959.

46. Jung sagt in den Zarathustra-Seminaren: „Die extreme Abhängigkeit von der Autorität war jedoch eine typisch deutsche Schwierigkeit. […] es ist noch die Psychologie eines Jungen, der einen Vater hat; eine Zeitlang stellt er den Vater viel zu sehr zufrieden und dann missfällt er ihm wieder völlig. […] es gibt keine Anima in dem ganzen Spiel, genau wie im Fall Nietzsches." [Übersetzung der englischen Seminartexte von mir]. (Jung [1988], S. 535.)

47. Allert (2005). Siehe auch die Rezension in der NZZ vom 19./20. Nov. 2005.

48. Vgl. Allert (2005), S. 46.

49. Über die Homosexualität und des damit verbundenen Analverkehrs lässt sich auch von der Farbgebung her ein psychologischer Bogen zum Bereich des Analen in der „braunen Zeit" schlagen, wo es z.B. die „kackbraunen" Uniformen der SA gab. Tiefenpsychologisch kann man sagen, dass in Deutschland gemeinschaftlich eine Fixierung, d. h. eine psychische Bindung, an den Bereich des Analen bestand und teilweise noch besteht. Damit ist gemeint, dass ein zumindest unbewusstes Interesse an den Ausscheidungsorganen, -vorgängen und -produkten vorhanden ist. Diese Fixierung und das Interesse am Analen bei Männern zusammen mit einer negativen Vaterbeziehung werden von Freud'schen Psychoanalytikern gemeinhin als „latente Homosexualität" bezeichnet. Ich möchte es hier aber lieber bei dem Ausdruck „Jünglingsstufe der Entwicklung" belassen, weil der erstere zu pathologisierend klingt. Sigmund Freud hat ferner bei Menschen, die aufgrund einer Fixierung auf das Anale bestimmte Charakterzüge aufweisen, vom „analen Charakter" gesprochen.

Bei uns Deutschen sind solche analen Charakterzüge ein Teil unserer Kollektivpsyche. Der unbewussten Beschäftigung mit Ausscheidung und Exkrementen steht eine im äußeren Leben Kompensation durch besondere Sauberkeit, Hygienebewusstheit, ja Zwanghaftigkeit und Kontrolle gegenüber. So gehören zu den Attributen des analen Charakters Reinlichkeit, Korrektheit, Ordentlichkeit bis zur Pedanterie, Genauigkeit und „Pünktlichkeit" (genau bis auf den Punkt), Sparsamkeit bis zum Geiz, sodann Gründlichkeit, Zuverlässigkeit und Gewissenhaftigkeit, aber auch Eigensinn, Trotz und Jähzorn.

50. Independence Day. USA 1996. Regie Roland Emmerich.

51. Armageddon – das jüngste Gericht. USA 1998 mit Bruce Willis. Regie Michael Bay.

52. Godzilla. USA 1998. Regie Roland Emmerich.

53. The Day After Tomorrow. USA 2004. Regie Roland Emmerich.

54. Inhaltsbeschreibung nach eigener Kenntnis und nach Töteberg (1995).

55. Fest (1973), S. 397.

56. Siehe dazu auch die Publikationen von Bert Hellinger, der in dem von ihm entwickelten Familienstellen eine Versöhnung zwischen Tätern und Opfern herbeizuführen sucht.

57. Vgl. Cooper (2003).

58. Übersetzung von mir. Jung (1988), S. 373.

59. Vgl. Fest (1973), S. 74.

60. Vgl. Goodrick-Clarke (2004), S.133/134.

61. Übersetzung von mir. Jung (1988), S. 377. Dies sprach Jung bereits 1935 aus! Mangelnde Einsicht in das Wesen des Nationalsozialismus kann man ihm damit bestimmt nicht vorwerfen.

62. Vgl. Goodrick-Clarke (2004), S. 213.

63. Vgl. Fest (Hitler), S. 45.

64. Vgl. Rovan (1998), S. 350/351; vgl. Fontane (1991).

65. Ebd., S. 352.

66. Heinrich Gotthardt von Treitschke (1834–1896) in seinen Vorlesungen, zitiert in: Craig (1999), S. 67.

67. Craig (1999), S. 167 und 185.

68. Vgl. ebd., S. 184–186.

69. Vgl. Fest (1973), S. 196.

70. Auch von Krockow ist unser diesbezügliches Ressentiment aufgefallen. Er berichtet: Als 1914 der Britenhass hochkochte, wurden Briefe mit „Perfides

Albion – Gott strafe England" unterzeichnet. Damals gab ein deutscher Gelehrter, Ulrich von Wilamowitz-Moellendorf den Gefühlen in Hinblick auf England Ausdruck: „Dort ist der eigentlich treibende böse Geist, der diesen Krieg emporgerufen hat aus der Hölle, der Geist des Neides und der Geist der Heuchelei." (Krockow [1999], S. 56 und 125.) Der Projektionsmechanismus des Emporkömmlings Deutschlands, das scheel auf England blickte und auch „einen Platz an der Sonne" haben wollte, wird hier sehr deutlich. Zu Kriegsbeginn 1914 wurde auch der Hassgesang gegen England von Ernst Lissauer gesungen: „Dich werden wir hassen mit langem Hass /[...] Hass zu Wasser und Hass zu Land /[...] Drosselnder Hass von siebzig Millionen, / Sie lieben vereint, sie hassen vereint, / sie haben alle nur einen Feind: / ENGLAND". Zitiert in: Bruhns (2004), S. 58.

71. Vgl. Radebold (2005).

72. Das Buch von Alexander Mitscherlich „Auf dem Weg zur vaterlosen Gesellschaft" (1963/2003) meint nicht die reale Väter-Ausdünnung, sondern den Verlust in einem übertragenen Sinne und das Abschiednehmen von Vorbildern.

73. Der deutsche Film „Das Wunder von Bern" wurde 2003 produziert und kam 2004 in die Kinos. Regie Sönke Wortmann, Hauptdarsteller Louis Klamroth.

74. Dennoch ist auch in der Paarbeziehung eine gewisse Weiterentwicklung zu entdecken. Anhand eines Nebenrollenpaares wird eine weitgehend positive Beziehung vorgelebt (gut von Hollywood gelernt!), vermischt natürlich mit einigen deutschen Übertriebenheiten. Aber hier auf diesem Nebenschauplatz kann schon mehr als anderswo ein Ja zu Liebe und Leben vorgebracht werden.

75. Vgl. Dorst (1997), S. 281ff.

76. Vgl. Richter (2005).

77. Fest (Hitler), S. 150.

78. Vgl. Rovan (1989), S. 266/267.

79. Vgl. ebd., S. 260.

80. Ebd., S. 272.

81. Vgl. Craig (1999), S. 208.

82. Vgl. ebd., S. 89/90.

83. Zitiert in: ebd., S. 91.

84. Ebd., S. 92.

85. Vgl. ebd., S. 94–95.

86. Französisches Büro des Informationsdienstes über Kriegsverbrechen (2001).

87. Vgl. Fest (1973), S. 976; 980.

88. Der Bau des Limes geht auf die Varusschlacht 9 n. Chr. zurück, als die Er-
oberung und Befriedung ganz Germaniens misslang. Das Bollwerk gegen die
„Barbaren" hielt bis ins dritte Jahrhundert.

89. Vgl. Gelfert (1999), S. 31; 36.

90. Jung (1918, 1974): GW 10, § 17. Siehe dazu auch das in diesem Kapitel
weiter unten zitierte Gedicht von Georg Heym.

91. Vgl. Jung (1936/1946, 1974): GW 10, §§ 371–399. Auch anhand dieses
Aufsatzes („Wotan") kann man erkennen, dass der Vorwurf der anfänglichen
Sympathie Jungs für den Nationalsozialismus weitgehend unbegründet ist.
Jung war einer der wenigen, der frühzeitig die Entwicklung in Deutschland
deutlich voraussah und sich über dieses deutsche Phänomen des Nationalso-
zialismus keine Illusionen machte.

92. Vgl. Golther (1985), S. 292–303.

93. Vgl. Jung (1936/1946, 1974): GW 10, §§ 371–399.

94. Diese Zusammenfassung lehnt sich weitgehend an Wolfgang Golthers
Darstellung im Handbuch der germanischen Mythologie an (vgl. Golther
[1908/1985], S. 531–537; 366–368). Für unsere Zwecke sind dies ausreichend genaue Quellen. Der Name der aus Island stammenden Edda bedeutet
„Urgroßmutter" im Sinne von „Urahnin aller Dichtung". Die Edda-Lieder
schildern die gesamte nordische Mythologie, die sich in Island besonders gut
erhalten hat, weil das Land erst um 1000 und noch dazu freiwillig christiani-
siert wurde, so dass es nicht zu solch einer harschen Verdrängung der „heid-
nischen" Mythen wie auf dem Festland kam. Man unterscheidet die „Jüngere
Edda", auch Prosa-Edda genannt, und die „Ältere Edda", die Lieder-Edda in
Versen. Weitere Information und Publikation des Edda-Textes einschließlich
der Völuspá unter www.geocities.com/Athens/Olympus/5342/myths/edda.
html. Passagen der Völuspá haben Entsprechungen in althochdeutscher Dichtung und sogar in den indischen Veden.

95. Thor unterstehen Blitz und Donner, Regen und Wind. Aber Thor donnert,
um die Erde zu segnen, nicht um sie zu vernichten. Er ist damit ein Gott der
Fruchtbarkeit.

96. Siehe hierzu auch Rudolf Steiner: Das Mysterium des Bösen. Themen aus
dem Gesamtwerk 19. Verlag Freies Geistesleben und Urachhaus, Stuttgart
1993

97. Aus: Georg Heym: Der Krieg (1911), in: Conrady (2003), S. 590. Den Hinweis auf das Gedicht verdanke ich meiner Kollegin Monika Rafalski.

98. Fest (1973), S. 1062.

99. Ebd. S. 33.

100. Aus: Stefan George (1928): Der Dichter in Zeiten der Wirren, in: Conrady (2003), S. 557.

101. Vgl. Fest (1973), S. 242.

102. Zitiert nach: Deutsches Wörterbuch von Jacob Grimm und Wilhelm Grimm (1854–1960).

103. Fest (Hitler), S. 740.

104. Aus der Fünften Rede an die deutsche Nation von Johann Gottlieb Fichte (1808/1978).

105. Vgl. Gelfert (2005a), S. 123/124.

106. „Der Untergang" mit Bruno Ganz, Deutschland 2004, Regie Oliver Hirschbiegel.

107. Vgl. Koch (2005).

108. Vgl. Gelfert (1999), S. 118.

109. Vgl. ders. (2005b), S. 156.

110. Otto von Bismarck: Briefe an seine Frau und Gattin. Stuttgart 1900. Zitiert in: Craig (1999), S. 18.

111. Craig (1999), S. 27.

112. Ebd., S. 37.

113. Einzelne geschichtliche Beschreibungen in diesem und den folgenden Abschnitten lehnen sich an die Darstellung Haffners an, vgl. Haffner (1987).

114. Vgl. Craig (1999), S. 147–158.

115. Darin und im Folgenden, die anti-englische Politik betreffend, folge ich Craig (1999), S. 144–147.

116. Vgl. ebd., S. 144/145.

117. Vgl. ebd., S. 252–257.

118. Vgl. ebd., S. 269–272.

119. Ebd., S. 276.

120. Vgl. ebd., S. 277.

121. Vgl. Haffner (1987), S. 97.

122. Clark (2013), S. 703 f.

123. Eingearbeitet in dieses Kapitel sind Gedanken aus Haffner (1987), S. 111–136.

124. Informationen aus: www.pharmtech.tu-bs.de/pharmgesch/Seminar/haber/ haber.htm.

125. Bruhns (2004), S. 109; 113ff. Wibke Bruhns Vater ist einer der Männer, der nach dem versuchten Hitlerattentat am 20. Juli 1944 hingerichtet wurde. Die Autorin zieht die Parallele zwischen Ludendorff und Hitler auch insofern, als es zum Ende des Ersten Weltkriegs zu einem ähnlichen Inferno wie beim Zweiten Weltkrieg kam.

126. Vgl. Fest (1973), S. 126.

127. Sophie Scholl – Die letzten Tage, Film von Marc Rothemund, mit Julia Jentsch, 2005.

128. Scholl/Scholl (1989), S. 245.

129. Vgl. Goodrick-Clarke (2004), S. 71.

130. Vgl. Fest (1973), S. 717.

131. Büscher (2005), S. 15.

132. Vgl. Fest (1973), S. 790–792.

133. Vgl. ebd., S. 824; 828.

134. Vgl. ebd., S. 825.

135. Vgl. ebd., S. 839.

136. Vgl. ebd., S. 841.

137. Ebd., S. 914; 876.

138. Vgl. ebd., S. 1058.

139. Zitiert in: ebd., S. 915.

140. Vgl. ebd., S. 52–55.

141. Vgl. ebd., S. 988/989.

142. Zitiert in: ebd., S. 999–1000.

143. Vgl. Haffner (1978), S. 135–139.

144. Vgl. Fest (1973), S. 882.

145. Vgl. ebd., S. 1029.

146. Ebd., S. 21.

147. Zitiert nach: Garthe/Weber (2005), S. 88.

148. Zitiert in: Haffner (1978), S. 300.

149. Vgl. Fest (1973), S. 1022; 1030.

150. Vgl. ebd., S. 754; 759.

151. Vgl. Haffner (1978), S. 175–179.

152. Vgl. Fest (1973), S. 1030.

153. Vgl. Haffner (1978), S. 168–188.

154. Christian Graf von Krockow: Die Stunde der Frauen. Bericht aus Pommern 1944 bis 1947. Deutsche Verlags-Anstalt Stuttgart 1988, S. 9.
155. Vgl. Haffner (1978), S. 165ff.
156. Zitiert in: Bruhns (2004), S. 279.
157. Vgl. www.pzaufkl.de/totenkopf.htm.
158. Sigmund Freud sprach vom Todestrieb. Ich hatte schon darauf hingewiesen, dass seine Psychoanalyse sehr viel typisch Deutsches erfasst und meiner Meinung nach nicht in jeder Hinsicht universell gültig ist. Es ist vielleicht kein Zufall, dass er es ist, der diesen Todestrieb „entdeckte", denn er gehörte ja als Österreicher dem deutschen Sprach- und Kulturraum an und erkannte viel von der deutschen Seele, ja war ihr selbst zu einem großen Teil unterworfen. Seine Konzepte wie Todestrieb und Ödipus-Komplex spiegeln akzentuiert die speziellen Grundstrukturen der deutschen Psyche wider – den kollektiven Einfluss des Endzeitmythos und den typisch deutschen Vater-Komplex –, weshalb sie meines Erachtens nur in modifizierter Form auf die Psyche anderer Völker übertragbar sind bzw. dort nur einen untergeordneten Ausschnitt aus der Kollektivpsyche abbilden.
159. Vgl. Rosendorfer (2002), S. 132/133.
160. Dies hat besonders von Krockow herausgearbeitet, vgl. Krockow (1995), S. 38–55.
161. Frankl (1989): Trotzdem Ja zum Leben sagen, S. 105.
162. Die folgende Erzählung mit den Zitaten ist dem Text von Ludwik Fleck entnommen, Neue Zürcher Zeitung vom 4./5. November 2006: „Häftling Nr. 4935" – ein unbekannter Text aus der Feder von Ludwik Fleck? mit dem Titel: Über die Goethe-Eiche im Lager Buchenwald.
163. In Friedrich Schillers Ballade von 1797 gelingen der Tauchgang und die Entdeckung der Tiefe nur unvollständig. Beim zweiten Tauchgang bleibt der heroische Jüngling (symbolisch das deutsche Bewusstsein), der nach dem ersten Mal von schrecklichen Ungeheuern (symbolisch gesehen Aspekte unseres Schattens) berichtete, im Orkus verschwunden. Das Gedicht entspricht der Jünglings-Entwicklungsstufe, auf der das Bewusstsein noch nicht stark genug ist, den Kräften der Tiefe standzuhalten. Inzwischen ist aber unser deutsches Kollektivbewusstsein – nicht zuletzt durch die Erfahrungen der NS-Zeit – gereift, so dass nunmehr das Tauchen und der Fischzug, d.h. die Integration des Schattens, sowie der neuerliche Aufstieg zu einem gewandelten Bewusstsein gelingen könnten.

164. Dieser Aphorismus Friedrich Nietzsches aus Jenseits von Gut und Böse wurde von Sigmund Freud in seiner Schrift „Psychopathologie des Alltagslebens" im Rahmen des Themas Verdrängung aufgegriffen.

165. Der 195 Minuten lange Spielfilm Schindlers Liste von Steven Spielberg berichtet von der historischen Person Oskar Schindler, einem sudetendeutschen Kaufmann, der in seinen Emaillefabriken fast nur jüdische Mitarbeiter beschäftigte, die er mit verschiedenen Tricks unter Ausspielen seiner Nazi-Verbindungen vor den Krematorien von Auschwitz bewahrte.

166. Vgl. Frei (2005), S. 148.

167. Vgl. Jaspers (1946).

168. Vgl. Frei (2005), S. 145ff. Frei erwähnt auch Hannah Arendts Aufsatz „Organisierte Schuld", veröffentlicht 1946, in dem sie die Vernichtungsaktionen gegenüber den Juden als „Verwaltungsmassenmord" bezeichnet, etwas, das in die empfindliche Kerbe der Kollektivschuldthese einschlug.

169. Goldhagen (1996). Goldhagen stellt die provokante These auf, dass nur in Deutschland der Antisemitismus so weit ging, die physische Ausrottung der Juden zu diskutieren. Ich meine, dass Goldhagen als „Stachel im Fleisch" eine wichtige Funktion hat und uns Deutsche mahnt, weiterhin an unserem Schatten zu arbeiten.

170. Geäußert 1949 bei der Feierstunde der Gesellschaft für Christlich-jüdische Zusammenarbeit, zitiert in: Frei (2005), S. 217.

171. „Fettnäpfchen-Kohl" gebrauchte diesen von Günter Gaus geprägten Ausdruck bei einem Besuch Israels 1984 in einer Rede in der Knesset. Vgl. Frei (2005), S. 16.

172. Der Historiker Norbert Frei unterscheidet mehrere Phasen im Umgang mit der NS-Vergangenheit: eine erste Phase der „Säuberungspolitik" (Entnazifizierung), eine zweite der „Vergangenheitspolitik" (in den fünfziger Jahren), dann die Phase der „Vergangenheitsbewältigung", die erst in den siebziger Jahren ausklang, und seither die Phase der „Vergangenheitsbewahrung", in der die erinnernde Vergegenwärtigung in den Vordergrund tritt. Mit dem Wechsel in die letzte Phase ist laut Frei ein Wechsel vom „Erinnerungskampf" (verschiedene Auffassungen der Vergangenheit bekämpfen sich) in die „Erinnerungskultur" verbunden. Vgl. Frei (2005), S. 26–40.

173. In neuerer Zeit rückt durch Götz Alys Buch Hitlers Volksstaat. Raub, Rassenkrieg und nationaler Sozialismus (2005) nach dem Mord der Raub an den Juden in den Vordergrund. Der Autor unterstellt, dass das deutsche Volk

materiell bestochen worden sei, indem es Nutznießer des von den Juden Geraubten war. Ich bin aber der Meinung, dass nicht in erster Linie Habgier der Grund für die NS-Begeisterung gewesen ist, sondern tiefere psychologische Gründe den Ausschlag gegeben haben. Alys Buch zeigt aber noch einmal detailgenau, wie jeder in den Nationalsozialismus verwickelt war und von dem Elend der Juden und der besetzten Gebiete profitiert hat.

174. Sereny (2002), S. 19f.

175. Das Schicksal und die Folgesymptomatiken der Kriegskinder sind erst seit wenigen Jahren substantiell in den Blick der psychotherapeutischen Forschung gekommen. Nachdem wir als Deutsche ein Stück weit unsere Verantwortung angenommen haben, dürfen wir nun anerkennen, dass auch wir Opfer geworden sind. Vgl. Radebold (2005).

176. Zitiert in: Hirschfeld/Renz (2005), S. 41.

177. Der ewige Jude, Deutschland 1940, Regie Fritz Hippler. Durch diesen antisemitischen Film wurde die Bevölkerung auf die bereits im Gang befindliche Judenvernichtung psychisch vorbereitet.

178. Vgl. Winkler (2005).

179. Vgl. Allert (2005), S. 132.

180. Zum allgemeinen Umgang mit Träumen in der Therapie oder in der Selbstanalyse unabhängig von der hier behandelten zeitgeschichtlichen Dimension siehe mein Buch „Therapeutisches Arbeiten mit Träumen. Theorie und Praxis der Traumarbeit" (Adam [2005]).

181. Vgl. Schmidt (2003).

182. Aus Schweitzer (2003): Die Ehrfurcht vor dem Leben.

183. Frankl (1998), S. 124 [Kursivdruck im Original].

184. Ebd., S. 148.

185. Jung (1945/1946, 1974): GW 10, §§ 441f.

186. Ders. (1946, 1974): GW 10, § 485.

187. Ders. (1945/1946, 1974): GW 10, § 443.

188. Friedrich Nietzsche: Die fröhliche Wissenschaft; Aphorismus 19.

189. Friedrich Nietzsche: Also sprach Zarathustra; Kapitel „Der hässlichste Mensch".

190. Joachim Fest in einem Interview in der Neuen Zürcher Zeitung vom 15.11.2005.

191. Fest (1973), S. 24.

192. Neue Zürcher Zeitung, Bericht vom 30.6.05.

193. Das hat auch Jung bei seinem Amerikabesuch erkannt, der den Amerikanern zugesteht, dass sie sich gegenseitig fördern und dass dort ein unterstützendes Klima herrscht. Siehe den Aufsatz „Komplikationen der amerikanischen Psychologie" in: GW 10, §§ 946–980.
194. Siehe z.B. Spitzer (2002). Spitzer hat das Verdienst, die Ergebnisse der Neurobiologie mit einer positiven Grundeinstellung für den Alltag nutzbar zu machen, indem er Argumente von naturwissenschaftlichen Seite beibringt, die unseren Ansprüchen an Denken und Faktensinn, aber auch unserer Freude am Lernen Genüge tun.
195. Vgl. Goodrick-Clarke (2004), S. 112–176.
196. Der Philosoph und Literaturwissenschaftler László F. Földényi im Frühjahr 2005 in seiner Dankesrede anlässlich der Verleihung des Friedrich-Gundolf-Preises der Deutschen Akademie für Sprache und Dichtung (Földényi [2005]).
197. Gelfert (2005a), S. 61; 157; ders. (2005b), S. 153.
198. Vgl. z.B. Atmanspacher/Primas/Wertenschlag-Birckhäuser (1995), wo gefordert wird, die Fühlfunktion in den wissenschaftlichen Diskurs einzubeziehen.
199. Nietzsche (Also sprach Zarathustra), S. 336.

Literatur

Adam, Klaus-Uwe (2011): Therapeutisches Arbeiten mit dem Ich. Denken, Fühlen, Empfinden, Intuieren – die vier Orientierungsfunktionen. 2. Auflage, Opus Magnum Stuttgart (1. Auflage 2003, Walter Düsseldorf/Zürich).

Adam, Klaus-Uwe (2005): Therapeutisches Arbeiten mit Träumen. Theorie und Praxis der Traumarbeit. 2. Aufl. Springer, Berlin (1. Auflage 2000).

Allert, Tilman (2005): Der deutsche Gruß. Geschichte einer unheilvollen Geste. Eichborn, Frankfurt a. M.

Aly, Götz (2005): Hitlers Volksstaat. Raub, Rassenkrieg und nationaler Sozialismus. 5. Aufl. S. Fischer Verlag, Frankfurt a. M.

Asserate, Asfa-Wossen (2003): Manieren. Eichborn, Frankfurt a. M.

Atmanspacher, Harald / Hans Primas / Eva Wertenschlag-Birckhäuser (Hg.) (1995): Der Pauli-Jung-Dialog und seine Bedeutung für die moderne Wissenschaft. Springer, Berlin.

Biermann, Wolf (1991): Alle Lieder, Kiepenheuer & Witsch, Köln.

Biermann, Wolf (2006): Heimat. Neue Gedichte. Hoffmann und Campe, Hamburg.

Bode, Sabine (2015): Nachkriegskinder. Die 1950er Jahrgänge und ihre Soldatenväter. 3. Auflage. Klett-Cotta, Stuttgart.

Bruhns, Wibke (2004): Meines Vaters Land. Econ, Berlin.

Büscher, Wolfgang (2002): Drei Stunden Null. Deutsche Abenteuer. Alexander Fest, Berlin.

Büscher, Wolfgang (2005): Deutschland, eine Reise. Rowohlt, Berlin.

Clark, Christopher (2013): Die Schlafwandler. Wie Europa in den Ersten Weltkrieg zog. Deutsche Verlags-Anstalt München, Ausgabe Pantheon Verlag 2015.

Conrady, Karl Otto (Hg.) (2003): Der Neue Conrady. Das große deutsche Gedichtbuch von den Anfängen bis zur Gegenwart. Erw. und aktualisierte Neuausg. 3. Aufl. Artemis & Winkler, Düsseldorf/Zürich.

Cooper, J. C. (2003): Das große Lexikon traditioneller Symbole. Goldmann, München.

Craig, Gordon A.(1999): Deutsche Geschichte 1866–1945. Vom Norddeutschen Bund bis zum Ende des Dritten Reiches. 2., durchges. Auflage, C. H. Beck, München.

Davies, Norman (1999): The Isles. A History. Pan Macmillan, London.

Deutsches Wörterbuch von Jacob Grimm und Wilhelm Grimm (1854–1960). 16 Bde. [in 32 Teilbänden]. S. Hirzel, Leipzig. In Internet verfügbar unter: http://germazope.uni-trier.de/Projects/DWB.

Dorst, Brigitte (1997): Wiederkehr der Göttin und Abschied vom Vatergott. Anima und Animus als Spiegelungen in weiblichen Gottesbildern. In: Wege zum Menschen 49, S. 281–295.

Eschenbach, Ursula G. (1986): Der Ich-Komplex und sein Arbeitsteam. Topographie der Selbstentfaltung. Bonz, Leinfelden-Echterdingen.

Fest, Joachim (1973): Hitler. Eine Biographie. Ullstein, Berlin.

Fichte, Johann Gottlieb (1808, 1978): Reden an die deutsche Nation. Hg. und eingeleitet von Reinhard Lauth. 5., durchges. Auflage. Meiner, Hamburg.

Földényi, László F. (2005): Deutschland – so nah, so fern. Ein ungarisches Kind entdeckt das Vermächtnis der Romantik. In: NZZ vom 9. Juli 2005. (Online-Ausgabe: www.nzz.ch/2005/07/09/li/articleCUHX4.html.)

Fontane, Emilie und Theodor (1998a): Dichterfrauen sind immer so. Der Ehebriefwechsel. Bd. 1. Große Brandenburger Ausgabe. 2. Auflage, Aufbau, Berlin.

Fontane, Emilie und Theodor (1998b): Geliebte Ungeduld. Der Ehebriefwechsel. Bd. 2. Große Brandenburger Ausgabe. 2. Aufl. Aufbau, Berlin.

Fontane, Emilie und Theodor (1998c): Die Zuneigung ist etwas Rätselvolles. Der Ehebriefwechsel. Bd. 3. Große Brandenburger Ausgabe. 2. Aufl. Aufbau, Berlin.

Fontane, Theodor (1863, 1991): Die Katte-Tragödie. In: Wanderungen durch die Mark Brandenburg. Band 2. Hanser, München.

Frankl, Viktor (1989): Trotzdem Ja zum Leben sagen. Ein Psychologe erlebt das Konzentrationslager. 8. Aufl. dtv, München.

Französisches Büro des Informationsdienstes über Kriegsverbrechen (Hg.) (2001): Konzentrationslager Dokument F 321 für den Internationalen Militärgerichtshof Nürnberg. Durchgesehen, erläutert und mit einem Nachwort versehen von Peter Neitzke und Martin Weinmann. 17. Auflage Zweitausendeins, Frankfurt a. M.

Frei, Norbert (2005): 1945 und wir. Das Dritte Reich im Bewusstsein der Deutschen. C.H. Beck, München.

Garthe, Michael / Annette Weber (Hg.) (2005): Das Kriegsende in der Pfalz. Rheinpfalz-Leser erinnern sich. Rheinpfalz Verlag, Landau.

Gelfert, Hans D. (1999): Kleine Kulturgeschichte Großbritanniens. Von Stonehenge bis zum Millenium Dome. C.H. Beck, München.

Gelfert, Hans D. (2005a): Was ist deutsch? Wie die Deutschen wurden, was sie sind. C.H. Beck, München.

Gelfert, Hans D. (2005b): Typisch englisch. Wie die Briten wurden, was sie sind. 5., durchges. C. H. Beck, München.

Goldhagen, Daniel (1996): Hitlers willige Vollstrecker. Ganz gewöhnliche Deutsche und der Holocaust. Siedler, München.

Golther, Wolfgang (1985) Handbuch der germanischen Mythologie. 2. Aufl. Magnus, Essen.

Goodrick-Clarke, Nicholas (2004): Die okkulten Wurzeln des Nationalsozialismus. Marix, Wiesbaden.

Grünewald, Stephan (2006): Deutschland auf der Couch. Eine Gesellschaft zwischen Stillstand und Leidenschaft. Campus, Frankfurt a. M.

Haffner, Sebastian (1978): Anmerkungen zu Hitler. Kindler, München.

Haffner, Sebastian (1987): Von Bismarck zu Hitler. Kindler, München.

Haffner, Sebastian (2000): Geschichte eines Deutschen. Die Erinnerungen 1914–1933. DVA, Stuttgart/München.

Hirschfeld, Gerhard / Irina Renz (2005): Vormittags die ersten Amerikaner. Stimmen und Bilder vom Kriegsende 1945. Klett-Cotta, Stuttgart.

Jaspers, Karl (1946): Die Schuldfrage. Von der politischen Haftung Deutschlands. Lambert Schneider, Heidelberg/Zürich.

Jung, C. G. (1918, 1974): Über das Unbewusste. In: Zivilisation im Übergang. GW 10. Hg. von Lilly Jung-Merker / Elisabeth Rüf. Walter, Olten, §§ 1–48.

Jung, C. G. (1921/1950, 1971): Typologie. GW 6. Hg. von Marianne Niehus-Jung / Lena Hurwitz-Eisner, Franz Riklin / Leonie Zander. Walter, Olten.

Jung, C. G. (1930, 1974): Komplikationen der amerikanischen Psychologie. In: Zivilisation im Übergang. GW 10. Hg. von Lilly Jung-Merker / Elisabeth Rüf. Walter, Olten, §§ 946–980.

Jung, C. G. (1936/1946, 1974): Wotan. In: Zivilisation im Übergang. GW 10. Hg. von Lilly Jung-Merker / Elisabeth Rüf. Walter, Olten, §§ 371–399.

Jung, C. G. (1945/1946, 1974): Nach der Katastrophe. In: Zivilisation im Übergang. GW 10. Hg. von Lilly Jung-Merker / Elisabeth Rüf. Walter, Olten, §§ 400–443.

Jung, C. G. (1946, 1974): Nachwort zu „Aufsätze zur Zeitgeschichte". In: Zivilisation im Übergang. GW 10. Hg. von Lilly Jung-Merker / Elisabeth Rüf. Walter, Olten, §§ 458–487.

Jung, C. G. (1971ff.): Gesammelte Werke (GW). 20 Bde. Hg. von Lilly Jung-Merker / Elisabeth Rüf / Leonie Zander. Walter, Olten.

Jung, C. G. (1981): Das symbolische Leben. GW 18/I. Hg. von Lilly Jung-Merker / Elisabeth Rüf. Walter, Solothurn/Düsseldorf.

Jung, C. G. (1988): Nietzsche's Zarathustra. Notes of the Seminar given in 1934–1939. (Bollingen Series 99) Princeton University Press, Princeton, NJ.

Kluge, Friedrich (1995): Etymologisches Wörterbuch der deutschen Sprache. 23. Aufl. De Gruyter, Berlin.

Koch, Manfred (2005): Verbrechen ohne Ende. In: NZZ v. 8./9. Oktober 2005.

Krockow, Christian von (1988): Die Stunde der Frauen. Bericht aus Pommern 1944 bis 1947. DVA, Stuttgart.

Krockow, Christian von (1995): Von deutschen Mythen. Rückblick und Ausblick. DVA, Stuttgart.

Krockow, Christian von (1999): Über die Deutschen. List, München.

Krockow, Christian von (2002): Die Zukunft der Geschichte. Ein Vermächtnis. List, München.

Matussek, Matthias (2006): Wir Deutschen. Warum uns die anderen gern haben können. 4. Auflage S. Fischer, Frankfurt a.M.

Mitscherlich, Alexander (1963/2003): Auf dem Weg zur vaterlosen Gesellschaft. Ideen zur Sozialpsychologie. Beltz, Weinheim.

Mitscherlich, Alexander und Margarete (2007): Die Unfähigkeit zu trauern. Grundlagen kollektiven Verhaltens. Piper, München.

Müller-Hohagen, Jürgen (2005): Verleugnet, verdrängt, verschwiegen. Seelische Nachwirkungen der NS-Zeit und Wege zu ihrer Überwindung. 3. Auflage, Kösel, München.

Neitzel, Sönke (2012): Soldaten. Protokolle vom Kämpfen, Töten und Sterben. 3. Auflage, Fischer, Frankfurt.

Neumann, Erich (1974): Ursprungsgeschichte des Bewusstseins. Mit einem Vorwort von C.G. Jung. Kindler, München.

Nietzsche, Friedrich (1980): Werke in sechs Bänden. Hanser, München/Wien.

Obrist, Willy (1990): Archetypen. Natur- und Kulturwissenschaften bestätigen C.G. Jung. Walter, Olten/Freiburg im Breisgau.

Plessner, Hellmuth (1959): Die verspätete Nation. Über die politische Verführbarkeit bürgerlichen Geistes. 2., erw. Aufl. Kohlhammer, Stuttgart.

Radebold, Hartmut (2005): Die dunklen Schatten unserer Vergangenheit. Klett-Cotta, Stuttgart.

Rafalski, Monika (2018): Empfinden, Intuieren, Fühlen und Denken. Die vier psychischen Grundfunktionen in Psychotherapie und Individuation. Kohlhammer, Stuttgart.

Ranke, Leopold von (1924): Politisches Gespräch. Mit einer Einführung von Friedrich Meinecke. Duncker und Humblot, Leipzig/München.

Richter, Horst-Eberhard (2005): Der Gotteskomplex. Die Geburt und die Krise des Glaubens an die Allmacht des Menschen. Neuausgabe der Ausgabe von 1979. Psychosozial, Gießen.

Rosendorfer, Herbert (2002): Deutsche Geschichte. Vom Morgendämmern der Neuzeit bis zu den Bauernkriegen. Nymphenburger, München.

Rovan, Joseph (1998): Geschichte der Deutschen. Von ihren Ursprüngen bis heute. dtv, München.

Schmidt, Christa (2003): Das entsetzliche Erbe. Träume als Schlüssel zu Familiengeheimnissen. Vandenhoeck & Ruprecht, Göttingen.

Scholl, Hans / Sophie Scholl (1989): Briefe und Aufzeichnungen. S. Fischer, Frankfurt a. M.

Schneider, Frank (Hg) (2011): Psychiatrie im Nationalsozialismus. Psychiatry under National Socialism. Springer, Heidelberg.

Schweitzer, Albert (2003): Die Ehrfurcht vor dem Leben. Grundtexte aus fünf Jahrzehnten. Hg. von Hans W. Bähr. 8. Aufl. C. H. Beck, München.

Seifert, Ang Lee / Theodor Seifert (2006): Intuition. Die innere Stimme. Walter, Düsseldorf.

Sereny, Gitta (2002): Das deutsche Trauma. Eine heilende Wunde. Bertelsmann, München.

Sheldrake, Rupert (1983, 1993): Das schöpferische Universum. Die Theorie des morphogenetischen Feldes. Ullstein, Berlin.

Spitzer, Manfred (2002): Lernen. Gehirnforschung und die Schule des Lebens. Spektrum Akademischer Verlag in Elsevier, Heidelberg.

Steiner, Rudolf (1992): Das Mysterium des Bösen. Themen aus dem Gesamtwerk 19. Verlag Freies Geistesleben und Urachhaus, Stuttgart.

Stierstorfer, Klaus (Hg.) (2003): Deutschlandbilder im Spiegel anderer Nationen. Rowohlt, Reinbek bei Hamburg.

Stürmer, Michael (1983): Das ruhelose Reich. Deutschland 1866–1918. 2. Aufl. Severin und Siedler, Berlin.

Tann, Matthias von der / Arvid Erlenmeyer (1991) (Hg.): C.G. Jung und der Nationalsozialismus. Texte und Daten. Im Auftrag der Deutschen Gesellschaft für Analytische Psychologie zusammengestellt und eingeleitet von Matthias von der Tann und Arvid Erlenmeyer. Eigenverlag, Berlin.

Töteberg, Michael (Hg.) (1995): Metzlers Filmlexikon. J. B. Metzler, Stuttgart/Weimar.

Wehr, Gerhard (1985): Carl Gustav Jung: Leben, Werk, Wirkung. Kösel, München.

Winkler, Willi (2005): Harald Juhnke ist tot. Ewige Öffentlichkeit. Der große Rausch, der große Mann: Zum Tod des Überlebens- und Schauspielkünstlers Harald Juhnke. In: SZ vom 2.4.2005. Online-Ausgabe:www.sueddeutsche.de/kultur/artikel/477/50427.

Erwähnte und besprochene Filme

Armageddon – das jüngste Gericht. USA 1998 mit Bruce Willis. Regie Michael Bay.

Das Weiße Band. Eine deutsche Kindergeschichte. Deutschland, Österreich, Frankreich, Italien 2009. Regie Michael Haneke.

Das Wunder von Bern. Deutschland 2004. Regie Sönke Wortmann, Hauptdarsteller Louis Klamroth.

Der blaue Engel. UFA 1930. Regie Josef von Sternberg. Mit Emil Jannings und Marlene Dietrich.

Der ewige Jude. Deutschland 1940. Regie: Fritz Hippler.

Der Hauptmann von Köpenick. Deutschland 1956. Mit Heinz Rühmann. Regie Helmut Käutner.

Der Untergang. Deutschland 2004. Mit Bruno Ganz, Regie Oliver Hirschbiegel.

Die Ehe der Maria Braun. Deutschland 1979. Mit Hanna Schygulla. Regie Rainer-Maria Fassbinder.

Dresden. ZDF 2006. Regie Roland Suso Richter.

Godzilla. USA 1998. Regie Roland Emmerich.

Große Freiheit Nr. 7. UFA 1944. Mit Hans Albers. Regie Helmut Käutner.

Independence Day. USA 1996. Regie Roland Emmerich.

Kolberg. UFA 1945. Regie Veit Harlan.

Menschliches Versagen. Deutschland 2008. Regie Michael Verhoeven.

Mephisto. Deutschland 1981. Regie István Szabó.

Schindlers Liste. USA 1993. Regie Steven Spielberg.

Sophie Scholl. Die letzten Tage. Deutschland 2005. Mit Julia Jentsch. Regie Marc Rothemund

The Day After Tomorrow. USA 2004. Regie Roland Emmerich.

Bildnachweis

Abbildung Frontseite: Graphik Rebecca Adam © 2019

Abbildung 1: Persönliches und kollektives Unbewusstes (abgewandelt aus: Adam, Klaus-Uwe, Therapeutisches Arbeiten mit Träumen, 2011)

Abbildung 2: Zug zum Hambacher Fest: Teilkolorierte Federzeichnung von 1832. Die Flaggen zeigen die damals so gewählten deutschen Landesfarben Gold-Rot-Schwarz. Quelle: https://de.wikipedia.org/wiki/Hambacher_Fest#/media/File:Hambacher_Fest_1832.jpg

Abbildung 3: Das Funktionskreuz (aus Klaus-Uwe Adam, Therapeutisches Arbeiten mit dem Ich, 2011, S. 44)

Abbildung 4: Der deutsche Michel. Quelle: https://commons.wikimedia.org/wiki/File:Michel_und_seine_Kappe_im_Jahre_48.jpg

Abbildung 5: a) Wappen Heinrichs VI. (Staufer-König 1190-1197). Quelle: https://de.wikipedia.org/wiki/Datei:Kaiser_Heinrich_VI._im_Codex_Manesse.jpg

b) Reichsadler des Preußisch-Deutschen Kaiserreiches ab 1889. Quelle: https://de.wikipedia.org/wiki/Datei:Wappen_Deutsches_Reich_-_Reichsadler_1889.svg © David Liuzzo

c) Das Reichswappen in seiner Form von 1928 bis 1933 und Bundeswappen Deutschlands seit 1950. Quelle: https://de.wikipedia.org/wiki/Datei:Coat_of_arms_of_Germany.svg

Abbildung 6: Doppeladler des Heiligen Römischen Reiches deutscher Nation, Ende 15. Jh. Quelle: https://de.wikipedia.org/wiki/Datei:Wappen_r%C3%B6m.kaiser.JPG

Abbildung 7: Königliches Wappen von Großbritannien, wie es seit 1953 bis heute von Queen Elisabeth II benutzt wird. Quelle: https://de.wikipedia.org/wiki/Datei:Royal_Coat_of_Arms_of_the_United_Kingdom.svg © GNU für freie Dokumentation

Abbildung 8: a) Bundestagsadler, Rückseite, Reichstagsgebäude. Quelle: https://www.pixelio.de/media/218223
b) Bundestagsadler, Vorderseite, Reichstagsgebäude. Quelle: https://www.pixelio.de/media/342804

Abbildung 9: Rechtsdrehende und linksdrehende Swastika, Induskultur, ca. 2500 v. Chr. Quelle: https://de.wikipedia.org/wiki Datei:IndusValleySeals_swastikas.JPG © GNU für freie Dokumentation

Abbildung 10: Friedrich der Große. Quelle: https://de.wikipedia.org/wiki/Datei:Friedrich_Zweite_Alt.jpg

Abbildung 11: Bismarck. Quelle: https://de.wikipedia.org/wiki/Datei:BismarckArbeitszimmer1886.jpg

Abbildung 12: Ritter, Tod und Teufel (Kupferstich von Albrecht Dürer). Quelle: https://de.wikipedia.org/wiki/Datei:Duerer_-_Ritter,_Tod_und_Teufel_(Der_Reuther).jpg

Abbildung 13: Wotan - Odin. Quelle: https://de.wikipedia.org/wiki/Datei: Odhin_thron.jpg

Abbildung 14: Bühnenbild von 1894 von Max Brückner zur Wagner-Oper Götterdämmerung, das brennende Walhalla zeigend. Quelle: Wikipedia: Max_Brückner_-_Otto_Henning_-_Richard_Wagner_-_Final_scene_of_Götterdämmerung_-_crop.jpg

Abbildung 15: Codex Manesse. Quelle: https://de.wikipedia.org/wiki/Datei:Codex_Manesse_Reinmar_von_Zweter.jpg

Abbildung 16: Der 1. Weltkrieg. Titelblatt Sonntagsbeilage des Corriere della Sera vom 5. Juli 1914 - Attentat von Sarajewo. Quelle: https://de.wikipedia.org/w/index.php?title=Datei:Corriere_della_Sierra_-_La_Domenica_del_corriere_1914_07_05.jpg&filetimestamp=20170828091803&

Abbildung 17: © Burkhard Bartel/fotocommunity.de „Das junge Deutschland schaut in seine Vergangenheit"

Abbildung 18: Der fliegende Robert aus Struwwelpeter, Wikisource.png

Abbildung 19: Hans Guck-in-die-Luft aus Struwwelpeter, Wikisource.png